iHuman

成
为
更
好
的
人

Ernst
Kantorowicz:
a Life

by Robert E. Lerner

天使时间

康托洛维茨传

[美]罗伯特·E. 勒纳 著

宋宁刚 译

广西师范大学出版社
·桂林·

TIANSHI SHIJIAN： KANGTUOLUOWEICI ZHUAN
天使时间：康托洛维茨传

ERNST KANTOROWICZ: A Life by Robert E. Lerner
Copyright © 2017 by Princeton University Press
Simplified Chinese edition copyright © 2020 by Guangxi Normal University Press Group Co., Ltd.
All rights reserved.
No part of this book may be reproduced or transmitted in any form or by any means, electronic or mechanical, including photocopying, recording or by any information storage and retrieval system, without permission in writing from the Publisher.

著作权合同登记号桂图登字：20-2018-062 号

图书在版编目（CIP）数据

天使时间：康托洛维茨传 ／（美）罗伯特·E.勒纳著；宋宁刚译. — 桂林：广西师范大学出版社，2020.11
书名原文: Ernst Kantorowicz: A Life
ISBN 978-7-5598-2978-8

Ⅰ. ①天… Ⅱ. ①罗… ②宋… Ⅲ. ①恩斯特·康托洛维茨—传记 Ⅳ. ①K837.125.81

中国版本图书馆 CIP 数据核字（2020）第 110356 号

广西师范大学出版社出版发行
（广西桂林市五里店路 9 号　邮政编码：541004）
　网址：http://www.bbtpress.com
出版人：黄轩庄
全国新华书店经销
湛江南华印务有限公司印刷
（广东省湛江市霞山区绿塘路 61 号　邮政编码：524002）
开本：880 mm × 1 240 mm　1/32
印张：16.25　　字数：335 千字
2020 年 11 月第 1 版　2020 年 11 月第 1 次印刷
定价：99.00 元

如发现印装质量问题，影响阅读，请与出版社发行部门联系调换。

/ 目 录 /

导　言 …… 1
第一章　古老的波森和年轻的恩斯特 …… 11
第二章　"扛着枪与炮" …… 28
第三章　菲娜热 …… 49
第四章　海德堡 …… 65
第五章　圣格奥尔格 …… 80
第六章　城堡山 …… 100
第七章　腓特烈二世 …… 120
第八章　万众瞩目 …… 143
第九章　成为内行 …… 162
第十章　法兰克福 …… 177
第十一章　戏剧之年 …… 193
第十二章　牛津 …… 210
第十三章　有尊严的闲暇 …… 224
第十四章　逃离 …… 244
第十五章　"流亡的外国学者" …… 259
第十六章　"对欧洲无欲" …… 271
第十七章　基督君王颂 …… 289
第十八章　为稻粱谋 …… 305

第十九章　北方乐土　……　325

第二十章　"决不去德国"　……　346

第二十一章　"安乐乡"　……　358

第二十二章　根本问题　……　380

第二十三章　高等研究　……　401

第二十四章　国王的两个身体　……　419

第二十五章　"埃卡厌恶埃卡"　……　438

第二十六章　最后的岁月　……　460

尾　声　……　472

缩略语　……　475

注　释　……　479

致　谢　……　514

导　言

在1960年的一部名为《电梯》(*Die Rolltreppe*)的德国小说中，有一个人物是一位中世纪史学家。他是霍亨施陶芬皇帝腓特烈二世的传记作者，亦是环绕着斯特凡·格奥尔格的秘密小圈子的成员。在第一次世界大战期间，他随利曼·冯·赞德尔斯将军在安纳托利亚服役。这部小说的一个场景被安排在1928年一座优雅的罗马饭店"拉涅利"。普鲁士历史研究所的所长在主持一次晚餐，出席的成员包括一位博物馆馆长、一位著名实业家、一位知名历史学家。他们吃着烤斯堪比虾、火鸡胸肉配莱蓟、红菊苣沙拉（"尤其合时令"）、奶酪蛋奶酥（"餐厅的招牌"）、水果和咖啡，佐以一瓶巴罗洛葡萄酒、一瓶弗拉斯卡蒂白葡萄甜酒和一瓶阿斯蒂白葡萄汽酒。[1] 书中被称为"维特科夫斯基"的历史学家，显然就是恩斯特·康托洛维茨，1928年他在罗马生活，经常光顾这家餐厅，格外享受罗马"引人入胜的弗拉斯卡蒂白葡萄甜酒"。[2] 在这部小说的后面，"维特科夫斯基"出现的时候，穿"热带风格的白色西装、米色衬衫，系红丝绒领带"，[3] 而在同一时期拍摄的一张照片（图1）显示，康托洛维茨正是如此衣着，外加一顶白色的渔夫帽和一对白手套。

图 1　恩斯特·康托洛维茨在哥本哈根，1925 年夏（勒纳档案）

在 20 世纪的历史学家中，很少有人像恩斯特·康托洛维茨（1895—1963）这样，值得基于其工作和生活，为其作一部全面的传记。在去世五十多年后，康托洛维茨依然是最有影响力的中世纪史学家之一，这个"之一"甚至可以拿掉。当然，其他人的工作可能有着同等的分量：说这话的时候我们的脑海中会浮现出亨利·皮雷纳、马克·布洛赫、R. W. 萨瑟恩、查尔斯·霍默·哈斯金斯以及约瑟夫·R. 斯特雷耶的名字。他们的学术成就是开拓性的，而且他们的有些作品依然有读者，但没有哪一本像康托洛维茨的《国王的两个身体》这般依然畅销。自1957年面世以来，该书被普林斯顿大学出版社一印再印，并已译成德语、法语、意大利语、西班牙语、葡萄牙语、波兰语、斯洛文尼亚语和日语。[1] 稳定的销量和诸多译本反映了这一事实，即康托洛维茨的著作在好几个学科都有着非同寻常的反响：不仅是历史，还有艺术史、文学批评和政治思想。在该书出版五十年后，斯蒂芬·格林布拉特写道，这"依然是一部至关重要、博大精深、充满生命力的作品"。乔吉奥·阿甘本则称之为"无可置疑的杰作"，是"我们这个时代关于权力技术的伟大文本之一"。[4]

虽然康托洛维茨的声誉，主要得于《国王的两个身体》，但凭其他作品，他亦可彰显令名。他的第一本书《腓特烈二世皇帝》，1927年出版于德国，是魏玛德国最受争议的历史著作之一。手握话语权的学院派攻击它，因它对霍亨施陶芬皇帝持有所谓的"神秘见解"，而其他人则看到了历史编纂学从实证主义中的解脱而予以欢迎。该书面世的时候并无脚注，导致许多人认为作者是向壁虚构；康托洛维茨于1931年出版"续篇"，为其写过的大部分内容提供引证，使得批评他的人陷入尴尬。虽然这本书已经被其他有关腓特烈二世的传记取代，但它依然是历史编纂学的丰碑，

---

1 已经译成中文，而且有两个译本，分别于2018年和2020年出版。

而对于学术研究来说，续篇依然必不可少。（"手头没有康托洛维茨，你不会想进入13世纪的意大利史。"）

然后是《基督君王颂》（*Laudes Regiae*），写作历时十年，直到1946年才出版。从主要的方法论而言，《腓特烈二世皇帝》的重要性在于文学资源的使用（诗歌、预言和颂词），《国王的两个身体》在于法律资源的使用，而《基督君王颂》则在于礼拜学资源的使用。如同康托洛维茨在前言中指出的，在此之前学者们只是"惬意地探讨中世纪思想文化史，而不曾翻开一本弥撒书"，他希望这一点不久变得不再可能。比起其他两本书，《基督君王颂》引起的关注要更少，但它依然重要，既因为它对王权史的重大贡献，也因为它在研究中世纪政治神学上的策略。最后不能忽视的是康托洛维茨的文章，其中许多是学术上的瑰宝（"椟玉"）。林恩·怀特曾为其中的一篇向他致谢："这无疑是当代学术中最为非凡的功绩之一。我以认识你为傲！"[5]

康托洛维茨的一项与众不同之处，在于其才思的广博。可以想象一下，把他的文集交给一群初学者看而隐去他的名字，叫他们识别作者的专业。有的可能会说他是个艺术史家，有的可能会说他是个对教会法有广泛了解的神学家，有的可能会依据他对派生词的迷恋而指认他为语言学者。最后他们可能会总结说，作者在教父学、拜占庭史、中世纪哲学、中世纪文学领域的知识很渊博，表明他是一个涉猎广泛的中世纪史学家。但是如果这时告诉他们，这个中世纪史学家从未上过一堂中世纪史的课，他们将会觉得不可思议。

尽管这么说，学者生涯很少是读来引人入胜的素材。"与你的书桌保持密切联系，你将赢得一个捐赠教席。"然而恩斯特·康托洛维茨的一生是个例外。出生于波森（现在的波兹南）一个从事利口酒生产的富裕犹太家庭，在他的早期生涯，康托洛维茨是一个狂热的德国民族主义者。在第一次世界大战中，他志愿为德国皇帝而战，因在西线的服役（在"凡尔登地狱"受伤），获得一枚铁十字勋章，因在安纳托利亚的表现，获得奥斯曼帝国铁新月勋章。战争末期，他在几个月之内三次拿起武器：在他出生的城市抵抗波兰人、在柏林抵抗斯巴达克同盟、在慕尼黑抵抗短命的苏维埃共和国[1]"赤色分子"。据说，康托洛维茨在战后声称"我的右边只是一堵墙"[2]；1922年他写道，德国政策应致力于摧毁法国。与他的政治见解紧密联系的，是他作为德国诗人－先知斯特凡·格奥尔格精英圈子成员的身份。作为当时公认的德国最伟大的在世诗人，格奥尔格是令人着迷的偶像。他信奉反理性主义、反现代主义、英雄崇拜以及对国家地下资源的忠诚（"秘密德意志"）。他着力于打造一个由聪俊的年轻人组成的同人小圈子：他们被期待用第三人称称呼他，倾听他的每句话，通过写作和示范来宣传他的理念，其目标在于将德国变成真理与纯洁之地。康托洛维茨是格奥尔格圈中最为突出的年轻人之一（另一个是克劳斯·冯·施陶芬贝格，后来向希特勒行刺），腓特烈二世传记的写作，正是得于"大师"（Meister）的鼓励。

1933年11月，身为正教授的康托洛维茨在法兰克福大学的讲台上，当着爆满的听众，勇敢地反对掌权的纳粹。（这大概是唯一的一次德国教授公然顶撞政权。）由于受到纳粹学生的联合抵制，

---

1 "苏维埃共和国"虽然经常和苏联成员国联系在一起，但其最初只是作为一种民主形式而使用。第一次世界大战结束后，在欧洲发生过几起以此为名义的革命工人运动。
2 即是说，右得不能再右。

他无法继续教学，被迫"退休"，成为一名私人学者。1938年，他差点没躲过"水晶之夜"，先逃亡到英国，后至美国。1939年秋，他在伯克利获得一份为期一年的教职，而后通过进一步的临时任命而续任，直到1945年终于成为正教授。他本乐于在伯克利度过余生，但大学的效忠誓言争端使他未能如愿。康托洛维茨——当然从不是一个共产主义者——旋即成为反对宣誓的全体教员的领导者，一直坚决拒绝签字。1950年8月他被解雇，然后"从梯子上跌到"普林斯顿高等研究院。在那里，他追求他的学术志趣，同时与诸多当时最有名的知识分子保持友谊。

康托洛维茨有着迷人的个性。他文雅而机智（有时会使点坏），知道怎样衣着光鲜，对葡萄酒的品鉴很内行，厨艺也是一绝。他在夜晚精力旺盛，厌恶别人在上午十点之前给他打电话。从1934年直到逝世，他最亲密的朋友是牛津大学的莫里斯·包腊，后者被公认为牛津最为机智的人。两人在1930年代中期曾共游欧洲，并在1950年代一起在雅典消夏。其他的朋友则包括魏玛德国的知识分子和普林斯顿高等研究院的知名人士。在伯克利的时候，康托洛维茨便是个高妙的演讲者、有名的老师。在校园里可以看到一群学生簇拥着他，然后把他交到另一群学生中间，由他们继续护送。他有女友和男友。在土耳其，因为和司令官的情妇有染，他被调离德国第五军。1920年代初，他先后和一个好友的妻子以及格奥尔格圈中的一位年轻贵族子弟发生情事。在和那位年轻贵族的同父异母姐姐短暂处过一段时间后，他和包腊成为恋人。在美国，他和他的一位侄女保持着长期的亲密关系。

关于康托洛维茨，迄今尚未有差强人意的传记。[6] 其中的一个原因是作传者需要德语和英语都很流利，熟悉两种语言各自的情境。此外，用两种语言写就的大量文献是个拦路虎。康托洛维茨常说他"懒于提笔"，然而就已知的情况而言，他给别人写的信大约有一千五百封。（我找到了两百封，有的是原件，有的是复印件，都是别人捐献给我的。在书中提到的时候，我将称之为"勒纳档案"。）此外，还有大约五百封别人写给他的信。康托洛维茨在遗嘱中指示执行人"将[他的]所有通信集中起来付之一炬"，但这一指令被有意无视。有权检阅他所持信件的近亲销毁了其中的两部分，一部分是他一度的情人露西·冯·旺根海姆写的，一部分是莫里斯·包腊写的。但他的另一密友莱昂纳多·奥勒思吉的遗孀，被允许取回丈夫的诸多信件，使得我们现在几乎可以知道他们之间完整的交流。同样地，他的研究生罗伯特·本森，保留了写给康托洛维茨的信的复写纸和收到的信，使得另一部分的存在成为可能。而尤其重要的是，康托洛维茨本人保存了大量来信，大部分具有官方性质，近来可通过纽约利奥·贝克研究所的数字档案查阅。

无论以何种标准衡量，文献还不止于此。在贝克研究所（同样是数字形式）还有康托洛维茨未发表的学术著述、对已发表文章的手写的补遗，以及许多给伯克利的本科生上课时留下的完整讲义。由于他的人格魅力，他经常出现在别人的信件和回忆录中。文献如此密集，以至于可以确定无疑地告知我们，1957年9月27日中午康托洛维茨点了哪些菜（当时他在费城住院），包括汤、牛腩配辣根酱、土豆泥、黑面包抹黄油、水果和奶油咖啡。（病人略过了花椰菜和烤南瓜。）1938年，在就慕尼黑危机进行一系列通信后，康托洛维茨在给包腊的信中打趣道，他们"未来的传记作者"会在文献上对他们心存感激。[7] 现在看来，这不再那么有趣了。

不用说，文献的无尽将允许我们完全进入对象的心智。就康托洛维茨的情况而言，一个基本的问题是他的转变：此前他是一部高度修辞、没有脚注、饱含政治情感的传记的作者，他的写作面对广大读者，但之后他成了一部政治神学著作的作者，分析有条理而无温度（"事实和理性的寒冷探照灯"），由脚注加以夯实，预设的读者是少数学者。同样，他为什么从兴登堡右派转为肯尼迪左派？我们可以对他如何一步步走来予以纪实性描述，但要解释他的动机，则是有风险的。本书依照相当严格的年代学，为了弄清楚传主的发展，既提到延续性，也提到改变。至于动机，我竭尽所能。

人们会问我是不是康托洛维茨的学生，但我不是。1961 年 4 月，当时我在普林斯顿念研一，学习中世纪史。我的教授约瑟夫·斯特雷耶主持了一个系里的鸡尾酒会，研究生也受到邀请。很难说我觉得我融入其中：那时我才二十一岁出头。当我和斯特雷耶交谈不久，系里知名的法国史学家 R. R. 帕尔默加入进来。法国史研究学会的一次会议不久将在普林斯顿举行，两人开始讨论起这次会议的计划。虽然我帮不上忙，但他们似乎并不介意我在场。这时另外一位客人进入房间，朝斯特雷耶和帕尔默阔步走来。我不知道他是谁，但看他的风度便知是位"大人物"。我从未见过如斯人物。他的衣着剪裁精当，让人想起萨维尔街或者博·布鲁梅尔。[1] 我从未听过如此印象深刻的谈吐，那奇异的抑扬顿挫，传达

---

[1] 萨维尔街位于伦敦，以传统的男士定制服装而闻名。博·布鲁梅尔（1778—1840），被称为"现代男装之父"，以在衣着上近乎荒诞的讲究和奢侈著称。

着这样一个信息:"无人像我这样说话。"由于斯特雷耶和帕尔默的衣装谈吐都很单调乏味,这个人站在他们旁边,看起来就像来自另一个世界。然而这三人相处愉快,知道如何打趣对方的习惯。这个后来者希望知道他的一位弟子在即将召开的会议上被安排在什么时间发言,因为他想届时出现在那里。当帕尔默告知该学生被排在上午的会议,后来者告诫这绝不可能,因为就像其他两位深知的,他的生活箴言是,理智清明之人在天明时才就寝。帕尔默和斯特雷耶一本正经地提出夜猫子必须遭罪。在一阵笑声迸发之后——结果怎么样我不记得了——我们便散开了,一如人们在鸡尾酒会上做的。至于我,我找到一位高年级的研究生,想打听这位大人物是谁。回答是"恩斯特·康托洛维茨"。

这次偶遇标志着一个开端。在阅读《国王的两个身体》并得知他是围绕着诗人斯特凡·格奥尔格的奇异圈子的成员后,我对他更为着迷。后来我在他的房子里待过一两个小时,这进一步增加了他的魅力。康托洛维茨于1963年9月逝世时,我才开始知道拉尔夫·基西,也就是那次斯特雷耶酒会上谈到的弟子。拉尔夫是康托洛维茨遗嘱上指定的两个遗著保管人之一,他当时在普林斯顿高等研究院休假,因而得以在场。在稍早一些时候,斯特雷耶将我写的一篇论文转给康托洛维茨,让他帮着看一看,所以我便问拉尔夫是否曾在康托洛维茨的所有物中留意到这篇东西。(我很好奇他有没有写下什么意见。)他没有发现,但他有一把房子的钥匙,因此我可以跟他一起去找找。我并没有找到论文,但得到了补偿。在我们离开前,我们喝掉了康托洛维茨的一瓶莱茵白葡萄酒;拉尔夫继承了那个著名的酒窖,将不再保藏的酒都打开了。

1988年,恩斯特·康托洛维茨的工作和生活成了我的一项雄心勃勃的研究项目。在那年秋天，我受邀参加一个关于"1933年后流亡美国的德语历史学家"的研讨会，这次会议标志着华盛顿德国历史研究所的揭幕。因为分派给我的任务是讲杰出的中世纪史学家，我决定选择康托洛维茨。巧合的是，那一学年我是普林斯顿高等研究院的成员，因而能够和当地诸多熟悉康托洛维茨的高士晤谈。任务便这么完成了。在作完华盛顿的演讲后，我决心收集"朝向一部传记"所需的资料。大约在那时，我心里开始把康托洛维茨称作"埃卡"（EKa）——来自他的姓名的首字母，发音与"嘿，妈"押韵——因为他的朋友们便是被要求这么喊他，在这里我遵从这一惯例。有人可能会说我在这部传记上花了二十五年，这不完全对，因为我是从四年前才开始动手写。但因为埃卡"结合了思想的深邃与精神的宏富"[8]——我从他的友人费利克斯·法兰克福特那里借用这一短语——长久的投入从未停止给予回报。

第一章
古老的波森和年轻的恩斯特

大约 1835 年,波森的一位艺术家画了一幅油画,以呈现波森市集广场的一幕(图 2)。飞奔的纯种马拉着一辆四轮马车快速驶过,上面载着两位贵族女士,由一位骑着骏马的轻骑兵陪护。在马车的后面站着几个富人,可能是当地名流。另外一群较穷困的人,则把目光盯在马车上。艺术家似乎意在刻画城市社会的各种成分,也把犹太人画了进去。在画作的角落里可以看到三个衣着破烂的人,他们看上去就像《屋顶上的提琴手》[1]中的角色。他们对骚动毫不关心,正忙着从事商业交易,很明显和布、盆、锅有关。恩斯特·康托洛维茨的祖父,哈特维希·康托洛维茨(1806—1871),便是在这样的环境中出生。他和妻子索菲(一位拉比的孙女)年轻时在市场上摆摊卖自酿酒,差不多也就是在这幅画描绘的那个时间。[1] 但哈特维希是一个知名的实业家,到 1845 年他已设法建起一座两层的酿酒厂,采用在技术上最为先进的铜制设备。在 1871 年去世前很久,他就已成为波森拥有最大资本的两个实业家

---

1 根据俄国犹太作家肖勒姆·阿莱赫姆小说改编的歌舞剧,1965 年在百老汇上演后,历久不衰。

之一。据他的一位侄孙女多年以后回忆,他在家休息的时候,会戴一顶垂着黑流苏的红色土耳其毡帽。在他的公司主楼的入口处,题有这样的铭文:**一切皆凭自己的能力**。[2]

图2 《波森市集广场》,约1835年(蒙杜伊斯堡-埃森大学所罗门·路德维希·施泰因海姆德意志-犹太历史研究所允准)

哈特维希如何"凭自己的能力"发家,其细节已不可考,但大体轮廓还是可以看清。当时尚归普鲁士的波兹南省以农业为主,只有富裕的波森市或其附近有制造业。(1850年波森人口为3.85万;到1895年,几乎翻了一倍,到7.3万。)这意味着一个有才能的商人在收购粮食酿成酒的交易中有利可图。哈特维希·康托洛维茨在这方面的确有才，但他真正的天赋在于看到了从荷兰杜松子酒（烈酒）扩展到利口酒的可能性。随着19世纪德国的繁荣，对奢侈品的嗜好得以增长。比烈酒更为文雅的酒精饮料——香草味或者果味，适合作为开胃酒或餐后酒在家饮用，而非在酒馆——的市场也得以打开。1862年的文献提到了哈特维希·康托洛维茨的两种产品：莳萝利口酒和金水酒。[3]第一种酒，又名"阿拉施"，主要以葛缕子籽制成，第二种则萃取自茴芹、肉桂、肉豆蔻、丁香、胡椒薄荷等香草（总是有足够的糖）。同一文献表明，哈特维希的产品已经行销德意志之外，远至澳大利亚和美洲。

这对创下家业的夫妇有七个儿子和一个女儿（其他五个孩子夭折）。与我们有关的是三个儿子，分别是马克斯（1843—1904）、埃德蒙（1846—1904）和约瑟夫（1848—1919）。[4]1871年哈特维希去世后，三人共同管理公司：马克斯主事，其他两位襄助。马克斯·康托洛维茨拥有父亲的经营天赋，1880年代曾去过一趟美国，安排将果汁定期进口到波森，以使利口酒更为多样化。在同一趟旅行中，他还安排定期购买极其便宜的加利福尼亚葡萄酒，让康托洛维茨家族的生意多了葡萄酒销售这一项副业。就目前所知道的，他是将加利福尼亚葡萄酒引入欧洲的第一人。

1895年波森的一份报纸对康托洛维茨家族的企业进行了描述，我们可以从中对马克斯和他的合伙人的成就获得足够的印象。除了一些数量不特定的工人在工厂照料机器外，三十个人包装，二十多个人分类和运送，十五个人记账（包括三名速记员）。产品不仅包括利口酒，还有苦啤酒。储藏在地窖里的十万公升酒水最终用于国内销售，出口的地方则包括法国、丹麦、西南非洲和日本。一款被认为欧洲最佳的樱桃压榨机每天用水压压榨数吨酸樱桃。公司甚至自营一家小工厂，用以生产板条箱的封口。

除了作为有天赋的生意人和管理者，马克斯·康托洛维茨的人品也备受钦佩。他的外甥威廉·沃尔夫于1945年回忆起这位已过世四十一年的亲戚："马克斯·康托洛维茨为人堪称典范，他智识敏锐，了解并忠于自己的内在价值，谦逊平易，古道热肠。"[5] 马克斯的外孙女埃伦·菲舍尔在回忆录中声称他是个"自由民主人士，成功的商人，受人尊敬的市民和赞助人，市议员［以及］工厂雇员的保护者"。[6] 菲舍尔说，二战后她住在纽约时，一位俄国女士到西区大道拜访她的母亲，在看到马克斯的肖像后，这位女士坚称他与沙皇大征兵时期一条将年轻犹太人偷运出去的地下链有关。菲舍尔猜测，是她的外祖父给了他们去往美国的钱，可能还包括船票。马克斯去世时，"送葬的队列数小时在街上蜿蜒"。

马克斯的妻子罗莎琳德（1854—1916）操持着这个家庭，年轻的恩斯特·康托洛维茨将会常去拜访。威廉·沃尔夫将罗莎琳德描述为"可爱，很体贴人，欢快，致力于高贵的事物"。埃伦·菲舍尔也用了相似的语言，称罗莎琳德"友善、优雅、有活力"。罗莎琳德"衣着美观（从不会戴太多珠宝）"，有一个很有品位的沙龙，喜欢弹钢琴，尤其是肖邦。年老之后，她以和孙女四手联弹为乐。她是波森文化生活的缪斯之一。当理查德·瓦格纳的一位学生入住本市，她聘请他来家里讲瓦格纳音乐的新风格。1897年一位卓越的人物画家莱茵霍尔德·莱普修斯曾在康托洛维茨家待了一个月，为罗莎琳德绘像。[7]

至于埃德蒙，他是个单身汉，关于他所知甚少。不过有一则证据充分的故事可作补偿。1880年埃德蒙在柏林，成了一桩著名讼案的当事人。伯恩哈德·福斯特，一位不久将娶尼采妹妹为妻的中学老师，是个狂热的反犹太者。这天埃德蒙在城里，而福斯特参加完在酒馆举行的反犹太者集会，和一些志同道合的友人搭着马拉有轨电车回家。受到集会的煽动，福斯特继续在车上喋喋不休地讲他那令人作呕的观点，大声讨论"犹太人的厚颜无耻"，抱怨"犹太人的报纸"，嘲讽犹太人说话的语调，警告犹太人马上就会被"德国人收拾"。他的言论引起了一阵骚动。当他和同伴一起下车时，另一位乘客也下了车。依据后来警方报告的说法，这是位"受人尊敬的犹太商人"——我们的埃德蒙·康托洛维茨。在街上，福斯特和三十四岁的埃德蒙拌起嘴来，引起人群的围观。康托洛维茨想要知道这位桀骜不驯的反犹太者的名字。当后者回答"我凭什么告诉你？你不过是个犹太人"，埃德蒙的回应是——再次依据官方报告——对福斯特挥出老拳，致使后者帽子落地。两人随后互殴，直到警察来才被拆开。报纸不久报道了这起打斗，福斯特被带到法院。法官裁定他为"有失身份的职务外行为"[8]交纳一笔罚金，且要求对其作为公立学校老师的资格予以查验。

最后谈到约瑟夫，他是埃卡的父亲。埃伦·菲舍尔写道："我们这些孩子很喜欢他，称他为'约约舅舅'。"[9]埃卡和父亲之间的紧密纽带，表现在一战前和一战期间两人讨论政治情势的通信上。在美国，埃卡告诉人们他"爱他的父亲"，这对他来说是非同一般的语言，他还在卧室的五斗橱上摆放着一张父亲的照片。这对父子的关系从埃卡1916年写给埃莉泽·彼得斯的一封信中可见一斑，后者是他在波森时期的亲戚中最喜爱的。在信中他缅怀到，他在青葱年少时，曾和一个伯父的女儿克莱琴，有过一段短暂的缱绻。克莱琴美丽动人，就如同他忍不住补充的，"她穿着柏林最文雅的内衣"（另一位与克莱琴年龄相仿、有理由知情的女亲戚告诉他的）。但父亲叫他回到学业上来："我的孩子，我不希望你和克莱琴之间有任何瓜葛。不要忘了她是你堂姐。"在埃卡的记忆中，他"对这一劝说中所含的专断性质多少有些吃惊"，但决定就此打住。[10]

埃卡的母亲克拉拉·黑普纳于1862年生于耶拉特沃，一个只有一千人的小镇，离波森三十五英里。黑普纳一家靠务农建起了一座大酿酒厂。约瑟夫可能是在和黑普纳家谈生意的过程中遇到克拉拉的。出身于乡下的她，缺乏康托洛维茨家的那股子人情练达。她在埃卡心中的形象是一位容光满面的犹太母亲。在1956年写给埃莉泽·彼得斯的一封信中，他谈及克拉拉"总是那么周到"，她把他的第一颗乳牙镀金，送给父亲当生日礼物，让他佩戴在表袋上；这强化了埃卡的自我，但也令他好奇，"带着一丝羞怯"：为什么这颗牙齿这么重要，虽然它一天天变脏。这种对独子（母亲唤他"恩斯特"）的宠爱，也可见于1958年的一封信，埃卡用一句戏谑的评论，称他已经从最近的一次手术中恢复得很好，为此医生十分以他为傲："只有我母亲才会这么骄傲——可以这么说。"[11]

在两个哥哥于1904年去世后，约瑟夫·康托洛维茨与马克斯的儿子、出生于1872年的弗朗茨·哈特维希一起经营公司。弗朗茨上过大学，虽然其他的经商家族会认为这纯属浪费时间。在洛桑、慕尼黑和柏林的大学学习政治科学和哲学后，1896年弗朗茨在哥廷根获得政治经济学博士学位，论文为《卢布汇率和俄国谷物出口》。之后为了巩固家族公司的商业纽带，他在美国待了一段时间。在旧金山，他和阿图尔·拉赫曼，一位加利福尼亚的酿酒葡萄种植者，建立了密切的关系。（当后者于 1916 年过世时，他还用德语给拉赫曼的妻子写了一封吊唁信，并问候了她的孩子们。）1902 年，弗朗茨成为波森康托洛维茨公司的合伙人，1907 年成为总经理。然而约瑟夫依然扮演着肱股的角色，直到他在 1919 年去世。叔侄合作的证据，可见于 1919 年 2 月弗朗茨写给妻子的一封信，彼时他被波森的波兰政府扣押："今天是第十六天！谁能料想会是这样，叔叔的忠告在此刻本该是最宝贵的，他却不幸去世了。"[12]

20 世纪初，哈特维希·康托洛维茨公司继续兴隆。1907 年它重组为股份公司，且新开了一家大工厂。这个工厂位于波森郊外，那里有一个面积很大的校园，以及对工人充满吸引力的附属住宅区。（这家公司以其仁慈的家长式政策知名。）虽然工厂在波森，但柏林已成为商业中枢。那里设有一个货栈和一个分支机构，在市中心的弗里德里希大街和约阿希姆-泰勒大街（位于夏洛腾堡新建的上层阶级街区）也有零售商店。汉堡则有一个致力于进出口的分支。公司的产品从烈性酒、香甜酒到果汁（草莓和覆盆子）都有，零售的话还有葡萄酒。1914 年 9 月，股东们得到了 12% 的年终分红。

因而可以看出，恩斯特·康托洛维茨出生在极为优渥的环境中。了解在他成长为一个地道的德国人之前的一切是有帮助的。波森的人口以波兰人为主。占比多少只能估计，因为普鲁士的人口普查是按照宗教来的，而非族裔。因此我们知道在 1900 年，波森有 73403 名天主教徒、37232 名新教徒和 5988 名"信仰摩西者"。而我们能做的至多是将前两项数字大致转化为 65000 名波兰人和 50000 名德国人，因为有约 10% 的天主教徒是德国人。[13] 波兰人在人数上占优在情理之中，因为在 1793 年被普鲁士吞并之前，波森省属于波兰王国的领土（波森的大教堂是最早的波兰君主们的墓地，而作为城市建筑明珠的市政厅，也是源自波兰时代）。在普鲁士支配下，许多德国人来到这里，成为官员、商人和专业人士，但直到 1871 年，波兰人和德国人之间并无敌意。不同的民族分别住在自己的街区，光顾各自的餐馆和剧院。德国人去波兰人商店购物时，会受到德语的问候，而波兰人去德国人商店购物时，按照习惯那里至少会有一位雇员讲波兰语。[14]

然而到了 19 世纪的最后四分之一，波兰人越来越被疏隔。1871 年德国统一后，新的德意志帝国政府——由帝国最大的封建邦国普鲁士主导——开始在东部边境区域实行提升德国性（*Deutschtum*）的政策。俾斯麦首相担心天主教的威胁，于他而言这种威胁与民族威胁不可分割。作为新教的普鲁士战胜天主教的奥地利的结果，德国已得到统一，但俾斯麦仍将奥地利视为潜在敌人。他相信他需要防范奥地利利用信仰天主教的波兰人作为第五纵队的可能性，且担心在波兹南的波兰人繁衍得比德国人快。此外，他鄙视天主教徒，认为他们独立的教育体制和对罗马的忠诚会引发分裂。（就在新帝国建立前一年，即 1870 年，"教皇无误论"颁布。）因此 1872 年普鲁士的波森政府规定德语为小学教学的唯一语言，并用信仰新教的德国教师取代波兰神父。随后 1876 年的立法使德语成为行政机构的唯一语言，很多波兰官员被迫去职。1876 年的规定走得如此之远，要求波兰人在邮局和火车站的窗口也要说德语。到 1880 年代，在德国人上的学校里，所有波兰语的教学都被取消，甚至在高级中学也不可选修波兰语。在 1870 年波森省的高级中学里，大约有七十名波兰老师；到 1918 年，这一数目降到了十，其中一名教拉丁语和希腊语，其余九名都是教授宗教的神父。[15] 波兰天主教会自然对这些措施予以猛烈抨击，并鼓励波兰人通过建立自己的小生意、"买波兰货"来改善他们的生活，抵抗德国人。随着局势越来越紧张，普鲁士政府在1886年为波森省创立了一个"拓殖委员会"，其目标在于从波兰大地主那里买地，然后分派给德国人。简而言之，到19世纪末，波森被紧张的民族斗争所撕裂。

在这一时期且一直延续到一战，波森的犹太人是认同德国性的。至少在一个世纪里，波森犹太人的第一语言是德语；他们所有人都上德国人的学校，在那里被灌输德国文化的伟大。受过教育的犹太人将德国设想为"诗人和哲学家"的帕纳塞斯山。（罗莎琳德·康托洛维茨的叔叔每天早上会把他的九个孩子召集在一起，给他们朗读席勒的谣曲。）犹太人对波兰天主教徒普遍感到不适；每个复活节，神父们会告诉他们的教民是犹太人"杀死了基督"，天主教徒甚至会传播犹太人渎圣的谣言。相反，犹太人感到和新教德国人相处要舒适一些，他们不会散布复活节的憎恨，即使反犹，一般也会存于心而不形于外。康托洛维茨家的一位姻亲，格奥尔格·皮特考斯基（后来的乔治·彼得斯），1874年出生于波森。据他回忆，富裕的犹太人经常会和"文雅的、通常很有教养的行政官员"在晚上会面，喝上一杯啤酒，在这样的聚会中，出现普鲁士官员"并不稀罕"。[16]（在1871年后，波森已然成为一个要塞城市。）波森的犹太人可以利用便捷的铁路旅行，往西只需三个小时就可以直达柏林。只需稍微看看东边俄国犹太人受到的压迫，或者奥匈帝国犹太人的落后，他们便可以想起身为德国人的好处。

德国犹太人当然觉得自己俨然"其中一员"。在 19 世纪末期，维克多·克莱普勒[1]的父亲，一位瓦尔特河畔琅茨贝尔格（离波森七十英里）的拉比，在一份公开文件中将自己登记为"牧师"，其用意并不在隐瞒身份，因为所有非犹太人都知道他是个拉比，而是为了表达自己作为德国人的意识。[17]莱茵哈德·本迪克斯的父亲，大约 1900 年在柏林长大成人，他后来回忆道："我们并非作为外邦人希望成为本国人，而是作为本国人不理解且强烈反对自己被当作外邦人看待。我们一点也不觉得我们是被同化的犹太人，我们觉得自己是德国人，就像其他德国人一样。"[18]波森的犹太人（很多家庭的上几代都是来自加利西亚）一想到自己和普鲁士东边那些"声名狼藉的"犹太人联系在一起就毛骨悚然。[19]在康托洛维茨家，对德国性认同的一个匪夷所思的表征便是，当马克斯和罗莎琳德在 1877 年诞下一子，他们将其取名为奥托·齐格弗里德，"奥托"是第一德意志帝国的奠定者，而齐格弗里德是瓦格纳的白肤金发、体格强健的德国英雄的原型。

在康托洛维茨家族，对德国性的信奉侵蚀着对犹太教的信奉。埃伦·菲舍尔写道，"我们家并未保持犹太传统"。后来当纳粹上台，埃伦的母亲埃尔泽[2]问她犹太新年和犹太赎罪日有何区别。[20]在埃尔泽的家里，"犹太"这个词是忌讳；如果非得提及一个犹太人，也会用法语"Juif"。在埃卡家，情况有些不同。这家人在逾越节的时候会在家里举行家宴，用希伯来语朗读《哈伽达》。因为恩斯特是最小的孩子，他要吟诵"四问题"，在 1962 年他

---

1 维克多·克莱普勒（1881—1960），德国罗曼语文学教授，1935 年因犹太出身被解聘，著有《第三帝国的语言》。
2 埃尔泽为埃卡的伯父马克斯·康托洛维茨的长女，弗朗茨·康托洛维茨的妹妹。

还记得它们是以"Mane Shtane"开头的。[21] 约瑟夫在1905年到1906年间担任波森犹太会堂会众代表,从这一事实可以确定这家人出席了赎罪日的仪式。此外,克拉拉对她的犹太信仰足够严肃,还在1931年给她的哥哥送去犹太新年的问候。另一方面,这里没有真正的"虔诚",恩斯特根本不把他的犹太信仰当回事。与他对"Mane Shtane"的回忆联系在一起的是一首儿歌,"摇着小铃,叮铃作响",他认为这"是首圣诞节歌,或者光明节歌,或者复活节歌,或者逾越节歌",事实上是首圣诞歌。可以很确定的是,康托洛维茨家并不说意第绪语,除非偶然用到意第绪的词语和短语。(康托洛维茨在写给其他犹太人的信中会夹杂意第绪语,但都是些很常用的,如 *meschugge*。)还可以很确定的是,他未接受过犹太受戒礼。他在晚年提到自己,说他"流淌着犹太人的血液,但没有犹太教的信仰"。[22]

恩斯特出生在1895年,是三个兄弟姊妹中最小的,不算1884年出生、两岁时夭折的那个。他有两个姐姐:索菲,人称"索莎",生于1887年;玛格丽特,即"格雷特"或"格蕾特尔",生于1888年。在两个姐姐中,恩斯特和大姐亲。他们一家人住在优雅的诺伊施塔特(新城)的柏林大街。恩斯特最早的一个记忆是一个女仆为了取悦他,擦亮一根火柴,然后教他说波兰语中的"火柴"(*zapalki*)。[23] 他从未学到更多的波兰语,但他的父母认为教他英语绝对必要,基于他以后会从事贸易的设想。因此他们请了一个英国家庭女教师来照顾他,直到他十二岁。他的英语说得非常好,1934年在哈佛可以用英语作讲座,尽管此前他从未在这个国家待过。[24] 恩斯特十岁的时候,他们一家搬到新建立的"别墅区",那是一个高档住宅区,位于波森西侧外围,在把围墙推翻之后建成。

康托洛维茨一家住在以普鲁士王室命名的霍亨索伦大街上，他们在一间大楼里有一套带十个房间的大公寓（图3），有一整层楼那么长。不远处是雄伟的威廉广场，再过去便是威廉大街。这是一条宽阔的林荫大道，林立着众多优雅的商店。别墅区的犹太人在德国人中间生活和购物，观看向威廉广场进发的爱国主义阅兵。多年以后，埃卡在写给埃莉泽·彼得斯的信中，追忆他是如何在"米特商店或阿佩尔商店"与她碰头。这两家专卖店都坐落在威廉大街，一个卖甜品，一个卖熟食。[25]

图3 康托洛维茨一家在波森（现在的波兹南）所住的公寓大楼（艾德穆特·勒纳摄）

埃卡的学校教育有妥善的记录。1901年春天，六岁的他进入当地市立的"面向青少年的中间学校"，在那里念了三年，课程有宗教（可能是《圣经》故事）、德语、算术、地理、歌唱和书法。他所有科目的成绩都很好，除了书法只是及格。[26] 从中间学校出来后，他升入奥古斯特－维多利亚皇后文理高级中学。这所以普鲁士王后和德国皇后命名的机构（尽管是所男校）是为了本城精英而在别墅区新近筹办的。这是一所"人文主义"文理高级中学，需要高强度地学习拉丁语和希腊语，外加一门近代语言——埃卡学的是法语。古典课程的要求很高。在埃卡的最后一学期，指定读的原著包括贺拉斯、塔西佗、修昔底德、索福克勒斯。李维和色诺芬的选集要能随口翻译出来。他将毕业证书予以保存，因为德国人在深造或就业的时候，需要出示高中文凭作为证明。现在在纽约康托洛维茨的文件中可以看到这份证书。上面显示他在这所中学待了八年半，从1904年春到1913年春。1907年春，他并没有升到下一年级。因为他请家教退学了半年，然后在秋天重新入学。

最后一个事实表明，埃卡在中间学校的表现令人满意，但到了高级中学则变得差劲。普鲁士的档案保存让我们可以得知他在那些年的完整成绩。他从未在任何一门课程上取得最高分，哪怕是历史课；大多数都是要么"勉强通过"，要么"不及格"。他对家庭作业也不上心；在这方面老师们经常下批语："需多加改进"。[27] 退学半年后，他的表现稍有好转。但即便如此，他也差点没毕业。如他的毕业证书显示的，他的手写不及格。虽然那只是辅修科目，但他的拉丁语和希腊语笔试也没有通过，只是靠希腊语口试"优"和拉丁语口试"勉强及格"才得以挽回。历史呢？这位未来史学经典的作者得到的可能也是最低的及格分。

事实上，凄惨的分数并不能证明康托洛维茨是那所学校最逊的学生之一。普鲁士的评分很严苛，埃卡的许多同学分数和他不相上下。1904年他所在的班级有四十八名学生，到了1913年毕业时只剩下十五名，而其中有三人分别在不同的时段留过级。[28]

然而，他的分数和他们一样低这一事实依然令人费解，须知没多久之后，他对拉丁语和希腊语的通晓，已如一个有所成就的古典学者。在 1920 年的一封信中，他写到他正在读贺拉斯："[我]极为喜爱他，也知之甚详，但他现在才向 [我] 说话。"[29] 在这一时期的其他信件中，他插入用希腊字母写的希腊引文，这一习惯保持了一生。（在打字的时候，他会为手写插入的希腊语留下空间。）在从军的时候，埃卡也是个贪婪的读者。一位认识他的士兵说，他很惊讶于自己的同伴竟然随身携带那么多书，以及他所展示的令人炫目的博学。[30] 因此我们不得不下结论，即他在文理高级中学的低分，并非因为他在学业上的玩忽，更不必说无能。学校的教导强调死记硬背，埃卡可能养成了对权威的无视或蔑视，就像我们在随后将会看到的。（有一则关于他在波森年轻时期的轶事，说有一次家族聚会上，他被迫和一位远亲跳舞，当她说"你知道，你真的不需这么做"，他立马走开。[31]）

可能他也有点被社交活动分心。奥古斯特－维多利亚皇后高中在波森的四所高级中学里是最时髦的。在低年级中，只有 20% 的学生是波兰人，他们中很少坚持到毕业。（需要铭记于心的是，波兰人需要用德语来完成他们所有的课业，只有放学的时候才允许讲波兰语；在埃卡那个毕业班的十五名学生中，只有两名是波兰人，都是为了以后当神父。）德国学生大多是行政官员、军官或者专家的孩子；从 1904 年到 1907 年这段时间，有二十五名学生是政府官员的孩子，六名是军官的孩子，七名是物理学家和建筑师的孩子，只有一名的父亲是体力工作者。此外需要补充的是，在埃卡那个班的五十名学生中，只有他和另外一名学生是"信仰摩西者"的孩子。[32]

很显然这是一个可以和精英来往的环境,而埃卡看起来对此也颇有热情。我们知道关于他的最早的照片是一张在工作室拍摄的集体照,他出现在七个穿戴正式的年轻人中间,显然他们是一个俱乐部的成员。所有人都显僵硬,除了康托洛维茨,他站在后排倾身朝向照相机,姿态来得更为放松(图4)。俱乐部的主席(坐在中间那个几近于王座的椅子上)会再次出现在现存最早寄给康托洛维茨的邮件中。这是一张明信片,时间为1913年5月22日(此时他已高中毕业两个月),由"库尔特·N."从波茨坦寄给汉堡的康托洛维茨。[33]库尔特正在上一所面对德国初级军官的军事学校。在写给"恩斯特"的信中,他说过些日子他将从军事学校旅行至托伦–马林堡,这是西普鲁士的一个前哨基地。明信片的背面是

图4 学生俱乐部,奥古斯特–维多利亚高级中学,约1912年。第二排左边、前倾着身子的便是康托洛维茨(匹兹堡大学,迈克尔·车尔尼亚夫斯基文件:AIS.1974.15)

一张他穿着军服的照片。集体照和明信片——两者康托洛维茨保存了一生（不知道库尔特是否死于一战的战场？）——都值得注意，它们揭示了他与上层阶级的交往。这一特点，如同对权威的蔑视，将被证明是他的常态。

还在念高级中学时，除了年轻人的俱乐部，恩斯特还与一个不同的社交圈有接触。1911年，他的大姐索莎去海德堡旁听，和两位年轻的教员住在同一栋膳宿公寓，他们一位是年轻的经济学家阿图尔·扎尔茨，一位是德语文学学者弗里德里希·贡多尔夫。两个都是热情而严肃的年轻知识分子，钦服于德国最著名的诗人斯特凡·格奥尔格。1911年复活节假期，十六岁的恩斯特去海德堡看望他的大姐。待在那里的那段时间，他还和大姐以及两位教员外出，去附近一个风景如画的小镇温普芬。他们给约瑟菲娜·索博特卡寄了一张明信片，送去复活节的问候；她是一位和他们关系很密切的海德堡校友。（我们在后面将大量谈到她。）这张明信片，加上贡多尔夫手绘的约瑟菲娜的漫画（上面署着姓名的首字母"A. S.""F. G.""E. K."），清楚地表明约瑟菲娜心照不宣地知道"埃卡"是谁。贡多尔夫在不久后写给她的一封信中顺便提到过这张明信片，他说"康托洛维娜"的弟弟在海德堡待了一段时间，他是个"讨人喜欢的年轻人"，拥有"动人的优雅，让我们经常忍不住戏弄他"。[34]

埃卡还结识了贡多尔夫在海德堡的一位友人，一位名叫恩斯特·罗伯特·库尔提乌斯的文学学者[35]。这个名字很耳熟，因为库尔提乌斯后来成了德国最有名的文人（man of letters）之一。这里我们关心的是，他和贡多尔夫、扎尔茨一样，都是斯特凡·格奥尔格热诚的仰慕者。因而可以合理地推出，十几岁的康托洛维茨也感染了相同的热情。不管何时发端，他对格奥尔格的诗歌和世界观的潜心，将影响、塑造他的生命之路。

毕业后埃卡进入学徒期，为那时似乎是他注定了的职业作准备。在一份后来的简历中，他写道："由于父亲建议我加入他的生意，为了熟悉贸易、金融和经济的世界，我去了汉堡。"[36]他在康托洛维茨公司的汉堡分支供职，处理诸如来自坦噶尼喀的果汁订单之类的事务。他住在伊瑟大街，那里是一个新区，排列着一幢幢新艺术风格的很气派的房子。1914年6月，父母寄给他一笔钱，资助他去介于南特与拉罗谢尔之间的大西洋海滨酒店度假，为时两周。[37]后来关于这一次逗留的回忆，基本上被第一次世界大战抹除了。

第二章
"扛着枪与炮"

在 1938 年的简历中,恩斯特·康托洛维茨写道:"1914 年 8 月战争爆发的时候,我立即志愿入伍,同年 9 月被派往法国前线。"他的军人身份证上的第一个记录颇为特异。[1] 8 月 8 日,也即德国向法国宣战六天后,这位十九岁的年轻人志愿参加波森第一野战炮兵团。在奥古斯特-维多利亚高级中学,爱国主义精神已被反复灌输。[2] 在他上学的最后一年,学校通过激昂的演讲和大合唱,庆祝了皇帝和皇后的生日——同时也是纪念普法战争中普鲁士伟大胜利的"色当日",以及拿破仑战争中"普鲁士崛起"的百年纪念。给毕业生的致辞是:"我们作为普鲁士人,能否赞同维吉尔那句老话,'战争中没有安全可言'?"埃卡的文件没能留存下来,但这一意味深长的表述方式,表明了一种可能的答案,即"普鲁士人总是不得不在战争中寻找安全"。

康托洛维茨入伍的速度很具典型性。数万年轻的德国男人——犹太人自然也包括在内——如风暴般涌入新兵征募站。这种氛围被埃卡的堂姐格特鲁德[1]在信中予以了生动的传达。在 1914 年 8 月 2

---

1 格特鲁德·康托洛维茨(1876—1945),马克斯·康托洛维茨的二女儿。

日一封题为"动员第一天"的信中,她写道:"在重大的时刻,无可想象我们可以当懦夫。"在第十天她写下"这场战争十分伟大,人们亦比以往任何时候都更加了不起";第十九天的信中则写着:"我的全部存在都牵挂着这场战争的实情……我的存在与德国之息息相关,犹如生命的呼吸与它进出的身体……我不会去问这场战争多么正确;我只知道它是正确的。"[3]

波森第一野战炮兵团隶属于所谓的 1–A 部队——意指其士兵受过高等教育,是执行对可靠性有很高要求的作战任务的首选。军官们都来自波森省和波森市的中上层;一些志愿兵是高级中学的毕业生;其余的则来自广泛的各行各业。可能很多人都听说过腓特烈大王那句老话,"火炮赋予原本可能粗俗的争吵以尊严",以及普鲁士野战炮兵是"国王最后的论辩"(ultima ratio regis)。

9月17日,埃卡被派往西部前线加入所属的团。9月21日至24日,该团参加了对凡尔登南边默兹河高地的猛攻。法国人随即在默兹河右岸阻止德军,并发起了一场消耗战。除了一次休假允许他回波森同家人一起度过1915年圣诞节,从1914年9月起,康托洛维茨一直在西线作战,直到1916年4月被送往巴伐利亚一家医院,具体病症不详。几日休息恢复之后,他被归入波森的一支后备部队,然后在夏天被派往原先待过的地方。当他在凡尔登战役中受伤,他在这片地区的战斗生涯便告结束。

他接连受到提拔。他作为二等兵加入陆军,然后逐级从上等兵,晋升到下士、中士,再到1915年10月获得军士军衔。一位曾和他并肩战斗过的军人在1978年称道他那"杰出的军事行为和勇气尽人皆知"。1915年10月,他获得二级铁十字勋章。在1916年3月一张拍摄于前线的唤起人回忆的照片中(图5),他便叼

图5 康托洛维茨在西线，1916年3月（版权归埃克哈特·格吕内瓦尔德档案，美因河畔的法兰克福）

着一支烟，佩着他的铁十字勋章缎带。

一批康托洛维茨战时寄往家中父母的不为人知的信件，不久前重见天日，使我们可以看到他的行动，并根据他本人的言辞来感受他当时的思想。在1914年10月20日的信中，他愉快地告知他在"发射阵地"的处境。他所在的炮台位于战壕中的步兵后方，需要随时准备发射。整个夜晚双方都在开火；法军放出信号弹，埃卡部队的指挥官受了重伤。这是他头一次遭遇炮火攻击，他却称并未感到自己处在任何危险当中，他觉得"这场战役**特别有意思**"（强调处为他自己所加）。一年之后的1915年10月12日，他写到他在晋升为军士时的"真切的喜悦"。他很自豪，尤其因为他是他所在的炮台唯一取得如此成就的志愿兵。这下他将系一种独特的勋带，且佩一把军刀。诚然他也将不得不招待全体下士一桶啤酒（"这不会很便宜"），但若是全年服役之后没有成为中士，他怕是会失望。

士兵们定期享有休息日，而这方面的消息在埃卡的信中亦有所述及。他给家里写信，索要额外的食物储备以及——康托洛维茨家的特色产品——酒。他的列表中不仅包括了腊肠、培根肉、鱼酱，还有"Podbipieta"（其家族企业酿制的一款利口酒）、朗姆酒以及白兰地（图6）。这一切物品并非自己独享，还得拿来款待在后方同部队"侃大山"的炮台军官们。这帮军官每天都要问那些诱人的包裹什么时候到。他也有时间读书。在1915年7月的信中，他向家里要了些英文书，连同一本小字典和一部原文译文对照的《贺拉斯颂诗集》。在休息期间，他可以去约八十公里外的梅斯旅行，在那儿购物（正如他在家书中所言），以及从事些别的活动（对此他未向家里言明）。

图6 "利口酒在前线"：1915年的一张印有康托洛维茨公司广告的明信片（蒙埃克哈特·格吕内瓦尔德允准）

1916年7月5日，康托洛维茨加入一支在凡尔登作战的野战炮兵团。战火已肆虐了好几个月，伴有凶暴的大屠杀：数以万计的人因此死去，还有更多的人受伤。埃卡去的时候正值战事密集之时。在7月8日的家书中，他拿铅笔草草写道——"在这个战场上"——他经历了"一些疯狂的日子"。他的连队从夜里十点行军到翌日凌晨两点,直到六点钟才在一片树林子里停下歇息。身陷脏污,他假寐了半个钟头,然后不得不为了能够露营而再次进军。后来上头发下命令,要求连队在晚上抵达一处发射阵地,孰料"天气送来大暴雨作为祝福"。埃卡的雨衣根本挡不住那倾盆大雨。他写道,他从未见过士兵们如此懦弱,肉身如此无助,即便他意识到对于他们中的绝大多数来说,这是他们"炮火的洗礼"。至于他自己,他很高兴保住了名誉,并且从一开始对开火这件事就是漠然以对。他以完美的冷静补充道:"我早先所以为的战争与此相比不过是演习,这很令我满意。"

在 7 月 17 日的信中,对于父亲告诫他不该"漠然",他回应说他并非傲慢,这两者不是一回事,而且在战斗中,有时只有冷漠才有助于看穿一个人。他本以为前些年待过的地方(东皮埃尔、孔布雷)作战要更激烈,但眼下这地带才可怕。他补充道,他期盼立即去梅斯享受为期四天的休假。但那是不可能的。关于他在 7 月 21 日如何受伤的故事,没有人比他本人讲得更好:

> 昨晚我受了点轻伤:在脑袋右侧,正好在右眼的右边。幸运的是,没伤着眼睛。除了些许疼痛、强烈的不适感以及一点点发烧,整体没什么大碍。今天我跟着一支前往蒙特梅迪的医疗队走,可能会从那里往德国去。一旦知道我所处的位置,我就告知你们。不过你们尽管安心休息——我的情况不坏。我在受着伤的时候还骑行了两个钟头。是这么回事,昨日不同往日,我得携带着军需品进入阵地。我们已经在回来的路上,突遇轮番开火。到第三轮,纵队被直接命中。除

我之外——我骑在前头——一位中尉和两位马夫都受了伤。我从马背高处跌下,立刻意识到我受伤了,于是跃入最近的一条废弃隧道。外面则依旧是射击接着射击。我的马吓得乱跑。为了徒步走回去,我找出绷带包,做了个紧急处理,然后趁停火的当口爬了出去。片刻之后我找到了一名手下和我的马,骑行到最近的急救站,做了些包扎,等等。我几乎已到营地,最后重头戏来了,四枚空投炸弹在我右边不远处炸了开来。呃,结局不算坏,我差不多是带着一只蓝眼睛逃离。

"带着一只蓝眼睛逃离"是一种德式表达,意指"轻松地逃过了惩罚"。考虑到1916年7月的死亡和重伤比率,埃卡确实是逃过了一劫。在一段时间之后,他的伤口痊愈,关于此事,他再也没多说过什么。他也不再描述他的军事经验以款待人们,更不必说吹嘘自己的英勇。那不是他的风格。不过现在我们有了他的战时书信,可以看到在战火下的冷静是他一贯的特质。

在军事医院待了三个月,埃卡获得康复,然后和补充部队一起驻扎德国直到1月初,之后被派往俄国前线。从1917年1月5日到2月19日,他在一支沃里尼亚的野战炮兵团服役,那是乌克兰西北部的一个地区,那里的战斗已因"冬眠"而偃息。我们能借以触摸这段岁月的唯一有"质地"的东西,是他在返回时携带的一份戳过章的文件,证明他已除过虱。

康托洛维茨的下一段军役来得意外:在乌克兰仅仅待了九十天后,他被派往小亚细亚。他的军事通行证中的记录表明,他被调到君士坦丁堡,加入"特别铁路公司五号";这家公司负责将一条贯穿小亚细亚的铁路线延长至阿勒颇。不过这个记载是预先作出的。可以肯定,埃卡在行经君士坦丁堡之后,从未同什么铁路公司的分支共事过。相反,我们有他在1938年的陈述:"痊愈之后,我被派往俄国,以及1917年,又被派往土耳其的一个德国参谋部。"[4] 1940年,他给伯克利分校历史系主任提供了更多细节,后者在一个讲座上介绍他:"他年纪轻轻就在第一次世界大战中度过了四年,先后在法国、俄国和土耳其服役。他在土耳其前线给利曼·冯·赞德尔斯的第五军做翻译员这一事实,足以说明他的语言造诣。"[5]

是什么导致了这一迅速的调动?埃卡确定无疑地将此归因于他姐夫阿图尔·扎尔茨的影响力,后者从1916年1月起在奥匈帝国驻君士坦丁堡大使馆担任经济顾问一职。扎尔茨有能力为朋友安排事宜,可由这一事实作证:1917年2月在德国执行任务时,他曾设法将弗里德里希·贡多尔夫从服役的西线调到柏林的一个办公室。[6] 考虑到埃卡也是在1917年2月被调动的,实在难说这只是巧合。对于一个爱冒险的年轻人而言,去充满异国风情的土耳其服役而不是待在乌克兰的雪中,是个轻松的选择。而且那会儿,埃卡已经培养起了对"东方"历史的兴趣。1978年他的西线战友在采访中说,他曾在行李中带着这一主题的书籍,尤其钟爱《一千零一夜》。

关于埃卡在土耳其的行踪,存在着时序上的不确定性。对第一个半年最可信的重构,是他在3月抵达君士坦丁堡,花了可能有两个月的时间学习土耳其语,然后去了马尔马拉海边的小城班德尔马,在那里一直待到9月初。可以确定他在班德尔马的日期的证据，主要由他保存下来的几张土耳其朋友的照片组成。日期最早的是一张快照，很可能是在班德尔马拍的，照片中一位土耳其军官神情得意地骑在马背上。照片的背面题着"A M^{er} Kantorowitz"（签名人的名字难以破译），日期是 1917 年 5 月 8 日。埃卡必定在六周后又去了班德尔马，因为有一张照片，是由那里的一位土耳其军官题赠给他的，时间为 1917 年 6 月 20 日。那张之后，其余由班德尔马的土耳其朋友题赠给他的照片，注明的日期都在 8 月 3 日到 9 月 1 日之间。

这个城市——从这里乘船去君士坦丁堡很方便——是奥斯曼帝国第五军司令奥托·利曼·冯·赞德尔斯将军的司令部所在地。埃卡似乎是土耳其人与利曼的参谋之间的联络官。他很久之后结交的朋友伊戈尔·谢甫琴科，称"他是作为翻译部队的一名成员待在了土耳其"。[7] 自然，他同土耳其人建立起了亲密的友谊。那张注明日期为 1917 年 6 月 20 日的照片，是一个叫卢夫蒂·苏克里的人用德文题赠给他的："致亲爱的康托，谨以此纪念在班德尔马度过的美妙的夏日时光。"在一张未标日期的快照上，埃卡同卢夫蒂挽着手臂一起坐在室外（图 7）。一张注明日期为 8 月 3 日的照片上，则是一位衣着高贵的土耳其人，他有一幅由君士坦丁堡的一家画室绘制的正式画像。这个人用法文写道："致我亲爱的朋友康托洛维茨，谨以此纪念一段极为真诚且亲密的友谊。"

考虑到土耳其的精英们懂得西方语言，德文和法文的使用也就不足为奇。更为值得注意的是第四张照片（图 8），由一位土耳其朋友用以波斯－阿拉伯字母书写的土耳其语题赠给他："我将此赠送给我亲爱的康托洛维茨作为我们的分手留念，333 年[即公历1917年]9月1日,内德日布。"因此这样一个朋友允许我们假定,在奥斯曼帝国待了约莫半年后,埃卡的土耳其语已有小成。可以肯定,1919年在注册慕尼黑大学的一门二级课程时,他掌握了足够多的土耳其语。更久之后的1940年代,他同讲匈牙利语的露西·车尔尼亚夫斯基交流土耳其语的词句,试图验证土耳其语同匈牙利语之间被假设的关联;在普林斯顿,他曾说"土耳其语是一门很难学又很容易忘的语言"。[8]

图7 康托洛维茨与土耳其友人卢夫蒂·苏克里,1917年夏(勒纳档案)

图 8 "我将此赠送给我亲爱的康托洛维茨作为我们的分手留念，333 年 9 月 1 日，内德日布。"（匹兹堡大学，迈克尔·车尔尼亚夫斯基文件：AIS.1974.15）

早在 1917 年 5 月 28 日，康托洛维茨就被授予铁新月勋章——奥斯曼帝国中与铁十字勋章相对应的荣誉。虽然授勋是"以苏丹的名义"，但文件是由利曼·冯·赞德尔斯签署的（实际上是未经审查就批准）。不过后来康托洛维茨惹怒了将军。据埃卡从 1930 年代开始最亲近的朋友莫里斯·包腊说，他在小亚细亚的服役"突然就结束了，[因为]他同一位护士有了一段韵事，而这位护士是将军的情妇"。[9] 在 1939 年一封给包腊的信中，康托洛维茨提到他"在土耳其得罪了总司令"。对利曼·冯·赞德尔斯的这番冒犯，被阿图尔·扎尔茨 1956 年写给埃卡的一封信中的一段证实。当时扎尔茨为埃卡发给他的一篇文章而恼火。他抱怨道：

> 读毕全文，一个问题压在我心头：文章的主题——通过使徒们的脚看世界——真的值那印刷费用、费劲的工作，值得花这么多汗水和学识？……您怎么变了！早先，在更年轻的时候，您全然心仪于英雄的壮举，自己在行动上也表现英勇。就提一段您的生活故事的插曲吧，您难道不是勇敢地面对您的军事统帅？……难道您不是告诉了他事情的真相？告诉他在哪里离开？而在大卫们和歌利亚们之间无休止的战斗中，他不是令人失望吗？那真是大胆的想法和勇敢的处理。那……就好像出了名的乔·史密斯，把喇叭放在美国总统的头上。您有勇气以一记重响，把整个班德尔马盒子（还是说它就是潘多拉之盒？）丢在身后。那些才是您该过的日子的模样！[10]

扎尔茨用的"喇叭"这个词，暗指通奸之意，因此便含蓄地证实了包腊所说的埃卡与利曼的情妇有染。若说这样的行为似乎是大胆的，那么告诉冯·赞德尔斯"事情的真相"则是惊人的。利曼是个暴脾气的人，而埃卡区区一个中士。这种公然的不服从是康托洛维茨用来逞强的诸多手段之一。

我们已看到埃卡同"内德日布"在 1917 年 9 月 1 日分别。依照莫里斯·包腊的说法，埃卡担任的是"德军在伊斯坦布尔和士麦那的翻译官"，这也被埃卡在离开前从土耳其寄给舅舅费利克斯·黑普纳的信所证实——信中提及他在君士坦丁堡和士麦那的时候遇到英国飞机轰炸。（这封信是从另外一个地方寄出的，具体不详。）在土耳其的某地，他买了两块基里姆地毯，它们成了他在德国的室内陈设的一部分，直到1938年。那封给黑普纳的信遗失了第一页，因此也没了日期信息。不过它确实说明当时战火正酣，也能表明它是埃卡在离开前不久所写的。因此，他必定是在年底将近时离开的土耳其。

土耳其的插曲对康托洛维茨的生涯有着深远的影响。我们会从1921年他在海德堡完成的博士论文《穆斯林工匠协会的性质》中看出这一点。在那之后不久，一位教授评论康托洛维茨"最适合关联东方和西方的材料"。[11]三十年后，他走上了教授所言的轨道，将大量"东-西方研究"纳入他的计划。到那时，"东方研究"主要指拜占庭研究，但即便如此，拜占庭帝国还是以小亚细亚为中心。

从离开土耳其后到1918年5月3日期间，埃卡的去处和活动仍然无法确定。基于一封从柏林寄给父母的信，我们发现那时他在形式上隶属于一所翻译学校，然而似乎并没有什么职务。他住在西柏林的市中心，在信中写到自己刚刚注册了柏林大学的课程，"至少得有事可做"。[12]他解释说这可以算作他的"战争学期"——德国政府授予现役军人的一项特许权。他所选的三门讲座课程，是根据自己将在家族企业中承担主管职位这一假设而决定的——他在信中写到，他相信自己是最有前途的继承人。因此这三门讲座课程都是经济学方向的：两门是由研究资本主义的著名历史学家维尔纳·桑巴特开设，第三门则是由另一位以历史为导向的经济学家伊格纳兹·亚斯特罗开设。此外还有证据表明康托洛维茨参加了另一门课程,由当时最著名的古典希腊语文学者乌尔里希·冯·维拉莫维茨 – 默伦多夫开设。(这位希腊语如此差劲的高级文理中学学生,很明显是决定了要去追求他喜爱的文学。)

在柏林的夏季学期结束后,康托洛维茨于8月返回西线。起初,官僚主义的混乱让他不知自己会被派驻到哪里。在单调的法国东北部城市圣昆廷,他发现手头有几天属于自己的时间。但随后不久他就被派到吉斯的一支部队,在那儿他的职务是破译敌方电报,然后将其从法文或英文翻译为德文。那里的生活很舒服。吉斯位于法国东北边境,风景如画又静谧。埃卡同军官们一起吃饭,只需在上午和下午分别值两小时的班,此外便是闲暇,可以读自己喜欢的书,学习"他那多样的语法"(很可能就包括了土耳其语)。娱乐消遣则是由一家电影院提供,甚至还有几家剧院。当看到舞台上的吻戏,他禁不住在给父母的信中道出这份欢愉:观众们已有数月未见过接吻了,"所有人齐鼓掌"。[13]

不过德军的情况就很惨了。美军加入了战争,德国在西线的防御节节溃败。埃卡在吉斯的时候,他曾在乌克兰服役过的军团路过此处。令人高兴的重聚。他以前的伙伴们都很高兴能偶遇他。不过他们的人数大幅减少。有五个炮兵连被消灭。一个月后德国人撤离吉斯。到10月8日,康托洛维茨已在吉斯往东二十公里的多朗村找到私人住处。撤退的军队如洪水淹没道路。与此同时,他因为肠道感染引发腹泻而倒下。他向父母写到他的女房东待他非常好——"就像一位母亲"。她为他泡甘菊茶、煮浓咖啡、做华夫饼,还让他躺在有热砖的床上。她如此宠爱,以至于他简直不希望自己好起来。[14]

他的确不见好转。10月21日,他出现在德国中部靠近哈勒的一家军事医院。29日,他被送往柏林,带着一份疗养休假四周的建议。11月9日,他从柏林写信给父母,说建议已获批,并且很可能他将不再被征召入伍。这时离停战只有两天,所有人都知道战争结束了。因此他在柏林大学注册了第二学期。再一次,他将精力集中于经济学,报名参加了该领域的三门课程。为了继续对伊斯兰的痴迷,他另外又报了著名伊斯兰教专家卡尔·海因里希·贝克尔的课程:"哈里发的历史"。他写到,要是再被征召服役,他会找借口躲掉,不过结果是,没这个必要。

倘若有人问康托洛维茨在四年服役期间怎么看待战争,第一批书信——从1914年至1916年——只能间接地给出一个答案。它们从未表现出为国家事业而战的热忱,但也从未表达对不必要的丧生的愤怒。信中充满了对战斗的描述,包括一次死里逃生,就好像作者正在执行一项不证自明的任务。第一处明确的意见出现在1918年5月3日的信中。他提到"这场令人不快的战争",并分享了父母对和平的期望。不过这里把战争称作"令人不快的",是出于个人考虑:战争夺去了他数年时光,在此期间他本可为他在家族企业中的职业生涯作准备。在一处愤愤不平的题外话里,他抱怨起一位普鲁士议会议员关于反犹的夸夸其谈:"我们牺牲自我这么些年,难道只是为了被这种人攻击?"[15]然而在这里以及之后从前线写来的信中,他并未谈到战斗本身的目的。他感到沮丧,因为战争仍在继续。他写道,他的父母考虑去里维埃拉度假还为时过早。很显然,他认为不论战争什么时候结束,和平时期的境况和1914年8月之前的,将不会相差太大。停战之后,一直到1930年代初,翻天覆地的现实才成为他的重点关注。

在11月9日写给父母的信中,埃卡向他们保证,现在他将认真投入学习。但风云突变。对德国企业主而言，波森的形势十分恶劣。11月11日停战那天，波兰人宣布"最高人民委员会"组建，该委员会在波兰领导下，代表波兹南省发言。德国人则在11月14日组织起他们自己的省"人民委员会"，而其地方议会也在12月12日产生。弗朗茨·康托洛维茨便是波森议会的重要成员。不久，柏林的普鲁士政府（现在由社会民主党执掌）派出一个代表团抵达此地与波兰人交涉，但谈判破裂。之后，波兰爱国人士、钢琴家伊格纳奇·扬·帕德雷夫斯基于12月27日抵达该市，发表热烈演讲，支持波兹南并入已在华沙建国的波兰[1]。演讲激发了一场武装起义。巷战随之而来，到1919年1月5日，德国人被打败。

将近11月底时，恩斯特·康托洛维茨离开柏林前往波森。此举是紧张的政治局势还是父亲重病使然，不得而知。不论哪种情况，整个12月他都待在波森：父亲的生日是12月14日，不久又是圣诞节。紧接着他参与了一些战斗。在1933年的信中，为了辩护他作为民族主义者的记录，他将他参加"防御波兰入侵"的举动称为一次准军事活动。他战斗的时间不可能超过两天或三天——一封1月3日写给父母的信表明他已在元旦那天乘火车返回柏林。此外已知的就是他曾有一次为了脱险毁掉了自己的身份证件。在给父母的信中，他讲到幸好火车上没有对证件的管制。[16]

在伯克利同他的学生威廉·A.钱尼的交谈中，康托洛维茨曾评论道，他为"他曾与波兰人作战感到抱歉"。[17]此时他定然领会到，波兰人有权统治一座历史上就属于他们、他们的人口占多数的城市。不过在起义期间，他有理由关心他的家乡及家族工厂的安全。

---

1 即波兰第二共和国。

他那并未卷入巷战的堂兄弗朗茨,为站错队付出了一些代价。1月29日,新波兰政府将他作为人质拘禁在一处城堡要塞中;几天后,弗朗茨写信给他在柏林的妻子称,每天他有十五分钟时间被允许在看守的监视下,到室外走动。6月14日,他被释放。

一回到柏林,埃卡就发现,正如他在信中对父母说的,这里的状况"比波森的要糟糕得多得多"。自12月以来,柏林已发生极左派指挥的罢工和游行,这些极左派中的大多数自称"斯巴达克同盟"。(这个名字来自斯巴达克,一场伟大的罗马奴隶起义的领导者。)德国在11月已经有过一场"革命",当时温和的社会民主党在柏林上台,宣告实行共和制。这帮人是渐进主义者,谨慎地避免冒犯普鲁士统治阶级。而斯巴达克同盟则支持遵循最近在俄国发生的革命路线。斯巴达克同盟没有大量追随者,也缺乏重型军事装备,因此几乎没有实现目标的机会。但社会民主党决定利用东部对布尔什维克主义的恐慌铲除他们,好同前帝国军队的残余力量和新成立的部队——由宿营在城市周围的极右翼志愿者(被称为自由军团)组成——结盟。

事情发生在1月初。社会民主党免去柏林的极左翼警察局长,引发左翼社会党人和斯巴达克同盟结盟呼吁进行大规模抗议游行。那是一个周日,参加人数远超预期:示威人群挤满了勃兰登堡门两侧。一些斯巴达克同盟分子壮起胆来,他们相信真正的革命时机已经成熟。1月5日夜晚,一拨人未经考虑便夺取柏林"报纸区"的几座建筑,为了让敌对报刊发不出声,与此同时,其他人夺取了市中心政府区的几栋大楼。巷战接踵而至,不过政府很快便通过调用军队及自由军团占了上风。军队护住了城市心脏的安全,并把总部设在市中心的帝国总理府。1月11日,自由军团的一支分遣队用火焰喷射器和榴弹炮袭击了斯巴达克同盟在报纸区的主要堡垒，迅速占领了大楼。幸存下来的守卫被带走并击毙。第二天，自由军团的其他战士抵达同一街区。绝望的斯巴达克同盟分子仍在试图顽抗，他们洗劫房屋，将居民草草处死。到了1月13日，整座城市寂若无人。

很长时间以来我们都认为，康托洛维茨曾同自由军团一道作战，对抗斯巴达克同盟，不过新近发现的一封他在1月14日写给父母的信证明这是错的。他当时住在夏洛滕堡，并未接近任何实际的战斗。尽管如此，他还是感到柏林形势"危险"，并在1月12日决定自愿为维护秩序的武装力量服务。为此他去夏洛滕堡的民兵组织报到，在那儿偶遇了一位来自波森的，也是来当志愿兵的熟人。随后两人收到命令，于当晚午夜之前前往总理府报到。埃卡来的时候穿的是他的制服，却被告知要换上平民服装，以免在去市中心时被怀疑。

他对接下来发生的事的描述生动有趣。他和同伴得到一个口令，但在离开市中心火车站后，却不被守卫们认可。于是他们从一个关卡溜到又一个关卡，直到抵达总理府，口令才被接受。在那里，他们发现士兵们躺在"蓝色天鹅绒的洛可可式家具"上，每一寸空间都被用来宿营（巧的是，记者哈里·凯斯勒伯爵同一夜也在总理府，并记下了相同的场景："总理府巨大的国会大厅引人注目：一军营的士兵们，有的靠着机关枪，有的在地毯上准备过夜，每个人都松松垮垮、蓬头垢面。"[18]）为了解决"需要"，康托洛维茨去了厕所。依照他给父母所写的，他坐在一个"比洛、贝特曼·霍尔维格，甚至可能还有德皇，从烦恼中寻找解脱"的地方。不过令人失望的是，马桶"座位没有皮软垫"。随后过了一会儿,他和同伴被派去附近的国会大厦。他们得到了手枪和手榴弹,依照指示去一条街上站岗,邻近的一座邮政大楼正在被政府军猛攻。他们站了四个钟头,结果证明,受到攻击的大楼实际上是被别的政府士兵控制的。(他写道,"当然遭受了损失"。)他们等待另一项任务,最后认定这儿的一切都"太不军事了",于是去了西边很远的达勒姆,向政府军总部报到。(那得到13日早上。)但即便这样,他们也未被派遣任务,只是四处闲荡,直到发觉如此等待着实"太蠢",便回家了。在结束他的讲述时,埃卡写道:"现在事情已在没有我的情况下圆满结束,这就是我第二段军队时期的故事。"

在1933年4月20日的一份正式声明中,康托洛维茨在解释自己有权利继续担任法兰克福大学教授时,提到自己曾作为一名"在战后反对斯巴达克同盟的斗士",并在1933年一封写给同事的信中,称自己为"斯巴达克同盟的战胜者"。[19]但1919年的信件证据表明,他算不上什么"斗士"或"战胜者",尽管并不是因为缺乏尝试。他在伯克利分别同威廉·钱尼和露西·车尔尼亚夫斯基谈论过参与志愿行动的动机。[20]他告诉他们,他对政治不感兴趣,只想继续自己的研究。如钱尼告知的,"埃卡对我说……他在每天街上都有骚乱发生的柏林是无法完成任何工作的";而依照露西·车尔尼亚夫斯基,他说"他只想做自己的事,'但当他们关掉灯时,[他]感到愤怒'"。然而人们必然想知道,他的这一表态是否坦诚。虽然我们无从知晓康托洛维茨在那个时期的政治观点,但我们确实知道几个月后,他自愿同慕尼黑的"赤色分子"作战,并且之后和极右翼站到一起。因此拿起枪和手榴弹,似乎并非只是对电力供应不满。

整个冬天，埃卡都在柏林大学继续上课。随后，到2月初学期结束的时候，他转学去了慕尼黑大学。尽管他告诉钱尼他这么做，是因为他自认为在慕尼黑可以完成更多工作，但其实他另有动机。他同一位迷人的女士坠入了爱河。这个故事会在下一章讲；这里我们继续追踪他在巴伐利亚首都的卧室之外的活动。在那个冬天直到早春期间，慕尼黑大学提供了一个补充学期，专门用来帮助退伍老兵弥补失去的时间，这一事实可以让他受益。2月20日埃卡被大学录取，他继续他的经济学学业，除了一门金融学课程，还修了"国际经济原理"和"经济学概论"。和先前在柏林一样，他在被经济学支配之余，还会上一些他明显真正感兴趣的课程：1648年至1806年间的德意志史、逻辑学，以及一门名叫"当前基本政治问题"的课程。

当前的政治问题打断了康托洛维茨在下一学期伊始的生活。从1919年2月21日"巴伐利亚共和国"左翼社会党总理库尔特·艾斯纳被暗杀起，当地形势就处于不断的变动之中。反对极左分子的派系争夺起这座城市的控制权，迫使一位温和的社会党总理退隐到班贝格，在那儿他同柏林社会民主党达成联盟，后者已然消灭柏林的斯巴达克同盟。4月13日，一个"苏维埃共和国"在慕尼黑宣告成立，不过该政府的权威仅限于这座城市，而班贝格的政府集结起优势兵力——包括从普鲁士送来的军队——来推翻它。随着左派突然攻击起那些他们认为是叛徒的人，慕尼黑骚动四起。反动派军队在4月的最后几天抵达郊外。与此同时，一些"赤色分子"抓住了残暴的极右组织"修黎社"（Thule society）中的几名领导成员。4月30日，他们犯下了一个灾难性错误——处死了那几个人。消息一旦传出，志愿者们便在城里组织起来，自称"义务警察"（*Volkswehr*），要报仇雪恨。这些斗士加上那些正从外围抵达慕尼黑的军队，随后在 5 月 2 日将要结束之时，粉碎了红色革命。

"恩斯特·康托洛维茨先生隶属于义务警察。"这是 1919 年 5 月 1 日发布的一张身份证上的话，表明埃卡曾是修黎社领导人被处决之后火速赶去战斗的志愿者中的一名。这张卡片由反革命总部发布，该部位于慕尼黑市区边缘的巴伐利亚君主官邸。（埃卡曾在附近的膳宿公寓住过。）不幸的是我们没有描述他的活动的信件。但是，也许可以推定，5 月 1 日或 5 月 2 日他参加过施塔胡斯（相当于慕尼黑的时代广场）的战斗。在慕尼黑的战斗很激烈，因为左派有时间来武装自己，而且清楚自己是在为生命而战。其间埃卡受过伤。正如他在 1938 年的简历中告知的："1919 年我再次拿起武器：反抗共产主义者，当时他们在慕尼黑掌权，并且又一次负伤。"[21]1950 年，在一项与伯克利效忠誓言争端有关的声明中，他重复了这一说法。在一次同伯克利同事的交谈中，他也顺便提及过他的伤疤。不过他的伤没有严重到需要住院治疗。

一位当代的德国历史学家写道："巴伐利亚'解放'与任何关于军事必要性的基本原理相悖……自由军团以国家政府名义犯下的暴行，远远超过任何对苏维埃政权的行为或罪行的合理报偿。仅慕尼黑就有六百人死亡，这使得不可能把针对苏维埃共和国的行动辩护成宪法行动。"[22] 尽管埃卡实际上并未参与在柏林的战斗，但在慕尼黑，他不仅参与了，而且几乎可以肯定是杀过人的。证据来自两份在效忠誓言争端期间所作的声明。据伯克利分校的历史系主任称，康托洛维茨曾对他说"约翰，那些共产主义者对我开过枪，我对他们也开过"；据该系的一位同事称，他说"我杀过共产主义者，但我永远不会宣这种誓"。[23] 此外，他曾和骷髅战士们并肩作战，而他们中的许多人将在二十年后成为纳粹。也许最佳的解释来自康托洛维茨 1949 年 10 月 4 日在一封写给加州大学校长的信中所作的声明。在解释自己不是且从未是共产主义者时，他写道："我的政治记录将经受得起每一次调查的考验。我两次志愿扛着枪与炮，同德国左翼激进分子积极作战；但我亦明白，通过加入白色阵营，我间接地、违背自身意愿地为国家社会主义及其掌权铺了路。"[24]

第三章
菲娜热

埃卡一生中最热烈的恋爱,是和漂亮迷人的约瑟菲娜·冯·卡勒(图9)谈的。菲娜生于1889年,她的犹太父母为她起名约瑟菲娜·索博特卡(重音在第一个音节)。1884年她的父亲携家眷从波希米亚搬到维也纳,在那儿同别人共同创立一个麦芽制造企业,取得令人难以置信的成功。啤酒麦芽——取自大麦——为酿造啤酒和烤面包所需。到了大概1900年,豪泽与索博特卡公司利用新技术,成为欧洲最大的啤酒麦芽康采恩。菲娜在九个孩子中排行第八,在维也纳长大。她的父母将她送去一所女校读书,该校旨在调教"地位较高的女儿们",使她们以后能成为高贵的妻子。但当一名医生宣布她将无法生育,菲娜认定一所培养礼仪小姐的学校对她来说毫无意义。取而代之的是,她获得父母同意,转到一所面对女子的人文高级中学。在那儿她学习了拉丁文和希腊文。十八岁时,她终止与一位门当户对的年轻律师的婚约,交了些异性的知识分子朋友。其中一个便是她后来的丈夫埃里希·卡勒,来自一个从布拉格迁到维也纳的富有犹太家族(在1894年之前姓科恩)。另一个是阿图尔·扎尔茨,也是一个来自波希米亚、家境富裕的说德语的犹太人。从1900年至1903年,扎尔茨先后在柏林和慕尼黑学习（在慕尼黑，他师从著名的卢约·布伦塔诺，获得经济学博士学位），随后打理起家族在波希米亚施塔布镇的麦芽生意，这解释了他同索博特卡家族的联系。1906 年后，他回到经济学研究中，先是在维也纳（菲娜便是在此遇见了他），后是在布拉格。卡勒和扎尔茨对智性的投入，同她所认为的她的家族的市侩习性，形成了对比。两人都被菲娜迷住。扎尔茨"身段高贵，举止优雅"[1]，显得更加大胆，她并不反对他的求爱。1908 年扎尔茨跟随他的教授——马克斯·韦伯的弟弟阿尔弗雷德——去了海德堡，并在 1909 年"取得任教资格"（成为一名教授的门槛），这意味着他以无薪讲师的身份留校。趁着扎尔茨在海德堡，这位可能是他女友的年轻女人，抓住机会和他在一起。

图 9　菲娜·冯·卡勒（德语文学档案馆，马尔巴赫）

1909年4月，二十岁的菲娜·索博特卡被内卡河畔世界村（*Weltdorf*）的这座历史悠久的大学录取。在德国的大学里，女学生依然稀罕。（同一时间，索莎·康托洛维茨在海德堡大学旁听，但未攻读学位。）只有在1900年，女性才首次被允许入学。菲娜选择学习医学，由于社会对小儿科的接纳度，该领域当时受到求职女性的偏爱。但她很快就意识到医学不是她的使命所在；她讨厌上解剖课，在1911年冬离开了海德堡。然而在那里的短短一段时间内，她已非常引人注目。不仅因为女性很不常见，还因为她剪了短发以示独立，而且她实在太有魅力。

在留意到菲娜的许多人中，有一个便是弗里德里希·贡多尔夫，1910年5月在海德堡城堡公园看到她的第一眼，他就被"点燃心火"。[2]之前我们已提到他在1911年寄给菲娜一张明信片和一封信。现在得好好地介绍一下他了。在1910年遇见菲娜的那段时期，贡多尔夫是德国最有名的诗人、魅力超凡的斯特凡·格奥尔格最杰出的年轻信徒，而他自己很快也头角峥嵘，成为德国最知名的文人之一。从1901年两人一起待在柏林时起，他就和阿图尔·扎尔茨是朋友了。当扎尔茨去了海德堡，受其吸引，1910年4月贡多尔夫也来到这里，为他的任教资格论文而工作，同扎尔茨住在同一间膳宿公寓——城堡山上的诺伊尔公寓。他英俊得令人惊讶："一个漂亮的年轻人"；"有着几乎是希腊式的美"。[3]在海德堡，他紧张地忙碌着任教资格论文所需的大量工作——他得在两个月内写出490页手稿。1911年，该论文由斯特凡·格奥尔格的出版商以《莎士比亚与德意志精神》之名出版，立即取得了成功。同时代的一位受人尊敬的思想史权威威廉·狄尔泰写道，对他来说，它打开了一个"从山上观看应许之地"[1]的视角；另一位资深权威埃伯哈德·戈泰因[2]则宣称："他用一步就把自己置于大师之列——甚至不止于此——现在还有谁能写出这样一本书？"[4] 甚至到了今天，格奥尔格的美国传记作者罗伯特·诺顿也写道，"[贡多尔夫的]的语言光彩照人"——他指的是一篇散文——"明晰，从容，闪烁着智慧，那精警得近乎格言的措辞所带来的戏剧性转折，使其生动盎然"。[5]

贡多尔夫不只在关于莎士比亚的写作上热情洋溢；在对菲娜·索博特卡示爱这件事上，他亦不遗余力。情焰在城堡公园被点燃一个月后，他向她写道："菲娜，最亲爱的人……我全心地爱您敬您；我感激您的存在，感激夏日的欢乐，感激您给我的生命带来的充实。"[6] 几个月后，当菲娜离开海德堡回家消夏，贡多尔夫在一封寄给她的信中，沉溺于一些巴洛克式的散文。

> 如果您感到悲伤或孤独（"在雄伟的阿尔卑斯山的世界中！"），如果知道这些能给您安慰——一个最心怀感激的、最温柔的、笔力雄健而思想广袤的人，在他最好的年纪里爱上您，他有着受人尊敬的地位、迷人的外表、完美的性格，从早上八点到晚上十点时时都在想着您——我说，如果这能真正地触动您，那么您要知道情况就是这样。这不是——正如不感兴趣的人们会想的那样——隐匿的求婚，而是公开的

---

1 该山特指尼波山，耶和华在这里让摩西观看他不能进去的应许之地。参见《旧约·申命记》第三十四章。
2 埃伯哈德·戈泰因（1853—1923），德国经济学家、历史学家。自由主义－实证主义的代表。

示爱——两种截然不同的诗歌流派，不幸的是二者常被混淆为颂歌和赞美诗。[7]

但菲娜并非只是偶尔悲伤，她抑郁得很严重。也许早前妇科医生的预后是个原因。在给贡多尔夫的信中，她写到她的"痛苦"和"对她的肩膀而言过重"的"负担"，写到她的"呆滞"和"内在的荒芜"，她的"受迫"感和对"极其多的睡眠"的需求。1911年圣诞节假期，贡多尔夫去了萨尔茨堡附近的施特罗布尔，同菲娜和她的家人一起在阿尔卑斯山的房子中度过。也许他的行为正在变成他先前否认的求婚；也许他甚至真的就这么做了。但婚姻是不可能的。1月上旬，在两人朝不同的方向离开之后，她给他写信："我希望您不仅知道，更要理解，您是无法彻底帮到我的。"随后她转而谈起她的老朋友埃里希·卡勒，说他"在我的苦难之下受苦"。因此她"只能跟随他——即便他藏了起来"。贡多尔夫忍受着悲伤，立即给卡勒写信，说他无法将菲娜从长期的抑郁中解脱出来，因此不是适合她的人。反过来他告诉卡勒："唯一真正能帮到她、真正能到她的人，是您。"

这自然就把我们引到了埃里希·卡勒。他的父亲是位保险业巨头，作为效劳奥地利帝国的回报，于1914年被封为贵族。埃里希十五岁时，卡勒家族迁到维也纳。1903年他从一所人文高级中学拿到毕业证书，1911年获得维也纳大学博士学位。（学位论文是《论法律与道德》；此后卡勒的方向一直是"文化哲学"。）1912年，他婉拒阿尔弗雷德·韦伯关于在海德堡工作到获得任教资格的提议，因为他有足够的财力继续做学问，不想把一个稀缺的大学职位从另一个人手里夺走。不过1910年至1912年期间，他确实经常访问海德堡，为了同他的朋友阿图尔·扎尔茨以及通过扎尔茨认识并变得亲密的贡多尔夫在一起。菲娜·索博特卡在海德堡的存在，则是另一层吸引。1909年在维也纳，埃里希和菲娜就已经以熟悉的"你"相称。卡勒很害羞。正如菲娜意识到的，他也抑郁。1910年他向她写到他的"灰暗面"——他知道"那种精神的疲惫，它如此沉重地压迫着，切断了一切事物，让人觉得多一分钟都活不下去，除了睡眠别无希冀"。7月，他的博士答辩失败，1911年3月再试才通过，之后的6月和7月，他在一所疗养院度过。他认为他没法结婚。1912年1月收到贡多尔夫的信后，他挣扎了数月。1912年5月，在一封给菲娜的信中，他告知他刚刚和诗人斯特凡·格奥尔格交谈过，后者认为"现在我可能允许自己相信——若双方都同意，那婚礼就可以举行"。婚礼在11月举行。

但这段婚姻是无性的。在最初的几年，这对夫妻的大部分时间都待在一起，但之后相见的次数越来越少："婚姻就在书信中进行，有1250封存世。"埃里希从一开始就坚持两人过各自独立的生活。他几乎是临床地记录了妻子的抑郁语录："我走我自己的无路"；"我够我自己用——不，我对我自己来说太多"；"我所做的事大部分我都不乐意做，但我乐意做的事我却舍弃了"；"若我能死掉就好了，所有人都会笑"。[8]（应该告知的是，卡勒的第二任妻子性情十分开朗。）

菲娜对贡多尔夫的拒绝，似乎只是煽动了他的情焰。在放弃一个月后他向她写道，他和埃里希已花了两天时间，每天"从上午十一点到晚上七点"毫未中断地讨论，实际上除了"菲娜，菲娜，菲娜"外别无他事，他们试图比个高低，看谁对她更"渴望、钦佩、温柔又乐意帮助"。大约同一时期，他在信中向斯特凡·格奥尔格谈到菲娜的"美丽、高贵和纯洁"。1916年，贡多尔夫将他最有名的书《歌德》献给"菲娜·冯·卡勒"。他们继续用情意绵绵的语言同对方通信。1917年他们采用了亲近的称呼"你"。他们也会避开埃里希，在一起消磨时间。至于阿图尔·扎尔茨，他曾向菲娜求过婚，不过她以"一个直截了当的'不'"拒绝了。即便如此，贡多尔夫向菲娜写道，直到1912年同埃卡的姐姐索莎·康托洛维茨结婚前三天，扎尔茨仍然爱着她。贡多尔夫和扎尔茨从未被传统的社会规范束缚：马克斯·韦伯认为自己的情妇埃尔泽·雅费接连同他们二人有过性关系。[9]菲娜同样未曾束缚过自己。1917年，扎尔茨从土耳其休假归来，她同他在慕尼黑见面，而他们的配偶都不在场。1919年5月，他们密切合作以掩护欧根·勒菲内，后者是慕尼黑红色革命中一个落败的领导人，曾在海德堡做过扎尔茨的学生。1920年菲娜给贡多尔夫写道："埃里希是她'挚爱的头'，阿图尔是'她挚爱的心'，而贡多尔夫是她'最挚爱的灵'。"[10]如果这还不够乱，那么当我们知悉1916年年底前那段时间，贡多尔夫同扎尔茨的妻子索莎有染，我们可真是处在一个旋转木马的世界里了。而仅仅几年后，菲娜就和索莎的弟弟恩斯特·康托洛维茨交往了起来。

尽管1911年4月埃卡就曾将一张署有姓名首字母的明信片寄给菲娜，但当时他并未见过她。不过他应该会从姐姐那儿听说她的事情。1910年和1911年，索莎同菲娜的爱慕者们——贡多尔夫和扎尔茨——一起住在诺伊公寓，1910年7月，她开始对菲娜有直接的了解。1917年3月，两人一起待在巴伐利亚境内阿尔卑斯山区一个租来的住所。索莎给贡多尔夫写道，他的耳朵一定会发烫,因为她和菲娜在不停地谈论他,她还补充说这是她第一次真正地开始了解菲娜并且喜欢上她。1918年秋,通过姐姐和姐夫,埃卡同菲娜在柏林见面。扎尔茨一家住在柏林,菲娜在10月去看望他们。埃里希在月底也一起来,两人在柏林一直待到11月16日或17日。正如埃里希的追忆所表明的,他曾同埃卡建立起一段友谊。那时柏林正处于动荡时期,卡勒记得他正和康托洛维茨沿着菩提树下大街一起走着,革命士兵们冲上来,撕掉了康托洛维茨制服的肩章。埃卡和菲娜也在那时初次见面:"在柏林,在革命爆发的当口。"[11]

不过他们还不亲密,因为在后来写给菲娜的一封信中,埃卡提到"我们在弗朗茨-约瑟夫大街最早的时间",意指埃里希和菲娜在慕尼黑租住的公寓。康托洛维茨为什么从柏林大学转去慕尼黑大学?答案是"寻循芳踪"(*cherchez la famme*)。大致到了4月中旬,埃卡和菲娜已足够了解彼此,当埃卡做完阑尾炎手术躺在慕尼黑的一家诊所,菲娜前去看望他。之后不久他们"最早的时间"就到来了。在1920年4月17日的一封信中,埃卡追忆了那次诊所的探望,并写到他是多么深盼能再次和菲娜一起去慕尼黑的英国花园开车兜风。他留在慕尼黑公寓的一则给菲娜的未署日期的信息写道:"对陪伴债务的第一次偿还,你'绝望的'恩斯特。"后来一封信中有一处也提到杰马勒对菲娜的惊愕,在5月中旬租约到期之前,杰马勒住在卡勒的慕尼黑公寓。这位不通德语的帕夏用法语向埃卡打探道:"菲娜阿姨现在是同性恋吗?"[12]埃里希似乎总是在外头——埃里希和菲娜有着一段开放的婚姻。

我们已经知道5月1号,很可能还有2号,埃卡曾在慕尼黑同革命分子斗争过。大学5月6日开始上课,但他很有可能忽视了它们。他必定是在7月才付清学费，以他在学期初接受过手术为借口。但他在5月1日就已经健康得能携带步枪了。他未按时缴付学费的真正原因一定是他正计划着别的事。在大约5月15日菲娜放弃了她在慕尼黑的公寓后，他俩一起动身去了海德堡。真实情况可由5月25日埃卡留在一家海德堡公寓的一张给"冯·卡勒夫人"的便条确知。是什么促使他们去了海德堡？菲娜的弟弟瓦伦丁在那儿，他是为了学业前不久才抵达的，弗里德里希·贡多尔夫也在，这必定便是答案了。

埃卡5月25日的便条上写道："天啊，我必定已处于绝望之中？"其意如今难解，但感情强烈的程度显而易见。5月的很多时间里两人都待在一块，在一封6月22日的信中菲娜指出他们已"融洽地共处了几周"。6月2日或3日，埃卡只身一人去慕尼黑。尽管这下他可能真是想上课了，但6月中旬他还远在康士坦茨湖。这段旅行的根本原因是个谜，但我们知道他在那里忙于同他的姐夫扎尔茨交谈，内容没别的，正是埃里希·卡勒。不过很显然，阑尾炎手术对他的损耗过大，他需要在床上静养。因此6月22日之前的某个时间点，我们在贝希特斯加登的一间康复诊所里发现了他。这里离康士坦茨很远，离慕尼黑（他可能已再次在那里停留）非常远，倒是离菲娜的家乡所在地（她已经返回）施特罗布尔挺近。

现在我们要把这趟忙碌的旅行放到一边，考察一下从1919年6月下旬到1921年春关系冷静期间，埃卡同菲娜的大批热情的通信。许多信都遗失了，但有114封幸存下来：69封为菲娜所书，45封为埃卡所写。一个突出的特点是惯常的男女表达模式的反转。菲娜比埃卡年长六岁（1919年她三十，埃卡二十四），扮演着支配角色。她给他起的昵称叫"小马驹"。她的第一封信写于阿尔卑斯山顶的一个小村庄，在信的结尾处，她这样写道："这里有马在吃草，母马带着小小的、可爱的马驹，使我总是想起您。"埃卡接受了这样的角色，并署名为"您的马驹"。他也接受被叫作"孩子"。这些都无法阻止热烈的爱。1920年4月他写道，他的"每一根纤维、每一处神经"都是如此地爱菲娜，以至于他的"身体近乎痛苦"；只是没收到她的来信，他就会"低落得像头母猪"。在5月的信中，他表达了对"爱抚和亲吻［她］，以及被爱抚和亲吻"的渴望。他继续写道："你啊，菲娜，我最亲爱的、甜美的生命！唉，我现在已无沉静可言，只有疯狂，为最疯狂地渴望你而发疯。"两人互以对方为梦。在1920年11月的信中，他写道："我心潮汹涌地渴念着你，几乎夜夜梦见你"；她则写道："我最亲爱的孩子……我是多么多么想你。我甚至猜想我定是夜夜都梦见你，否则为何我总是在对你的思念中醒来？"

既有融洽的方面，亦不时有挫折。两人在信中交换着意第绪语单词（*deiges*, *tachles*, *naches*, *meshugass*）。埃卡惦挂着菲娜的负面情绪，想让她至少能振作一点。他嫉妒她同贡多尔夫甚至同丈夫在一起的时间（"您就不能安排时间见我？"）。在搬到海德堡后（从1919年秋天起），他按时间顺序记录日常事务，表达对课程和老师们的看法，讲述他读了哪些书。（有天夜里他把荷尔德林的短篇小说《许佩里翁》从头读到尾，就为了转移对她的思念。）他勤勉地向菲娜介绍他在学位论文上的工作，并寄去草稿副本让她修改。他写道，他"比以往任何时候，都更难忍受数量超过一个以上的人"。一个反复出现的主题是在他们的会面中谨慎的必要，因为菲娜毕竟是已婚人士。埃里希知道他们之间的私情，瓦伦丁和索莎亦然。但其他人就没必要知道了。他们要在慕尼黑的旅馆碰面吗？最好是商务酒店，因为在那儿最不易引人注意。不过菲娜并不喜欢这种闺房闹剧式的秘密行动策略。时不时地，埃卡会送来关于家族企业财富的消息。但他从未提及时事动态。至于菲娜，她则讲到了内心最深处的想法，有时还会触及阴暗面。（"哦，恩斯特！我已经给您的生活带来太多麻烦和困惑！"）她详述她的梦境。她对待人之道提供建议。她喜欢取笑丈夫在学术上过分的严肃性。（"斯特凡·格奥尔格说有天地球上再也没有人了，埃里希还会继续著书，谈论过去、将来和现在"；"[埃里希]开始写一部新的作品，名为'氏族、民族、身份'，但认识到他需要先写另一个更为深远的题目后，就突然中断了它，现在正写着的那一个，名字很简单，'新宇宙论的基础'。"）[13]

回到事情的进程，1919 年 6 月，在抵达施特罗布尔五天后，菲娜走了十公里上坡路到达"波斯托尔姆"——仅仅是个牧场，带着几座简朴的小屋。她想单独同大自然待在一起。正如她在 6 月 20 日给丈夫写道："我们必须找到返回永恒之物的道路——它们近在眼前——返回从未改变的事物：天堂和爱，动物和植物，身体之需，以及神圣的知识。"不过这并不意味着她把"年轻的恩斯特"从脑海里赶走了。在 6 月 22 号的信中，她向她的情人坦白："要说我可能希望谁真实地在这里，我希望是您，尽管未被邀请，有一天您会从山下的森林中现身，跃过那靠近草地的小溪，然后我会带着几分喜悦，什么也不做，就大声喊道：'天啊，您一定从未陷入绝望之中！'"

考虑到贝希特斯加登挨着施特罗布尔，在埃卡恢复健康后，菲娜很方便就可以过去同他相见。在接下来三个礼拜中的某个时间点，为了幽会，她中断了同永恒的交融。埃卡只在 7 月 15 日回了趟慕尼黑；7月17日，他缴纳了那个学期早该交掉的学费。到这会儿，这个学期事实上已经算是结束，但他需要在参加德国任何一所大学的博士学位考试前，证明他上过一定数量的研讨班。付了学费就可保证无虞，因为关于实际出勤的记录少到几乎没有。相应地，成绩单显示他注册了几门经济学课程，还有一门社会学和一门土耳其语。但这些皆是捏造的。这种欺骗行为是一个不讲常规的年轻人的标志。

在交完学费后的一天，埃卡从另一层面显示了他对常规的不在乎：他前往慕尼黑附近的卡勒别墅，在访客登记簿上招摇地署名"恩斯特·哈特维希·康托洛维茨"。那时埃里希正住在别墅，而他的妻子没有，埃卡并不打算让他和菲娜的私情，阻碍他同她丈夫的友谊。跟着自认为正确的感觉走，他正式地告知埃里希他同菲娜的关系，埃里希波澜不惊。恰恰相反，他给仍待在波斯托尔姆的妻子写道："菲娜，菲娜，这下又有恋情要发生了！好吧，但你也得有母性一点。"菲娜半开玩笑地把这封信寄给埃卡看，在旁备注："我得这样吗？我真不知道。"访客签名簿表明埃卡在8月7日和21日再次去了别墅。9月8日，他则在瑞士的格劳宾登度假（菲娜没有一起去）。

大概就在这段时间，这对情人各自为他们这一年的计划作出决定。埃卡想在海德堡继续学业；菲娜则计划从康士坦茨湖畔的一所园艺学校取得园艺执照。由于要朝着同一个方向前进，他们便一同乘火车旅行。菲娜向她的丈夫所作的描述非常生动。"恩斯特岑"（小恩斯特）开车接她。随后在慕尼黑中央火车站，她"和阿图尔拥抱在一起"，而小恩斯特——"他以非法行径著称"——

则在检票处开放之前，溜进火车占了两个座。[14]

　　我们将在下章跟踪埃卡在海德堡的生涯；这里我们继续看他和菲娜的韵事，一直到其画上句号。1919年圣诞节前后，这对情侣在埃卡的大学宿舍度过一段很棒的时光，他们在圣诞节当天沿着内卡河散步。元旦时，菲娜写道："让我为这些美好的日子对你表示感谢吧。它们太完美了——从迎接我的可爱的布置、明光照亮的桌子，直到最后。没有一丝差池。"（在留存下来的信当中，这是第一封她用了"你"这个私人而亲密的称谓的信。）扎尔茨夫妇在巴伐利亚境内阿尔卑斯山区的奥伯斯多夫镇租了一间屋子，这对情侣之后便去了那里约会。为了在复活节前的星期五见菲娜，埃卡去康士坦茨湖旅行，不过这次见面由于她的行程不便，只持续了几个钟头（"天啊，天啊，菲娜！"）。不久后他们通过邮件和解了（"菲娜，菲娜，菲娜！！！"），[15]5月下旬菲娜来到海德堡，他们在这儿度过了更美满的日子。埃卡旋即心醉神迷地写道，那段时间"没有限制，没有'然而'，没有'尽管'"。[16]

　　不过此后，蒸汽开始耗尽。1920年之后，两人极少见面。1921年3月或4月，埃卡给菲娜写道，他对他们的关系感到沮丧。他正在形成更为坚定的自我意识（如图10，这张照片表明他已经开始佩戴优雅的领结），然而她仍在继续扮演母亲的角色。确实，在1921年2月12日的一封信中，她依旧写着她的"最亲爱的孩子"，谈及那些她"总是想教给他"的东西。这是一种错误的谈话方式。4月埃卡写到"已经变化的情形"。之后这对情侣几乎完全失去联系。11月，埃卡给菲娜写道，他从7月就再也没收到过她的消息，甚至不能确定她身在何处。一个月后，他们在海德堡见到彼此，不过这次会面很草率,而且埃卡写道,所有问题都悬而未决。他不希望以这样的方式留下问题,他补充道,对他而言回到过去的关系是不可能的——他已到了可以不再被她"教导"的地步。另一种关系或许可能,对他而言"似乎是可欲的",但他也补充道,"就这[另一]种关系而言,你也不够轻浮放诞——完全没错,否则你就不是你了"。[17]

图 10 系领结的恩斯特·康托洛维茨,约二十六岁(斯特凡·格奥尔格档案馆,斯图加特)

沉寂随之持续了一年半。在此期间,菲娜已经进入了一段同弟媳的弟弟雅沙·马沙克的恋情——后者比埃卡还要小上三岁。瓦伦丁和弗朗雅·马沙克在 1922 年 8 月成婚,翌年 5 月菲娜遇见雅沙。7月28日她给埃里希写道："该怎么办？我爱他。"1924年2月到4月，两人去意大利作长途旅行。结局可能不是很好，因为在回到德国时，她寄了封生日贺信给埃卡，打破了两人之间的缄默。之后便是很少的几次互致生日问候和不痛不痒的客套，直到1926年9月爱的火焰突然重又燃起。当时埃卡正在达尔马提亚，而菲娜正准备前往意大利待上一段日子，两人在达尔马提亚的海滨城镇扎拉相会。随后埃卡立即从的里雅斯特去信："我们的时光不可能比那时更完美——关于那段宁静的日子，我可说的无他，唯有菲娜！"几天后他又从海德堡去信：

> 我为自己偷了点时间来想你——在入睡前的床角，在醒来的早晨以及刮胡子的时候。但我一点也不忧郁：我们在一起的时光是毫无摩擦的静眠……唯有彼此相爱的日夜——没有此前或此后的问题——这一切仍是幸福的余晖，完全没有一滴苦恼（不是苦艾酒），对我而言很是稀罕……这段时间是诸神眷顾我们，至于你，我最亲爱的，我以我全部的灵魂感激你。继续怀着爱想念我吧，正如我想念你那样！[18]

在1921年同菲娜中断关系到1926年重续旧缘之间，埃卡有过一段与沃尔德玛·于克斯屈尔-居伦班德伯爵的同性恋情。许多写康托洛维茨的人都好奇他的性取向，大部分人认定他只是同性恋。不过无需费力就可看到从女人到男人再到女人的移情别恋。而且这样的交替变化将会再次上演。

至于菲娜，在扎拉的那次会面并未标志着一段亲密关系的重建。之后埃卡很快找到了另一个女人，关于她后面我们会讲到更多。在接下来的四年，他每隔一段时间会给菲娜写只说闲话的信。1931年2月，在一处滑雪胜地度假时，他为没有及时给她送去生日祝福写信致歉。他的理由是他被障碍滑雪搞得筋疲力尽了。他说他们应该试着重新在一起。他说他确信这会发生，但显然它从未发生。

第四章
海德堡

1919年9月下旬,恩斯特·康托洛维茨抵达海德堡,并在10月3日被准许入学。选择很明显了。他属于海德堡。青少年时期,他就已参观过这座内卡河畔风景如画的大学城,当时他的姐姐索莎在这里结交了一群青年知识分子:弗里德里希·贡多尔夫、阿图尔·扎尔茨、菲娜·索博特卡和埃里希·卡勒。这个小组在若干年间保持着联系,到了1918年秋,埃卡逐渐成为一名初级成员。他曾同年长十岁且有著作出版的埃里希·卡勒沿着菩提树下大街散步,这一片段表明他受到了认真对待。

仅仅贡多尔夫在海德堡的存在,就已是一块磁铁。1919年春,他作为德语文学教授回到那里,成了名人。1916年,他的一本简称为《歌德》的书是当时最广为议论的文学传记:它为这一体裁提供了一种新方法,通过大胆地将自身固定于传记对象的格式塔(Gestalt)——人和作品的本质,而对进展不予关注。在贡多尔夫看来,歌德的每一句话、每一个动作都是其存在的表达,犹如印记与印章的关系。专业学者们对此有所保留(这本书缺少注脚,也没提到专门的文献),不过将歌德视为德国宗教一般迷恋的普通读者,钦叹于贡多尔夫精湛的语言艺术和绝然的判断。(菲娜的话说得很妙,"贡多尔夫发声之处寸草不生"。[1])年轻的勒内·韦勒克发现,贡多尔夫的作品"摆脱了迂腐,其概括的大胆和评判的权威性语气炫人眼目,为……文学史的可能托起了新希望"。[2]因此《歌德》这部超过八百页的书,是巨大的成功。埃卡的姐姐写道,她知道的每一个人都在读它,除了称赞什么也说不出来。[3]

1919年夏季学期,贡多尔夫在海德堡做了一系列关于德国浪漫主义的专题讲座,立即吸引了大量听众,包括许多新近返回的战争老兵。在面向他们时,他看起来就像一个来自浪漫主义时代的人,系着宽领带,顶着一头被风吹过的头发(图11)。他讲述了一种新型的诗歌如何在拿破仑时代唤醒了德意志精神。言下之

图11 弗里德里希·贡多尔夫(德语文学档案馆,马尔巴赫)

意是他那经常待在海德堡的大师——斯特凡·格奥尔格的当代诗歌会是德意志的第二次觉醒。埃卡已经见过贡多尔夫，在他到达不久后，两人的关系近到可以借书。

年轻的康托洛维茨的第二层关系是马克斯·韦伯的弟弟阿尔弗雷德。阿尔弗雷德被贡多尔夫的小组称为"瓦尔弗雷德"（Walfred）[1]，偶尔被学生们叫作"小马克斯"（Minimax）[2]，他是位经济学教授，但真正的兴趣是文化社会学。他最大的名声可能来自这里：1906年在布拉格为弗朗茨·卡夫卡授予博士学位的那位教授便是他。阿图尔·扎尔茨在布拉格受到了韦伯的影响；1907年韦伯去海德堡，扎尔茨追随左右。埃里希·卡勒在拒绝了韦伯一起在海德堡工作的邀请之后，依然同他保持联系。菲娜的弟弟瓦伦丁曾跟着他学习（1921年在韦伯指导下完成了博士学位论文）；而菲娜·冯·卡勒不可避免地成了他的朋友。

如果康托洛维茨已经认识了贡多尔夫，且能指望认识阿尔弗雷德·韦伯，那么他至少可以希望见到斯特凡·格奥尔格。对埃卡而言，这会成为某种接近于荣福直观（beatific vision）的东西。可以很中肯地说，他身边最亲近的人都是格奥尔格的崇拜者。索莎是个知晓格奥尔格所有诗作的追慕者。1912年她同丈夫在他们海德堡的公寓招待了这位诗人两个礼拜。三年后，她向贡多尔夫写道，"格奥尔格怎么样，他和你在一块吗？我经常想到他，想象着他的存在就能使我高兴"；1916年她写道，"我渴望同他在一起待上一个钟头，没什么理由，就是想见他"。[4]（索莎的一个

---

1 意为"和平的统治者"。
2 Max有"最大"之意。

女儿在七十年后还记得母亲是怎样以格奥尔格规定的语调朗读他的诗。）贡多尔夫呼格奥尔格为"道路，真理，生命"。[5]而在这崇敬的比赛中，埃卡的菲娜绝对不会落后。1912年贡多尔夫向格奥尔格去信，谈到他刚收到一封菲娜在抑郁中的来信。出于安慰，他给她寄去了诗人的一张照片，她毫不吝惜地表达了感谢："啊贡多尔夫，我多么为他着迷！……这样的一张照片真是折煞我！"[6]1914年，她对贡多尔夫说："那才是诗。如此严厉无情，又如此深深抚慰……如此绝对地指向最高者，因此指向所有永恒的人类事物。那里有所有问题的所有答案。"[7]1918年，格奥尔格、贡多尔夫跟菲娜一起住在她慕尼黑附近的别墅，当时埃里希不在，她后来写到，格奥尔格通过"他的 *Da-sein*[此在] 的不可思议的凝练"，将她从"植物人似的、被痛苦浸透的状态"中解救出来，使她感受到"当下的永恒"，"点亮了一个尚未被发现的世界"。[8]考虑到他周围的所有人都发了烧一样，温度高到连温度计都测量不了，埃卡必定希望能有一次属于他自己的会面，尽管远观那伟大的生命变革者可能也够令人满意了。

康托洛维茨在海德堡的弗里多公寓租到一个房间，这是一家为贡多尔夫圈子所钟爱的膳宿公寓。埃德加·扎林战前便已住在那，他是贡多尔夫的一位朋友，埃卡未来将同他有很多关联，而贡多尔夫本人曾在那家公寓住过两个学期：1915—1916年冬季学期以及1916年夏季学期。公寓楼前可能挂有一块牌匾，因为1915年8月斯特凡·格奥尔格和马克斯·韦伯曾同时在这里住过。1918—1919年冬，女业主克拉拉·贝茨纳接收了来自斯特拉斯堡的难民，其中包括格奥尔格·齐美尔的遗孀。作为众所熟悉的"贝茨纳之家"，公寓坐落于大学区西郊，离主教学楼十五分钟路程。寄宿者们跟贝茨纳夫人以及她的女儿玛格达——贡多尔夫曾献给她几首诗和好些书信（贡多尔夫的中间名叫洛塔里奥[1]）——一起吃午餐（一天中的正餐）。克拉拉·贝茨纳是一位热情而能干的女性：有一次她说埃卡身板太瘦，看起来像营养不良。膳食在一楼的一间很大的房间里供应。二楼有六个房间，其中两间归女业主和她的女儿，其他归寄宿者们；更多的房间在楼上，包括佣人们的宿舍。午餐桌上的讨论可能是严肃的：任何人都可能谈到恩斯特·特洛尔奇在宗教哲学上的观点。

埃卡主修的依然是经济学。显然他仍准备从事家族生意，或者起码将之作为一个选项。更能表明他真正兴趣的是他的"特殊科目"："经济学史、地理学以及阿拉伯语文学"。他在前两个学期的课程都是可以查到的。他上了金融课，他觉得那能"要他的命"，但他不能逃避，因为是必修。阿尔弗雷德·韦伯每天一小时的经济学讲座课程，同样是必修，看来埃卡绝对不会喜欢。在第二学期给菲娜的信中，他尖刻地写道，只要"把重点当作次要点，把次要点当作重点"，那些课程就是"极好的"；即使"[韦伯]把所有的东西讲得结结巴巴的，自己从未曾理解透"，它们也是"令人愉快的"。[9] 一个学期后，他对韦伯彻底失去了耐心。他对菲娜诉苦道，他要上的讲座课"总是那个样子"——"糟糕透顶"。[10] 经济学——其实是"社会政治"——第三任讲师是左倾的埃米尔·莱德雷尔。埃卡在第一学期选修了埃米尔的一门课程，没有评论留存下来，事实是后来他再也没注册过莱德雷尔的课，他对这位教师的态度也就不言而喻。随后登场的是埃伯哈德·戈

---

1 意为"好色之徒"。

泰因，一位在经济学史和文化史方面著作甚丰的博学的作者。不过，戈泰因的缺点是给出的信息量太大，却缺乏加工。埃卡发现每天上他的讲座课是个耗人的活儿，埋怨"戈泰因总是让人感到有点胃痛：他一下子讲的内容太多了，诚然那是他的工作"。[11] 最后一位是戈泰因的助教埃德加·扎林。（"扎林"这个名字是"扎林格"的简写。）埃卡参加过扎林关于约翰·斯图亚特·密尔和古典经济学的研讨班，非常喜欢，以至于遗憾自己迫于课程表没时间参加他的另一个研讨班。

经济学课程并未阻止埃卡追随贡多尔夫的讲座："从奥皮兹［一位17世纪早期的诗人］到莱辛的德语文学"和"浪漫派的诸奠基者"。无法想象他不会参加这位不时也为他提供智识指导的菲娜挚友的讲座。此外，人人都去听贡多尔夫的课。1919年夏季学期，他的课吸引了一百三十八名学生；两年后这个数字翻了一番，达到二百七十五名，而海德堡人文领域总共只有约五百名学生。贡多尔夫已经成了一个偶像，部分是因为他的英俊外貌足以使他成为一名受女性欢迎的男演员，部分是因为他被视为斯特凡·格奥尔格的另一自我（alter ego），还有部分是因为他本人赫赫有名的著作。此外他的学科也挺吸引人。几年前还在战壕里或经历过德国1916—1917年"饥荒之冬"的学生，以及如今感到"凡尔赛之耻"的学生，很容易被说服相信德国诗歌艺术超越的力量能够成为未来的凝聚力。

不过实际上，尽管贡多尔夫是个强有力的文体家，但他是个差劲的演讲者。他以单一的音调读着一份打算要出版的手稿，从不和听众进行眼神接触，偶尔还向窗外看去。他很少因为标点而停顿。当他忘了读到哪儿，他能把同一行读上两遍或跳过一整页而毫无知觉。当他再次做系列讲座的时候，他会遇到另外的麻烦：他习惯在当天停住的地方做标记，以便翌日从这里继续，但在第二回的时候，他会把旧标记和新标记给弄混。他也不用任何易懂的开场说明来迁就学生，还选择在午间饱餐之后开讲。感到无聊或被难倒的学生有时会在讲座开始十分钟后就离场。为了不让人员流动，有一次贡多尔夫锁上了门。后来的杰出剧作家卡尔·楚克迈耶在1919年参加了他的所有讲座，但"大部分时间都睡了过去，只是在讲稿出版后才知道贡多尔夫讲了些什么"。[12] 学生们往往还是为了看名人蜂拥而至。在贡多尔夫1920年夏季学期的听众当中，有一位是约瑟夫·戈培尔，和康托洛维茨坐在一起，并未对听一位犹太人的演讲感到不安。埃卡向菲娜报告了贡多尔夫在一个被月桂树盆栽围绕的讲坛上演讲的场景，"所有海德堡的人都在那"。一大束玫瑰花被摆在他的桌上，以示人们对他刚刚拒绝了柏林一个教授职位的欣赏。他注意到贡多尔夫明显是感动的，但他本人却相应地感到了痛苦，显然是由于他知道菲娜的偏爱。

1919年12月，埃卡给埃里希·卡勒写信，说他经常缺席讲座。这当然不是因为缺少对智识的投入。那个夏天在给菲娜的信中，他说自己已攻读了尼采，欣喜于自己能理解哲学和"光芒四射的柏格森"。[13] 1920年冬天同菲娜在一块的时候，他写了一篇关于"四维世界"的论文。在1920年4月一封充满着形而上学的信中，他说他决定阅读柏拉图的《斐多篇》。（对跟着斯特凡·格奥尔格学习的人而言，读柏拉图是礼节所需。）埃卡亦参加了由阿尔弗雷德·韦伯组织的"社会学之夜"，两周一次，听取和讨论论文。不过他上的大多是不感兴趣的必修课，讲座也乏善可陈。给卡勒的同一封信显示出来的讽刺才能，开始成为康托洛维茨的标志。

他嘲弄学者的时髦和自负，说他一到海德堡就不得不去习惯"海德堡语"——他只能够"每隔两个词"地去理解。最初这样的讲课似乎是极富智慧的，但他很快就意识到讲者知道的跟他一样多或一样少，这对他是个安慰。然而，他依然对这种智识环境以之为特征的所有"组合、排列和变化"感到困惑。一切都始于字母"s.o.z."：一篇关于"亲密剧院[1]的社会学"的论文；一场关于马蒂亚斯·格吕内瓦尔德的伊森海姆祭坛画所揭示的"格吕内瓦尔德的社会伦理"的讲座。[2] 但这同一封信也表达了他研究伊斯兰教的决心。需要留意的是其真正的热情。他写道，他正在从伊斯兰教历史中寻找博士论文的题目，"耕犁整个东方"。贡多尔夫（一位图书收藏家）那里但凡"闻起来有东方味"的书，都被他借了去。

受着写一篇"东方学"（Orientalistik）论文的驱动，埃卡选择去学阿拉伯语。1920年夏季学期一开始，他权衡着是选土耳其语、波斯语还是阿拉伯语作为辅修学科，随后选了阿拉伯语，因为它最具实用性。早先某些时候，他就已经开始自学这门语言，并给菲娜写道，他的许多阿拉伯语语法已经忘掉。如今他重拾起来，在海德堡接连上了两个学期的课（1920年夏季学期及1920—1921年冬季学期）。1920—1921年冬季学期几近完成他的博士论文时，他听了一门名为"全球政治经济地理学"的讲座课程。埃卡给菲娜写道，他被这门由地理学家阿尔弗雷德·赫特纳讲授的课程给迷住了，它显示了他是多么无知。在博士论文中，他感谢赫特纳教授指出伊斯兰教在其起源时就已在"绿洲文化"中传播。[14]

1　瑞典剧作家斯特林堡创立于1907年，1910年关闭。
2　"社会学"和"社会伦理"的德语都是"soz-"开头。

埃卡的博士论文题目"穆斯林工匠协会",是在1919年12月后不久定下来的,来自阿图尔·扎尔茨的提议。扎尔茨在一战期间曾担任土耳其经济顾问,此后继续保持对伊斯兰教的专业兴趣。德国社会科学的主要期刊《社会科学与社会政策学报》1920—1921年卷有扎尔茨的一篇关于"伊斯兰'衰落'问题"的文章,长三十五页。在文中,他同马克斯·韦伯争辩,后者认为伊斯兰教缺乏支持资本主义发展的特质。若不是扎尔茨的职业生涯有了不同进展,他本可以成为埃卡的论文导师。1918年初,他有机会成为海德堡的经济学教授,但失之交臂。随后那些年,扎尔茨原本有希望的前途搁浅;自土耳其回来后,他没有固定的职位,直到1924年在曼海姆的一所商学院得到一份工作。埃卡对姐夫并没有很深的感情,但仍为他的不在身边深感遗憾。开始写作后,因为缺少足够的指导而沮丧的他,在给菲娜的信中写道:"我需要专家,一位东方学家,不仅是文献学者,还能和我交谈——确切地说,就是阿图尔。"[15]

埃卡不得不求其次,让埃伯哈德·戈泰因(1853—1923)当他的论文导师。以声誉而论,戈泰因全权负责他的论文当之无愧,但埃卡对他的讲座"让人感到有点胃痛"的评论和别人对他的评判是一致的。作为一个很了解戈泰因的人,马克斯·韦伯既羡妒他那传奇般的记忆力,又认为他是个"大白痴"(*Rindvieh*),因为他对自己满肚子的学问什么也做不了。[16] 海德堡的才智之士称他是个微观历史学家——他只研究一个行星。贡多尔夫称他为"普遍主义的专家"。[17] 到埃卡选他当导师时,他已出版了四本大部头的书:《南意大利的文化发展》(1886年,600页);《黑森林地区经济史》(1895年,896页);《依纳爵·罗耀拉与反宗教改革》（1895年，795页）；以及《普鲁士统治的第一个世纪科隆城的宪制与经济史》（1916年，707页）。此外还有大量著述，主题形形色色，如"宗教改革之前的政治和宗教运动""巴拉圭耶稣会的基督教社会主义国家""玛丽娅·特蕾莎和约瑟夫二世治下的布赖施高""柏拉图的政治思想在文艺复兴时期"以及"战争与经济"。

尽管如此，戈泰因在伊斯兰教方面缺少资质。埃卡能够在形式上去找他做导师，只不过是因为戈泰因在经济学和文化宗教史两方面都有研究，而埃卡的论文归于这两个一般领域。幸运的是这位老人（彼时六十八岁）和蔼可亲，似乎不会造成什么困扰。认识他的人都赞美他的谦逊、好脾气和对学生的宽宏大量。埃卡从未参加过戈泰因的研讨班，但很轻易就接触到他，因为戈泰因的助教扎林以及他的儿子珀西都是埃卡的朋友。此外他还可以走菲娜这一层关系，菲娜与戈泰因及其妻子——海德堡头号女学者玛丽·路易丝——有交往（菲娜向埃卡写道，她认为他的姐姐索莎是她认识的人当中最聪明的女性——"除了戈泰因夫人，她不算数，因为她不是女人"。[18]）埃卡一旦克服了他的"胃痛"，也就对这位老人培养出了感情。1939年他怀旧地追忆起"老戈泰因中午作客贝茨纳之家"。不过戈泰因不可能给出任何学术帮助，他只是在论文提交之后才读到它。之后他给妻子写道，他的"读物"是"康托洛维茨的作品"以及论文中引用到的一本书，书的作者名字还被他拼错了。[19]

于是埃卡继续独自前行。将近4月底，他写信给菲娜说，他在前一天晚上出席了阿尔弗雷德·韦伯的讨论小组，讨论极其热烈——以至于之后梦到了"伊斯兰教、你、宗教信仰以及历史唯物论——一切都处在狂野的混乱中"。[20] 然而，这令他欣快；在同一封信中，他写道："我对这项工作感到如此快乐，几乎无法言表！"他相信他已经形成了自己的一套关于伊斯兰教的概念，并且既惊又喜的是他已经能够靠自己将之清晰地表述出来。尤其是他突然看到伊斯兰教是没有"行会"的——行会完全是个西方现象，以天主教为条件。为了探讨他的理论，他连忙找到埃德加·扎林进行讨论，后者是基督教社会思想方面的专家。6月埃卡仍醉心于他的工作；8月他写到他想使用柏林图书馆；到了10月底，他已经写出一个几乎成形的草稿。论文是在圣诞节前完成的；1月13日，他给菲娜寄了一份副本，到1月17日，他已在准备提交给戈泰因了。

对埃卡来说，真的能找到一位有责任心的学者来评阅他的作品，会是最好的。这篇论文不过104页长，尽管这是当时德国博士学位论文一贯的长度，但那些论文通常是以对原文的研究为基础，他的这篇则不是。康托洛维茨几乎所有的参考书目都是德文或法文的二手资料；在极少数情况下，他利用一手文献时，也是引用德文或法文译文。读者可能会怀疑他并不懂阿拉伯语，如果不是出现了几个用铅笔手写的阿拉伯术语的话。（1922年他坦承他在阿拉伯语，特别是阿拉伯语文献方面，知识有限。）同样令人困扰的是他对二手资料不加批判的使用；论文缺少一个导言来综述这一块学术研究的状况，频繁地利用过时的调查，也从来不通过引用另一位作者对既有作者的挑战来质疑其真实性。它的方法反而类似鸟类为了筑巢，从它们能找到的任何地方衔来小树枝和少量的细绳。

论文的目标——从未言明——可以从它的标题推断出来："穆斯林工匠协会的性质"。也许是受到贡多尔夫论歌德的影响，康托洛维茨所寻求的是一个公共机构的本质，并未提及其历时的变化。他甚至没有注明地区间的差异：论文不加选择地列举了从阿拉伯到土耳其范围内的例子。最初的分析模式是将"东方"同"西方"进行对比：伊斯兰教对基督教。伊斯兰教对中世纪西方所发现的劳动（labor）缺少尊重；它容许劳动是由于它使劳工免于贫困，但对于穆斯林而言，"速度是魔鬼的工作，并耽误真主的工作"。康托洛维茨的核心命题是伊斯兰教缺少行会。穆斯林在贵族概念中寻求声望，且专注于受苏菲派影响的宗教礼仪；旨在保证技术成就或者建立垄断的行会并不存在。在康托洛维茨看来，伊斯兰教重视多样性而非垄断："如果说西方讲求'团结带来力量'，那么东方则讲求'多样性带来力量'。"工匠协会的成员们不关心价格限定，因为"众所周知，讨价还价是东方人血液里就有的"。康托洛维茨引述一位阿訇的话来支持这一命题："在买卖中应讨价还价到汗珠从交易双方的额头滚下来。"论文没有展示任何趋势；它对它所探讨的这一公共机构的消失提供的唯一解释是推测性的，即西方工业制成品对当地手工艺品的取代。总之它算是一篇初出茅庐之作。它敢于使用对比，想象力和遣词造句的天赋也明显是有的，不过缺乏对证据证明的关注，以及对资料的考虑权衡。细致入微甚至不是目标。如果说这篇博士论文相当于一篇优秀的美国高年级本科生论文的水平，可能都称誉过头。

1920年11月注册冬季学期课程时，埃卡给菲娜写道，他"很高兴可以暂时不用碰伊斯兰教"。[21] 而且他确实很快停止了该领域的协同工作。在完成那个学期的阿拉伯语课程之后，他不再继续这门语言的学习，在通信中也不再提及伊斯兰教。在春天，他把大部分时间专门用于准备博士学位的口试——**博士答辩**。答辩委员会有哪些成员不详，但经济学——依然是他的主要领域——是主题。他在 6 月通过考试，并随即得到他的博士学位。这意味着，涉及论文质量和答辩表现两方面，他是以第二等优的成绩毕业——达不到第一等优。

在拿到学位后，埃卡继续注册海德堡大学 1921—1922 年的冬季学期。之后我们将看到，曾因波兰接管波森而一度陷入危险的康托洛维茨公司现在已恢复元气。由于堂兄弗朗茨管理有方，埃卡现在能够毫不犹豫地考虑以学术为业，并决定改变他的研究对象。1921 年 10 月，他写信给菲娜，说他正在考虑转学；只可能是柏林和慕尼黑，但与此同时，他整个冬天都留在海德堡。他被哲学系录取，很明显是打算再读一个博士学位。所有迹象都表明他这次读的是罗马史。他已于去年冬季学期修过一门这方面的课，而 1920 年 4 月写给菲娜的一封信表明，罗马皇帝已出现在他脑海中。在提交博士学位论文后不久，他给菲娜写道，他对开始做一项关于古代宗教的课题感到兴奋："古代晚期的祭仪、罗马坟墓、铭文"。[22] 到目前为止我们还没有发现什么，不过在 1921—1922 年冬他曾上过一门古代史课，对他智识的发展而言，这门课可能比别的什么都更重要。

这是由海德堡古代史学家阿尔弗雷德·冯·多马谢夫斯基举办的一个研讨班——那时他是他那个领域最有声望的人之一。多马谢夫斯基和埃伯哈德·戈泰因全然不同，他是个专注于个别领域的专家。他研究的是罗马军事史、罗马宗教以及罗马皇帝们的生平。他远离海德堡的智识世界，也不迎合人群。由于在一战的"饥荒之冬"期间营养不良，他饱受骨质退化导致的跛足之苦。但当他聊起罗马战争的时候，他就像站在了罗马边境的营地中间。

他跟随大师特奥多尔·蒙森学习过，后者称他眼光锐利、精力充沛、内行老练。约翰内斯·哈勒尔——一个见多识广的同代人——认为他是蒙森最优秀的学生。作为一名专业人士的典范，他继承了蒙森对铭文学的用功，而这只是关注细节的一个表现，其目标是获取更大的图景。

多马谢夫斯基的研讨班设在他家里，主题是亚历山大大帝。同埃卡一起的其他研讨班成员有：埃德加·扎林，一个兴趣广泛的人；约瑟夫·利格勒，一名格奥尔格门徒，埃卡的朋友，正准备攻读古典语文学学位；以及埃卡最亲密的朋友，沃尔德玛·于克斯库尔。我们将在接下来的几章更多地听到最后一个名字；这里指出这一点便足够，即他选择了研究罗马史，而且多马谢夫斯基同意做他的博士生导师。埃卡死后，扎林曾在一篇关于他的回忆录中描述过那个研讨班。恩斯特·康托洛维茨是班上的明星。在其他成员开始就列表中选出的报告主题发言后，多马谢夫斯基经常会突然插入一些关于铭文和参考书目的细节来打断他们，然后从战术和战略的角度讲述战役。他对自己所讲的如此投入，俨然是一位指挥官正讲述着他自己的计划、决策和成功。但当康托洛维茨作报告的时候，多马谢夫斯基就不曾打断他。埃卡探讨的"亚历山大的神圣荣耀"让教授听得入迷。随后多马谢夫斯基表示了赞赏。后来扎林曾问教授是否终于找到了自己长期寻求的继承者。"不，"答案是，"这个年轻人不适合做古代史，因为大部分的古代史对他来说会过于冷寂；毕竟只有一个亚历山大。他应该去研究联结东方和西方的材料。"埃卡自己应该也问了多马谢夫斯基是否脑子里有一个给他的专题，多马谢夫斯基回复道："拜占庭吧。或者写一部犹太史——尚无一部很好的犹太史，因为它们不是亲犹就是反犹。你可以将救赎历史同世界历史连成一体。"

在回忆录的修订版中,扎林增添了另一个细节。据他讲,在听取埃卡关于亚历山大神圣荣耀的论文之后,多马谢夫斯基告诉埃卡,他本应注意到礼仪性的欢呼——这一点在整个古罗马和中世纪极其重要。由于扎林把这件事同埃卡的第二部作品《基督君王颂》联系在一起,而后者全面探讨了欢呼问题,人们必定好奇扎林是否在反向地推测。不过,欢呼在康托洛维茨的《腓特烈二世皇帝》中扮演了显著角色——这本书写于多马谢夫斯基的研讨班之后没多久。那个关于研究联结东西方的材料的建议看起来也有点可疑,因为那是后来康托洛维茨的主要关切之一,但它被关于从事犹太史的建议所调和,而扎林本应知道犹太史是为埃卡所回避的。无论如何,很难相信"亚历山大神圣荣耀"的研讨主题为扎林所虚构。将之当作事实则近乎怪异,因为不仅统治者的神化成了恩斯特·康托洛维茨的主要主题之一,而且他在他的两篇重要文章中特别提到了亚历山大的神化。

最重要的是,我们必须注意到多马谢夫斯基系统的训练。他是一位教学生批判性思考和警惕所有相关资料来源的教授。多马谢夫斯基是埃卡在历史领域唯一的老师,他所提供的训练成了埃卡的桥梁,使其从海德堡的学生生涯,通向魏玛时代最著名的历史学家之一的前途。

第五章
圣格奥尔格

斯特凡·格奥尔格（1868—1933）在本书的出场已被推延，现在请他隆重登场。1919年春，海德堡的一位目击者称：

> 一位大学教授［贡多尔夫］正准备给学生做一个关于歌德的讲座，他的听众中许多仍穿着灰色野战军服。大厅已坐满人。演讲者却拖延着不开始。他看着大门，好像正期盼谁的到来。确实，当听众的不耐烦转为坐立不安，门开了，进来一个白发男人，其仪容仿佛属于另一种时间。他的出现带来的力量以及他周遭的纯净，是如此吸引这些来自战壕的年轻人，寂静笼罩整个大厅。随后大多数人站起来，向诗人斯特凡·格奥尔格庄重致敬。[1]

如果这段话还不够，这里还有埃德加·扎林的描述，讲他在海德堡的主干道第一次看到诗人的情形：

> 这位观看者木立着。一缕来自更高世界的气息擦过他。他不再知道发生了什么。他几乎不知道自己身在何处。那迈

着步子穿过人群的是一个人吗？但那无法描述的高贵和举重若轻的力量，使其迥异于周围所有的人，以至于所有挨着他的行人都像是苍白的面具、没有灵魂的影子。那是分开熙熙攘攘的人群、凭借脚步的轻盈加快去往彼岸的神吧？可他身上穿着人的衣服……随后他恍然大悟：如果那是个人，那他就是斯特凡·格奥尔格。[2]

特定一代的美国人可能会想到："这是个超人！！"但这里引用的作者都是极端严肃的。贝特霍尔德·冯·施陶芬贝格——因同弟弟克劳斯一起企图刺杀希特勒，于1944年被处决——毫无讽刺地写道，斯特凡·格奥尔格是"作为这个世界的救主被派来的"。[3] 库尔特·辛格的职业是经济学家，他曾为纪念诗人写道："对我们而言，您更甚于救世主……在您鹰视的闪电下，死亡变为生命。"[4]

斯特凡·格奥尔格（图12）是20世纪前三分之一时期德国文化的领军人物之一。一些批评家认为他的诗歌仅次于他的同代人里尔克；其他人则不然。不管怎么说，到一战时，有大量德国人不仅把他当诗人，更把他当先知来看待。早期的格奥尔格深受马拉美影响，成了这个国家最早也是最重要的象征主义诗人。当时的德国诗歌正需要一场震动。自荷尔德林和海涅之后，这个国家缺乏别具一格的诗人；二流的蹩脚诗人还在吮吸新古典主义早已干瘪的乳房；其他少数人则徒劳地指望将自然主义应用到诗歌中。因此象征主义——一种以繁茂的意象和凝练的晦涩为标志的创新风格，其中充满着新奇的生词和古语——为主流规范提供了一项闪光的、迷人的替代性选择。

图 12　斯特凡·格奥尔格浮雕（斯特凡·格奥尔格档案馆，斯图加特）

象征主义者格奥尔格信仰为艺术而艺术，他写诗是为了将他的读者运送到美的王国，那里弥漫着麝香的香气。为了加强效果，他担任起来自另一个世界的信使的角色。1897年他在柏林的一处私宅举办了一次诵读会，关于这次诵读会的描述，就传达出这样的氛围。当客人们——大约有二十号人——到达，他们被指引进入一间漆黑的、只有一盏被红布蒙住的台灯亮着的客厅。毗邻的一间屋子则由鲜花和月桂树枝装饰，保持得很干净，"因为那将是诗人要站的地方"。随后突然间，诗人像幽灵一样进入视野，他的脸庞被两盏明灯照亮。尽管格奥尔格当时只有二十九岁，他枯瘦的面容使他看起来永恒而不受时间影响。一位客人回忆道，他看起来就像"部分的李斯特，加部分的但丁——但丁更多些，因为他看起来像是刚从地狱回来"。[5]

格奥尔格读着他那丰富而玄奥的诗，从乐谱架子走到人群聚集的地方——他们保持缄默，入迷得犹如身处一场降神会。他用一种奇怪的赞美诗般的单音调朗诵诗歌，完全不同于同时代慷慨激昂的风格。要理解是很困难的，因为他避免让人听出标点在哪，甚至句尾也不予以强调，以使他的诗显得像一篇取自虚空的连祷文。据说"品达可能就是这样朗诵的"。[6]

这一美学立场蕴涵着对布尔乔亚文化的拒绝，而随着时间推移，格奥尔格由世纪末的唯美主义者逐渐成为文化批评家。他在1907年出版的《第七个环》中收入了一首诗，名叫《城市广场》——暗指位于柏林市中心的波茨坦广场——痛斥了金钱崇拜或对"俗丽"的竞逐。该诗充满哀伤地——"我为之悲泣的人民"——预见到粗俗的物质主义将需要用"贫困、麻烦和耻辱"来偿还。该书还有一首同样灼热的诗是《敌基督》。这位"敌基督"嘲笑他是如何在他的网中抓到轻信的人。他的奇迹是伪造的，不过离奇迹只有"毫发之差"；它们足以使他的奴隶们相信他正在用魔法变出黄金和酒，即使那金子是泥土而酒不过是果汁。与之对立的是格奥尔格对自己作为教育者的想象。他"优先在贫瘠的土地上"施教，不过通过他的指导，那少数被选中的，最后都将"在帚石楠中裸舞"。[7]

不论格奥尔格在艰涩的诗歌中说什么，他的代言人弗里德里希·贡多尔夫皆毫无保留地赞扬。其实贡多尔夫本姓"贡德尔芬格"，但因为格奥尔格不赞成这个魅力不足的名字，就把它改成了"贡多尔夫"，因此催生出了一个机智风趣的评价，说他就像那位断指以荣耀爱人的中世纪吟游诗人。[8]还在年轻的时候，贡多尔夫就为格奥尔格的诗欣喜若狂。1899年，在结识格奥尔格本人的第一年（彼时他十八岁），他就已经称后者为"大师"，并向他表达了他的"尊崇"。1910年,他以政论作家的身份,在一篇名为《忠诚与门徒身份》的文章中,呼吁顺服于一位必须被不只视为人的元首(führer):"门徒们的骄傲在于大师是独一无二的……他们必须将他的血和气、光和热、音乐和动作吸入他们的存在,然后将它们带入冰冻或空虚的世界。"在第二篇文章《格奥尔格肖像》中,贡多尔夫详细说明了这位元首的身份。他这样写道:"格奥尔格歌颂着人性新的一天,这一天对他而言已是现实,但对我们来说,仍是挑战或憧憬……没有人比斯特凡·格奥尔格更为坚决地投入战斗,反对肤浅的和只是泡影般的时势……斯特凡·格奥尔格是当今德国最重要的人物。"

格奥尔格出版于1913年的诗集《同盟之星》,其中一大特点是诗人对"净化"之必要的执迷:

> 别跟我谈至善:在你们赎罪之前
> 你们以所思所是使之庸贱
>
> 千千万万的人必崩溃于神圣的疯狂
> 千千万万的人必倒毙于神圣的瘟疫
> 千千万万的人必死灭于神圣的战争。[1] [9]

不过会有余种留存下来——那些属于"同盟"(*Bund*)的人。他们将"腐烂从他们的嘴里吐出";他们将"从他们眼中真切的狂热"

---

1 译文引自《词语破碎之处:格奥尔格诗选》(莫光华译,同济大学出版社2010年版),略有改动。

认出彼此；他们的同盟是"矿石的结合"。

谁会不想把自己设想成这同盟中的一员呢？第一次世界大战爆发的时候，许多士兵便是随身带着《同盟之星》上前线。1914年10月，年轻的奥地利人保罗·维特克负伤："他依然注意到天空是蓝色的，然后对自己背诵格奥尔格最新的诗歌，一首接一首地，直到失去意识。"[10] 埃德加·扎林有两只额外缝在军装内的口袋，一只用来放荷尔德林，另一只放《同盟之星》。一位瑞士观察家在1914年年底写道，《同盟之星》已被书写成"一出在时代黑暗阴沉的夜晚之前的神秘剧"，也因此是一桩"德国的全国性事件"。[11] 在1914年失去一个儿子的玛丽·路易丝·戈泰因后来写道，《同盟之星》和格奥尔格后来的一首诗，"在战争期间给了她和她丈夫安慰，并且允许他们从已经发生的糟糕事情中获得意义"。[12] 格奥尔格在战争末期恰当地评论道，德国士兵们带着他1913年的书，就好像它是一本"军用《日课经》"，但他也告诫，他诗歌中的战争并非这场刚刚打过的战争。

戈泰因夫人补充了至关重要的一点。1919年她的丈夫就同诗人有过交谈，使他吃惊的是，当时的德国似乎陷入至暗时刻，诗人却毫不悲观，因为他对青年抱有巨大的信心；而她本人则为此感到安慰，在所有那些生命逝去之后，诗人有着"奇妙的确信，新青年将会环绕他成长起来"。[13] 的确，格奥尔格在1919年发表了以下诗行：

> 一旦这个民族从怯懦的睡眠中苏醒
> 记起它自己，它的选择，它的使命
> 那么它将对难以言喻的恐怖

> 获得神圣的理解 [……]
> 于是带着真的标志的王旗在晨风中飘扬
> 受到崇高者、英雄们的鞠躬致敬 [14]

格奥尔格避开了传统的自我推销：他从未接受过公开演讲的邀请，也不曾为报刊著文。除了他的诗歌（产量在 1920 年代急剧下降），他获得影响力的策略是在自己的周围聚集起一群精挑细选的年轻人。擅入者会被告发。通过他的教导和"灌输"，这些年轻人将会分有他的智慧，成为他的工具，以对德国进行令人惊奇的改造，实现那艰苦而必然的胜利。最常用来形容他的门徒们的术语是"格奥尔格圈"（*George-Kreis*）。诗人并不反对这个词，门徒们自己也用它：恩斯特·康托洛维茨曾提及一个人，称他是"被圈着的"（*angekreist*）。[15] 尽管为了方便起见，这个词会被保留下来，但应当注意的是它并不完全准确，因为格奥尔格更倾向于让门徒们星散各地，然后没有归宿的他像一个中世纪统治者出行那样巡回，在他喜爱的地点接受这些受选者对他的朝觐。他最杰出的助手之一后来写道："格奥尔格一直自豪于没有一个永久住所，不依赖世俗财产，过一种漫游生活，其唯一的目标是：找人分享他的观点和他的存在方式。"[16] 这位"大师"永远是中心，但他的"圈子"不妨被想成一件亚历山大·考尔德[1]的动态雕塑，数量不同的门徒一群群围着他转，亲近度和高度各异。战后最受格奥尔格喜爱的地方是柏林、马堡和海德堡；在这三个地方，他都顺利安排了高级助理，帮他为动态雕塑吸收英俊、拔萃的"青年"。

---

1 亚历山大·考尔德（1898—1976），美国雕塑家、动态雕塑的发明者。

在海德堡一处因毁坏而带有浪漫情调的城堡附近，格奥尔格同贡多尔夫共有一栋别墅，1919年6月的五旬节周末，一次门徒聚会在此举行。五旬节是圣灵降临在使徒身上的日子，格奥尔格可能已经想到了这一点，不过聚会的模式是柏拉图式会饮。格奥尔格通过对话来"灌输"他的理想，每个人则轮流朗读他的诗作，带着必要的演讲风格。戈泰因夫妇为格奥尔格对德国青年的信心欢欣鼓舞，他们的儿子珀西·戈泰因也是成员之一。尽管珀西已二十三岁，格奥尔格还是唤他"孩子"。他长得极英俊，可与之媲美的是二十二岁的埃里希·博林格。由于格奥尔格将美作为精神卓越的表现，他选中这两人作为雕塑家的模特，裸身站在其他人面前。戈泰因回忆道："我们脱得很快。要无遮无挡地站在博林格旁边，同他一起坚守阵地并不容易……当他搂过我的肩膀，他的头发从脖颈拂到后背，每一个人都充满惊叹钦佩。"[17]

没有记录表明恩斯特·康托洛维茨曾作为模特，赤裸地站在斯特凡·格奥尔格面前。他同格奥尔格的密切关系，也不是以被一位高级助理带到诗人面前这种习惯性方式开始的。他是如何引起格奥尔格的注意此前并不确定。有人推测中间人是他的堂姐格特鲁德·康托洛维茨，后者是格奥尔格在战前的朋友；其他人则认为是阿图尔·扎尔茨和索莎·扎尔茨。不过这些选项都不正确，埃卡和菲娜·冯·卡勒的通信道出了实情。联系的起点是膳宿公寓"贝茨纳之家"。在埃卡待了两个学期后，新的寄宿者搬了进来——沃尔德玛·于克斯屈尔，一位参加过海德堡五旬节聚会的贵族青年，以及斯特凡·格奥尔格。尽管格奥尔格的惯例是避免在任何地方居住超过数周，但那会儿是特殊情况。此前他因尿路感染，导致膀胱结石和肾脏损伤，十分疼痛。1920年6月，病痛迫使他在海德堡的一家诊所做了一场手术,之后去温泉浴场休养。夏天结束后,为了同他的医师靠得近些,他返回海德堡,而便是这一层依赖,让他在贝茨纳之家待了六个月,从 1920 年 9 月到 1921 年 2 月。

格奥尔格告诉埃德加·扎林,只要身在海德堡,他就期盼着同他"最年轻的朋友们"离得近些,这样他就有机会"促进"他们。他这样讲时,心里想的是珀西·戈泰因和沃尔德玛·于克斯屈尔,但很快他就在"促进"恩斯特·康托洛维茨了。格奥尔格在贝茨纳之家要了两个房间,从那里他可以望见两条街(房子位于拐角处);于克斯屈尔和康托洛维茨住在两边。诗人把墙上的画都拿掉了,因为他需要"至纯的简朴"。尽管才五十二岁,手术的压力使他看起来更加苍老——"一位老年梦想家"。1920 年 11 月 6 日是恩斯特·康托洛维茨一生中最具决定性的几个日子之一,那天格奥尔格造访他的房间。正如那天晚上他给菲娜的信中说的,格奥尔格先前已到过他那里,但两人仅是聊了点闲篇。而这次,格奥尔格出乎意料地同他进行了严肃的谈话。埃卡带着发自心底的惊喜写道,推动力从诗人那里传了过来。起先他们谈起比较语言学,随后进入关于锡安主义的讨论——"一场逸兴遄飞的讨论"。[18] 埃卡无法抑制他的兴奋:"这一切是如此美妙——此前我从未有过这样的体验。"他向菲娜解释道,他们的讨论热切却不激烈。格奥尔格能够让人信服,"像贡多尔夫经常做的那样,不用套话,也不强制……除了对现实最朴素不过的阐述,他从未提供一个理性的或形而上的'证明'……结果则是令人难以置信的舒适。一个人会顿然明白什么是对的,不会感到一丝受迫,而是仿佛自己早已明白了它"。从那时起,恩斯特·康托洛维茨就成了格奥尔格的一名侍从。

两天后给菲娜的一封信尤其生动：

> 格奥尔格昨天问我会不会泡茶。他想试一种新茶，晚餐后到我这里来了；今天也是。天哪！关于这两次会面我能说些什么？可能不会说很多我们讨论的内容，但它本身真的很美妙！昨天我们谈到语言和伊斯兰！关于后者，他完全持有和我一样的观点，这对我来说当然极其重要。今天谈的是地理学、史前史和创世神话，所有这些离我的心都很近。每个晚上都是一个整体，是那样完全，"没有边缘"（如果可以这样讲），而且绝不分散；在整体这个词最高贵的意义上，达到如此充分的融贯与和谐。给予的方式——茶、蛋糕或别的什么——把最简单的提供转变为一份财富，给予和接受——譬如提供的一支香烟——不知怎的，就极其明显地变成了被圣化的、近乎神圣的行为，纯然通过它发生的美妙方式——通过能够给予和接受的艺术。一切都是那样难以描述，我的爱，听起来可能有点夸张。不过你最了解这并非夸张。值得注意的是，考虑到我所有的崇敬，以及事实上真的很害怕，我却能够畅所欲言而绝无拘束，这大概是我此前从未有过的。就好像我想说的一切都即刻向我奔来，而事物以我过去从未意识到的样子组合在一起。[19]

读者有理由好奇，对于这个住在隔壁的、敬畏他的二十五岁的年轻人，格奥尔格是否怀有过企图。答案当然是否定的。格奥尔格的许多诗行对同性情欲的描写，直白得令人吃惊。但是拿格奥尔格的诗来附会他的生活作风，是错误的。有充足的证据表明，他的门徒许多或者可能大部分彼此有染,有的还去找英俊的男孩介绍给大师,以便他能"教育"他们。1920 年,他们中的两人为了"考察"的目的,去了精英荟萃的奥登瓦尔德寄宿学校。同年,沃尔德玛·于克斯屈尔也出于同样的目的来到海德堡的街道上。但对于格奥尔格来说,门徒们这样做是为了一项高贵的事业,为了扩大他的社团,他宁愿不去想其中有任何色欲的因素。无论格奥尔格在自己那未公开的世界里做了什么,他都严格遵循导师和门徒之间应保持高洁的关系这一原则,这也是他所理解的柏拉图教育的基础。正如苏格拉底抗拒与亚西比德的肉体关系,格奥尔格也无意屈服于,譬如恩斯特·康托洛维茨的魅力。

让我们把话题转回到贝茨纳之家,埃卡继续向菲娜描述他和格奥尔格的会面。就在之前引用的那封信的三天后,他写道:"来一杯茶现在已成了固定节目。"11 月 20 日他告知,不仅格奥尔格经常来他的房间,他也经常去格奥尔格的房间——这是一种非同寻常的特权。会面有了一个新的转折,因为现在格奥尔格开始"讲课":"他能奇妙地感知到一个人的前途有多远,他的话说到几分对听者合适。"[20] 格奥尔格对这位年轻的仰慕者倾注了太多的注意力,以至于向他"逐章"评述他的博士论文。

1 月,诗人提出了一个新话题:"为什么圈子对女孩(*Mädchen*)保持一定的距离?"埃卡写给菲娜的书信吊起了读者的胃口,但他只是点到为止。然而,仿佛是为了补偿,对于两周后的一次会面,埃卡进行了几乎是小说式的详细报道:

D. M.[大师]昨天下午晚些时候来到我的房间。灯没亮,我躺在沙发上。啊,你可以想象我的状况。他立即注意到了这一点,并催促我告诉他所有的事情。尽管得到了你的允许,但我一直回避,直到晚饭后(其他人正坐在楼下吃狂欢节糕点),他一遍又一遍地问我,似乎怀疑有什么"不合法"的事情。我用三言两语告诉他,你就是把我的心带走的那个女人,诸如此类,还有如今情况突然不妙。"没错,没错,菲娜,"他说,"没有一个男人能和她轻松相处。她会提出要求,诸如此类。然后她会稍稍把事情安排好,因为她能看得极为透彻。她和贡多尔夫经常各说各话。但她会仔细思量。"啊,他真是令人称奇……昨晚他再次来到这里阅读……问"这位隐士"——即我——是否注意到一位访客。是吧,这一切如此美妙,我无法想象在四个月之后,如果没有大师会是什么样子。[21]

这段时期被记录下来的最后一次交谈,来自 1921 年 2 月 12 日他写给菲娜的一封信,在格奥尔格离开前夕:

当我们路过你在内卡河畔的红房子,我和大师就你我的关系进行了一次格外长的、完全是原则性的谈话。他问我事情进展如何,我告诉他"很好",而且归根结底,我有充分的理由这么说。然后我问他是否不赞成我们的关系,特别是由于你的处境,因为你无疑已经结婚了,等等。对此他回答说:不,因为这种关系对双方都有深远的意义。然后,他笼统地谈到与一位年长女性交往存在的危险: 1.) 她会把对方仅仅当作暂时的玩具; 2.) 这个年轻人,天知道,可能会自得,以为已从一位"男爵夫人或苏丹女眷"那里发现了美惠,因而认为大师偶尔的点化不再合适。"但菲娜不在顾虑之中，因为她不支持任何自大狂。"然后，在宽泛地聊了许多之后，他说："你是幸运的，比起那些把自己变成附属品（*Anhängseln*）的人，你的危险更小。你会从她那里得到很好的照顾，因为菲娜是一个聪颖的女人，而且有定力，不会做对不起你的事。"这一切都是从完全可以辨明的"国家"的角度来看的。[22]

这封信值得评论有两个原因。首先，它表明格奥尔格没有制定法律禁止他的年轻人与女人交往。他们的私生活是他们自己的事；只要不妨碍他们服从他，他就不会有"附属品"的忧虑。的确，那时格奥尔格正因贡多尔夫陷入对一个女人——埃莉·所罗门——的情热且想要和她结婚而大动肝火。但格奥尔格之所以如此，不仅是因为他对埃莉不屑一顾——他认为她是一个卑劣的荡妇——而且他还担心，她将作为"昆德莉"[1]诱使贡多尔夫远离圣杯之旅。另一方面，他知道菲娜很尊敬他，并且相信她没有威胁。其次，埃卡提到"国家"很能说明问题。大约从这个时候开始，格奥尔格和他的追随者开始谈论他们的"国家"，意指那些代表着德国千禧年未来的人，那些从未动摇过对领袖的服从的人。并不是每个有志者都能被录取，但埃卡现在知道他已获准进入。

说他受缚于斯特凡·格奥尔格，似乎没错。就像贡多尔夫为大师"断指"，康托洛维茨改变了他的笔迹（图 13），这肯定需要极大的意志力。早些时候，格奥尔格研发了一种新的字母形式——"格奥尔格字体"——作为他决定改变习惯方式以及将他的个性

---

1 瓦格纳歌剧《帕西法尔》中的人物。

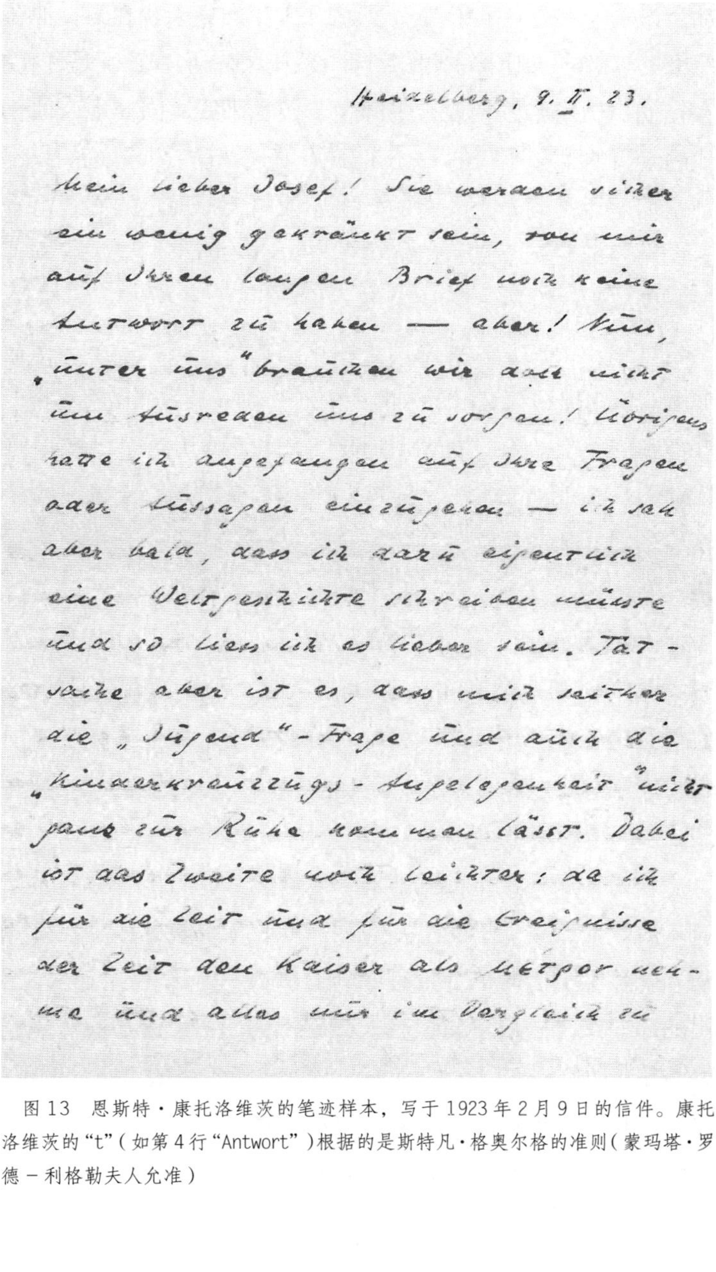

Heidelberg, 9. II. 23.

Mein lieber Josef! Sie werden sicher
ein wenig gekränkt sein, von mir
auf Ihren langen Brief noch keine
Antwort zu haben — aber! Nun,
„unter uns" brauchen wir doch nicht
um Ausreden uns zu sorgen! Übrigens
hatte ich angefangen auf Ihre Fragen
oder Aussagen einzugehen — ich sah
aber bald, dass ich dazu eigentlich
eine Weltgeschichte schreiben müsste
und so liess ich es lieber sein. Tat-
sache aber ist es, dass mich seither
die „Jugend"-Frage und auch die
„Kinderkreuzzugs-Angelegenheit" nicht
ganz zur Ruhe kommen lässt. Dabei
ist das Zweite noch leichter: da ich
für die Zeit und für die Ereignisse
der Zeit den Kaiser als Metapher neh-
me und alles nur im Vergleich zu

图 13　恩斯特·康托洛维茨的笔迹样本，写于 1923 年 2 月 9 日的信件。康托洛维茨的“t”（如第 4 行“Antwort”）根据的是斯特凡·格奥尔格的准则（蒙玛塔·罗德－利格勒夫人允准）

施加于人的一部分。埃卡遵从了。1921年的冬天和春天，他转而按照格奥尔格的准则来写他的字母"E"：以前它们在顶部是环状的，现在它们由一个半圆构成，中间是一条水平线。同样地，他改变了他的大写的T和小写的t。任何一个看过"前后"笔迹的人都会怀疑它们是否是同一个人写的。他还依照大师规定的方式写省略号。全世界都用三个点，但格奥尔格更喜欢两个，果然埃卡也成了一个只写两点的人。

也许最重要的是，他采用了纠正过的称呼方式。第一次在写给菲娜的信中提到与这位诗人的会面时，他称其为"格奥尔格"，但在年底前，他改用"der Meister"，此后就用这个，或用缩写"D.M."，又或"d.M."。听起来让人吃惊的是，当直接给格奥尔格写信时，他通常会使用第三人称敬语："在这几个星期里，几乎没有一天、一个小时，我不想把这件或那件美妙的事告诉这位大师（the Meister）。"[23] 在最大胆表白的时候，康托洛维茨直接写道："我相信，大师（Meister）。"虽然我们没有谈话的记录，但他肯定也在谈话中使用"大师"。实际上，关于格奥尔格的文献表明，门徒们平常在谈话中不只使用"大师"，还使用第三人称："这位大师想用茶吗？"[24]

恩斯特·康托洛维茨并非笃信宗教之人。当出于义务参加宗教仪式时，他会局促不安，并取笑那些皈依宗教的人。他如此爱讽刺，以至于祈祷时也会带有讽刺的口吻。因此，当读到像上面引用的那些崇拜的段落时，有人会忍不住问："这是戏仿吗？"但事实并非如此。康托洛维茨对斯特凡·格奥尔格的意愿全然顺从，看起来"非常离奇"。

该如何解释？埃卡尊敬他的父亲；他的父亲于1919年去世。

一年后，当埃卡与格奥尔格谈话时，他仿佛找到了一位新父亲。在美国，他不是把父亲和斯特凡·格奥尔格的照片一齐放在五斗橱上吗？不过我们是否可以说，如果埃卡的父亲还活着，他就不会在1920年崇拜斯特凡·格奥尔格？疑云似乎并未消解。与其对恩斯特·康托洛维茨进行精神分析（对此他肯定会嘲弄不已），还不如指出三个最可信的解释因素：诗歌、政治与人格。

埃卡是格奥尔格诗歌的狂热崇拜者；在1920年末两人会面时，他可能已经熟记了他所有的作品。4月，他决定阅读荷尔德林的《许佩里翁》，定然是因为他读了格奥尔格的同名诗歌。在描述他和诗人第一次约会的那封致菲娜的信中，他引用了两人都知道的格奥尔格的一首诗："在那里——没有希望或征象——从地牢的裂缝中，破出一道纯粹的银线。"[25] 正如我们所见，菲娜也被格奥尔格的诗歌所迷醉，而这种热情并不仅限于贡多尔夫那个小圈子。德国世纪之交的著名哲学家齐美尔把斯特凡·格奥尔格比作歌德。瓦尔特·本雅明把格奥尔格的一些诗放在每千年才出现一次的史诗领域，它们让人可以"看到山中的金子"。[26] 有了这样的评价，我们可以更容易理解，当斯特凡·格奥尔格走进房间聆听他的观点，埃卡会有怎样的感觉。

第二，不能忽视政治。1920年代格奥尔格最常被提及的诗歌，都是后期诗歌——他在这些诗歌中提到了"新帝国"。（这是他1928年出版的最后一部诗集的标题。）这些诗并非明确政治化的，但它们无疑痛斥了当下的"沉睡"，呼吁精英尽最大努力，为德国在真理和美的呼唤中觉醒铺路。格奥尔格是坚定的反民主主义者，并提到一位在他的旗帜下领导"诸英雄"的领袖。在谈话中，他说现代世界就像一排零：一个人可以随心所欲地加多少个零，但除非一个"一"出现在它们面前,否则没有任何价值可言。[27]埃卡曾为德意志帝国而战,后来又与波兰人和"红军"作战,他很爱国,就像他那个时代的大多数德国人,视《凡尔赛和约》为国耻。我们将有机会看到他在1922年如何怒斥法国占领莱茵兰。格奥尔格是"秘密德意志"的先知,康托洛维茨则希望成为其中的一员。

最后则是格奥尔格个人的超凡魅力。许多人看到大师"强有力的头"时,都无法抗拒。画家莱因霍尔德·莱普修斯在为格奥尔格创作一幅肖像画时,给妻子写信说:"他正变得越来越首要（head）。"[28] 在评论一本包含有大量格奥尔格照片的书时,弗里德里希·西贝格写道:"从这些照片中,我们看到了人类记忆中德国人所曾有过的最强有力的头。"[29] 格奥尔格的头之所以不仅大,而且看起来"强有力",是因为他有一头浓密的头发、高耸的颧骨和凹陷的眼窝。颧骨看起来像但丁——格奥尔格的确曾怀着不同寻常的真挚假扮过但丁,戴着桂冠,披着鬼魂一般苍白的床单,作为一次假面舞会的造型。[30] 随着年龄的增长,格奥尔格的眼窝越来越凹陷,它们令人想到提瑞西阿斯（图14）。在一部影射小说中,人物们不确定他们看到的人是斯特凡·格奥尔格还是一个戴面具的人;他们认为两者都可能,因为真正的格奥尔格更喜欢戴面具,这样凡人会怀疑他是不是由血肉做成。[31]

通过不引人注意地出现或消失,格奥尔格增强了他超尘脱俗的气质,而他居无定所的生活习惯,也为这点伎俩提供了便利。他的门徒们的信中不时出现这样的疑问:"你知道大师在哪里？"所有参观过卡勒夫妇位于慕尼黑附近别墅的人都在留言簿上签过名,但格奥尔格没有。他更喜欢不留痕迹。他的声音没有录音留存。

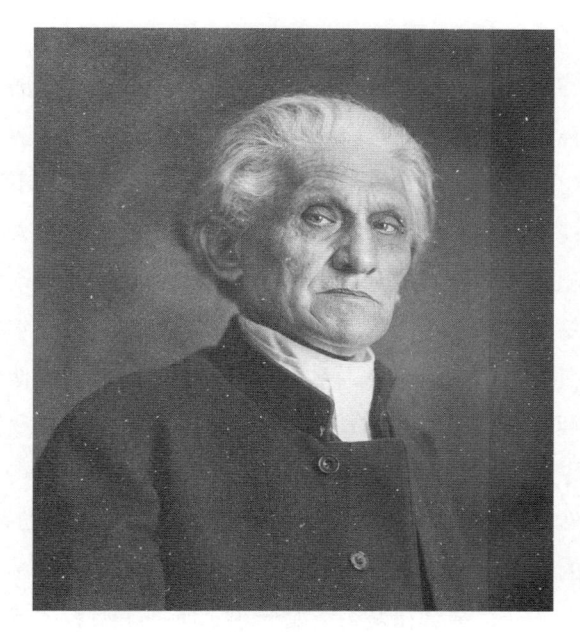

图14　斯特凡·格奥尔格，1928年，六十岁（斯特凡·格奥尔格档案馆，斯图加特）

凡是获准进入他房间的人会发现他的写字台是空的："一个人必须工作，但只为自己工作；不应向客人展示饭菜的准备或脏盘子。"但他的现身，会释放出"一股强大的的电流，改变所有受其影响的人"。埃德加·扎林认为他是"活生生的诗"。库尔特·辛格则称："他的眼睛是《圣经》中先知的眼睛……他的知识和能力建立在过去、现在、明天和永远的神圣基础上。"[32]1933年格奥尔格去世时，格特鲁德·康托洛维茨写道："这就像是世界末日；坚实的大地震动；若无他引导，还有什么留存？"[33]格奥尔格的一位早期助手亨利·冯·海泽勒，曾将他比作柏拉图、施洗约翰、圣保罗、但丁和埃克哈特大师："他是旷野中的呼声，他是上帝的使者,他一生中从未是过别的什么,可以这样来总结。"[34]

再一次,有人会问:"这是戏仿吗?"但说这些话的人当中没有一个是滑稽模仿作家,而且即使是远离崇拜的清醒的同时代人,也知道这种超凡魅力。阿诺德·茨威格,一位并不赞同格奥尔格的精英主义观点的社会主义者,曾写道,如果有人看到一个男人在爬海德堡城堡山,"眼睛、下巴和前额的曲线,散发出一种神奇的魔力",不用猜就知道那便是斯特凡·格奥尔格本人。人们站在格奥尔格的窗下,希望他来到阳台时能看见他们。瓦尔特·本雅明回忆1921年他在海德堡,"坐在城堡公园的长椅上看书,为了等待[格奥尔格]路过的那一刻,时间再久也不觉得长"。[35]

当然,并非每个人都陷入神秘感之中。埃里希·卡勒有所保留,即便他的妻子和朋友贡多尔夫都是格奥尔格的崇拜者。卡勒同格奥尔格有私交,甚至在是否结婚一事上听取了后者的建议,但他在格奥尔格作品涉及的部分主题上有独立的见解,从未成为他的门徒。埃里希·罗特哈克1920年代初在海德堡担任哲学讲师,他写道,他从未成为"格奥尔格的人"。尽管他不乏"对美的渴望,也能做到热情似火",但他"没有任何屈服于等级制的倾向",而且发现自己不可能毫无保留地依附于一个"教派"。[36]同样,诗人亚历山大·冯·伯努斯写道,他对格奥尔格保持免疫:"那些人对大师偶像崇拜般的盲目尊崇和卑躬屈膝,与我的整个天性背道而驰。"[37]一位名叫瓦尔特·埃尔利希的文学系学生,同埃卡、珀西·戈泰因、沃尔德玛·于克斯屈尔等人认识,他曾坐在海德堡一家膳宿公寓的前厅(可能是贝茨纳之家),阅读《同盟之星》,这时有两名格奥尔格的门徒进来并认出了这本书。他们问:"您也在读这本神圣之书?"埃尔利希从他们诚挚的表情中看出对方不是在开玩笑,暗忖:"所以这是什么新宗教吗?那样的话我可得离它远点。"[38]

马克斯·科默雷尔是一个早慧的德语文学专业学生,1920年他十八岁,被格奥尔格收入门下,成了大师的最爱之一,直到1930年依然忠于大师。但后来他决定脱身。正如他在日记中所写,"整个生活方式都建立在完全放弃个人身份的基础上,这只有对年轻人来说才是合适的、可忍受的,对一个人则绝不"。[39] 当科默雷尔在二十八岁时作出这个决定,彼时只比他小一点的埃卡,却是朝着相反的方向移动,而且此后从未逃离。

第六章
城堡山

海德堡最令人难忘的景象是一座文艺复兴时期的城堡废墟,若隐若现地矗立在一座三百英尺高的山上,俯瞰着这座城市。这座城市是统治普法尔茨西南地区的王侯们的主要居住地;他们在16世纪建造了当时德意志已知最为宏伟的城堡宫殿。但一个世纪后,法国国王路易十四宣称对普法尔茨拥有主权,1689年大同盟战争期间,法国军队占领海德堡并摧毁城堡的大部分,留下废墟矗立,给一些人带来浪漫怀旧的阴霾之时,也给其他人带来国耻的纪念品。1920年代法国军队占领莱茵兰时,屈辱感主导了人心。这十年间,恩斯特·康托洛维茨大部分时间都住在城堡废墟正上方的一栋别墅里,他写的一本书显示了这种影响。

康托洛维茨搬到城堡山,为他的生活掀开了新的一页。起初他和沃尔德玛·冯·于克斯屈尔一起住在那,后者取代菲娜·冯·卡勒在他那里的位置。他将个人目标定位为取悦斯特凡·格奥尔格,并开始写他的腓特烈二世皇帝传记。1920年末,他厌倦了住在弗里多公寓,发现那里太过喧闹忙乱。他写信给菲娜,说"小贝鲁菲尔德[在头顶上]踩来踩去"(那大概是某位仆人的孩子)让人无法在于克斯屈尔的房间交谈;另一次他写信说他渴望独处。[1]但即使康托洛维茨没有考虑搬家,大师也下令他这么做。正如埃卡在 2 月给菲娜的信中所说:"大师明确要求,实际上是让我们清楚地明白,他决不希望沃尔迪[即于克斯屈尔]或者我留在贝茨纳过暑假。"格奥尔格将离开海德堡一段时间,多久没说,但会回来。他的习惯是和贡多尔夫住在一起,但因为贡多尔夫对埃莉·所罗门坚定不移的忠诚,这会儿他已经开始讨厌他。由于贡多尔夫偶尔会出现在贝茨纳之家,格奥尔格会想避开这个地方,也不想他两个年轻的被保护者住在那里,特别是当贡多尔夫可以在一个不太公共的空间里看到他们时。

埃卡成了一名公寓猎人,并成功地找到了理想的住处,在沃尔夫斯布伦恩路的城堡公园之家(Haus Schlosspark),位于城堡上方。埃卡热情地向菲娜描述了他的发现:"在一栋别墅的上层,有三个房间、带顶棚的阳台、女仆的房间和厨房。"他和于克斯屈尔在这里住到 4 月。可从一扇窗户俯瞰城堡公园;5 月,可以呼吸到花香。在城堡公园之家一个堆满书的房间里,埃卡写他的腓特烈二世传记。

格奥尔格认为康托洛维茨和于克斯屈尔会一起搬家,因为那时他们是一对。1921 年 1 月给菲娜的一封信中,埃卡说他正在学习烹饪,为了不让贝茨纳夫人知道,他们正在于克斯屈尔的房间里做意大利烩饭。也许他们此前还没有成为爱人——埃卡还在为菲娜叹气——但在搬到沃尔夫斯布伦恩路之后,他们肯定在一起了。莫里茨·奥古斯特·沃尔德玛·冯·于克斯屈尔-居伦班德伯爵的波罗的海德意志贵族血统,可追溯到 13 世纪。他的父亲,沃尔德玛·维克托·鲁道尔夫·康拉德·古斯塔夫·冯·于克斯屈尔-居伦班德伯爵是符腾堡王国军队的退役上尉,也是新教的圣约翰骑士团荣誉骑士，属于家族在德国西南部的一个分支。他的妹妹卡洛琳嫁给了阿尔弗雷德·申克·冯·施陶芬贝格伯爵，她在这段婚姻中所生的三个儿子都成了斯特凡·格奥尔格的狂热信徒。（最著名的是克劳斯，1944年暗杀希特勒计划的主要策划者。）于克斯屈尔的母亲露西·阿伦费尔特是一位富有的、有着斯堪的纳维亚血统的美国人，之前曾嫁给一位德国男爵。（她在第一段婚姻中生的女儿，在我们后面的故事中占有突出位置。）"沃尔迪"在早得令人吃惊的年龄，便已引起斯特凡·格奥尔格的注意。1906年，他八岁，他的弟弟伯恩哈德七岁，两人同女家庭教师在蒂尔加滕公园（柏林市中心的一个公园）散步时，被格奥尔格的助手恩斯特·莫维茨发现。莫维茨是一名独身的法学生（后成为法官），闲暇时间花在寻找可能取悦大师的男孩上。他被这对孩子深深迷住，便跟着去了他们家。很快，他获得他们母亲——伯爵夫人露西——的许可，几乎每天上门来看他们，为了对其加以"辅导"。这位母亲起初对此很不舒服，但当

图15 沃尔德玛·于克斯屈尔，1920年前后（斯特凡·格奥尔格档案馆，斯图加特）

她得知莫维茨与诗人格奥尔格的关系时,她觉得这种情况很讨人喜欢。随后,莫维茨将沃尔德玛和伯恩哈德介绍给了大师,大师"很高兴与他们交谈"。在1913年的一首颂歌中,诗人称沃尔德玛为"渴望已久的小小承诺","在海浪之歌下诞生"。[2]四年后,后者写信给格奥尔格说:"通过您,大师,我学会了观看。"

离一战结束还有三个半月,伯恩哈德·于克斯屈尔自杀了;他试图和另一个年轻人一起逃离军队,在被抓后,选择了自杀而不是面对军事法庭。格奥尔格感到"仿佛他的两条腿被打断"。他写了一首纪念伯恩哈德的诗,"你像火焰一样纤细而纯洁",为这个"修长""纯洁""温柔"和出身"高贵种族"的年轻人叹息。[3]这种礼敬给沃尔德玛带来了他几乎无法承受的负担。他是参加过1919年海德堡五旬节聚会的年轻人之一,但因为没有身体上的吸引力,大师很少注意他。

1920年秋天搬进贝茨纳之家前,埃卡很可能并不认识于克斯屈尔(图15),后者要比他小三岁。无论如何,到了1921年晚秋或冬天,他们成了一对。埃卡后来写到他们如何满脑子都是他们计划的梗概,且相互交流;他们是如何"分不开"。在某种程度上,他与这位年轻贵族的友谊似乎不可解。于克斯屈尔相当丑。他皮肤苍白,眼睛呆滞,看上去像鱼。他很高,但身高对他来说不是优势:他瘦高而难看,"每一次见到他,他都好像比上一次更高、更笨拙"。[4]大师现在开始嘲笑他。格奥尔格称于克斯屈尔为"王子"和"高贵的灵缇"。于克斯屈尔可能真是"灵缇",因为他富有到足以拥有一辆自己的跑车,并且喜欢高速行驶。大师说:"王子有过的唯一风流韵事,是和他的汽车——他甚至爱抚它。"[5]1921年冬,格奥尔格离开弗里多公寓,去城堡山顶的洛布施泰因别墅住几天(贡多尔夫一直住在那,但暂时离开了)。埃卡陪着他,但上坡路很陡,格奥尔格头晕起来,扶着埃卡以求支撑。他们到达目的地后,埃卡非常担心,询问格奥尔格他和于克斯屈尔是否应该和他待在一起,确保一切安好。但大师说于克斯屈尔帮不上什么忙。于克斯屈尔的博士生导师多马谢夫斯基也有同样的想法:"不要用你的伯爵来打扰我。"他曾这样对埃德加·扎林说。[6]

那么是这个"伯爵"的什么吸引了埃卡?就血统而言,他确实是"高贵的",这必定是一大因素。埃卡很荣幸自己能与贵族结交,在腓特烈二世传记的题词中,没有忽略把于克斯屈尔的头衔包括进去。此外,于克斯屈尔的习惯是高贵的。他不仅开豪华汽车,还穿最新潮的昂贵时装。他的表弟亚历山大·冯·施陶芬贝格觉得这样未免过分,写道,沃尔迪会尽最大努力放弃他的学术抱负,开着汽车到处转悠,俨然男士风格和时尚的展出者。施陶芬贝格本人是一名贵族,可以对于克斯屈尔如此蔑视,但埃卡来自波森制造业家族,他对于克斯屈尔的贵族作风印象深刻,甚至可能已经从他的朋友那里习得了衣着光鲜的品位。于克斯屈尔在另一种意义上也是高贵的,因为不可否认在很小的时候,他就被纳入斯特凡·格奥尔格的圈子。能有几人在少年时,就被格奥尔格在出版的诗集中认可,说他"在海浪之歌下诞生"?作为圈子的一员,于克斯屈尔对大师的教导心领神会。在1920年出版的一本名为《古希腊雕塑》的照片集共十二页的导论中,深谙格奥尔格理想的他如此写道:"当所有希腊人为奥林匹克运动会而群聚,来自墨伽拉的奥西普斯似乎是第一个在希腊诸部族面前裸体比赛的人。随后脱去衣服成了惯例,因为修昔底德讲到,不久之后参赛者就脱下了覆盖他们私处的腰带,这是非希腊人,也就是亚洲人,永远不会做的事。"[7] 对此他补充道，裸体与雕像相互关联，并且"裸体青年的塑造 [并不意味着] 让我们以人的形式思考神，而是将人视为神"。于克斯屈尔的文章预示着一项新的格奥尔格圈惯例：制作衣着暴露或裸体的男孩和年轻男人的全身雕像。相当恰切的是，于克斯屈尔将这本书献给了珀西·戈泰因，这位年轻人曾在海德堡五旬节聚会上当裸体模特。

埃卡与于克斯屈尔投合还有一个原因，即对古代史的共同兴趣。这是于克斯屈尔住到贝茨纳之家时决定要从事的学术领域。而那时埃卡即将完成他关于穆斯林工匠协会的博士论文，考虑就伊斯兰以外的主题开展工作。我们看到此前一年的春天，罗马帝国已进入他的脑海。1921年1月给菲娜的一封信将于克斯屈尔带入画面中。埃卡讲述了夜晚是如何迅速过去，因为他、沃尔迪和大师正在阅读古代史学家爱德华·迈尔写的一本关于基督教起源的新书。当埃卡和沃尔迪进行"无休止的争论和意见交流"时，格奥尔格在旁边看着。埃卡参加了于克斯屈尔的学位论文导师关于亚历山大大帝的研讨班，这是参与一项共同事业的高潮。

在这段时期，埃德加·扎林经常见到这两个年轻人，他描述了二者的关系。于克斯屈尔是康托洛维茨的"天生伴侣"，因为他能不断提出问题。有时，格奥尔格会抱怨于克斯屈尔的"闲扯"（*Gedibber*），

> 但康托洛维茨——他本人很乐于交谈，总是在寻求知识——会回答每一个问题，起初冷静，随后渐趋激烈，有时会到喊叫的地步，尤其当其他讨论伙伴在场时。然后他可能突然把讨论往后推。但几天后，在阅读了所有相关文献后，

他会根据自己的观点给出明确回答,并立即迎接朋友提出的新问题。[8]

这时,埃卡的情人菲娜仍然试图扮演"老师"的角色。菲娜比他年长,这个角色一度看起来是适合的。但现在埃卡已找到一个比他小三岁的人,正在成为施教者而非受教者,为了男友抛弃女友。在1924年给格奥尔格的一封信中,他写道,于克斯屈尔的"体贴、亲爱和真挚一如既往地动人……他向来有着可爱而温柔的羞怯,现在可能要更甚"。[9] 可能这是于克斯屈尔的第一次同性恋(homosexual)行为,因为他之前和珀西·戈泰因之间只是同性(same-sex)关系:他出版的关于希腊雕塑的书是献给戈泰因的,并引用已故的弟弟写给他自己的同性爱人的一句话:"当爱不流经我们的血液,我们只能过贫穷的日子。"[10](戈泰因在纳粹时期因同性恋行为被捕过几次。)尽管格奥尔格没有与他的"年轻人们"建立肉体关系,但他们中的许多人成对生活。在1924年给圈子里的另一成员威廉·施泰因的一封信中,埃卡写道,沃尔迪是他生命中最重要的人。在1925年初的一张公开明信片中,他称"沃"为"同桌和床友"。在1924年10月给斯特凡·格奥尔格的信中,康托洛维茨毫无保留地表达了自己,说他同沃尔迪的"婚姻""从第一个钟头起就极其幸福"。[11]

尽管有"婚姻",但从1921年4月到1922年6月,两人只在一起待了一年多一点,因为于克斯屈尔在获得博士学位后离开了海德堡。他希望获得一个古代史教授职位,以继续他的学术生涯,因此去了柏林,随后又去牛津和伦敦深造。1924年晚春他从英国回来,于1925年成为哈勒大学无薪讲师,并一直待在那,直到1932年被图宾根请去当教授。这一时期埃卡信中的段落表明，至少在1927年之前，他和于克斯屈尔保持着亲密关系。从信中我们还可以了解到，在于克斯屈尔于1923年秋动身前往英国之前，这一对已制定计划一起读遍"世界文学"。1924年春，埃卡去意大利旅行，写信给施泰因，说看到值得注意的景象时，他便想到沃尔迪，并对沃尔迪宁愿待在伦敦而不愿和他一起来感到恼火（"十个比兹利[英国阿提卡式花瓶专家]与那不勒斯的一个酒神浮雕相比算什么！"）。后来于克斯屈尔和他一起在城堡公园之家的公寓里住了很短一段时间。1924年10月，菲娜·冯·卡勒也在那里，"和恩斯特及于克斯屈尔一起"喝茶。1925年春，埃卡写信给施泰因，说他希望沃尔迪很快就能来，之后又写信说他的"配偶"已离开，他现在成了"守活寡的"。[12]1926年夏，在从海德堡去母亲在荷尔斯泰因的家的路上，埃卡绕了一大圈去哈勒看于克斯屈尔；10月，他期待在海德堡看到从意大利回来的于克斯屈尔。1927年3月，《腓特烈二世皇帝》扉页上致谢于克斯屈尔的题词，是这段关系的最终证明。

如果1922年6月之后的海德堡已没有东西能留住于克斯屈尔，那么埃卡是被什么留在那里的？一个答案是，他已决定投身于腓特烈二世皇帝传记的撰写，而在海德堡他有一个安静宽敞的公寓，为他提供理想的工作条件。另一个答案则是斯特凡·格奥尔格待在海德堡的话，最喜欢和康托洛维茨一起住在城堡公园之家，从1923年至1927年每年春天和初夏，他都有两三个月在那里。(1928年6月，格奥尔格也和埃卡一起住在海德堡，尽管时间更短，而且住在不同的公寓。)

康托洛维茨单独和格奥尔格待了很长一段时间。1956年，在写给圈子前成员路德维希·托梅伦的信中，他为了回应追忆的请求，描述了这一关系（托梅伦属于格奥尔格在柏林的支部，因此对海德堡的圈子活动知之甚少）。从信中我们了解到，康托洛维茨视自己为一名"男仆"（*Kammerdiener*），他说这一立场让他和大师的关系变得简单，两人在一起的日常生活也得到简化。然而，他们确实就"大师的历史观"进行了长时间讨论（埃卡当时正在写一本历史著作）。此外，在访客离去后，他们会愉快地花上一个钟头讨论会面的细节。

埃卡自称"男仆"似乎有些夸张，但有独立的证据表明这是恰当的。1927年5月，彼时已出版了一本令人印象深刻的书的他，在寄给弗里德里希·贡多尔夫的兄弟、住在达姆施塔特（距海德堡一小时路程）的恩斯特的明信片上，写了一条简短的信息："大师在海德堡这里，乐于见到您。只需提前说一声，随时欢迎。"寄给恩斯特·贡多尔夫的另一封信也有同样的秘书风格："大师在这只待几天，乐于见到您。他想知道星期二——也就是后天——您是否方便来海德堡。如果方便，大师期盼您在通常的午饭时间或之前到来。"恩斯特·贡多尔夫确实是按照他的吩咐在那个点来的，而且极有可能，埃卡和大师事后花了一个钟头，愉快地讨论了这次访问。

就如同康托洛维茨听令于斯特凡·格奥尔格发出不容拒绝的邀请，事实上可以肯定的是，他决定写一部中世纪皇帝传记也是受大师之命。大师喜欢崇拜"英雄"，且鼓励门徒撰写酒神赞歌般的传记，献给自己拥戴的英雄。在康托洛维茨的腓特烈二世传记于1927年出版前，已有弗里德里希·贡多尔夫的《歌德》(1916)、恩斯特·贝尔特拉姆的《尼采》(1918)、贝特霍尔德·瓦伦丁的

《拿破仑》(1922) 和弗里德里希·贡多尔夫的《恺撒》(1924)。它们都属于格奥尔格的出版社邦迪公司的"学术作品"（*Werke der Wissenschaft*）系列。没有文献证明格奥尔格曾指示康托洛维茨应该写一本英雄传记，但与埃卡在早期阶段讨论了这本书的写作计划，且与格奥尔格走得最近的恩斯特·莫维茨，后来断然写道："正是诗人敦促了对 [腓特烈] 历史的重新书写。"[13]

埃卡给菲娜的信有一年半的间断，这不利于我们确认他决定写一本英雄传记的确切时间，不过 1922 年 8 月下旬写给约瑟夫·利格勒的一封信表明，应是 1922 年夏天之前的某个时候（格奥尔格四五月份在海德堡）。埃卡写道，他正在"重返工作"。他想知道自己是否真能完成对腓特烈二世的研究，以及自己是否是做这件事的合适人选。他认为回答是肯定的，但对这项艰巨的任务感到恐惧，尤其是看到自己可能会被来自各方的相关新材料淹没。"不管自己是否愿意"，他都在推进，这时他使用的语言暗示自己被一股更高的力量召唤："仅仅为了快乐和自我繁殖而工作是种背叛，那样我将永远于心有愧。"[14]

为什么中世纪统治者腓特烈二世如此特别？斯特凡·格奥尔格认为他是"中世纪德意志皇帝中最重要的"。在 1900 年后不久所写的《施佩尔的坟墓》一诗中，格奥尔格提到"最伟大的腓特烈"，从而将腓特烈二世皇帝置于第二帝国时期普鲁士英雄腓特烈"大王"之上。[15] 与埃卡决定着手作传记在时间上更接近的，是格奥尔格 1919 年的诗，谈到向在风中飘扬的王旗鞠躬的"崇高者"。在王旗飘扬之前，有一场世界末日般的清洗要发生。这位诗人兼先知预见到了一支"响声雷动的军队""驾云而至"，以及"最骇人的恐怖——第三个狂飙：死者们归来"[1] 的咆哮。[16] 方家应该知道"第三个狂飙"与但丁的一段诗文（《天堂篇》第三首：118—120）相呼应，称腓特烈二世的母亲是"伟大的康斯坦丝，她从士瓦本的第二个狂飙[2][亨利六世] 中，生下了第三个狂飙和最终权力"。[17] 格奥尔格的诗中明白无误地暗含腓特烈皇帝的神话，即他会带着一支"响声雷动"的幽灵军队回来消灭腐败。（康托洛维茨在他撰写的传记中，在关于腓特烈二世超自然来世的语境中，重复了这一神话。）同样地，接下来"带着真的标志的王旗在晨风中飘扬"，那些对王旗下跪的"崇高者、英雄们"，是那些效忠于一个曾经的和未来的皇帝的人的同伴。

最初，埃卡将他对腓特烈二世的研究构想成一个"任教资格"项目，作为通向教授生涯的重要一步。这一点我们可以从 1922 年 8 月下旬他给利格勒的信以及同时给威廉·施泰因的另一封信中看出。埃卡写道，他刚到图宾根，见了中世纪史学家约翰内斯·哈勒尔。他和哈勒尔"彼此极其了解"（也许需要指出的是，哈勒尔是一个直言不讳的德国复仇主义者）。然而他不确定是否会"去哈勒尔那里"（意指"去"任教），因为他所在的地区离哈勒尔那里很远。1922 年 9 月 16 日，他从海德堡给柏林的卡尔·海因里希·贝克尔寄了一封信，这封信也可以证明他在寻找任教资格的负责人。贝克尔时任普鲁士文化部国务秘书（二等），是德国在伊斯兰文化方面最重要的专家，且人人都知道他对格奥尔格圈持同情态度。

1　莫光华译本："那闪亮的血光 定会直冲云端 / 军队喊声雷动 将从原野里驰过。/ 最骇人的场景 那第三轮冲锋：/ 是死者们归来！"
2　王维克译本为"暴风"，黄文捷译本为"狂飙"。因为格奥尔格将 vento 译成 sturm（狂飙），故采用此译法。见尾注 44。

早先贝克尔在柏林大学当教授时,康托洛维茨听过他的"哈里发史"讲座。埃卡写道,他对贝克尔最近的文章《文化通史框架中的伊斯兰教》很感兴趣,并告诉贝克尔,他的博士论文是关于同一领域。(他有些厚颜地强调,他的博士论文是关于工匠"协会",而不是"行会",即便贝克尔在他的文章中使用了行会这一术语。)他承认,他对阿拉伯语和相关资料了解很少,并且继续说,自从撰写博士论文以来,他就忽视了这两者。相反,现在他正在研究腓特烈二世皇帝在西西里的立法。考虑到贝克尔可能对这个项目感兴趣,埃卡想从他那里获得一些建议,并署名"恩斯特·哈特维希·康托洛维茨",以表明他来自一个有名的家族。埃卡和贝克尔确实在柏林见了面,但这次会面似乎并没有什么下文。

我们很自然地会想知道为什么埃卡没有接触卡尔·汉佩,后者在海德堡拥有一个中世纪史教席,是德国在腓特烈二世研究方面首屈一指的学者。可能是因为他抵制留在海德堡的想法,也可能是因为汉佩作为一名传统学者,对于将这位皇帝视为"最骇人的恐怖,第三个狂飙"的处理将不会有好感,所以埃卡不想去见他。但同样可能的是,汉佩也不愿意和一个狂热的格奥尔格门徒交往。无论如何,在去了图宾根和柏林之后,埃卡开始写一部全面的腓特烈二世传记,没有任何学院的关系。

他能够放弃取得任教资格的目标,是因为他拥有足够的财富任己随心所欲,而不用为找一份挣钱的工作发愁。关于他的财务状况,这里需要插一点题外话。康托洛维茨家族的公司在战争期间表现出色。虽然外贸受到限制,但它从国内果汁销售上得到了补偿。1919年10月,该公司宣布过去的这个财政年度令人满意,并提供了18%的股息。同月,埃卡指示将一批利口酒运到埃里希·卡勒那里，并写信告诉卡勒，这些酒"又是非常适合喝的"。1920年11月，波森的工厂被强行卖给波兰的买主们，似乎造成了一场灾难。1921年1月4日在给菲娜的一封信中，埃卡谈到了出售的价钱：无论数额有多大，买主们用波兰货币给付，这种货币在当时几乎毫无价值，而且无论如何也不能带出来；因此他身无分文。但由于堂兄弗朗茨的商业才能，情况有所好转。波森的工厂在换了波兰老板后，使用"哈特维希·康托洛维茨"这个有价值的名字，从1920年到1939年继续生产利口酒——现在也生产伏特加。但弗朗茨管理着一家德国"哈特维希·康托洛维茨"公司，旗下包括一家新工厂以及旧有的柏林行政办公室和零售点。1920—1921财政年度德国公司的财务报告显示，它的繁荣达到能够派发30%股息的程度。1922年，该公司委托制作了一部迷人的动画片，在电影院上映，名叫《奇迹》。片子中两个男人在争吵，直到一瓶利口酒奇迹般地出现才停止；然后金色的液体流入他们的喉咙；他们微笑，言归于好；随后出现一个标题："康托洛维茨：举世闻名"。[18]1922年6月，埃卡的富裕使他可以转给约瑟夫·利格勒一笔现金，慷慨到让这位努力维持生计的朋友大吃一惊。

  埃卡的通信中没有任何内容表明他可能受到1923年德国通货膨胀的影响。情况再坏估计也只是点小麻烦，因为整个1920年代，他生活的档次很高。从1921年春到1922年初夏，他和于克斯屈尔是一栋豪华别墅上层仅有的两名住客（不算一个还负责做饭的女佣）。在于克斯屈尔离开后，埃卡让第二个房间空着，正好用来接待斯特凡·格奥尔格的定期来访，后者在1922年11月后便不再与贡多尔夫交谈。我们已经看到大师确实每年都定期在那里待两三个月。1924年，埃卡将格奥尔格的到来称为他的"夏日驻跸"。[19]

此外，除了偶尔有其他客人，他都是一个人住，付起房租毫无困难。他还经常旅行，除了定期往返于海德堡和柏林，1924年春去了意大利，1925年夏去了哥本哈根，1926年秋去了达尔马提亚。并且每年夏天，他都会延长自己的假期。1918年，他父亲买下了一栋富丽堂皇的别墅，在马伦特－格雷姆斯米伦，那里属于东荷尔斯泰因，有"荷尔斯泰因的瑞士"之称。第二年约瑟夫去世时，埃卡的母亲克拉拉继承了这份财产，她离开波森后就住在那里。由于房子被公园包围，靠近一个湖，它为埃卡提供了一个夏天的避风港，让他一次能在那里放松好几周。埃卡总是穿极其考究的衣服，从未试图隐藏他的财富。据说有一次他在一家餐馆吃饭，同桌的人中间有人抱怨背负一个著名姓氏的负担，他转向服务员问道："能给我拿一瓶康托洛维茨吗？"[20]

我们现在可以来关注腓特烈二世传记写作的过程。1922年8月下旬在一封给约瑟夫·利格勒的信中，康托洛维茨写道，作为"计划"的一部分，他刚刚访问了美因茨、沃尔姆斯和施派尔。这个计划想必是访问与腓特烈二世的生平有关的地方。然后在12月，他写信给利格勒，说他的工作正取得良好进展，并期待对方朗读他写的东西，进而对他提出批评。利格勒1923年1月4日日记中的一条记录，以及康托洛维茨2月9日给他的信表明，1月1日两人在海德堡，就各自关注的相关话题进行了探讨。康托洛维茨谈到1212年年轻的腓特烈二世在罗马的出现以及同年的童子十字军东征，这两者在他传记的第二章都有论述。1923年5月，在很长的一段间隔后，埃卡写信给菲娜，说由于大师最近的驻留，他的工作两个月没有取得任何进展。1924年2月初，他写信给菲娜，向她致以生日的问候，然后开始详述自己的进展。他非常高兴住在弗朗茨·康托洛维茨位于西柏林施特格利茨区的宅邸里。弗朗茨和他的家人都不在,这意味着他拥有写作需要的宁静和孤独。住在施特格利茨很幸运,因为这里靠近普鲁士国家档案馆的所在地达勒姆,而罗马德意志历史研究所收集的关于意大利历史的大量出版物,便暂时存放在普鲁士国家档案馆。能够利用这一收藏非常理想,因为这就意味着他不用去意大利的图书馆工作,而他对研究以前从未读过的材料感到兴奋。最后,他为说了这么多"Bonzeness"向菲娜道歉,但他没有别的东西可写,因为他推迟了所有其他活动,直到把书写出来。(*Bonze* 一词通常是指"大人物",在格奥尔格圈内部,则指古板的学究。)

尽管觉得无须去意大利的图书馆工作,但埃卡确实感到有必要去意大利看一看与腓特烈二世生平相关的地方。这一意向源于他与威廉·施泰因的友谊,后者在 1922 年底出版了一本研究拉斐尔的书,并给他寄了一本。在致谢信中,埃卡怀着敬畏之情写道,施泰因是如何使他醒悟到"不仅言与行能产生观念,图画(*Bild*)也可以"这一事实以及"绘画般地看"(*bildhaftes Sehen*)的重要性。施泰因也教导了他,"事实上在思的时候,有一道目光紧挨着"。[21] 1924 年 4 月的大部分时间,埃卡在意大利的大陆和西西里岛度过。独自旅行的他在威尼斯登上一艘汽船,船曲折经停众多港口,允许他在任何登陆的地方逗留。第一站是安科纳,他得以在耶西(腓特烈二世的出生地)及其附近参观。之前从没去过意大利的他,为这里的景色之美所倾倒。后来他写信给施泰因,说他仿佛置身于"Djahiligga",这是个穆斯林术语,指《古兰经》启示之前的蒙昧。

下一站是阿普利亚,埃卡在那里见识了蒙特城堡的"威严",

这座腓特烈二世的著名城堡建在一片狂风吹刮的平原上。后来汽船把他带到巴勒莫，腓特烈的青年时代是在这里度过的。他在复活节季到达这座城市，并加入格奥尔格门徒组成的代表团，向皇帝的斑岩坟墓敬献花圈。正如《腓特烈二世皇帝》的读者将会知道的，该书的题词为"献给秘密德意志的诸位皇帝和英雄"。在巴勒莫待了几天后，汽船带他去了那不勒斯，他在那里参观了考古博物馆，并前往庞贝和帕埃斯图姆考察。在那不勒斯，他还出席了腓特烈二世所创大学的七百周年庆祝活动。

埃卡从那不勒斯给斯特凡·格奥尔格寄了一份详细的报告，称如果没有大师的训练，他永远不会看到某些东西。另有两次详细的记述，见于给约瑟夫·利格勒和威廉·施泰因（5月7日）的信。三封信中最突出的一点是，埃卡对古希腊遗迹感佩不已。他去意大利是为了他那本关于一位中世纪统治者的书，但是当他到达那里，他成了一个希腊文化的钦慕者。他称帕埃斯图姆为"神圣"之地，并惊异于那不勒斯希腊雕像的罗马复制品，尤其印象深刻的是一个石棺，上面绘有跟随酒醉的巴克斯游行的队列。正如他给施泰因所写的，"中世纪的所有珍奇都相形见绌"；"腓特烈的东西""仅仅有趣——至多在学术上让人兴奋，但并不吸引人"。格奥尔格的一首诗赞颂了那些举着写有"希腊，我们永恒的爱"的旗帜的人。从1924年直到去世，康托洛维茨都是这样的一个人。他发表的东西是关于中世纪的，但他这个中世纪史学家在情感上却萦系于别处。

5月初，他回到海德堡，不懈地写他的书。对腓特烈二世十字军东征的描述，在正式出版的传记中长达四十页，只花了他不到两周的时间。正如他给施泰因写到的，"我和一位皇帝共眠，又和他一道醒来,给他写类似情书的东西,或者读给他听,所以就没有余裕做别的事"。[22]1924年11月,他仍然埋头工作,无暇给人回信:贡多尔夫说康托洛维茨对腓特烈二世"着了魔"。到1925年7月初,他完成了整本书的初稿。他在写给菲娜的信中称:"工作的结束让人有些难受;我如同在追寻一种真正悲惨的人生,直到它的毁灭,我感到喉咙和胸膛哽住,好像和一个非常可爱的人分离。"[23]在如此发奋工作之后,他觉得可以休息一段时间。7月里有两周,他待在母亲位于荷尔斯泰因的家,沉溺于游泳、打网球和猎兔——所有这些都是为了"麻醉效果"。随后他去了哥本哈根,待在一家丹麦度假酒店。

对于埃卡向菲娜描述的丹麦之行,我们得再插点题外话。两人的关系已和美如初,这使得他可以在度假胜地晒太阳之余,给她写一封无话不谈的信,讲述他最近的经历。他在哥本哈根待了三天,发现这座城市出人意料地美丽。这里的天气好得不行——万里无云的蓝天,不染尘埃的光线。他宣称哥本哈根"分有了希腊"。(在给菲娜丈夫埃里希的明信片上,他写道:"一个真正的南方城市,远在北方。")[24]"希腊"又让他谈到他去过[慕尼黑]古代雕塑博物馆(Glyptothek),在那里看过一尊"美得不可思议的"古代男孩半身像。那男孩有着"一股年轻的悲伤气息,苏格拉底本可以帮他渡过难关"。接着他又谈到他对哥本哈根海滩的印象。在那儿,被太阳晒黑的男人和男孩们"光着身子游泳、潜水、锻炼",所有这些"作为一种可能性,出奇地容易"。现代的评注者会留意柏拉图的著作中是否谈到过裸泳。

8月,康托洛维茨回到海德堡,向"打字姑娘"口述他的章节,这样他就有一份打字稿和几份复写本,可以发出去征求意见。

9月有两章已准备好；10月又多了两章。一份稿子分几次寄给了大师；另一份（经大师批准）给了威廉·施泰因，对于后者，埃卡要么称其为"冥府守门狗"（Cerberus），要么称其为"国家检察官"。埃卡还征求学术专家弗里德里希·贝特根的评价，后者当时是海德堡的一名初级教员。他打算用他的写作方法让那些"学究们"瞠目结舌——我们将看到他确实做到了这一点——但他不希望有人说他弄错了事实。贝特根与他年龄相仿，是防范这种情况的理想人选。贝特根的博士论文是在卡尔·汉佩的指导下完成的，关于英诺森三世对腓特烈二世的监护，他对材料可谓烂熟于心。两人也颇为相投：贝特根是埃卡在中世纪史领域最早的朋友，直到1963年埃卡去世，两人一直保持密切的关系。1926年2月，第五章和第六章已准备好给施泰因审读。4月初，倒数第二章完成。到7月，在开始这部传记四年多之后，他抵达了终点。

7月，斯特凡·格奥尔格写信给他在柏林的出版商格奥尔格·邦迪，说他想推荐一部书稿，作者是"一个关系密切的人"。他已经审读并在打磨后的打字稿上作了详细评论，现在他愿意为了埃卡运用一下他的威望。事实上，在这部传记诞生的最后阶段，格奥尔格对它如此感兴趣，以至于几乎成了一名合作者：读完打字稿后，他又读了校样。埃卡后来告诉埃德加·扎林，如果没有大师的鼓励，他可能会失去继续下去的勇气。根据扎林的说法，那些知道格奥尔格声音的人，可以从这部书的一些措辞中听出来。[25]格奥尔格的参与程度异乎寻常。在审阅校样时，他提出用"第一次真正的'秘密会议（conclave）'"取代"第一次真正的**秘密会议（Conclave）**"，成书（525页）显示大师的意见被采纳了。

在读完最后几页后，格奥尔格决定支持出版。1926年7月10

日，埃卡写信给威廉·施泰因，说他无法给他寄送这部分内容，直到它们通过"评审人"的检阅，评审人便是指格奥尔格，他计划11日来海德堡。而格奥尔格在12日写信给邦迪，提议出版书稿。这一推荐并非例行公事。埃卡的传记是格奥尔格支持过的最具有学术性的书，而且作者只有三十一岁，尚不为公众所知。邦迪读完书稿后，写信给格奥尔格说他完全被作者"表现的魔力"迷住，很乐意出版。随后他和格奥尔格讨论了合同的细节。为了加快进展，格奥尔格提出承担一半的印制成本。邦迪随后询问是否可以同作者直接接触，这时他还不知道作者的名字，但格奥尔格反对，称没有经验的人不应该进行合同谈判。也许他拒绝的真正原因是他正在考虑这本书是匿名还是化名出版。他可能认为"康托洛维茨"这个名字有问题。合同的所有细节在10月敲定，其中规定不排除作者匿名或化名的可能。随后开始排版，格奥尔格在11月披露了恩斯特·康托洛维茨的名字，因为他意识到，如果埃卡和邦迪不直接就校样进行通信，效率会很低。尽管如此，他仍然全力以赴亲自阅读校样；年底，他表示愿意改变旅行计划，以避免可能的延误。当邦迪抱怨校对拖到了1月，格奥尔格恼怒地回应道，由多人来校对，出现这样的情况无可避免。他坚称："至于[康托洛维茨]本人的善意和勤勉，是毫无疑问的，我的也是，如果可以这么说的话。"将恩斯特·康托洛维茨的名字放在扉页的决定，差不多就是在这个时候作出的。

1926年9月下旬，埃卡在达尔马提亚与菲娜热烈幽会。在合同于10月12日（在邦迪和格奥尔格之间！）签署之后，他从海德堡经柏林，前往母亲在荷尔斯泰因的家，读长条校样。11月14日，他给施泰因写道："旗帜正在此地飘扬。"（在德语中，"旗帜"

和"长条校样"双关。）下一步是版面校样。斯特凡·格奥尔格在1月初先过了一遍，然后将它们发给康托洛维茨，后者检查了他的标记，再把校样返回给格奥尔格。这时，格奥尔格把它们寄给印厂。

3月底，《腓特烈二世皇帝》面世，发行二千六百册——还有三百册留下来送人。此前不久，埃卡已为两位雕塑家当模特，制作半身像。[26] 莫非他凭直觉感到自己很快将成为名人？

第七章
腓特烈二世

一份《腓特烈二世皇帝》在1928年第二次印刷的传单广告，表明已经有三千本卖了出去。传单上登载了一些对于该书首印的热情评论。其中一则来自维也纳《新自由报》，该报为自由派喉舌，被希特勒斥为"犹太报纸"。评论是这样写的："这本书读起来就好像是最悬疑的小说。作者璀璨、巧妙而热切的风格，让人一眼就可看出是斯特凡·格奥尔格和贡多尔夫圈子的一员……扣人心弦。"这位评论者并非专业历史学家，但为《西里西亚日报》撰写书评的弗朗茨·坎珀斯，可是正经的布雷斯劳大学中世纪史教授。坎珀斯是一名天主教徒，谁也没料到他这样的人会称赞一部充满反教皇偏见的作品，但他写道："一个至今名不见经传的历史学家，竟然敢于承担中世纪史领域最棘手的传记难题……这本书的整体结构有着绝妙的连贯性，每个细节都令人着迷。那些看似无关紧要的事情被细致周到地采撷，并和谐地纳入整体。其观念之富赡、艺术之美感，任何摘要都传达不了。"[1] 出版这样一部长达632页的、关于一位中世纪统治者的书，而且作者无籍籍名，无异于一场赌博，但已获得回报。

评论中提到的几个特质，解释了《腓特烈二世皇帝》对大量读者的吸引力。这不止在于这本书的"璀璨"风格。康托洛维茨是一位遒劲的作家,他使用夸张的修辞、头韵,有时还使用古语来达到戏剧性的效果:"感召和证明[*Berufung und Bewährung*],继以祝圣和誓约"(第71页);"[他]君临、统御并威振[*gerichtet, gewaltet und gewütet*]意大利逾十载"(第611页)。[2] 该书倒数第二句总结了腓特烈二世的品质:"肇端的赫烈之主,诱惑者,欺罔之徒,光华灿烂者,悦乐者,长青者,峻厉有力的法官,学者兼智士,率缪斯轮舞的戴盔勇士。"(第632页)出版半个世纪后,这本书因其文学品质,被法国一家文学杂志摘录。

《腓特烈二世皇帝》对人物的刻画令人难忘。腓特烈的父亲亨利六世"身体瘦削孱弱,永远热诚的面容——强有力的前额占主导——苍白,蓄一缕胡须"(第12页)。教皇格列高利九世"已经是一个老人,但仍然矍铄,相貌堂堂,作为神的仆人,喜爱并知道如何通过闪耀的光辉和庄严的壮观来提升自己的威仪"(第157页)。至于腓特烈最喜欢的儿子恩齐奥:"凭借他那飘逸的金色长发和柔韧的中等身材,他几乎是"阿普利亚之子"[腓特烈]的再生,以至于让人不会忘记腓特烈的形象:修长、轻盈、敏捷——有人甚至称他为'法尔卡内洛',即年轻的猎鹰。"(第427页)英国国王亨利三世"懒散而寒酸"(第521页);狠毒的安茹的查理从未被指名,只被冷冰冰地以"安茹望族"提及(第619页、第620页)。

除了人物的素描,该书还描绘了鲜活的场景:

> 东西方的所有力量都在小小的西西里岛有代表——一次当时世界所有力量的选拔。它们在岛上和阿普利亚扭打翻滚;

它们带着最原始的冲动相互冲撞，就像处于原始的混沌中。这些力量中有亨利皇帝手下的德意志人、布里耶纳伯爵手下的法国人、西西里人和阿普利亚人、撒拉逊人、比萨人以及热那亚人。教皇使节经常和意大利军队一起现身，最后甚至连西班牙骑士也采取了行动。（第29页）

身穿全套的皇帝华服，在侍从和支持者的伴随下，这位受到禁止和绝罚因而不再属于基督徒共同体的皇帝进入圣墓教堂……在这里，没有教会的中介，没有主教，没有加冕弥撒，腓特烈二世骄傲而满不在乎地伸手去拿圣城的王冠。在阔步迈向圣墓祭坛时，他举起王冠安在自己的头上。（第183页）

后宫的其余侍从，如同奇异的动物一样，引起了世人的好奇。因为其中包括撒拉逊女孩和太监，每当皇帝的队列行经意大利的城市，人们从不会忘记提到这一点。即使没有教皇书信的帮助，也可以明显看出，这些戴面纱的少女是皇帝传奇后宫中的宠儿。不确定性本身让人刺激。这些撒拉逊少女是仅仅作为走绳索的、变戏法的和玩杂技的演员经常跟随皇帝左右，给他消愁解闷（面对教皇的不断指责，皇帝坚持其令人讶异的无辜），还是被腓特烈二世偶尔用于其他目的（正如教皇所描绘的，"被她们的魅力裹挟"），当然就说不准了……（第287页）

文学典故为之增色。首先是但丁。不仅因为但丁是斯特凡·格奥尔格最爱的诗人（*il poeta*）之一，而且对康托洛维茨的叙事来说，但丁的人物表不可或缺。因此，这部传记在讲述腓特烈的母亲、皇后康斯坦丝，腓特烈的大臣皮耶罗·德拉·维尼亚以及腓特烈手下最杰出的宫廷学者迈克尔·司各脱时，都引用了但丁的诗句。在追随但丁的过程中，康托洛维茨重新设想了圣方济各其人——不是人所熟悉的"温柔、慈爱、单纯的狂信者"，而是根据但丁（《天堂篇》十一：91—92），说他来到教皇英诺森三世面前时，"俨然帝王"（第152页）。但丁也起到了这一狡黠机智的用途：腓特烈二世的大量私生子使他成了意大利文艺复兴时期许多王侯的祖先，从而验证但丁那句"意大利……妓院的夫人们"（第450页）。

紧随但丁而来的是沃尔弗拉姆·冯·埃申巴赫，中世纪德意志最伟大的史诗诗人，腓特烈二世的同代人，出现的频率很高。康托洛维茨指望他的读者们在学校就熟知沃尔弗拉姆的《帕西法尔》。引自沃尔弗拉姆的典故被作为调味料撒在《腓特烈二世皇帝》中，以增强腓特烈及其周遭英雄骑士的味道。因此，康托洛维茨提及了"赫尔泽洛德"（帕西法尔的母亲）、"克林肖尔"（一个邪恶的魔术师，据说是"那不勒斯的维吉尔"的后裔）和"法伊雷菲斯"（帕西法尔"杂色的"半个兄弟）。出于相同的目的，康托洛维茨在单独的一段中堆砌五花八门的引文："菲尔多西的史诗""奥尔尼特的助手""明智的异教徒撒迦利亚"和"阿里奥斯多的梅多尔"。大多数读者可能并不知道这些名字所指，但作者喜欢这样炫耀，异国情调才是其鹄的。

对古典拉丁文学和神话的引用，也起到了调味的作用。当希尔德斯海姆的康拉德陪着年幼的腓特烈从意大利大陆来到西西里岛时，他"不无恐惧地航行在锡拉岩礁和卡律布狄斯之间[1]"。当

---

[1] "锡拉岩礁和卡律布狄斯之间"为习语，指腹部受敌、进退两难。

腓特烈从圣地归来，开始将他的西西里王国转变成绝对君主制时，他就好像一个英雄已经意识到他的神圣起源是"宙斯之子"或"维纳斯之孙"（前者指亚历山大，后者指尤利乌斯·恺撒）。对希腊文学的一次直接引用令人震惊，其上下文是腓特烈二世对依赖阿拉伯人学问的学者的赞助，康托洛维茨解释说，阿拉伯人从事希腊哲学和希腊科学——但"从来没有史家或诗人"。不过，康托洛维茨引用了荷马的一行诗来向他的读者保证阿拉伯人是有价值的："εἶς κοίρανος ἔστω εἶς βασιλεύς."他没有给出翻译，也没有多说什么。本书作者在求助一番后，才知道这句诗来自《伊利亚特》（2.204—205），意思是"应当让一个人称君主，当国王"，这是希腊史诗中对君主制的唯一表述。

那位来自维也纳的评论家说，康托洛维茨的传记"就好像是最悬疑的小说"。无疑这是一种夸张。传记有三页讲到西西里诗歌，更多是关于皇帝宫廷里的学者，以及腓特烈的立法和行政成就。缺少书眉标题也不方便跳读。尽管如此，说"这本书的整体结构有着绝妙的连贯性"依然立得住脚。当然，这部传记是有故事情节的：一个强大但最终悲惨的、堪比恺撒和拿破仑的英雄的一生。它以赞颂腓特烈二世的降生开场，俨然把他比作弥赛亚，它将这位越来越强大的年轻的主人公描绘成"世界的奇迹"，以腓特烈在圣墓教堂自我加冕为耶路撒冷国王，作为传记的高潮部分。在他权力鼎盛之时，腓特烈吹嘘说"所有的动物都为狮子的足迹颤抖"（第501页）。但他被两位教皇挫败，晚年窘迫。如果说他是"在自己皇权的极致光辉中"（第628页）死去，但他的身后是悲惨的，因为他的继承人遭到了可怕的铲除。从来没有人像康托洛维茨的传记这样讲述过这个故事。

尽管评论家没有提及，但传记受欢迎的另一个原因是它对威权主义的颂扬。我们已经看到康托洛维茨引用了荷马的"应当让一个人称君主，当国王"，还有歌德的那句"在最高层面不存在自由"（第235页）。[3] 对威权主义的赞美在传记第五章"西西里的暴君"最为明显，作者认为该章最为"核心"。[4] 论点出现在第一句话："[腓特烈二世]创立了西方第一个绝对君主制国家"（第195页）。接下来的一百五十四页（本身是一部专论）对此展开了解释，并加以称许。腓特烈把他的西西里王国（意大利南部大陆以及西西里岛）建成"第一个脱离教会的纯粹世俗国家"。他在他的法典《梅尔菲宪法》中宣称，人民将立法权委托给统治者。[5] 正如康托洛维茨所说，"通过诉诸罗马帝国初期的这一决定性程序，腓特烈二世——作为最后一个等于也是第一个恺撒——撇开了，或者更确切地说，吸收了人民自己立法的权力和权威"（第212页）。至于天主教信仰，国家绝不放弃宗教，因为它支持帝王和他制定法律的许可（第220—222页）。因此，《梅尔菲宪法》的序言宣称："上帝要求这一切都掌握在这样的统治者手中，他不会允许最神圣的罗马教会被那些秘密的不信者以扭曲信仰的方式玷污，他应该用世俗之剑的威力来保护她。"第一章论述了要根除异端，宣布其为叛国罪，并以死刑惩治。康托洛维茨轻蔑地拒绝了这一可能性，即"开明的霍亨施陶芬只在教会的压力下迫害不幸的异教徒"（第243页）。恰恰相反，自奉"对异端罪行铲草除根的复仇之神"的皇帝，出于国家理由采取了主动（第243页）。康托洛维茨坚称，腓特烈对犹太人和穆斯林的宽容是出于政治考虑，与任何可令腓特烈成为开明君主的政策无关。事实上，腓特烈二世"可能是西方有史以来产生的最*褊狭的*［强调为康托洛维茨所加］

皇帝"(第247页)。

整本书实际上是一个反自由主义表述的宝库。它歌颂贵族文化,赞扬在条顿骑士团基础上的两种高贵表现——骑士和修道院——的结合(第77—88页)。条顿骑士团大团长赫尔曼·冯·萨尔扎的忠诚至死不渝;对他来说,"忠诚"是一种驱动力——"因为时间的曙光只可能在德意志人当中出现"(第85页)。康托洛维茨为他的主人公的行为辩护,即使是最残忍的行为。当腓特烈每天在被围困的帕尔马城墙前将囚犯斩首时,"用恐怖来统治不是狂热,而是可怕的必然"(第598页)。成千上万的西西里穆斯林遭到种族清洗——他们被驱逐到阿普利亚一个孤立的城镇——而这样做被认为是一种"智慧"。撒拉逊人有"做奴隶的乐趣";腓特烈把他们变成一支私人力量,唤起他们"盲信的献身",并展示了他"将人作为材料予以操纵"的技巧(第123页)。

康托洛维茨讲了一则令人惊愕的可怕轶事,以说明腓特烈对等级原则的坚定奉行(第320页)。皇帝曾经有一只最喜欢的猎鹰,"他爱它胜过爱一座城池"。有一天,他把这只鸟放出来攻击一只鹤。猎鹰飞到空中,来到鹤的上方时,注意到下面有一只幼鹰,便俯冲下去,杀死了它。腓特烈看到这一幕后,愤怒地命令一名副官将猎鹰斩首,因为它谋杀了它的主人——这些话是用意大利语留下的。康托洛维茨含蓄地表示首肯,幼鹰作为"鸟王",其等级高于猎鹰,由天意规定的所有造物的等级永远不会认为狮子与羔羊同卧[1]是"好的"(作者的讽刺可谓溢于言表)。

康托洛维茨对法国的愤怒是他的一种执迷(fixation)。为了

---

[1] 见《旧约·以赛亚书》第十一章。

了解背景，我们可以看一下他的信中一些迄今未发表的段落，这些信是1922年8月，他在参观完法国占领的莱茵兰中部回到海德堡时，写给他格奥尔格圈的朋友威廉·施泰因和约瑟夫·利格勒的：

> 在被占领区（施派尔、沃尔姆斯和美因茨）令人沮丧的短途旅行后，昨天早上，我才看到您的来信；所附的小画[《三博士来朝》]，至少会让那些有色或苍白的法国人令人厌恶的鬼脸，在我脑子里稍稍退去。不，亲爱的博士，关于法国士兵的素质，我比以前更不同意您的看法：跟他们相比，连最粗劣和最迟缓的波美拉尼亚掷弹兵都算得上是英雄，那些堕落的渣滓外表的不洁，再肯定不过地表明了他们的内心已被污染。但最倒霉的是德国人——首当其冲的是在美因茨的那些——不能幸免……如今的美因茨有一股法国省府城市，比如圣昆廷或库特赖的味道。眼下正是"最后促销"期间，那里吸引了成千上万的法国小布尔乔亚前来购物，结果整个画面不仅是军事的入侵，也成了布尔乔亚敌人的入侵。[6]

> 被占领区如此令人沮丧，尤其在目前的"最后促销"期间，吸引了来自法国、比利时和荷兰那些庸俗的布尔乔亚绿头苍蝇。我很高兴能逃到自己的角落，远离一切令人反感的事情，免受有色或苍白的法国人那些愚蠢或令人作呕的怪诞的荼毒。很显然，法国人会引发我生理上十足的恶心，因为他们的肮脏，以及那一张张揭示他们所携带的污染的面孔；而在英国人、美国人甚至意大利人当中，则从来没有过这种情况。不，不，不再有任何桥梁，永远也不会，只有一个"此外，我认为"，

即"法国必须被摧毁"。[1] 今天，德国的每一项政策，如果不立足于此，都应该受到谴责。[7]

这些言论，与《腓特烈二世皇帝》中对安茹的查理处决腓特烈二世孙子康拉丁的描述，不免有关联：

> 这位法国人下令在那不勒斯的市场，当着热切的人群的面执行死刑，这些人从未见过国王斩首。但是当最后一位施陶芬国王的头滚到地上，据说一只鹰从天空俯冲，右翼掠过康拉丁的尸体，就这样沾上神圣的鲜血，然后像箭一样迅猛升上苍穹。一位威尼斯吟游诗人唱道："德意志人怎能忍受生活，只要想到这个？他们已失去了他们的荣光，收获了耻辱！如果他们不尽快报复，他们会被羞辱！"但德意志人并没有感觉到康拉丁之死的那个夜晚地球在颤抖，也没有想到复仇……他们从未清洗沾上鲜血的鹰，也从未在西西里晚祷后加上德意志的晚祷。（第620页）

斯特凡·格奥尔格说这段话让他"寒热交攻"。[8] 其他德国读者也一定会感到战栗，如果留意到传记不祥的结尾，甚至会更加战栗："最伟大的腓特烈——他的人民既没有领会，也没有满足他——直到今天还没有得到救赎。'他活着，他没有活着'……女先知说的不再是这位恺撒，而是这位恺撒的人民。"（第632页）作者再次运用厄立特里亚女先知自相矛盾的话，"他活着，他没

---

1 对加图名言的改写："此外，我认为，迦太基必须被摧毁。"

有活着",意思足够清楚:"恺撒的人民"需要被唤醒,需要解除枷锁。他这是在向许多读者喊话,他们分享了他反共和、反启蒙和复仇主义的强烈情绪。

康托洛维茨无意为学术专家写作,但知道他的书会吸引他们的注意力。这是第一部关于腓特烈的广博而严肃的传记。尽管19世纪的德国学者已经开始研究他们中世纪统治者的历史,但基本上把腓特烈二世抛在了一边。原因是他落在两个史学阵营之间。持"普鲁士的""小德意志"观念的历史学家对他不以为然,不仅因为他是半个诺曼人,更爱意大利南部而非德意志,更重要的是他授予德意志诸侯近乎主权的权力,实际上牺牲了德意志的统一。对他们来说,小邦割据(*Kleinstaaterei*)的耻辱是腓特烈的责任。他也许可以成为秉持"奥地利的""大德意志"信念的史学家的英雄。这一派看重奥地利在阿尔卑斯山以南的领地,珍视将大量信奉天主教的德意志人社区涵括在内的统一帝国的理想,这本可能有利于一位自称属于他们萦系于心的"大德意志"的中世纪统治者。但即使对他们来说,腓特烈对德意志本身的"出卖"也是一个绊脚石,更糟糕的是他属于吉柏林派以及他的反教皇政策,这在他们看来等于反天主教。无门无派的雅各布·布克哈特和弗里德里希·尼采倒是对腓特烈二世赞不绝口——布克哈特是因其前瞻性的治国方略;尼采则因为他的"天纵之才"——但他们都没有学术追随者。

到20世纪初,学者们开始更加关注腓特烈,尤其随着普鲁士-奥地利的分歧消退。无论好坏,他都是最后一位伟大的中世纪德意志皇帝;无论好坏,他的统治对德国和意大利的中世纪历史都至关重要。尽管许多人都说到需要一本全面的传记,但这项任务令人望而生畏，没有人写过。于是三十一岁的恩斯特·康托洛维茨站了出来。他在大学里从未上过关于中世纪史的课程，却成功地处理了此前从未有学者（不论年轻的还是头发斑白的）尝试的课题。谁都看得出这本 632 页的书是包罗宏富的。它不仅从出生到死亡逐年不落地跟随主角，而且就腓特烈统治的诸多方面，比如立法、宫廷人员、艺术生活，甚至还有他的驯鹰术，提供了丰富细节。此外，虽然确实缺少引证的文献（作者曾承诺会有续篇），但任谁都能看出这本书是基于广泛的研究写成的。

但从历史编纂学的角度看，这本书引起了很大争议，因为它对当时学界占统治地位的实证主义提出了大胆挑战。首先，它以一种令学者团体反感的方式对主角予以英雄化——"光华灿烂者，悦乐者，戴盔勇士"，而他们要避免夸张，甚至鲜艳的颜色都不能用。弗里德里希·贡多尔夫则站在康托洛维茨这边，称后者为"腓特烈的使者"。[9] 下面这段写的是 1215 年腓特烈二世在亚琛：

> 加冕弥撒甫一结束，这位刚获得王冠的骄傲热情的青年，就发誓要进行十字军东征，以年轻人所具有的高贵的热诚，把自己献给上帝和帝国。他本人也希望，这个誓言会被理解为一种牺牲，一种对他的王位和他的使命的奉献——"以纯洁无瑕之心，他不仅将自己的身体和能力奉献给上帝，而且将之谦卑地奉献于烧尽一切的祭火中"。（第 71 页）

很明显，这位作者压根没打算抑制他的热情，而是坚持贡多尔夫"热情点燃历史写作"这一格言。此外，对他来说，最有价值的热情是舒泄对英雄的崇拜。贡多尔夫（斯特凡·格奥尔格的喉舌）曾宣称，"所有文化的首要任务和结果都是永葆崇敬——对人的价值和伟大的崇敬"，以及"对伟人的崇敬要么是宗教的，要么便毫无价值"。[10]另一方面，学院派的历史学家却被训练成非"宗教的"。

《腓特烈二世皇帝》的第二点争议在于它所利用的资料的种类。在此之前，德国的方法论倾向于"客观的"而非"主观的"资料，旨在"如其真实的发生"那般再现事件。学院派历史学家梳理档案，来寻找能够最可靠地证明"事实"的文献——信件、条约、遗嘱。由于缺乏足够的文献证据，中世纪史学家不得不利用编年史替代，但当他们这样做的时候，他们努力让这些编年史受到客观的批评，并将它们互相比较，忽略明显的夸张和不可能性。而这一边，康托洛维茨则坚持"直观化"的理想。"视觉"和"形态"（*Gestalt*）是格奥尔格圈的口号，而康托洛维茨本人曾在1922年写信给威廉·施泰因，说他已经意识到了"绘画般地看"的重要性。在腓特烈二世的传记中，他试图实现这一理想。在实践中，"绘画般地看"指的是以词作画，在很大程度上基于对编年史有意的非批判性使用。对他来说，编年史的夸张和虚构创造了"形态"。这足以引起争议，但更有争议的是，他频频使用"非实证的"资料：传说、预言、宣言、颂词和仪式圣歌。

举几个例子。在书的一开始，康托洛维茨讲述了据说已过分娩年龄的康斯坦丝皇后，是如何在市集广场诞下婴儿腓特烈，以消除皇子是被偷运进去的怀疑。然后她展示了她充满乳汁的乳房，让所有人都能看到（第10—11页）。整个故事是假的，但康托洛维茨无论如何还是讲了，因为它增强了腓特烈降生所具有的超自然气氛。在这里，他的确向读者表明他正在讲述的是一个传说，但几页后他不加限定地写道："摩泽尔河沿岸的一些人被一个幽灵吓坏了：他们看到了迪特里希·冯·伯恩骑着一匹高大的黑骏马，前来宣布罗马帝国要遭受的苦难和灾祸。"（第17页）就是这样。作者还讲述了腓特烈二世和圣方济各之间从未发生过的会晤（第151页）。据他说，匈牙利的伊丽莎白在垂死之际，喉咙里飘出最甜美的天使音乐；她的尸体渗出的油被条顿骑士收集并送往教堂（第385页）。在《腓特烈二世皇帝》的结尾，作者一本正经地提到曼弗雷德"可以召唤恶魔的魔戒"（第618页）。

康托洛维茨绝不是一个信教者，但他有时近乎暗示上帝之手是他故事的一部分。一个例子是，他将腓特烈二世出生的地点安科纳命名为"神圣区域"，部分是因为圣母马利亚在拿撒勒收到天使传报的房子奇迹般地留在那里（第11页）。这个奇迹在1294年才被人知道，也即腓特烈二世于1250年去世将近半个世纪之后。然而这表明上帝垂爱安科纳；此外，1294年"正好是这位施陶芬青年的百年诞辰"。

康托洛维茨最常引用的先知是菲奥雷的约阿希姆。腓特烈童年时期，约阿希姆在意大利南部写作，后来但丁称赞其"被赋予了预言的灵能"。在第一次提到约阿希姆时，他含蓄地引用了但丁起的绰号，然后他自己也给约阿希姆起了一个绰号，"圣方济各的约翰"（第10页）。在康托洛维茨的介绍中，约阿希姆认为新生的腓特烈将成为未来的"世界惩戒者"，但事实上约阿希姆从未预言具体的人；而康托洛维茨充其量只引证了一部"伪约阿希姆"作品，这是约阿希姆去世几十年后归于他名下的许多匿名文本中的某一部。同样，我们得知"菲奥雷的约阿希姆"在圣方济各和腓特烈二世——"权力和反权力"——出现前几十年就宣布了他们的到来(第150页)。只是到了后来,康托洛维茨才承认,"若约阿希姆说的话还不够,那就发明更多约阿希姆的允诺和诠释"。尽管如此,他仍然使用它们,以及"真真假假的女先知们、默林、迈克尔·司各脱的预言、东方神谕和西班牙预言",来表明对即将到来的世界末日结局和最后审判的广泛期待(第363页)。在书的结尾,康托洛维茨引入厄立特里亚女先知说的自相矛盾的话:"他活着,他没有活着"(第628页)。这呈现了腓特烈的许多同代人的感觉:由于突然死亡而几乎是莫名消失的皇帝,会超自然地回来完成他的工作。1905年,德国学者奥斯瓦尔德·霍尔德-埃格决心编辑几个伪约阿希姆预言,包括"厄立特里亚女先知",而后为在如此"幼稚"的作品上浪费时间道歉;他唯一的借口是,它们是注释13世纪编年史的先决条件。[11]二十年后,恩斯特·康托洛维茨没有道歉。

另一种未经实证的资料在这里需要讨论一下,即仪式上的欢呼,因为康托洛维茨对它们的使用与他后来的史学著作有着最直接的联系。在他写作之前,专业学者对仪式和仪式中使用的言辞兴趣不大;他们认为当国王加冕时,他就加冕了,仅此而已。但康托洛维茨发现,不仅对仪式细节和话语的再现给他的故事带来了质感,而且在庄严仪式进行中吟唱的敬畏与崇敬之辞,能够放大他的主人公的超人品质。因此,他围绕着1215年腓特烈二世在亚琛加冕为"罗马人的王",解释了腓特烈如何利用查理曼和他祖父腓特烈·巴巴罗萨的声望,后者曾见证过查理曼的封圣(第70页)。

对腓特烈1220年在罗马加冕为罗马皇帝的典礼,康托洛维茨的描述尤为充分:

在戴克里先的浴场附近，腓特烈接受罗马教士的致敬。他们带着十字架和香炉，以庄严的队列，把他引向圣彼得教堂……现在身着皇帝礼服的腓特烈，穿过银色大门，步入圣彼得教堂，红衣主教们在此吟诵祝福和祈祷之辞。他在彼得墓前示敬，在圣莫里斯墓前接受红衣主教傅油。现在，他登上彼得祭坛忏悔，接受教皇的和平之吻……教皇以法冠和王冠为他加冕，把剑递给腓特烈，他必须倾力挥舞三次，表示自己现在是"圣彼得骑士"。然后，他接受了宝球和权杖，此刻唱诗班应答吟唱："致腓特烈，不可战胜的罗马人的皇帝，永远的尊贵者，胜利和救赎 [Sieg und Heil]。"（第 100—101 页）

1237 年，腓特烈庆祝他在科尔泰诺瓦战役中战胜了一支敌军，这为"绘画般地看"提供了又一次机会。战斗结束后，皇帝带着军队以及许多著名囚犯凯旋，回撤到他在克雷莫纳的基地，并模仿古罗马帝国的一项活动来庆祝"大胜"：

米兰人插有军旗的战车 [敌人的仪式战车]，这一最贵重的战利品，被一只大象拉着，跟在伟大的胜利者身后，穿过克雷莫纳的街道，穿过民众的欢呼。饰有罗马鹰的黄色帝国旗帜从动物的背部向下飘动，而木塔上的小号手让这位新神圣恺撒奥古斯都的胜利在空气中播扬……这场胜利证明了恺撒所有夸耀的罗马头衔都是正当的：程式化的、被不假思索地使用的"不可征服的皇帝"，再次获得它最初的含义。（第 401 页）

在后来的学术出版物中,康托洛维茨将上述行文中的许多零碎的东西予以了重整。但最引人注目的是他对《腓特烈二世皇帝》中那句"基督必胜,基督为王,基督统万邦"的欢呼的着迷,这将成为《基督君王颂》整本书的主题。它出现在传记的开头,康托洛维茨详述了他的主人公是如何在三岁半被带到巴勒莫,在形式上加冕为西西里国王,以及五旬节,他又是如何被带到一个"借鉴自拜占庭宫廷的盛大仪式,人们沿袭古老的惯例迎接他……喊着'基督必胜;基督为王;基督统万邦!'"(第20页)。

尽管1229年腓特烈自我加冕为耶路撒冷国王时,这一圣歌并没有被使用,康托洛维茨却再次唤起它。基督和腓特烈是耶路撒冷的第一个和最后一个王:"救世主和皇帝在这里一同被视为大卫王的继承者,上帝的儿子,在上帝和人之间做中保的天使般的天才。这样的蕴涵,对于戈弗雷[1]和继承他的耶路撒冷王位的人来说是缺乏的,他们并没有像罗马皇帝那样被塑造成世界的统治者。但'基督必胜;基督为王;基督统万邦!'早已是欢呼西西里国王们的古老方式"(第186页)。

也许作者认为这一欢呼由三部分组成,因此需要提到三次,这样才算对称。在书的结尾,他再次回到它:"巴勒莫人民的话曾像雨点般落在这个三岁孩子第一次加冕礼上:'基督必胜;基督为王;基督统万邦!'据此,皇帝的一生不会缺少荣耀,即使是在他最后的斗争中"(第622页)。

---

[1] 即布永的戈弗雷,耶路撒冷王国的第一位国王,但他拒绝国王的头衔,认为基督才是真正的王,自称圣墓守护者。

除了康托洛维茨对一系列迄今被轻视或回避的资料的依赖，《腓特烈二世皇帝》还有两个特点让它备受争议。一个是倾向于把腓特烈描绘成命运的造物。一个极端的例子是，作者坚持认为"腓特烈二世更多不是试图从教义和理论中获得他作为皇帝与上帝的直接关系，而是从他生平的明显奇迹中，这些奇迹众所周知，比任何其他事情都更证明了他的皇帝人格（如果不是他的皇帝地位）的被选性"（第 183 页）。还有就是，"它将要发生"和"它将会成为"这两个预兆般的惯用语反复出现。他忽略了人类心理学和基于政治决定因素（更不要说经济决定因素）的世俗解释。

最后一点则是康托洛维茨对罗马帝国复兴主题的执迷。毫无疑问，他有证据支持他的观点，即从古罗马先例的有利位置看，腓特烈二世对其统治权的雄心勃勃的主张，依据的是他的皇帝头衔。但困难在于，腓特烈之为"罗马皇帝"，主要是以西西里国王的身份，而不是德意志的统治者。对康托洛维茨来说，罗马帝国的理想是世界统治（腓特烈二世挪用了那句格言"Roma caput mundi"），但在德意志，腓特烈放弃了权力，将权利作为交换让给德意志诸侯，以便有更大余地推进他作为西西里国王的目标。此外，从政治现实的角度看，正是在腓特烈统治时期，法国开始成为欧洲主导力量。康托洛维茨列举的许多宣言和口号、传说和神话，都无法改变这一点。换句话说，他让崇高的主张掩盖现实，并倾向于表达过热的帝国神秘主义。他的作品不是目的论的。远非如此，因为他知道德意志第二帝国与中世纪的德意志帝国完全不同，甚至第二帝国也不复存在。但他仍然坚持帝国主义是一个有价值的目标。

此时，不熟悉这本书的读者可能会想知道这本书是否有任何传统的内容。答案绝对是肯定的。在 1921 年业余的博士论文之后，就研究和分析的透彻而言，康托洛维茨的进步令人震惊。《腓特烈二世皇帝》所作出的一项不可磨灭的历史贡献，是分析了腓特烈的立法，以及他如何建立一个初始的官僚国家，创办第一所世俗的中世纪大学。在探讨腓特烈是如何赞助一群翻译家和自然科学家，以及腓特烈自己的驯鹰工作方面，这本书是一个里程碑。因此，学者能从中得到帮助，非学者能被它迷住。而对于双方来说，这本书最吸引人的地方是它的独特性。

要领会其中的关键，再没有什么比引用格哈特·拉德纳和费利克斯·吉尔伯特的回忆录更好的了。这两位都是康托洛维茨的德国同代人，不过年纪要小一些。拉德纳写道，当他1929年初次见到康托洛维茨时，"他是一个英雄的典范，因为他已取得了巨大的成功——他在腓特烈二世皇帝的传记中为一个历史英雄人物树立了一座广为人知的纪念碑；他以宏大的风格书写历史"。[12] 吉尔伯特认为，"康托洛维茨关于腓特烈二世皇帝的作品……使中世纪史学别开生面，将中世纪统治者的思想和价值观展露无遗，可能会引起，甚至可能已经引起了广泛的兴趣。一个人即使不认同康托洛维茨的政治、文学和价值观……但仍会钦佩他的书，因为他克服了中世纪史学由于过分强调历史学技巧而造成的僵化"。[13]

但是今天几乎没有人读《腓特烈二世皇帝》。不仅因为关于腓特烈的研究已今非昔比，康托洛维茨的修辞和夸张也不合时宜。[14] 最重要的是，书里的政治观点会让人如鲠在喉。1990年代的一位时事评论员称这本书"在美学上为法西斯主义捧脚"。[15] 爱丁堡大学图书馆的一个藏本有边注写道："等一下，伙计。再过几年，你可能会喜欢希特勒。"[16] 1993年在法兰克福举行的一次关于恩斯特·康托洛维茨生平和作品的研讨会上，著名中世纪史学家奥托·格哈德·厄克斯勒曾这样说过:"恩斯特·康托洛维茨的《腓特烈二世皇帝》及其宣扬的中世纪形象是……魏玛共和国政治斗争中的武器……我认为康托洛维茨的这本书在今天,没有任何东西可以提供给我们。我想补充一点希望:愿这种书能找到话头的那种政治和社会处境在德国永远不再可想象或成为现实。"[17]

在结束本章时,我想继续厄克斯勒的评论。当读到德国人"收获了耻辱"的那一段,或者传记的结束语,"'他活着,他没有活着'……女先知说的不再是皇帝,而是皇帝的人民",人们不禁想起纳粹的战歌:"德国觉醒了!"由于康托洛维茨的书在封面和扉页上都有程式化的万字符,对许多人来说,与纳粹的联系似乎更加昭然。今天的人们在拿到这本书时感到不安是可以理解的,因为我们看着纳粹标志无法不战栗。但对此,有必要补说一下。

《腓特烈二世皇帝》封面和扉页上的万字符是格奥尔格·邦迪出版的一系列书籍的图章,该系列书是对斯特凡·格奥尔格的诗歌和文学杂志《艺术之叶》(*Blätter für die Kunst*)的"学术的"(*wissenschaftlich*)补充。受到格奥尔格青睐的新艺术风格设计师梅尔基奥·莱赫特选择了万字符作为图章,因为他偏爱印度神秘主义,并认为万字符是密宗的吉祥象征。[18] 该图章首次出现在 1910 年,作为邦迪出版物的标志;1916 年,莱赫特用"Blätter für die Kunst"这几个词包围住它。在那些年里,万字并不比带有锚的海豚更具政治或种族意义。但显然,随着纳粹党在 1920 年代开始声名狼藉,这个图章就呈现出了不同的面貌。因此邦迪(自己是犹太人)1928 年的年度书目中给出了一个澄清。他抗议道,万字符是他先用的。此外,他宣称,那些了解他的"学术"系列的人甚至不用脑袋想都知道，它们"与政治无关"。因此，他不会放弃使用这个图章。但这样的说法很难说能令人满意。因为即使梅尔基奥·莱赫特在阿道夫·希特勒之前选择了万字符，但到了1920年代，它与纳粹主义的联系就应该是放弃它的充分理由。康托洛维茨在这个问题上没有责任，但必须相当悲哀地假设他甚至没有想到这一点。

更大的问题是，邦迪是否可以担保他的"来自《艺术之叶》圈的学术作品"系列与政治无关。大概他的意思是说，这些书籍无视日常或党派政治。斯特凡·格奥尔格的确是这么做的，并期望他的门徒也效法。康托洛维茨对此予以称颂。他在1926年10月的一封信中清楚地表达了自己的观点。[19]他已经看到，格奥尔格手下最激进的右翼副手之一，弗里德里希·沃尔特斯，正在把自己的声望借给民族的（völkisch）宣言，并写信给恩斯特·莫维茨回应说，这种公开的政治活动是"不能忍受的"。正如他写到的，"一个人在政治上有持私人观点的自由，但不能积极地为两个国家服务；重要的是，应该高踞于所有党派之上，而不应被拖入一党的泥沼"。

但是如果说邦迪出版的书确实与党派政治无关，那么他所作出的"与政治无关"的绝对声明，则是不诚实的。格奥尔格本人经常在私下里说，这个系列是政治的。[20]政治在他那里的意思等同于世界观（Weltanschauung），而这是他和他的圈子所关心的全部。不幸的是，他赞同的许多观点与纳粹的相差无几。回到康托洛维茨，"忠诚[Treue]——因为时间的曙光只可能在德意志人中间出现"（第85页）这一断言是多么令人不适。1931年，希特勒便是用"忠诚就是您的荣誉"来赞扬党卫军的一名成员，这句话后来成了武装党卫军的座右铭，也成了希特勒在贝希特斯加登的阿尔卑斯山宅邸大门上的铭文。作为回应，阿尔弗雷德·布伦德尔[1]在1976年谈到音乐上的忠诚工作（*Werk Treue*）："在纳粹政权统治下的那些年里，我已经不受盲信的影响。在那个时代的奴隶心态中，不仅像'信仰'和'祖国'这样的词，'忠诚'这个词也遭到了可耻的滥用。"[21]

二战后关于康托洛维茨的生平报告，经常重复以下内容：《腓特烈二世皇帝》躺在希姆莱的床头柜上；戈林送了墨索里尼一本，上面附有他的题词；希特勒读了两遍。[22]这些陈述都无法证实，但可以肯定的是，1936年这本书在德国再版，尽管它是犹太人写的。此外，1942年纳粹历史学家卡尔·伊珀瑟尔写道："伟大的腓特烈现在被救赎了……他的事业现已立于磐石之上，并通过阿道夫·希特勒发扬光大。"[23]（实际上希特勒死于五十六岁，就像腓特烈二世一样。）这使人想起康托洛维茨书中的最后几句话，仿佛人人都知道。康托洛维茨后来后悔写了《腓特烈二世皇帝》。伊珀瑟尔写下这些话的同一年，时为研究生的诺曼·里奇（他是埃卡在伯克利的追随者），带着他在德国出生的母亲去听埃卡的讲座。她一直在读《腓特烈二世皇帝》，并在讲座结束后请埃卡在书上签名。但他拒绝了，说"写这本书的人很多年前就死了"。[24]

然而，无论他曾经在多大程度上是一名魔法师的学徒，"写这本书的人"从来不是纳粹。我们将在后面的章节讨论这个问题。仅就《腓特烈二世皇帝》而论，也可以发现，之前引用的段落被

1　阿尔弗雷德·布伦德尔（1931— ），奥地利钢琴家。

其他段落所均衡，这些段落维护礼让的美德和世界主义的理想。下面这个著名的段落，使得腓特烈二世在"文艺复兴"的概念还未被发明之前成了"文艺复兴人"：

> 腓特烈二世，政治家和哲学家、政客和战士、军队领袖和法学家、诗人、外交家、建筑师、动物学家、数学家、通晓六种或九种语言的大师，他收藏古代艺术品，指导雕塑家，独立探究自然，组织国家，其多才多艺，完全是皇帝宝座上的文艺复兴天才。（第613页）

此外，这个特殊的"文艺复兴天才"对伊斯兰教有深入的了解。康托洛维茨的早期研究使他能够确定，腓特烈在与苏丹的条约中发誓如果违约就"吃他左手的肉"时，使用了阿拉伯语中的一个惯用语（第176页）。腓特烈在耶路撒冷时，曾对阿克萨清真寺的建筑风格颇有留意。当康托洛维茨提出腓特烈二世"对阿拉伯智慧无限钦佩"时，这不像一个纳粹在说话（第176—177页）。

最重要的是，康托洛维茨认为，腓特烈的世界主义是其作为对古罗马帝国满腔忠诚的"西西里－意大利的霍亨施陶芬王室"（第76页）所固有的。康托洛维茨表示，腓特烈二世"不是作为条顿英雄，而是作为罗马皇帝，用的是但丁式的话语而非瓦格纳式的"。[25]腓特烈是德意志皇帝中"最罗马的"（第352页）。他希望建立的世界帝国，不是基于单一民族的统治，而是基于一个"由所有王侯、土地和基督教民族组成的，由一个不属于任何国族的罗马皇帝治理的共同体"；腓特烈"几乎不是士瓦本公爵，甚至不是德意志国王，而仅仅是罗马恺撒、皇帝和神圣的奥古斯都"（第 353 页）。在写给约瑟夫·利格勒的信中，康托洛维茨坚持认为，"德意志性"问题不应停留于"波茨坦还是魏玛"之间，而应该由"班贝格"来回答。[26] 随后在传记中，他提出著名的"班贝格骑士"，展示了法国和古罗马的影响，这些影响由一位曾设想"一种必定在德意志生活过的骑士般高贵而美好之人"的德意志雕塑家加以吸收，以创造一个具有世界吸引力的骑士雕像（第77 页）。这样的段落不含任何纳粹种族思想的气息。

第八章
万众瞩目

《腓特烈二世皇帝》问世后,康托洛维茨成了有头脸的人,颇像一个小说中的人物。我们已经知道有一个熟人对他的风度记忆犹新,甚至将其写进了一部小说里。此外他给许多人留下的独特印象也得到了广泛的证实。哲学教授埃里希·罗特哈克在海德堡和意大利见过他,觉得他看起来像"一个意大利或西班牙贵族"。[1]1928年,印度学学者海因里希·齐默尔给身在罗马的弗里德里希·贝特根写道:"向我们难忘的美声唱法(bel Kanto)[1]致以最美好的问候。"[2]最详细的描述出现在格哈特·拉德纳的回忆录中,1929年他在柏林与埃卡初识,后来在德国和美国,两人均保持着密切的联系:

> 他给人的第一印象有些奇怪。他衣着时髦,举止优雅,甚至散发着香味……他的整个外表都富有迷人的异国情调……大鼻子和坚定而又绝非禁欲的嘴,让他的脸看起来古典……他中等身材,直立挺拔,动作非常活泼。他有一种近

---

1 齐默尔在这里玩了一个文字游戏。

乎能将人俘获的亲切。从他说的第一个词就可以清楚看出，他是"世界主义者"，而没有"学者派头"。[3]

拉德纳的回忆录还提到了埃卡奇怪的说话方式："一种近乎吟诵的说话方式"——后来在美国以他的"第三种中国腔"而闻名。一个在伯克利听过埃卡讲座的学生称之为"一首怪异地吟诵的塔木德圣歌"。[4]孤陋寡闻的美国人认为这种古怪的说话方式是对斯特凡·格奥尔格朗诵风格的模仿，但格奥尔格朗读起来单调得不行。相反，埃卡把它发展成刻意的炫弄。这是他引人注意的另一种方式。

大约在1927年初的某个时候，为了用自己的人格面具取悦自己，康托洛维茨开始要求朋友和熟人叫他"埃卡"，而不是"恩斯特"或"康托洛维茨"。[5]（家里人则继续叫他恩斯特。）我们已经看到1926年与1927年之交的冬天，他在柏林为两尊半身像摆造型。两位雕塑家，亚历山大·乔克和马克斯·富埃特，都属于格奥尔格圈，也都是威廉·施泰因的朋友。埃卡偏爱富埃特更理想化的版本，并用明暗对照的布光，从不同角度拍了好些照片。其中的一张被拿来装饰《腓特烈二世皇帝》第二次印刷的广告传单，赋予了作者某种光环。

1927年夏天，康托洛维茨在母亲位于荷尔斯泰因的家中度完假后，在海德堡短暂停留，然后去了罗马，开始了一段难忘的时光。原则上，他去那里是为了编写附加在腓特烈二世传记后面的文献部分。但他几乎不需要在罗马待很长时间就能完成；显然他是想利用这个机会把自己浸沐在这座永恒之城里。他已经了解了半岛的南半部和西西里岛；现在，随着传记结束，是时候去罗马了。他于10月10日离开海德堡；在巴登-巴登（看望姐姐）、卢加诺、米兰和博洛尼亚停留,月底到达罗马。在罗马最时尚的地段、靠近特雷维喷泉和西班牙阶梯的博卡迪利昂大道找到一套公寓后,他起初以为自己会像在德国那样工作。但他的工作几乎没什么成果,因为罗马普鲁士历史研究所拥有的与腓特烈二世相关的资料仍在柏林。(他可能事先就已经知道。)因此,他开始从事一个可以在罗马找到未公布文献、与之前的工作不相关的项目——14世纪中期红衣主教阿尔博诺兹为教皇国收复意大利中部的战役。然而,这项研究并没有引起他足够的注意,使他继续下去。相反,几周后,这座城市本身"突然涌现",他全身心地投入到"观看"之中。

整个秋天,康托洛维茨定期和弗里德里希·贝特根一起吃晚饭。有一次,珀西·恩斯特·施拉姆,这位来自海德堡的年轻的中世纪史学家,也加入其中。[6](施拉姆在研究中世纪统治权时对非常规资源的使用,将他和埃卡联系在一起;更多内容会在后文提到。)圣诞节后,罗马社交季开始了,康托洛维茨参与其中。尽管他一开始需要时为普鲁士历史研究所二等秘书的贝特根帮他牵线,但他很快就因其引人注目的个性,自成一景。此外,他的腓特烈皇帝传记的名气正传到意大利。(1928年初的第二次印刷数为四千四百册。)他出现在许多宾客名单上——被邀请去吃早餐、喝下午茶、进晚餐,以及参加"数不胜数"的晚会。路德维希·库尔提乌斯是一位杰出的古典学者,于1928年担任罗马德意志考古研究所所长,并继埃卡之后住进了博卡迪利昂大道上的公寓。他写道,"当时的罗马'社交界'由罗马贵族组成,他们只与外交使团的成员往来,外国学者比意大利人更有可能进入"。[7]这证实了埃卡后来向菲娜所说的,在1928年初的社交季,他遇到了带知识分子倾向的大使和贵族,他参加的聚会都是在这些贵族的"美丽官殿"中举行的。

与此同时,他接待了一位来自德国的访客:沃尔德玛·于克斯屈尔的同父异母姐姐,被称为"巴比"(Baby)的露西·冯·旺根海姆女男爵。在这里有必要打断叙述,介绍一下她,因为埃卡一生所爱慕的异性主要有三个,而她将成为第二个。她的父亲是汉斯·冯·旺根海姆男爵,一位职业外交官,曾在许多首都为德意志帝国政府服务,之后在1912年被派往君士坦丁堡。在那里,他帮助策动奥斯曼帝国进入第一次世界大战。1915年,他死于心脏病。冯·旺根海姆有拈花惹草的臭名,这导致他与巴比的母亲、在美国出生的女继承人露西·阿伦费尔特镜破。后者不甘在出轨的比赛中落后,便与老于克斯屈尔伯爵私通,当她的丈夫知道这一点,他向伯爵提出用手枪决斗。就像在喜歌剧中常见的那样,两人都受了伤,但无性命之虞。露西随后与其中一人离婚,并立即与另一人结婚,这都发生在1897年之内。巴比(生于1892年)和母亲住在一起,这意味着她在柏林长大,成了埃卡的"沃尔迪"(生于1898年)的同父异母姐姐。作为一个成年人,她精通英语,可能是从她母亲那里学来的。

1916年,巴比嫁给了意大利人尼诺·贾基,两人是在达沃斯相遇的。贾基患有肺结核,一直住在疗养院。有一段时间,他试图在巴塞尔谋生,但太虚弱了,不得不回到疗养院,并于1921年在那里去世。此时他已是三个女儿的父亲,她们的名字分别是:露西娅、阿里安娜和伊索塔(图16)。这些名字反映了巴比的风格。根据意大利习俗,大女儿应该随她的祖母取名为安娜,但巴比予以驳回,并用她母亲(和她自己)的名字命名。然后轮到二女儿,本来应该选择安娜。然而这位母亲犹豫不决："安娜是女仆的名字。"因此作为妥协，她选择了"阿里安娜"（狄俄尼索斯的新娘阿里阿德涅的名字变形）。当第三个孩子在她父亲死后出生时，母亲决定叫她伊索塔（伊索尔德的变形），以一个著名悲剧中的通奸女主角的名字命名。

图16　露西·冯·旺根海姆和她的女儿伊索塔（左）、阿里安娜（右），柏林选帝侯大街，1927年5月19日（勒纳档案）

1924年，巴比嫁给普鲁士前骑兵军官和地主阿道夫·冯·阿尼姆，这段短暂的婚姻在1926年告终。这年年底，她与身在柏林的恩斯特·康托洛维茨关系变得亲密，她是通过同父异母的弟弟认识埃卡的,有四个月的时间两人每天都见面。1927年秋,恩斯特·康托洛维茨去罗马时,便已计划好在1928年冬与巴比在那里共度一段时光。在她到来之前,他在12月买了一辆菲亚特汽车,并上了驾驶课。2月,巴比和弟弟一起来到罗马。沃尔迪住在埃卡的公寓,她则定时在午餐时间出现。2月底,埃卡拿到驾照。3月初,他和巴比开车向南,穿过繁花满枝的乡村,到达那不勒斯和附近的一些地方,这次"美妙绝伦的旅行"为时十天。[8] 月底他们又一起出发,这一趟是去翁布里亚和托斯卡纳,旅行一直持续到4月中旬。4月底,克拉拉·康托洛维茨来罗马待了一周,之后埃卡和母亲一起回德国。

意大利插曲让他和巴比的关系得到巩固。浪漫似乎出乎意料。菲娜·冯·卡勒来自埃卡的世界:她与他的亲友有联系,她谙熟斯特凡·格奥尔格的诗歌,她分享了埃卡的心灵生活。而另一方面,巴比不是知识分子;她的女儿阿里安娜说,除了埃卡给她的书,母亲从不读书。埃卡和菲娜也用意第绪语交流,而作为非犹太人的巴比在遇到埃卡之前,对犹太人的态度一直是矛盾的。她的两个丈夫都是非犹太人,阿里安娜记得她母亲区分了德国犹太人和东欧犹太人,前者是可以接受的,后者则不。当阿里安娜被一个叫赫伯特·科恩的男孩邀请去柏林参加生日聚会,她的母亲禁止她去,即使赫伯特是德国犹太人。

巴比还透着英气。她打高尔夫球,抽雪茄。有些人把他们这一对称为"战斧巴比和温柔犹太埃卡"。[9] 阿里安娜说,她母亲对男同性恋很有吸引力,这一观点得到双性恋莫里斯·包腊的证实,1934年初次见面他便"立刻为她倾倒"。[10] 她对埃卡的吸引力可能与此有关。(她也比他大三岁。)然而,巴比当然不是用来掩盖同性恋活动的"胡子"[1],因为她和埃卡是非常多情的一对。在意大利待了一段时间后不久,1928年夏天,他们和沃尔迪一起去波罗的海时髦的度假胜地蒂门多弗海滨度假。从1928年秋到1931年春,他们分居两地,但经常在柏林见面。1931年初,当埃卡搬到法兰克福,巴比搬到海德堡,因为她不想过度公开她的行踪,海德堡也足够近,两人可以经常看望对方(巴比有一辆豪车)。这段恋情在1930年代中期的某个时候结束,之后以友谊的形式一直持续到1960年代初。

康托洛维茨在露西·冯·旺根海姆身上看到了什么?包腊回忆录中对她的素描,有助于解释这种迷恋。根据包腊的说法,她"有着让人为之侧目的俊丽、聪颖,受过良好教育"。他说,她早期生活的故事很迷人:她曾在科孚岛与德皇待在一起,"见到德国将军们为他们的主人跳希腊舞"。总之,"她属于一个贵族世界,却又卓然自立"。据巴比的女儿称,为了增强自己独立的光环,她让人们认为她是寡妇,即便她已经有了第二段以离婚告终的婚姻。(包腊很熟悉她,却对这一点一无所知。)可能是巴比活泼的个性,以及她所散发出的上流社会的气度和独立,使她成为埃卡认为自己可能会娶的女人。他把这个想法告诉了他在美国的两位年轻密友,说"他本可以[和巴比]有一个美好的婚姻——他住在房子的一头,她住在另一头",并承认他想娶"德国女男爵",但她不想嫁。[11]

回到埃卡的职业生涯,1927年春腓特烈二世的传记出版后,他考虑起要不要取得"任教资格",成为海德堡的初级讲师。在

---

1 俚语,此处指陪伴同性恋男子以制造异性恋假象的女人。

这一点上，他得到了卡尔·汉佩的鼓励，此时两人已形成一种带有温情而又相互尊重的关系。（这一时期埃卡给汉佩的信都是以问候他的妻子结束的。）1926 年，汉佩甚至答应审读《腓特烈二世皇帝》的校样，但在书出版之前，这不可能。（康托洛维茨在长条校样上做了很多修改，字迹模糊除了排字工人没人认得出。）埃卡在罗马时曾写信给汉佩，说他已经收集了足够多的材料开研讨班。这和他在同一封信中提到的研究阿尔博诺兹红衣主教的项目，是他计划成为职业中世纪史学家的最初证据。1928 年春末埃卡回到海德堡时，汉佩邀请他在他的指导下取得任教资格，担任一个初级职位，但埃卡拒绝了，解释是这会使他受到太多限制。事实上，正如我们从一封给菲娜的信中了解到的，去过罗马之后，海德堡的一切对他来说是如此"怪诞，宛若幽灵"，以至于他很乐意找到一个断然离开的借口。[12] 但他告诉菲娜，这并非意味着放弃取得任教资格的计划。

有些沮丧的他通过延长夏天的假期来排遣心怀。两个月来，除了中间和巴比、沃尔迪在波罗的海待了两周，他都在母亲位于荷尔斯泰因的庄园忙于体育运动，不仅游泳和打网球，还猎鸭和练习射箭。那年夏天，奥林匹克运动会在阿姆斯特丹举行，而他鼓捣起自己一个人的"奥林匹克"，给游泳计时，测量标枪能投多远。百米成绩不错，跑进十二秒。他光着身子到处跑，每天晚上十点半"筋疲力尽地"上床，第二天七点多起床再来。他读与箭术有关的书——《弓箭猎狮》，一部不久前被译成德语的美国冒险小说。他开玩笑说，他再度堕落到读起男孩子才会读的书，而海德堡在他身上的存在，强迫他克制。

不过他还背着书债。1927 年的传记许诺"很快会出版"一本书提供传记的文献资料——他不情愿地感到自己有义务兑现诺言。学者们已经给他写信,单独问及这一段或那一段的参考资料。(埃卡在给巴比的信中,得意地笑称他"礼貌而优雅地"把这些东西像食物一样分发出去。[13])因此他在9月初搬到柏林,因为他想完成这项工作,而柏林拥有最好的资源。德国中世纪史研究机构——日耳曼历史文献所(MGH)的图书馆,拥有该领域的广泛藏书;此外,因为它被设在普鲁士国家图书馆,所以有什么缺失,或者并非完全讲中世纪的书,都可以轻松求助于后者的馆藏。埃卡选择像往常一样舒适地生活,他在夏洛腾堡的一栋别墅里租了一套公寓,这样就可以乘坐公共交通工具方便地到达日耳曼历史文献所。但是准备续篇的工作比预期的要漫长。

延期的一个原因是,他卷入了一场关于《腓特烈二世皇帝》的旷日持久的争论。这场波澜由阿尔伯特·布拉克曼掀起,他是德国最有威望的资深中世纪史学家之一。1929年5月,他在普鲁士科学院的会议上提交了一篇论文。几个月后,康托洛维茨与布拉克曼在纸上交火,笔战一直持续到次年4月。作为柏林大学的教席教授(秋天他成为普鲁士国家档案馆的总馆长),布拉克曼在讲课中,以及作为德国首屈一指的历史学期刊《历史杂志》的合编者,在一篇题为《"神话视野"中的腓特烈二世皇帝》的论文中,批评了康托洛维茨的方法。它提出康托洛维茨并非在书写正统的历史,而是在讲述神话。[14]布拉克曼首先提到了代沟:过去的历史学家致力于技术性的工作——原始资料的考证和批判——现在是其他人通过撰写综合性的著作来收割这些成就的时候了。康托洛维茨的传记便是这样一个例子,它"以扣人心弦的笔法将细密的学问连成一体",但这本书受到的热情欢迎激起了他的极大保留,因为它犯了"方法论的错误"（第534页）。

布拉克曼的核心指控是，康托洛维茨对腓特烈二世的个性和行为的描绘，是基于源自格奥尔格圈"教义"的先入为主的观念。在这样做的时候，传记作者混淆了神话与现实，忽略了特定情况下的"事实"。布拉克曼集中到康托洛维茨的这一断言，即在腓特烈将自我构想为只对上帝负责的世界统治者的过程中，耶路撒冷的自我加冕是一个转折点。对康托洛维茨来说，耶路撒冷既是东西方交汇处，也是基督徒可以获得加冕的最神圣的地方，而自我加冕证明了腓特烈对教皇的独立性。布拉克曼对此表示反对，他辩称腓特烈并没有自我加冕为皇帝（他已经是皇帝），而只是加冕为耶路撒冷国王，当时耶路撒冷是一块小领土；自我加冕并不是独立于教皇统治的姿态，而是对教皇禁令的承认。根据布拉克曼的说法，当时在禁令之下的腓特烈是故意避开了教会加冕礼，以免引起教皇的反感，而他随后立即发表的宣言表明，他只想重获教皇的欢心（第536—539页）。布拉克曼承认，十年后皇帝的支持者把他比作基督,但他坚持认为这只是发生在战争激烈时期(第545—547页)。人们需要考虑具体语境，不能被原始资料的夸张语言诱惑；尤其是在对待腓特烈二世皇帝时，不应该"过度使用当代染料涂抹"（第548页）。

布拉克曼的结语实际上是一则强烈抗议（cri de coeur）。对他来说，康托洛维茨完全走在错误的方向上：他"亲历"了皇帝，然后根据自己的感受来给皇帝造像，而不是毫无成见地用证据说话："如今开始出现在我们历史作品中的创造性的想象力（*imagination créatrice*），压倒了坚硬的现实感。这本书便是这样，它试图把历史科学和神话紧密联系在一起，这当然会给真理的认识带来巨大的危险。"布拉克曼毫不犹豫地提到他自己的"实证主义知识理想",并坚定地希望捍卫它而反对"最广义的幻想、美学或宗教信仰"。康托洛维茨的传记是当前史学面临"严峻形势"的征兆。一个人应该从假设而不是"教条"出发;一个人应该坚持"真理的理想和诚实的精神";一个人不应该"作为格奥尔格信徒、天主教徒、新教徒或马克思主义者,而应该仅仅作为一个求真者"来书写历史(第547—549页)。

《福斯报》是柏林发行量最大的报纸之一。6月初,该报刊登了一篇名为《学院反对神话视野》的文章,导致布拉克曼的攻击声名远扬。埃卡几乎不能,也不想忽视这项挑战。(这篇文章的剪报今天仍保留在纽约的康托洛维茨文件中。)他立即写信给斯特凡·格奥尔格,说声明原则的好机会已经出现。[15]《福斯报》引用布拉克曼的批评,说他"给皇帝涂了太多的当代染料",对此埃卡打趣道,"被这个行会历史学家如此轻易拒绝的当代染料,无论如何都比他所在的工业利益集团的现代染料(modern I.G.Farben)[1]更容易洗掉"。布拉克曼给埃卡寄去他将在夏末发表在《历史杂志》上的论文校样,以及一封信,提出他们谈论一下这篇论文。显然,他是希望杜绝康托洛维茨坚持发表第二次答辩[2]的可能,但在这一点上,他得失望了。埃卡回应说,由于"我们的史学观点存在根本分歧",见面是不合适的,不过"我们的争论太有原则上的重要性,应该对公众隐瞒"。因此,他要求《历史杂志》在下一期给他留出篇幅来陈述他的立场,布莱克曼不得不照办。

---

1 I.G. Farben 即德国法本公司,直译为"染料工业利益集团"。
2 法律术语,指被告对原告的辩驳所作的答辩。本书作者是把布拉克曼和康托洛维茨之间的论争法庭化。

康托洛维茨的答辩同对手的一样是论战式的，但他的写作充满机智，讽刺中夹杂着傲慢，迥异于布拉克曼直言不讳的恳切。[16]他首先说，当他的对手指责他走了一条在方法论上不正确的道路时，他可以提及那些奥地利将军，他们声称法国在蒙特诺特和洛迪战役中的胜利，是以方法论上错误的方式取得的（第457页）。（博识的读者会意识到康托洛维茨是在把自己比作拿破仑。）但他更想探究一下布拉克曼所认为的方法论错误，并回答他关于腓特烈二世自我加冕的具体问题的抱怨。至于后者，康托洛维茨坚称，腓特烈在自我加冕后发表的宣言，首次利用了适用于救世主的《圣经》语言（第464页）。他引用了一个德意志人在宣言发表不久后写的一首诗，其中这样向腓特烈欢呼："上帝在此，上帝忠实而明智的仿效者在此"（第470页）。通过这些，康托洛维茨希望表明，他赋予耶路撒冷自我加冕以中心地位，不是来自先见，而是来自原始资料。

然而，方法论问题仍然是最重要的。在康托洛维茨看来，布拉克曼在批评他的教条时，恰恰揭示了自己的"教条"，即历史不应该从任何党派阵营的角度来写，而他拒绝这一观点，因为这将排除作为一个德国人或者一个有*坚信或激情*[强调为他本人所加]的人来写史（第458页）。他本人无意证明什么，而只是想呈现出一个人在他那个时代的*画像*（第460页脚注）。因此，他特意选择当时生动的资料而不是文件，旨在获得"思想的颜色"。他从事的是历史写作，与历史研究相反，就此而言，他希望创造出栩栩如生的画面，创造出有其自身真实性的时刻。他也是一个"求真者"，不过与那些寻求"纯事实"，并因此会陷入*破坏性的现实主义（réalisme déstructeur）*的人相反，致力的是创造性的想象力（第471页）。

作为《历史杂志》的合编者，布拉克曼给了自己作为原告第三次答辩的特权，他将自己的答辩直接印在康托洛维茨的反驳后。除了具体问题上的争辩，他还坚持学问不能为诗歌所驱（第477页）。但他伸出了橄榄枝。他已了解到康托洛维茨经常出现在日耳曼历史文献所这个致力于传统研究的机构。因此，他很好奇他是否缺少对历史的"平静的爱"，以及"这样发展下去，他最终会站在斯特凡·格奥尔格一边，还是保罗·克尔（日耳曼历史文献所的所长）一边"。

这场争论并没有就此结束，而是升级了，因为埃卡接受了邀请，要在1930年4月举行的一次德国历史学家大会上发表演讲。1月底，他给菲娜写信，说他与布拉克曼的交手减缓了他在续篇上的工作，而现在他不得不中断它。他打算在专家"方阵"面前阐述他对"方法论争论"的立场，所有这些专家肯定都反对他。情况会很困难，但他不想回避；因此，他去了母亲在荷尔斯泰因的家几个星期，为了能够不分心地撰写论文。

埃卡的"方阵"这一说法很对。[17]1930年4月22日至26日在哈勒大学举行的这次会议，大约有一百四十名历史学教授和初级教员参加，另外还有二百五十名学者、图书管理员、档案保管员和出版商。教授中有当时最杰出的历史学家。康托洛维茨是焦点。仅仅他的现身便引起了轰动，因为他还不到三十五岁，没有任何学术职位。像往常一样，他穿得引人注目。《福斯报》的一名记者形容为"一个修长的年轻人，穿着上等的服装"。虽然他已被安排在一个够大的报告厅演讲，但由于人太多，便挪到了最大的厅。他很高兴成为众矢之的，但也很紧张：他在演讲前服用了镇静剂，喝了一杯烈性酒。可以肯定的是，他那修辞极为讲究、内容庞杂的演讲结束后，整个大厅里一阵骚动。

　　这次演讲，可谓最连贯地表达了康托洛维茨所乐于称为的"格奥尔格学派"的史学观。他的题目是"中世纪历史再现的界限、可能性和职责"，他依次阐述了每一点。历史（不仅仅是中世纪史）再现的"界限"，指的是历史研究与历史写作之间的根本区别。在提到布拉克曼对客观性的呼吁时，康托洛维茨承认，没有一个理性的人会反对历史研究应该力求客观的立场。"或者几乎如此"，正如他所限定的，因为在研究中不可避免地需要作出选择，而这取决于主观的判断；甚至一个索引也必须依赖于选择，如果不是简单的主词索引。但是历史写作必然是不同的，因为没有人会想要读一部除了逐时地讲述事件之外，什么也不做的作品。相反，19世纪德国伟大的历史著作——"兰克、德罗伊森、吉泽布莱希特、西贝尔、蒙森、特赖奇克"等人的作品——都是历史写作的杰出典范：文学作品。（这个名单列的都是最著名的"实证主义者"。）

　　历史研究和历史写作之间的区别，把演讲者引到了"可能性"这一主题，即写作（或者他更喜欢的说法，"再现"）中合适的主题。他排除了对起源的探索。对他来说，对这个问题的执迷将历史主体还原为仅仅是前人的产物，而前人也是更早之前的前人的产物，如此"蟹行般地"回溯。最终，人们可以说德意志皇帝们像法老一样大步迈进他们的神殿，或者教皇和皇帝互吻在《吉尔伽美什》史诗中就已出现。他故意挑衅性地强调历史作家不应该试图解释什么在因果关系中成为（became），而坚持经典的兰克公式，即他们应该书写"实是"。

　　他在这方面的主要观点是，历史学家应该尊重"一个人、一个民族、一个时代、一种文化的独特价值"（第112页）。他转述兰克的话说，如果上帝创造一代人，只是用来充当另一代人的准备，那他是不公正的；他直接引用兰克的话："在上帝的眼里，所有的世代都是平等的，历史学家也必须这样看待"（第116页）。一个人必须"将时间从历史中驱逐出去"，而对因果关系的追求并不能达到这一目标，即在历史主体自身的关系中来理解。的确，一个人必须充分意识到"非理性时刻"的不可避免性；必须宁可"尽管"而不是"因为"。康托洛维茨从自己的书中举了一个例子来解释：大多数历史学家认为，腓特烈二世和数学家列奥纳多·斐波那契之间关于几何和代数的长时间讨论，不可能在1226年的比萨发生，因为当时皇帝正在行军，需要继续前进。但是，如果认识到腓特烈的独特性和他不断地"玩弄命运"，那就可以设想他找到空暇进行了一次有学问的谈话，"尽管"形势不允许。这就必须用到创造性的想象力（第114—115页）。

当然，这种想象必须与原始资料有某种联系。在这方面，康托洛维茨强调，迫切需要利用非文献资料来表现历史，以获得一幅"真正"的画面，尽管这种资料可能在愚昧的人看来"不可靠"。正因为再现必须是主观的，历史学家需要利用最大数量和最广泛的同期资料，以便像同时代人一样"看到"他要再现的对象。这些资料不仅包括编年史的"成千上万的个人观察"，还包括书信写作、虚构的信件，以及伪造的文件（实证主义者的梦魇）。没有人能知道卡尔或奥托到底长什么样，但人们可以知道他们是如何呈现自己的，以及他们在自己的时代是如何被感知的（第118—119页）。如果这是"神话视野"，那就让它是吧。

但即使根据过去的原始资料来画一幅画，一个人也必须站在现在，从一个视角出发。康托洛维茨嘲笑"平庸的中立"，例如记者，随时准备就任何主题传达他的观点，而不管党派、国籍或世界观。这种平庸的中立同样存在于当前的通俗史，它针对的是跨国界的"半受教育的乌合之众"（*Halbbildungspöbel*）（第122页）。要写好历史，不可能中立。在康托洛维茨看来，"今天，冷静的实证主义面临着成为浪漫主义的危险，当它坚持没有先见也可能找到真理的蓝花时"（第120页）。（"蓝花"是德国浪漫派对超凡神圣的自然奇迹的象征。）正如歌德所写："难道真理不是一个只能剥下一层一层皮的洋葱？你没有放进去的东西永远也取不出。"

当前的任务是带着对国家的奉献意识来书写历史。康托洛维茨断言，19世纪伟大的德国历史学家，其中包括兰克和蒙森，都受到国家危亡感的激发。这时他开始煽动性地宣称，这在当前尤为必要：一个人在写作时必须带着"对某种类似于德国天命的真正信仰"——不是"民族主义的大吹大擂"，而是"是的，对如今受到威胁的民族的狂信"（第123页）。这时他引用了弗里德里希·席勒，有感于屈辱的《吕内维尔和约》将当时莱茵河的整个左岸割让给法国，席勒写下惊人的"信仰告白"："每个民族在历史上都有属于它的一天，但德国的那一天，是所有时代的收获。"鉴于目前的危险和德国的使命，历史的再现必须是受这一教条的支配，即"以民族及其荣誉的未来为重"（第124—125页）。结束时，康托洛维茨最后一次请求他的19世纪助誓人的支持。布拉克曼曾谈到他是否真的对与日耳曼历史文献所（一个建立于19世纪初的机构）相关的实证主义作品有"平静的爱"，作为含蓄的回应，埃卡取出杀手锏，引用了日耳曼历史文献所出版物上印着的题词:"以对祖国的神圣之爱为魂"(*Sanctus amor patriae dat animum*)。

这一历史编纂学的争论最后如何?资深的学院建制派对这个坏孩子(*enfant terrible*)呼吁放弃专业学者一直固守的客观性原则没有表现出任何同情,尽管他们中的许多人可能已经在实践中放弃了这一原则。在埃卡的演讲之后进行了简短的讨论,但没有一个著名的历史学家支持他。布拉克曼没有去哈勒参加会议,从罗伯特·霍尔茨曼——被新任命为他在柏林大学的继任者——那里得知,尽管演讲组织得很好,充满了辛辣的评论,但从内容的角度来看,是"彻底的失败"。[18]维尔纳·弗劳恩丁斯特是布拉克曼的学生,他认为19世纪伟大的德国历史学家们"要是听到康托洛维茨先生如何把自己想象成他们志同道合的继任者,会在棺材里辗转反侧的"。[19]

当然,他也有钦慕者。撇开格奥尔格的追随者不谈,有些是年轻的历史学家,他们称赞他敢于挑战陈旧的方法,如前一章提到的格哈特·拉德纳和费利克斯·吉尔伯特,以及下一章要提到的特奥多尔·E. 蒙森。然而他们中没有一个人倾向于在方法论上出轨。康拉德·布尔达赫是一位颇有声望的中世纪晚期德语文学资深学者,他在原则上赞成使用非实证的原始资料。收到布拉克曼寄来的《历史杂志》争论文章的单行本后,他答复说,"海德堡的格奥尔格分子"的"回答极为傲慢"。但随后他补充说,自己对布拉克曼关于原始资料的立场持保留意见:"不能否认——您自己肯定也不想否认——政治宣言对同时代人的影响,是历史研究的一个重要课题。"[20]在实践中,埃卡的唯一盟友是珀西·恩斯特·施拉姆，后者最近被哥廷根任命为中世纪史教席教授。与康托洛维茨不同，施拉姆用直白的学术散文写作，但在关于奥托三世皇帝的两卷本作品《恺撒、罗马与革新》（1929 年）中，在探讨奥托时代的神圣罗马帝国作为一种宣传形式的象征主义时，他受到了瓦尔堡艺术史学派的影响。而康托洛维茨在《历史杂志》上回应布拉克曼时，引用了他的书（第 470 页注释）。施拉姆也出席了哈勒的会议，两人在一家酒馆讨论了各自的研究日程安排。

似乎是造化弄人，康托洛维茨和布拉克曼后来走向了相反的方向。埃卡不仅在哈勒演讲中表现出自己是一个"狂热"的民族主义者，后来还在两种不同的极右出版物中，负责发表煽动性的跋语。一个是《德意志汇报》，由莱茵兰的反共和实业家资助；另一是《指环》，由一位极右翼的宣传家主管。然而，1933 年后，康托洛维茨离开他的"以民族为导向的立场"，逐渐成为左翼人士。至于他的历史写作，随着 1930 年代的前进，他放弃了《腓特烈二世皇帝》中的修辞方式，以及他的哈勒原则，即历史必须建立在"教条"的基础上。相反，他开始专注于微观分析和避免先入之见。

至于布拉克曼，那个反对将政治与学术混为一谈的人，在 1932 年建立了一个与德国政府关系密切的"东方研究出版中心"。"东方研究"（*Ostforschung*）不可避免地具有站在德国的立场反对斯拉夫人的党派性，在纳粹 1933 年掌权后，这种党派性尤其凸显。[21]1936 年布拉克曼从行政职位上退休，但当德国于 1939 年入侵波兰时，他从一个历史学家的立场支持纳粹的目标。受党卫军之托，他写了一本名叫《东欧危机与重建》的书。书中引用"新德国元首"在《我的奋斗》中的话："我们将阻止德国转向南欧和西欧，而把我们的目光投向东方的土地。"然后总结道："还有哪个民族可以声称像德国一样为东欧取得如此大的成就？今天，当英国和法国要求东欧如果没有它们的授意就不要发生任何事情，我们必须问，它们有什么成就可以表明它们的要求是正当的？……只有德国，作为数世纪以来中欧的主导力量和东欧文化的唯一载体，才有这一权利。"[22] 两年后，布拉克曼甚至坚称德国政府官员需要出席学术会议："我们所代表的政治导向型学术，就其内在而言，必然依赖于官方的帮助。"[23] 如果不是"东方研究"有着可怖的影响，这种讽刺还蛮有趣的。

第九章
成为内行

依《圣经》的指定,人的寿命期限是"七十岁"。[1] 按这个尺度,1930年恩斯特·康托洛维茨正值"人生之旅的中途",当时他三十五岁。(他没有活到指定的七十岁,但六十八岁也很接近了。)正好1930年左右康托洛维茨的柏林时期,标志着他的活动的一个变化。1927年传记的作者是一位文人(*littérateur*)。他将那部传记称为 *Geistbuch*,可译为"智识之书"或"精神之书"。但他在1931年出版的续篇,则被完全构想为学术研究。为了写这本书,他在传统研究的圣地——日耳曼历史文献所——的图书馆工作,并为了成为一名专业学者作准备。假定他并未动摇对斯特凡·格奥尔格的忠诚,或者抛弃那些格奥尔格圈的朋友,那他也已经离开海德堡,无论在比喻还是字面意义上。

到1929年末埃卡写他的第三次答辩时,阿尔伯特·布拉克曼已经收到他出现在日耳曼历史文献所的风声,并利用这一事实,

---

[1] 《旧约·诗篇》第九十章第十节:"我们一生的年日是七十岁,若是强壮可到八十岁;但其中所矜夸的不过是劳苦愁烦,转眼成空,我们便如飞而去。" 本书《圣经》引文,如无特别说明,均据和合本。

如我们所见，怀疑康托洛维茨是否显露出他对那个具有原型地位的学术机构的"平静的爱"，以及是否最终会"更接近保罗·克尔而非斯特凡·格奥尔格"。为了有助于阐明这里的暗喻，在此引用一段费利克斯·吉尔伯特的回忆录：

> 日耳曼历史文献所［是］一个建立于19世纪的研究机构，为的是编辑和出版中世纪史料。19世纪期间，研究所就已经发展出一种极具组织化和制度化的学术模式；20世纪，在知道如何与皇帝、教皇以及普鲁士社会党部长们相处的保罗·克尔的领导下，研究所在中世纪研究领域的主导地位远甚于以往任何时候。[1]

保罗·克尔(1860—1944)的一生堪称多姿多彩，在写到他时得提防一不小心就篇幅过长。[2]克尔身兼数个研究机构主管。他于1903年担任罗马普鲁士历史研究所所长，1915年担任普鲁士档案馆馆长，1919年担任日耳曼历史文献所所长。人们可能自然地认为，在接任下一个职位后他会辞去上一个职位，他确实在1929年秋天让出普鲁士档案馆的馆长职位，不过仍然保留了另外两个，直到1936年以七十六岁高龄退休。讽刺的是，他不是一个尽责的管理者。一战之后他住在柏林，每年只去罗马两趟，检查一下他的罗马研究所，并将日常行政工作留给一名副手（从1927年到1929年，这位副手便是弗里德里希·贝特根）。在柏林，他每周只有两天半会出现在普鲁士档案馆的办公室。然后是日耳曼历史文献所，他最喜欢的地方，但即使在那里，他也只是偶尔出现。然而，克尔成功地游说高层为他的机构提供财政支持，这补偿了他在管理上的疏忽。此外，作为一名研究学者，他孜孜不倦。

克尔专横跋扈，人人畏之。据说他会在下午一点钟雇人，又在四点钟解雇他们。他有着恶毒的机智。一个名叫桑提法勒（Santifaller）的档案保管员曾因一个誊写错误，被他叫作"Sündenfaller"——因原罪而堕落的人。一位害羞的女研究员则被他形容为"身心皆不育"。他喜欢闲聊，因而欣赏恩斯特·康托洛维茨，后者给他带来关于格奥尔格圈的各种八卦。如果埃卡来到日耳曼历史文献所而克尔也在的话，他经常会为他敞开办公室的门，然后两人——一个七十岁，另一个七十减半——会私下密谈一小时。克尔也把布拉克曼当成笑柄，称其为"被冒犯的肝泥香肠"。他告诉他在文献所的助手们，有些人自己不会写史却批评康托洛维茨，真是荒唐。"他[克尔]也写不出来，甚至不想写，但他承认[康托洛维茨的]成就。"[3]克尔同意埃卡对历史研究和历史再现的区分，他只致力于前者。有一次，被问及为什么他是历史学家时，他毫不设防地回答道："有些人收集植物，有些人收集甲虫，有些人收集蝴蝶；我则收集教皇文件，尽管对我来说，教廷是个非常冷漠的机构。"

康托洛维茨在文献所很放松、亲和。一位在那里当文书的年轻女人形容他是"一个机智、迷人、涉猎广泛的健谈者，完全没有那种损害工作、扭曲个性的僵化，不像他的一些朋友"。[4]可以推测出，她指的是他的一些格奥尔格圈的朋友，因为在日耳曼历史文献所期间，他和两个人建立了终生的友谊。这两人年纪比他小，缺乏威严的风度，工作非常努力。他们都是克尔的下属、全职助手，从事分派给他们的文本编辑工作。大部分时间里他们都在谈论本行工作，而在光谱上位于"斯特凡·格奥尔格与保罗·克尔之间"

的埃卡，现在也变得乐于说行话。这二人之一是格哈特·拉德纳，生于1905年，父母是维也纳富有的犹太人。拉德纳的职业生涯始于在维也纳的艺术史研究，博士论文是关于11世纪的意大利绘画。1929年春天，还在写博士论文的他，获得奥地利历史研究所的定期津贴，前往罗马从事一个文献项目。他在普鲁士历史研究所做研究时，难得遇上保罗·克尔也在那里。克尔注意到了他的勤奋，并在秋季开始时，雇他在日耳曼历史文献所担任初级职位。拉德纳来所里时，埃卡已经在那里工作，两人成为午餐时的伙伴。直到埃卡于1963年去世，两人都保持良好的同行关系。

埃卡对拉德纳怀着和善的宽容，后者极其严肃，会给人一种服苦役的印象。埃卡的习惯是十一点钟才在文献所露面，一两个小时后又出去吃"早餐"，而拉德纳九点钟开门时就在那儿了。每天晚上七点钟结束文献所的工作后，从晚上八点直到午夜，他都用来写他的艺术史博士论文。他如此勤奋，以至于刚到柏林几个月就完成了论文。他比埃卡小十岁，把后者作为"英雄楷模"来仰望，第一次见面就问："您真的是《腓特烈二世皇帝》的作者吗？"此外，他也着迷于斯特凡·格奥尔格的诗，渴望能加入圈子。为此，1930年12月埃卡把他带到大师面前，只简短地说了一句"这位是拉德纳"，便让两人单独待着（埃卡一定是持怀疑态度的）。在格奥尔格无情的审问下，这个犹犹豫豫的二十五岁小伙子痛苦地失败了，在离开时感到"他这一生从未像现在这样被彻底摧毁"。（拉德纳后来把格奥尔格的许多诗译成了英语，但未能找到出版商；幸运的是，他后来在学术上取得了更大的成功，在加州大学洛杉矶分校作为一位备受敬重的教会史专家退休。）

埃卡在文献所结识的另一位学术助手，是特奥多尔·恩斯特·蒙森。这个年轻人与拉德纳同龄，属于最高等的学术贵族：伟大的罗马史学家特奥多尔·蒙森是他祖父，马克斯·韦伯和阿尔弗雷德·韦伯是他舅舅，著名古典学家乌尔里希·冯·维拉莫维茨-莫伦多夫是他姑父。不过他非但不吹嘘自己的家系，反而为此感到压抑。当他在高中拉丁语课上犯了一个错误时，无情的老师会斥责他，说"您的祖父会在坟墓里转身"。对此蒙森回应道："真是这样的话，他已经转回来了，因为您昨天就说过同样的话。"后来，他要去意大利做研究，提前写信给奥维多的档案馆告知他的到来，当他到达时，发现市长和市议员都在车站欢迎他，因为有人以为他是那位特奥多尔·蒙森。[5] 这些故事对我们来说可能很有趣，但这个年轻人却因为怕辜负伟大祖先的盛名而患上抑郁症。事实上，他似乎有意折磨自己。19世纪著名的肖像画家弗朗茨·伦巴赫曾为他祖父画过一幅肖像画，画中的老蒙森看起来格外严厉。当他在美国时，他派人把这幅画取过来，挂在客厅里，几乎像是要增加自己的恐惧感。[6]

蒙森在柏林大学获得中世纪史博士学位后，于1930年来到文献所。尽管陷入困扰，但他其实非常聪明，是一个很有天赋的学者。像拉德纳一样，他也很佩服埃卡。可能是因为乐于看到埃卡刺激阿尔伯特·布拉克曼，后者是他的博士生导师。但最重要的是，埃卡散发出他所缺乏的自信，并且写了一本才华横溢的书。而蒙森本人很大程度上仍只是个编辑，他对此感到矛盾。这可以从1932年他在文章《论弗赖辛文献的传播》的单行本上写给康托洛维茨的诙谐但自嘲的题词看出："镇静剂样品。剂量：每周一到两页！警告！不要过量！否则有打哈欠的致命危险。"[7] 蒙森不仅拥有丰富的知识，还喜欢探究观念。大约在1930年，尽管蒙森缺乏任何格奥尔格圈成员的才略，但埃卡已准备与这样一个人建立坚定的友谊，年轻人仰慕他的事实并未给他带来害处。这一联系将被证明对埃卡的未来极其重要：埃卡移民美国是蒙森帮着铺的路，后来进高等研究院是他在中间牵线，再到后来的《国王的两个身体》，他的贡献依然巨大。

从 1928 年秋到 1931 年冬，康托洛维茨一直在写他的续篇，并不停地为此抱怨或道歉。早些时候，他写信给朋友施泰因，说他"几无快乐地"劳动，"一而再地用打字机打数字、脚注和伪智慧"。[8] 第二年夏天，他写信给格奥尔格，说希望很快可以完成，"到时博学的吹毛求疵［将］真正开始"。[9] 1930 年 1 月，他提到"那本愚蠢的续篇"。1931 年，他把这本终于问世的书称为"私生子"。[10] 最后一句评论出现在对大师冗长的道歉中，此时他的身份依然是门徒，尚未与学术正式结合，所以有这样的说法。续篇是一部突兀的学术著作，作为 1927 年传记的姊妹篇，定然是由邦迪公司出版，以"艺术之叶"系列中所有书籍相同的版式。埃卡确信这是该系列中唯一一本大师没有读过，也永远不会读的，因为这本缺乏"爆发力"的书无甚可取，除了展示"学术上的勤奋"。他只希望这卷书不会损害格奥尔格"国"的声誉。[11]

尽管康托洛维茨对违反斯特凡·格奥尔格的理念着实不安，但他还是在这个项目上坚持了两年半，并且写出了一本大部头。他写信给卡尔·汉佩，称之为"腓特烈二世，第二卷"。如今，除了具有献身精神的专家，大概没人会看康托洛维茨的《腓特烈二世皇帝：续篇：来源与附记》（以下简称《续篇》)，但如果你看了，你会发现它远远不止是放在硬壳封面之间的一堆脚注而已。康托洛维茨在序言中挑衅地写道，即使是最冗长的文献陈列，也不会影响到真正本质的东西——这本书的基本概念以及随之而来的"历史图景"。尽管如此，他认定，以原始资料的交叉参考方式提供资料来源以及相关出版物，对非专业人员是有帮助的，在附记中致力于某些无法在别的地方简要处理的问题也是有实用价值的。

尽管他本人否认，但康托洛维茨的写作肯定是面向专家的。这一点不仅可以从他期待更多"博学的吹毛求疵"的评论，还可以从那些如同灌木丛般的专业条目清楚看出。卡尔·海因里希·贝克尔不久前刚从普鲁士文化部长的位子退下来，他认为这本书的目的是消除来自"行会"的任何疑问。

事实上，康托洛维茨并不能为传记中很多与具体事件无涉的声称和影射，提供令人满意的证据。他写道（第531页），教皇英诺森四世的座右铭是"Sedens ago"（我坐着行动），但他用来佐证的文献（第225页）表明，这是教皇家族的座右铭。在为书中提到的预言和传说佐证时，他遇到了最大的困难。在某些情况下，他只是沉默。尽管传记坚称，菲奥雷的约阿希姆已经认出新生的腓特烈二世为即将到来的敌基督（第10页）且预言了腓特烈与圣方济各的会面（第150页），但《续篇》完全忽略了这些说法。

当康托洛维茨确实提出了所谓的支持证据时，它往往是无力的。在《腓特烈二世皇帝》中，他经常用"据说"来引入传说。原则上，如果是为了再现同代人的印象，那没什么错，只要"据说"是在讨论的时间内就行。而他给出的文献往往是很久之后的。例如，《续篇》愉快地引用了诸如《安德里亚·丹达洛的威尼斯编年史》和本韦努托·达·伊莫拉对但丁的评注等资料，而这两者要在传记所涉年代的一个多世纪后才出现。当然，他偶尔也承认自己无法满足学术要求。在传记中他写道（没有用"据说"打头），腓特烈二世的儿子恩齐奥试图借助一只大桶把自己偷运出地牢，却因为他那一头没有完全裹好的华美金发而被发现(第621页)，但在《续篇》(第247页)中他承认，这只是后来的一个传说。类似的还有，在传记中他写到1246年发生的自然奇观："日月隐辉，星辰苍白，下起了血雨，大地被稠密的黑暗覆盖，海浪在电闪雷鸣中高高涌起。"但在确认这一段来自那不勒斯一位宫廷诗人兼修辞学教师后，他承认这可能是在夸张，因为这样的诗行为宫廷风格所固有(第237页)。卡尔·汉佩对传记和续篇的评论总体上称赞有加，而在向汉佩致谢的信中，埃卡写道："您从这本注释的书中看到的一切告诉您，我本人［现在］对某些无条件的和夸大的表述持怀疑态度，如今我会更仔细地审视一些提法或以不同的方式来表达。"[12]

续篇不仅仅是脚注的集合，这从它无所顾忌地表达赞美和责备可以看出。康托洛维茨惊叹美国中世纪史学家查尔斯·霍默·哈斯金斯的学术成就，并毫不犹豫地让人们知道这一点。在引用哈斯金斯的《中世纪科学史研究》（1924）时，他写道："这位美国学者的重要著作，幸好我及时读到，包含了对施陶芬宫廷整个学术生活和活动的杰出而透彻的描述……在下面的行文中，我限定自己只引用这本书，除非他和他的学生新近有所补充。"（第149页）另一方面，他就当时德国学术界缺乏对德意志民族的责任提出告诫："在德国依然耻辱的是，西藏古老的婚歌和火地岛的微型雕塑能找到编辑和出版商，这部非常有趣的作品［腓特烈二世的《驯鹰的艺术》］却无人问津，要知道它的作者是德意志中世纪最重要的君主。"（第156页）

同样明显的迹象是，这本新著不只是要为先前写过的东西作引证，还要不断地提供经常是突兀难懂的新信息。有时这纯粹是为了炫示他的多闻博识。譬如它忽然告知，霍亨施陶芬王朝统治西西里岛的前两任皇帝（亨利六世和腓特烈二世）不同于他们的诺曼前任，在统治西西里时，采用希腊语头衔 Basileus，意为"皇帝"（第77页），以及腓特烈二世与尼斯的拜占庭帝国余党建立过密切关系（第133页）。另一处是谈到一位教廷宣讲者的指控，这位宣讲者指控腓特烈二世曾说过灵魂并非不朽，而是"像气息一样被呼出，像苹果一样被啃光"。"苹果"这个词激发康托洛维茨引用伪亚里士多德的《论苹果》（De pomo），这篇作品在腓特烈的宫廷被从希伯来文译成拉丁文，但它的目的是想证明灵魂的不朽，而这与腓特烈二世被认为说过的话恰恰相反。然后，康托洛维茨几乎就像是在写《你想知道的关于苹果的一切》，奉送了希波克拉底的一个说法，"苹果是灵魂之友"（第229页）。

许多例子被用来深究尤其吸引作者的主题，而这些主题将在他随后的职业生涯中得到发展。他对格言"基督必胜，基督为王，基督统万邦"（第14页）的讨论，将他在《腓特烈二世皇帝》中对这个三句一组的召唤，与《基督君王颂》一书的核心内容连接起来。他用三页长的篇幅专门探究中世纪"神圣法"和"实在法"概念之间的关系，特别涉及君主作为两者中介的角色（第81—84页）。这里可以发现对13世纪后期有影响力的经院政治思想家埃吉迪乌斯·罗马努斯的枢轴地位的强调，康托洛维茨视他为第一个主张"国王或君主是一种法律"的人。假使是这样的话，就有了一条线从1931年的续篇贯穿到1957年的《国王的两个身体》（第134—135页）。续篇有一段令人震惊的题外话，是关于诗人的加冕的（第144页）。根据斯特凡·格奥尔格的智慧，诗人是超卓的天才；因此他们的神化，如《炼狱篇》中维吉尔为但丁加冕，或者那不勒斯国王罗伯特在卡匹托尔山上为彼特拉克加冕，是康托洛维茨整个学术生涯一直萦系的主题。尽管诗人的加冕与腓特烈二世的生平没有关系，他还是以一个无力的借口将之引入续篇，而在《国王的两个身体》(第491页)以及后来的文章《艺术家的主权》中，这个主题将再次出现。

最终，续篇作为一部半独立的学术著作的地位，最清楚地显现在它那十则有条理的附记中，其中的一些可当作独立的论文。对腓特烈二世金币的讨论，探究了它们可能的罗马模型，对腓特烈的描绘是否有肖像画的品质，金币反面的鹰的象征意义，它们的价值、流通范围以及对其他币种的影响等问题。另一则附记探讨了1240年腓特烈向教皇领地的进军。这里的问题在于，这位皇帝是否僭取了祭司在祝颂上的礼仪能力，以及有没有把一个十字架举在身前。推荐读物包括马克·布洛赫1924年写的关于法国和英国"国王神迹"的书。附记中有三则是注释列表：一个列表是霍亨施陶芬时期那不勒斯大学所有可验明的教师名单，另一个是学生名单，第三个是腓特烈皇帝所有已知的"贴身侍从"名单。对于所有这些人，作者提供了他能找到的所有信息。这些细枝末节将对谁有用？肯定不是这本书打算面向的普通读者，甚至肯定不是绝大多数专业的中世纪史学家。但它们确实"填补了一道裂缝"，康托洛维茨一定从编制名单中获得了满足。

接着，我们可以退一步，提出这个问题，即他不断抱怨"一而再地用打字机打数字和伪智慧"是否主要是一种姿态。他是对斯特凡·格奥尔格及其追随者发出这些异议的。康托洛维茨意识到，在继续他的续篇时，他将无法讨好这些不断抨击职业学者的人。

因此他希望他们知道，他只是违背了自己的意愿才这样做。但实际上并没有什么逼迫他写续篇，他可以借口说之前承诺过要写，但这仍无法解释那十条附记。显然，尽管康托洛维茨对吹毛求疵的博学冷嘲热讽，但他对精细研究的倾向变得越来越明显。

从另一点也可以明显看出1930年左右他在朝着这个方向前进的程度。我们已经看到，1927年他曾在梵蒂冈档案馆短暂工作过，研究14世纪中期意大利红衣主教阿尔博诺兹发动的军事行动，这个课题与他的传记（或德意志"民族"问题）无关。尽管没什么结果，他仍有意开始新的学术课题。1928年夏天他写信给菲娜，说他脑子里有一些想法，但需要先把续篇完成。这一约束阻碍了他，但在1930年1月给菲娜和汉佩的信中，他详细地说明了这些课题的性质，而且似乎渴望立即着手。其中一个是给13世纪编年史《皮亚琴察皇帝党年鉴》（*Annales Placentini Ghibellini*）做一个评述版；另一个是对《帝国要录》（*Regesta imperii*）作补充和修正。他告诉汉佩，第二个课题将会很费力，但仍然非常必要。他当然没有向斯特凡·格奥尔格提及任何一个计划。

这个编年史的评述版在他的清单中似乎排在第一。文献所所长的职责之一是在所里的中世纪史期刊上发表年度报告，列举正在进行的课题。因此我们发现，保罗·克尔在1930年3月写了一条戏谑般的记录："康托洛维茨博士将在伦敦手稿的基础上出版姗姗来迟的新版《皮亚琴察皇帝党年鉴》，这样他就可以公开表达他对文献所的'平静的爱'了。"[13]一年后，克尔报告说，该版本目前正在准备中，但两年后，这位已将新版年鉴列入文献所丛书的负责人又称，康托洛维茨由于担任学院职位，他在《皮亚琴察皇帝党年鉴》上的工作已陷入停滞。

既然这里提到学院职位，那我们必须来看看，这位曾经的业余人士是如何一步步成为全职教授的。还记得1928年春末，埃卡推掉海德堡提供的机会，继续沿着学术轨道前进。但他写信给菲娜说，这并不必然意味他就放弃了取得任教资格的计划；他需要先完成他的续篇，然后"时间会证明一切"。[14] 实际上他知道，他有很大的希望在法兰克福大学任教，因为在6月底去度暑假之前，他与该大学的学监库尔特·里茨勒的一次会面，提供了这样的可能。

在20世纪早期的德国历史中，后来成为康托洛维茨最亲密朋友之一的库尔特·里茨勒，是个有名的角色。特奥多尔·豪伊斯（德意志联邦共和国首任总统）曾把他形容为"从洛伦佐·德·美第奇的宫廷来到我们当中休假的人"。有些人认为"他看起来像一头雄狮"。[15] 里茨勒是古典语言学出身，获得过博士学位，但他没有继续从事学术，而是进入德国外交部，后升为首相贝特曼·霍尔维格首席顾问，一战期间又成为对俄政策制定者。将列宁送上苏黎世著名的"密封列车"，很可能就是里茨勒出的主意；可以肯定，在列宁去彼得格勒的芬兰车站之前，他和列宁在斯德哥尔摩见过面。1919年，他代表德国新政府帮助镇压巴伐利亚的左翼革命，之后的1920年又以相同的手腕协助镇压柏林的右翼卡普政变。同年，因为不赞成《凡尔赛条约》，且与执政的社会民主党中的某些人不合，他辞去政府职务。此后一直到1928年，这位不需为钱操心的温文尔雅的男士——他的妻子是美丽活泼的克特，富有的画家和艺术品收藏家马克斯·李卜曼的女儿——在柏林潜心撰写他的政治哲学著作，如《自由的形而上学纲要》和《论当代的限制与自由》。不论在行动还是智识上，他都是个人物。

1928年4月，里茨勒被任命为法兰克福大学学监，甫一上任便下定决心要让这所大学成为德国最重要的学府之一。在他的督促下，法兰克福聘用了心理学家马克斯·韦特海默、社会学家卡尔·曼海姆、哲学家马克斯·霍克海默和神学家保罗·蒂利希等人。他和法兰克福的资深古典学教授卡尔·莱因哈特、瓦尔特·F. 奥托发展出密切的关系，三人都是斯特凡·格奥尔格的仰慕者。莱因哈特的姐夫是虔诚的格奥尔格门徒库尔特·希尔德布兰特；奥托则是格奥尔格的杰出弟子马克斯·科姆雷尔的资助人，并于1931年成为后者的岳父。尽管康托洛维茨缺乏传统的学术资历，但他们三人都热心于把他弄进法兰克福。里茨勒和康托洛维茨是远亲：里茨勒的哥哥娶了埃卡伯母罗莎琳德的侄女埃迪特，娘家姓波利。很可能，在1928年6月底会面之前，他俩就已经认识了。无论如何，会面肯定很顺利，因为他们谈得很投机。里茨勒似乎已经明白，康托洛维茨永远不会接受像助教这种低级别的教职，因此建议他可以基于他的传记迅速取得任教资格，从而成为一名无薪讲师。

　　埃卡认为里茨勒的提议是一个长期要约，到了1930年初，当他认为续篇即将完成时，他就任教的事与里茨勒联系。后者在4月向法兰克福哲学系试探，但遭到坚决抵制。他对此应该并不吃惊。虽然他在教员中有盟友，但法兰克福的中世纪史教授是阿尔伯特·布拉克曼的朋友费多尔·施奈德。施奈德在1929年11月法兰克福的一次公开讲座中批评了康托洛维茨的腓特烈二世传记。随后，当布拉克曼在《历史杂志》上对康托洛维茨作原告的第三次答辩后，施奈德写信祝贺他在反对"无耻且诡辩的*波森男孩*［康托洛维茨称年轻的腓特烈为*阿普利亚男孩*］"的斗争中占据优势地位。[16]

　　不幸的是，施奈德很快将听到更多关于波森男孩的事。5月初，他再次写信给布拉克曼，苦恼地告知，里茨勒正试图促成对康托洛维茨的任命。根据这封信可知，施奈德此前已设法拉拢足够多的系成员阻止康托洛维茨的任教资格，但里茨勒在普鲁士文化教育部的支持下，拟提出另一个策略，即任命康托洛维茨为"名誉教授"。在施奈德看来，这既是对布拉克曼的侮辱，也是不合适的，因为康托洛维茨承诺已久的续篇尚未问世。他想知道布拉克曼能否做些什么来"阻止耻辱"，但也意识到战斗可能会失败。

在这点上，施奈德是现实的。事实上，里茨勒已说服普鲁士文化部长，作为法兰克福大学的最终监督者，来推进康托洛维茨的目标。(保罗·克尔作为普鲁士总理的朋友，是否在其中扮演了角色无法确定，但似乎很有可能。)4月底，部长提议任命康托洛维茨为法兰克福名誉教授，并征求系里意见。这年的哲学系主任是康托洛维茨的支持者瓦尔特·F. 奥托，他主持了一次会议来讨论这个事，然后在5月21日，发布一份肯定的报告。报告称，任命一名"尚未得到证明的年轻学者"来担任教职是不合常规的，但《腓特烈二世皇帝》展示出的非凡成就让系里收回保留意见，因为这本书证明它的作者具有"基于扎实的科学研究的再现技艺"。(这是借用康托洛维茨在哈勒演说中的说法，而没有屈服于其主要论点。)奥托补充道，系里相信康托洛维茨的教学责任将"有利于他的学术发展"。一个月后，埃卡心满意足地写信给格奥尔格，说他收到教育部的一封公函，这表示任命书很快就会下来。

鉴于大萧条在1930年重创了德国经济，我们有理由追问康托洛维茨在靠私人财富生活了这么多年后，是否有出于经济动机去找一份有薪的工作。但直到1931年秋灾难真的袭来，他也没有陷入经济困境。1931年冬，他还去奥地利阿尔卑斯山的霍夫加施泰因豪华度假胜地，给自己放了几个星期的滑雪假。此外，他接受的法兰克福名誉教授的职位，是没有薪水的。(里茨勒在一封给法兰克福市长的信中满意地写道，他认为雇用康托洛维茨是"一特别的收获，毫无成本"。)因此看起来恰当的是，康托洛维茨之所以进入学术界，并非出于经济上的考量，而是他转向了传统学术。在为寻找公寓考察了法兰克福一番后，他给斯特凡·格奥尔格写信说，他觉得自己将要在那里待"很久"。[17]

第十章
法兰克福

  海德堡和法兰克福之间相去不到五十英里，但在魏玛时代，两座城市之间的文化距离不可以道里计。海德堡，就其存在的大多数时候而言，是官邸的所在地，以底蕴深厚的大学闻名。这里古雅、安适，弥漫着罗曼蒂克的气氛。无论站在哪里，都能看到毁坏的城堡。而法兰克福，则是一座拥有近五十万人口、由金融和贸易推动的大城市。中世纪的影子在这里几乎看不到，因为它从来不是主教辖区或王侯居住地，缺少大教堂或古堡。它倒是有一个证券交易所，其重要性仅次于伦敦和巴黎交易所，还有欧洲最大的商品交易会之一。法兰克福出过的最有名的人是歌德，但他在早年就离开了家乡。其次有名的是迈尔·阿姆谢尔·罗斯柴尔德，出生在法兰克福的犹太人区，比歌德大五岁，大部分时间定居在这座城市，并积累起他神话般的财富。不像海德堡，法兰克福没有群山环绕。因此在19世纪，它建成了一个区，名为"西区"，以豪华别墅为特色。化工巨头法本公司于1925年在法兰克福成立，其行政大楼于1931年竣工，是欧洲最大的办公楼。

  直到1914年，法兰克福都缺一所大学。因为海德堡就在附近，吉森大学更近，实在没有建的必要。但富裕的市民，其中许多是犹太人，想要获得声望；因此他们筹资建立了德国第一所"捐赠大学"[1]。这就是说，法兰克福大学是德国第一所不是由君主、主教或贵族建立的大学。起初它采取自治。成立之时，普鲁士教育部的一名代表出席了该大学自治机构的会议（法兰克福在1866年被普鲁士吞并），尽管被允许发言，却不让投票。只有到了1920年代初，因为经济不景气，大学资金告罄，普鲁士才得以全权掌控。然而，这所大学成立之时不同寻常的氛围，造就了一种知识创新的文化。同时代任何一所大学的哲学系都不可能像1930年的法兰克福那样，给恩斯特·康托洛维茨这种有争议的圈外人授予教授职位，即使只是名誉性质的。

通过特殊安排，1930年下半年，埃卡被允许留在柏林，以完成续篇的剩余工作，然后在1931年4月的第一天，搬到法兰克福履新。他选择的公寓位于博肯海默街，这是西区的一条优雅的林荫大道，住着法兰克福最富有的人：银行家、工厂主、批发商和丰厚养老金的领取者。德国正处于大萧条的阵痛之中，但埃卡过得无忧无虑，住在一间装修昂贵的敞亮的公寓。

在1936年的回忆录中，库尔特·里茨勒妻子的一个表亲写道，那些只知柏林而不知法兰克福的人错过了很多——事实上，法兰克福有着古老得多的传统，论品味、社会的单纯稳固和家庭生活的精雅，皆非柏林可比拟。埃卡和巴比（住在海德堡，但经常去法兰克福）进入了法兰克福显贵的世界。他们与德国主要报纸之一《法兰克福报》的出版商汉斯·洛塔尔交往，与著名的格奥尔格·豪克父子银行的成员共度时光。银行董事的儿子米夏埃尔生于1927年，1993年他回忆起埃卡是如何和他一起玩电动火车，以及曾经装扮成"尼古劳斯"（德国圣诞老人）。[2] 埃卡还和银行家阿尔伯特·哈恩有过从,后者和他一样,在里茨勒的倡议下,成了该大学的名誉教授。

当然,他来法兰克福是当一名历史学教授,他没有片刻疏怠自己的责任。在第一学期,他为初学者开了一个两小时的中世纪史研讨班(主题未知),并做了一次公开的就职演讲。1931年,《布洛克豪斯百科全书》——相当于德国的《不列颠百科全书》——收入"恩斯特·康托洛维茨,历史学家"这一条目,确立了他的名人地位。他知道自己的公开演讲可能会吸引一大群人,所以竭力不让他们失望。据目击者称,"最后且最英明的霍亨施陶芬的传记作者的就职演讲……是如此时髦的事件……学生们早早便入座"。[3](因为那天是星期六,学生们不用上课。)演讲者俨然去歌剧院,穿着礼服出现在讲台上。他的演讲题目是"中世纪后期的贵族问题",之所以选这个,显然是为了表明他并非限于腓特烈皇帝。[4]

"什么是贵族?"演讲的大部分检讨了一系列认为这不是血统问题而是"精神"(Geist)问题的立场。教皇要求根据品质而不是血统来选举皇帝,意大利人则引入了"美德"的概念。康托洛维茨通过探讨吟游诗人、但丁和彼特拉克,以及后来不太知名的文艺复兴时期作家(如波焦·布拉乔利尼)对"真正的贵族"的论述,展示了自己的文艺修养。以所有这些为铺垫,演讲引出卡斯蒂廖内,其关于"廷臣"的对话坚持认为贵族的本质不在于血统,甚至也不在于"精神",而在于"化身"(picture)——作为君王们效仿的模型——的品质。演讲人作为历史学家的任务,可以说到这里就结束了。但他想进入当下。他问道:"今天,什么是贵族?"对他来说,答案必须超越"血统"(作为物质)和"精神"(作为智力）的二分法。他强烈反对"倦怠的自由主义"认为高贵"只与智力"有关，也反对用"祖先的检验"作为替代的选择。(斯特凡·格奥尔格曾写道："你寻找的新的贵族，并不来自盾徽与王冠。")恰恰相反，它是表率，是化身本身。无疑是为了能刺激到人，康托洛维茨引用了尼采的话来结束他的演讲。尼采曾悖谬性地拒绝了血统，却仍然宣称："只有天生的贵族！仅凭精神无法使人高贵；首先得有东西让精神变得高贵。那东西是什么？是血统。"[5]尼采的"血统"论是一种新的精英主义，一种斯特凡·格奥尔格式英雄的精英主义，康托洛维茨感到有必要将这一信息传达。

8月，他如同往常在母亲的庄园度完年假，然后回到法兰克福，继续履行他在大学的职责。1931年与1932年之交的冬天，他开设了一门关于人文主义时代的讲座课程(每周两小时)。这个主题之所以引起他的关注，和他对彼特拉克的新兴趣相关，后者写过关于贵族的文章，并被授予桂冠。他还为高年级学生举办了两周一次的研讨班，讨论埃吉迪乌斯·罗马努斯的政治思想，其重要性在续篇有提到过。冬季学期的第三门课是一个关于13世纪历史写作的研讨班。按照课表安排，这门课由他和费多尔·施奈德一起开设，后者是中世纪史教席教授，曾想把埃卡排挤出法兰克福。但协同教学只是一种官僚式掩盖。实则康托洛维茨是在接替施奈德，因为五十二岁的施奈德已病势危笃；他在意大利做研究的那些年感染了疟疾，无法离家一步。因此，埃卡要备三门主题各异的新课，他写信给格奥尔格说："讲座和研讨班把我的时间塞得满满的。"[6]

让事情更艰难的是，他意识到自己的财务状况正在崩溃。1927年，哈特维希·康托洛维茨公司与另一家酒精饮料制造商卡尔鲍姆公司合并，成为德国同类公司中规模最大的。合并后，康托洛维茨家族的成员出让手中所持股份，将它们转换为柏林的房产。一切似乎都很好，直到1931年7月，德国第二大银行宣布破产，政府宣布一个月的银行假期。埃卡可能还没怎么把这当成一回事，但在9月下旬，他了解到自己也不能幸免。帮康托洛维茨家族打理财产的是某个叫阿方斯·戈尔茨坦的人。此人自1927年以来一直可靠地履行他的职责，但在一夜之间失去自己的钱财后，他试图骗取康托洛维茨家族的钱来弥补损失，这很容易做到，因为没人监督他。

这场灾难的一些细节仍不清楚，但别的一些，可以从埃卡时年七十岁的母亲10月写给兄弟费利克斯的一系列信中得到证实。戈尔茨坦挪用了克拉拉·康托洛维茨以及她的两个孩子恩斯特和格蕾特尔的全部流动资金。（由于某种原因，克拉拉没有提到索莎，但恐怕索莎的财产也被拿去填补亏空。）克拉拉最初估计，流动资金的损失达三万至四万马克，约合今天的十一万美元。之后发现戈尔茨坦不但未给荷尔斯泰因庄园缴一笔一万至一万五马克的税，还把庄园的第一笔抵押贷款卖给柏林的一家银行，这意味着埃卡的母亲欠了银行利息。她需要立即交税，而且没有她兄弟的借款（因为他也陷入了财务困境），她只能通过拍卖她和她的孩子获得利息的房子来筹集资金。她典当了她的三角钢琴，并准备典当她的珠宝。除了留下一对不付薪水的夫妇，她解雇了庄园里几乎所有的佣人。她最害怕的是她需要拍卖庄园，这会是一场噩梦，因为她丈夫就埋在这片地里。

克拉拉初步评估后发现，恩斯特的现金损失达两万马克——相当于今天的五万多美元。他收到消息，便取消去英国的旅行计划，在柏林待了至少一周，与一位当律师的舅舅商议。之后他继续试图通过从法兰克福写信来寻求补救。1931年12月初，他写信给格奥尔格，谈到"由我和我的亲人的财务崩溃"所造成的"没完没了的信件和磋商"。[7] 然而，所有的尝试都是徒劳的。他持有的抵押贷款必须交出。弗朗茨·康托洛维茨留在康托洛维茨–卡尔鲍姆公司董事会，虽然同样损失惨重，但依然能维持光景，直到纳粹在1930年代后期开始征用犹太人财产。另一方面，埃卡则经历了一场"资产全损"。[8]（戈尔茨坦则在某个时候自杀了。[9]）

很难弄清埃卡在变故后是如何维持生计的。他没有薪水。的确，一开始《腓特烈二世皇帝》的版税很可观。1927年的首印所得，约合今天的一万三千美元，1928年的第二次印刷，则给他带来了两万美元的收入。然而，斯特凡·格奥尔格提到，康托洛维茨很快就花光了第一笔款项，很可能第二笔版税也是这么挥霍掉的。然后是1931年的第三次印刷，他净赚大约一万一千美元，也许还有几千来自续篇的出版。（缺乏销售数据，但估计不会很高。）可能1931年面世的英译本也给他带来了一点收入。但这些零零散散的，不足以让埃卡持续他那铺张的生活作风。不过值得注意的是，1932年3月，他在法兰克福的学期间短假期里，用滑雪度假款待了自己一番。也没有任何证据表明他开始寻找任何有薪工作。这个谜也许永远无法解开。

无论如何，命运微笑了：由于费多尔·施奈德于1932年2月辞世，法兰克福多出了一个薪水丰厚的正教授职位（换算到今天大约是每年八万美元）。4月18日，一个由时任哲学系主任保罗·蒂利希担任主席的六人遴选委员会成立。大约在5月20日，委员会确定了一份排名单，并将其提交给大学的三位无投票权的历史学家（都是无薪讲师），以便在程序上有一份完整的记录。其中一个名叫乌尔里希·诺亚克的人的回答表明，名单中有这么三个人，不仅相互认识，而且1927年在罗马一起度过了一个夜晚：珀西·恩斯特·施拉姆、弗里德里希·贝特根和恩斯特·康托洛维茨。虽然名单上还有其他名字，但诺亚克认为只有这三人可以考虑。对他来说，他们是年轻一代中最杰出的中世纪史学家，如果要反对他们中的任何一个——他显然想到的是康托洛维茨——都需要证据来支持。

1932年5月31日，蒂利希将前一天经哲学系全体正教授投票确定的最终名单，递交给柏林的教育部，这份名单想必不会让诺亚克满意。[10] 蒂利希的信开头说，系里的首选本来是施拉姆，但怀疑能否引诱他离开新近在哥廷根获得的教席教授职位。取代这一首选的是因斯布鲁克大学的教授哈罗德·施泰纳克。排在第二的是贝特根，莱比锡副教授保罗·基恩和恩斯特·康托洛维茨并列第三。施泰纳克成为首选很出人意料，因为他只是个五十七岁的学究，在一所不起眼的大学里黯淡无光地当了十四年的教授。他的专长是"辅助科学"，即古文书学以及对契据和遗嘱之类的文献的形式分析；与此相一致的，他仅有的著作是《1281年前的哈布斯堡伯爵档案》(1905年，128页)和《中世纪早期私人文书的古代基础》(1927年，117页)。遴选委员会的成员主要是些历史学家，他们在两年前曾站在施奈德这边竭力阻止康托洛维茨，现在则选择埃卡鄙视的老派技术型历史学家，而哲学系一致同意了这一建议。

贝特根的排名也无异议。唯一的争论是康托洛维茨究竟应该和贝特根并列第二，还是和基恩并列第三。对并列第二的表决结果是七比七平。这意味着没有通过,因为投反对的人中有系主任保罗·蒂利希,他的票有打破平局的作用。蒂利希的动机是什么无从得知。(在美国,两人的关系表面上很好,但埃卡告诉知心女友,他其实"鄙视"蒂利希。[11])那么康托洛维茨就是并列第三,但违反字母顺序地把他排在基恩之后,实际上意味着他是第四。然而他毕竟出现在名单上,这是很不寻常的,考虑到除了他的作品有争议性,他从来没有获得任教资格,而让一个没有任教资格的人成为正教授,可谓闻所未闻。

在给教育部的信中没有提到任教资格问题。相反,它从正反两方面解释了将康托洛维茨列入名单的根据。它指出,最初担心他的腓特烈二世传记可能过于依赖"幻想的戏剧",不过这点已随着去年问世的续篇而得到缓解。此外,即使那些不赞成康托洛维茨总体路径的人,也开始认识到他的作品是一项重大成就,因为其"材料之博洽、学识之充沛、观念之宏富、笔力之雄健,迅速成功地俘获了非常广泛的读者"。不过确实,他只教过三个负担相对轻的学期,而且从未教过辅助科学,因此不像名单上其他人受过充分考验。此外,他真正的优势在于"科学–文学领域"。总之,他的书是如此杰出,以至于哲学系"承认他总体的科学人格而抑制了明显的担忧"。

令人瞠目的是,尽管委员会的推荐来得模棱两可,而且他实际上处于名单最末一位,康托洛维茨却在1932年8月18日,被普鲁士教育部任命为中世纪史教授。(正式的职位还包括担任"历史研讨会主任"。)考虑到在法兰克福提交信函后没多久,教育部就公布了结果,其他排位更高的候选人被讨论过的可能性微乎其微。相反,显然是有人在幕后操纵。最大的嫌疑来自保罗·克尔,他在日耳曼历史文献所时很喜欢同埃卡交往。法兰克福的信函送到部里审议时，克尔正在柏林。他和普鲁士总理关系甚密，其荣誉头衔之一是"枢密顾问"（*Geheimrat*），而如同现在知道的，通过向身居高位者的耳边吹风，他让自己无愧于这一头衔。关于康托洛维茨是因为克尔以权谋私才得到任命这一假设，被两人经常通信这一事实加强。[12]

法兰克福在秋天宣布了埃卡的任命，这让一些人感到震惊。康托洛维茨在提名名单上排第四的事实可能并不广为人知，但每个人都知道他没有取得任教资格，每个人都知道他是犹太人。的确，法兰克福的教授中有相当多的犹太人，但任命一个犹太人当历史学正教授非同寻常，因为历史是一个"民族的"领域。据当时正在大学学习的雅各布·卡茨回忆，有一天一位叫格奥尔格·金策尔的教授上课迟到，他解释说，他是被系里的评议会会议耽误，但他很高兴地宣布，评议会刚刚批准任命恩斯特·康托洛维茨为教席教授。他还补充说，这一决定完全是基于专业的优长，任何"外在的考虑"都被放在次要地位，言下之意是在选康托洛维茨时，无顾他是犹太人这一事实。根据卡茨的说法，"从充满着课堂的尴尬的不安气氛，以及在场者的表情可以明显看出，不满情绪在高涨"。[13]

埃卡本人则在1932年11月3日致斯特凡·格奥尔格的信中，装出一副嘲弄的姿态。他在哲学系第一次会议上的就职仪式，是"一场智力的割礼，大脑中最好的那一块被切除了"。对此他补充道，"无论如何，我现在是一个大人物（*Bonze*）了，它就像许多其他的东西一样，在我的幼年时期很少有人称赞。但我更喜欢许多别的东西，因为它们是真的，而大人物的地位（*Bonzesis*）不过是一个'经济决定的'骗局"。后面这句话的意思很晦涩，可能是指从事有薪的学术工作在经济上的必要性。但"智力的割礼"含义就非常清楚了——学者们就是那些"大脑中最好的那一块被切除了"的人。这正是大师想要听到的，而埃卡随时不忘诋毁"大人物地位"——暗示它是一种病。然而，他马不停蹄地订购了名字冠以"教授博士"称谓的新文具。[14]

此外，他对他的正教授工作格外上心。教学被排在第一位。在得知任命后不久，他写信给珀西·恩斯特·施拉姆，说他即使被一个新的学术课题的想法吸引，也几乎没有时间去做，因为必须集中精力备课；其他在梯子上往上爬的人，都以无薪讲师的身份讲过课，而他没有任何储备。（对康托洛维茨来说，写讲课稿尤为耗时，因为他读的是手写本。）在作为名誉教授的两个学期，他曾准备过三个新的讲座系列——"人文主义时代"（1931—1932年冬季学期）；"从空位期到查理四世时期的帝国史"（1932年夏季学期）；"中世纪德意志史的原始资料"（1932年夏天），现在他为他作为教席教授的第一个学期（1932—1933年冬季学期）又增加了一门，"欧洲历史上的诺曼人"。这门新课程的名字，取自查尔斯·霍默·哈斯金斯的书，其内容也是对承继自哈斯金斯的观念的厘清，同时用埃卡自己的西西里研究加以丰富。

除了这个讲座系列，他还开设了两个研讨班，分别名为"中世纪晚期的问题"和"13世纪的历史写作"。因为课程公告在新学期开始前就印好了，所以发布在上面的研讨班的名称通常很笼统，为了让教师们有余地来决定要教什么。因此，康托洛维茨在法兰克福正式任职期间，我们唯一掌握的更确切的研讨班名称是"埃吉迪乌斯·罗马努斯"（1931—1932年冬季）。不过可以肯定，他的方法是选择一个或一组文本进行最细致的解读，然后给学生布置论文，让他们提供不同的背景角度。在埃吉迪乌斯·罗马努斯的研讨班上，他要求一名学生提交一篇关于方济各会属灵派的论文；埃吉迪乌斯强烈反对属灵派，埃卡大概是想让学生们了解问题的两面。

在那个尚无方便的照相复制术的时代，要以文本为基础来上研讨班课程，在技术上面临挑战。一个由大约十五名学生组成的班级，如何指望他们阅读同一篇经常是缺乏现代版本的论文？可以推想，文本的复印件必须提前传阅。（约翰内斯·哈勒尔的回忆录称，研讨班的学生们很少看着指定的文本上课。[15]）不管怎样，我们知道研讨班的强度很大，持续两个小时没有中断。1993 年 11 月，也就是事情发生了六十年后，古德伦·冯·尼达在接受采访时，还能想起她在"康托"（1933—1934 年冬季学期）的研讨班上讨论与腓特烈二世有关的文本的情形，以及她和她的同学们如何为了作足准备，翻阅多方资料。

埃卡喜欢与年轻人来往，并让自己在课堂之外随时能被找到。施奈德去世后，他接过施奈德指导玛格丽特·奥利希博士论文的工作。1993 年，奥利希还记得埃卡对天使学的兴趣，在不知道它已成为《国王的两个身体》中的一个重要主题的情况下。他们对彼此非常熟悉，以至于 1952 年奥利希去美国时，埃卡还带她去纽约的一家餐馆吃饭。

瓦尔特·格罗斯是一名犹太学生，在海德堡的卡尔·汉佩名下攻读博士学位，对埃卡有更深的了解。由于汉佩生病，1931 年夏季学期格罗斯在柏林大学上课，并在日耳曼历史文献所获得一份文书工作，正是在那里他遇到了康托洛维茨。接下来的一个学期，他在法兰克福参加埃卡关于埃吉迪乌斯·罗马努斯的研讨班，表现出色，以至于埃卡给汉佩写信说格罗斯"极有天赋"。[16]1932年秋天，他在海德堡获得博士学位，埃卡读过他的博士论文《罗马的革命，1219—1254年》（1934年出版）。纳粹接管后，格罗斯于1933年夏季学期回到法兰克福，想获得高中教师资格证，如果要移民巴勒斯坦，据说这可能用得着。他和埃卡保持着联系，参加了后者举办的私人研讨班——接下来马上要讨论。1936年和1937年，格罗斯在柏林见到康托洛维茨；埃卡再次邀请他去家中，并与这位年轻人讨论起他当时的工作。在美国与钟爱的学生交往时，这种亦师亦友的模式将经常复制。

康托洛维茨很快吸引了一小圈人。1933年春，因纳粹接管，他在夏季学期休假。但在一些学生的请求下，他在家里开设了一个私人研讨班。主题之所以为中世纪罗马的城市革命（从布雷西亚的阿诺德到护民官柯拉），必定部分源于对瓦尔特·格罗斯博士论文的兴趣，部分源于对彼特拉克的兴趣。九名学生修了这门课程，其中一位来自西班牙，叫安赫尔·费拉里，后来成为马德里大学教授。埃卡与费拉里一直有联络，1958年夏在西班牙，正是费拉里接待了他。然后是希尔德加德·克斯特尔，他后来写的论文《1300年左右法国的王权崇拜》被埃卡在《国王的两个身体》中引用。费拉里和克斯特尔都注册了埃卡在秋天开设但未知何时结束的一个研讨班，如同另外四位参加过私人研讨班的人。尤其值得注意的是，1933年12月，当康托洛维茨因受纳粹学生联合抵制被迫停止教学，这四位勇敢的仰慕者主动写信给柏林的纳粹教育部长，说那些围着康托洛维茨示威抗议的学生，都是些"对严肃工作不感兴趣"的人。[17]四人继续宣称，他们认为"为了表面的平静而屈服于如此破坏"是不当的,因为这将使他们无法在"一个天生的老师的指导下"继续学业。这几名学生立即因"缺乏政治敏感性"遭到停学一学期的处分,幸赖卡尔·莱因哈特教授出面干预,以辞职来威胁,才免于被驱逐。

尽管对教学的投入使埃卡几乎没时间去做独创性的学问,但就他的学术进展而言,1932年仍是重要之年。1931年12月,他写信给恩斯特·罗伯特·库尔提乌斯,说他正在计划写一篇论文,叫《中世纪后期德意志的平民化》。这篇文章与一本新书的计划有关,这本书的细节,他在1932年5月22日给斯特凡·格奥尔格的一封信中提过。它讨论的是1250年腓特烈二世去世后德意志的空位期;书名将会很简单——《空位期》。正如腓特烈二世代表了一种"永恒的德意志的可能性",空位期则代表了另一种。如果说腓特烈和同时代的法兰西路易九世属于中世纪超国家的世界,那么在安茹的查理和康拉丁(腓特烈二世的孙子,1268年在那不勒斯被查理处死)的统治下,国家的替代品以最恶劣的形式出现。从那以后便是"致命的敌意统治着"。这部作品将是一部政治史,而非传记,并将与时势产生共振。康托洛维茨写信给格奥尔格说,他希望这本书将"迷人得令人窒息"。

《空位期》当然从未写出来过。在给格奥尔格的信中,康托洛维茨写道,他计划在学期末开始这项工作。但这时他得知自己已成为教席教授,由于要备课,根本抽不出时间。11月,他告诉格奥尔格,尽管出版商邦迪想要"新品",但他无法"交付"。[18]事后回想,这可能是幸运的,因为德国当时的政治形势让他情绪沉郁,设若他写了这本计划中的书,可能会怒火攻心。但他也没有放弃这个课题,而是在1933年夏天没教书的时候重新捡起来。

此后生命中的骚动导致他又一次中断,直到 1934 年再次捡起,从此它成为他一些最重要作品的基础——"空位期"这时不再是作为政治史而言,而是作为"政治神学"而言。

除了教学和新书计划,埃卡还与法兰克福一个人数很少的"里茨勒圈"的成员相友善。他和库尔特·里茨勒本人成了好友,称后者为"里兹"。除了温文尔雅的举止,两人还有很多共同点。他们都崇拜古希腊人。里茨勒那时正在写一本关于前苏格拉底时期思想家巴门尼德的书,该书后于 1934 年出版,他坚持认为前苏格拉底思想家是"哲学的黄金"。[19] 康托洛维茨和里茨勒会在长谈中探讨观念。1939 年,埃卡给朋友莫里斯·包腊写信说:"里兹素来相当狷狂,陶然于读一些没人懂的东西。"[20]

与里茨勒来往密切的,有大学中杰出的古典学者瓦尔特·F. 奥托和卡尔·莱因哈特。两人对古希腊文化的热忱投身,与里茨勒对前苏格拉底思想家的兴趣产生了共鸣,而埃卡自己的希腊精神,则源于斯特凡·格奥尔格柏拉图式的对美少年的迷恋。奥托与埃卡的友谊促使他特别出席了埃卡 1933 年夏天的私人研讨班。同年,埃德加·扎林就奥托新出版的一本书写信给康托洛维茨:"这个人有权利谈论诸神,因为他亲眼见过他们。"[21] 至于莱因哈特,埃卡感到与他足够亲近,1952 年为他的纪念文集供稿。莱因哈特的公民勇气令人叹服。1933 年 4 月,他公然反抗新上任的纳粹大学校长,后者函告全体教员,要求他们参加纳粹学生的示威活动,这些活动以焚书仪式作为高潮。莱因哈特则回应道:"我必须告知阁下,我无法遵从您 4 月 28 日的命令。因为我若参加了这场计划中的游行,无异于在表达我同意'反对非德国精神'的宣言,我无法让我的良知、我对学者的品行和尊严的观念屈从您的指示。"[22]

埃卡在法兰克福时代的另一个朋友是一位非常年轻的女人，玛丽昂·冯·登霍夫女伯爵。二战后，她作为报纸编辑和公众人物在德国名声大噪，以至于为了纪念她，专门铸造了一款 10 马克的纪念币。登霍夫女伯爵的家在东普鲁士的一座城堡，在那里她是一名技艺娴熟的骑士。1930—1931 年冬季学期，她离家来到巴塞尔，跟随最近任命的埃德加·扎林学习经济学。之后她回到家中，但在 1931 年秋天再次出发，继续她的经济学学业，这次是在法兰克福。她在那里一直待到 1934 年早春。她住的房子里的一位银行家，把她介绍给了库尔特·里茨勒，而通过里茨勒，她又结识了埃卡。很快，两人开始在一起度过许多时光。玛丽昂·登霍夫既散发着贵族的风范，又有着年轻的美丽。埃卡给二十二岁的她起了个绰号叫"Stüdchen"（小学生）。她反对纳粹，撕掉他们的海报，倾向于共产主义者，因为后者极为坚定地站在另一边。正如她后来回想的，她参加共产主义集会的时候，会带上埃卡。他从来就不赞成，但仍陪着她去，这一事实表明他多么想取悦她。

观察家们认为康托洛维茨"[对女伯爵] 心存绮念，即便对他来说，她太过年轻"，而玛丽昂·登霍夫也已"为他所倾倒"。[23] 但他们并没有亲密关系，无论在法兰克福，还是 1930 年代后期登霍夫去柏林访问埃卡，并陪他一起去一位贵族朋友的乡下庄园。埃卡告诉过在美国的友人，他一度考虑过娶登霍夫，但事情后来并无进展，也就不了了之。（值得注意的是，他本有可能娶的两位女性，一位是女男爵，一位是女伯爵。）战后，两人重建联系。1951 年，他们在纽约和华盛顿相会，埃卡写道："我们已经有十三年没见过面，然后我们捡起了 1938 年中断的谈话。"[24] 1962 年，登霍夫去普林斯顿看他。之后她寄给他一封信，在信中缅怀了他们昔日的时光，落款为"一个衷心的拥抱以及一个同样衷心的吻"。[25]

第十一章
戏剧之年

1932年冬在恩斯特·康托洛维茨获得正教授时，向他微笑过的命运，到了1933年冬纳粹在德国掌权之后，皱起了眉头。在只教了一个完整的学期后，他作为犹太教授的处境变得不稳定，到了年末，对他来说，继续拥有这一教职过于危险。1933年充满着戏剧和痛苦。

虽然纳粹接管之前，埃卡对待在法兰克福很满意，但他确实对政治局势感到忧心。1931年10月，在一封给《腓特烈二世皇帝》英译者埃米莉·洛里默的信中，他提到德国所处的形势"不祥"。[1] 两个月后，他对恩斯特·罗伯特·库尔提乌斯寄给他的一篇论文表示感激，在文章中库尔提乌斯痛斥时下"民族主义"的反智（*Geistfeindschaft*），警告说这将导致野蛮主义。埃卡写到，他认为这篇文章堪称"完美——很不幸"。[2] 1932年3月，当库尔提乌斯将《垂危的德国精神》一书寄给他时，他再次表达了深切的认同。主要不同在于，他认为不仅德国的"精神"，而且德国的"灵魂"都处于危险中——甚至德国本身。对灾难的预言出现在1932年9月一封给珀西·恩斯特·施拉姆的信中。施拉姆的妻子诞下一个孩子，埃卡写到在这样的一个时间抚养一个孩子需要乐观主义。他还好奇大学尚能持续存在多久。

1933 年前的通信中，康托洛维茨直接提及过一次纳粹。1932 年 10 月，他需要对一位熟人卡斯米尔·埃德施米德致谢，后者将其著作《德国的命运》寄给他。他祝贺埃德施米德所采取的立场驾驭于"和平主义和战争叫嚣两端"之间，"超越了战争与和平、自由主义与纳粹主义"。[3]

如早先指出的，格奥尔格的信徒避免牵涉到党派政治。大师选择卓然于混战之上，且希望他的追随者也予以效法，但在 1931 年 12 月 29 日写给格奥尔格的一封信中，康托洛维茨近乎是在表达他的政治立场。他称早先他"逆潮流而泳"，但突然之间，潮流"疯狂地"倒退，而如果他与潮流同流，他将被那些游得更快的人反超。现在如果他想再次与潮流背道，他必须先穿过"大量的乌合之众、尸体和呕吐物"，这使得游泳困难，有淹溺的危险。所以他只能选择找一处河岸等待，一直等到有可以再次游泳的清流经过。隐晦的语言需要一些注解。经常有一种说法，说康托洛维茨如果不是犹太人，会是一名纳粹，但这封信证明这种说法是错的。他的"逆潮流而泳"意指他坦直地吁求"民族的"重新觉醒。现在纳粹在他一度选择的这个方向游得如此之快，使得潮流俨然已经改变。但他不想和他们同流；他们是"乌合之众、尸体和呕吐物"。对于这种精英主义的语言，不管人们有何感想，它都表明康托洛维茨被"乌合之众"恶心到了。（这段时间他正在写与"贵族"的含义有关的东西。）问题不是反犹太主义，而是呕吐物的恶臭。然而，如 1931 年的这封信所显示的，康托洛维茨并无意反对纳粹，而更倾向于等待事情结束。

1933 年春，纳粹获得对权力的垄断。在希特勒通过幕后操纵成为总理后，1933年2月27日的国会纵火案，导致兴登堡总统在希特勒的怂恿之下，颁布一项暂停公民权利的紧急法令，结果是大量共产主义者被以纵火合谋的罪名逮捕。在3月5日举行的新国会选举中，纳粹获得最大多数的席位，但在缺乏联盟的情况下，尚未达到通过立法的必要多数。因此希特勒要求通过一项"权力授予法"，赋予其独裁的权力。3月23日，他获得了超过必要的三分之二的票数，因为共产主义者已经被逐出国会之外，而天主教"中央"党屈服了。权力授予法的通过是真正的转折点。"纳粹的春天"到来了。声称德国犹太人影响外国报刊制造纳粹冲锋队员作恶的谎言，希特勒攻击他们"以作防卫"，并号召联合抵制。4月1日，身着褐衫的卫兵，站在犹太人的店铺和犹太医生律师的办公室前恐吓，举着"不要光顾！""德国人！捍卫你们自己！""犹太人是我们的灾祸！"的标语。

在法兰克福，纳粹采取行动，将大学纳入掌控之中。在联合抵制的同一天，两位纳粹党卫军逮捕库尔特·里茨勒，以"他的安全无法得到保证"为由。他们同他坐在一辆敞开的梅赛德斯牌车上，穿过法兰克福市中心驶往警察总局，这样路人可以明白正在发生什么。里茨勒实际上是作为犯人被拘留，他在压力之下，辞去学监职位，才被释放。与此同时，大学评议会开会讨论如何将犹太教员排挤出去。为此目的，它要求恩斯特·康托洛维茨立即休假，以"避免妨碍他教的班级"。康托洛维茨保留了一份回复的草稿，时间为4月3日，寄给哲学系主任，由其转交给新设立的负责黑森省教育的纳粹委员。他并没有提出休假请求，相反，令人震惊地要求在未来无限期地暂停他的教授职位，但继续支付薪水。理由是，他不同意他的班级可能受到妨碍，因为他认为他的"民族的"

（national）取向众所周知。他坚持最近的反犹太人行动使得他不可能通过继续教学，展示他无一丝曲意逢迎的对民族的献身。

在4月3日这封信的草稿中，康托洛维茨坚持他对民族的献身，揭示出他并没有离开他在整个1920年代持有的观点。我们要说什么？如果我们用"爱国的"（patriotic）取代"民族的"这一术语，他的声明在某种程度上变得更可接受。但是没有什么可以挽回这一事实，即这封信肯定地提到了"再次以民族为取向的德国"——明显指的是纳粹政府——而且之后走得如此之远，以至于可以认为，作者"在根底里对一个被民族主义统治的帝国的积极观点""甚至不会被纳粹党最近的举措所摇撼"。这些表达带来这样一个问题：当诺曼·康托尔断言"毋庸置疑，康托洛维茨是一名纳粹"以及"如果不是他的种族，康托洛维茨的纳粹证书堪称完美无瑕"时，他是否正确。[4] 然而康托洛维茨从未有过任何"纳粹证书"，从未将他自己和纳粹联系在一起。（关于他和赫尔曼·戈林交好的谬传，会在后面一章讨论。）我们已经看到在1932年10月的一封信中，他明白地反对纳粹主义，而在早些时候，他含蓄地辱骂纳粹为"呕吐物"。但对纳粹的憎恨不足以让他重审他的"以民族为取向"的观点。

至于继续教书，康托洛维茨解释道，纳粹的反犹太政策将他置于一个关乎他"名誉"的束缚中。4月3日的信件草稿中，有一个以首语重复法驱动的长句。他在其中列举了为什么作为一名犹太人，他认为自己无法继续在职的所有理由：

> 只要每个犹太人不加区分地被视为他所在国家的卖国贼或者受到此类怀疑，只要每个犹太人如此地被视为低劣、被

置于第二等的人，只要脉管里流淌着犹太人的血液这一事实便假定了一个人信仰的缺陷，只要对每个犹太人的名誉、尊严和法律地位的任意而为的攻击导致其基本公民名誉和权利每天被剥夺而无可能获得个人或法律的救济，只要每一位完全同意民族主义的德国的犹太人必定被怀疑他这样宣称只是为了寻求公职时获得优势或者希望确保他的经济生计，只要每个以民族主义的德国为取向的犹太人为了避免这样的怀疑必须可耻地隐瞒他的民族主义信念，我认为直到我受损的名誉得到公开的恢复之前，拥有一份公职对我来说是不合适的。

即便意欲从公职中退出的理由，乃立足于不希望被怀疑为机会主义的个人考虑，在一封给纳粹官员的信中，对纳粹的反犹太主义予以非难，依然是大胆的挑衅。

不管是什么原因，埃卡没有提交之前谈到的这封信，很快4月7日颁布了一道法令，使得一封新的信成为必要。根据《恢复专业公务员法》，所有"非雅利安血统的"教授将马上被解雇。但其中有一个限制条款——所有在第一次世界大战中为帝国战斗过，所有在战后同斯巴达克同盟或者"其他民族主义运动的敌人"斗争过的"非雅利安人"，可以保留职位。在4月15日一封草拟的信函中，康托洛维茨回复说，他两项条件都合格，因而免于解雇。但他继续解释，重复了很多在4月3日草稿中用过的语言，说纳粹的反犹太举措——而且这次还专门提及纳粹的联合抵制措施——将置他于俨然机会主义的境况中，如果他引用他的作战记录，接受新法律的条款的话。确实，这个草稿比4月3日的那个在结语上要更强烈，因为现在康托洛维茨要求在他能够教学之前，恢复他的"名誉和权威"。另一方面，新草稿不再申请无限期地退出职位，取而代之的是，在夏季学期"临时"休假。

任何在 4 月将恩斯特·康托洛维茨塑造为英雄的尝试，都会被这一事实削弱，即就在同一天，他给法兰克福大学的行政官员寄了一封信，详细说明他战后在波森、柏林和慕尼黑的作战活动。如果不是意图利用限制性条款，他为何要这么做？更糟的是，他没有如实陈述他在柏林的准军事活动，这一点可从近来发现的他在 1919 年写给父母的信中看得很清楚。我们从中可以看到，他向夏洛腾堡民兵组织报到后，徒手去总理府加入正规军，站岗，然后去达勒姆，以便从正规军总部那里获得另一项指派，在"闲荡"一段时间后，回到了家。但在 4 月 15 日的信中，他声称加入了"近卫骑兵步枪师"，在达勒姆登记了，并在夏洛腾堡的一个文理中学获得武器。[5]因而他是试图制造错误的印象，即他和自由军团（即近卫骑兵步枪师）并肩战斗过。至少他是竭尽所能地夸张，因为他提交了文件证据，表明他在 1919 年 5 月 1 日报到，和慕尼黑的革命分子战斗过。显然他是在虚报他的准军事记录，为了增加利用限制条款以继续教学的可能性，如果他最终决定走这条路的话。（大学的纳粹学监 5 月 18 日回复埃卡，说据调查，可以确定的是，他的名字并未出现在近卫骑兵步枪师的名单中，而且没有任何康托洛维茨战后在柏林从事军事活动的记录：德国官僚机构可不能低估。）

到作虚假宣称的时候为止，康托洛维茨并没有真正打算利用他的记录，以继续教学，如同 4 月 16 日写给卡尔·汉佩的一封信中显示的，他写道："目前我不认为有重拾教鞭的可能性，既然每份关于一个人的'国家情感'的自明的文件，必定会引起他只是为了寻求个人好处的嫌疑。"[6] 然而他并没有把 4 月 15 日写的这份请求休假的信寄出。不需这么急匆匆，因为第二天便是复活节，官员们要到复活节星期一的次日（即 4 月 18 日）才看到信。与此同时，埃卡希望与斯特凡·格奥尔格商量，为此他在 4 月 17 日去柏林看望大师。关于此次会面，我们所知道的，都是来自埃卡 6 月 5 日写给格奥尔格的信。看起来，因为犹太人受到攻击，关于圈子里的犹太人成员的角色，在格奥尔格和他的一些门徒之间，有过热烈的讨论。埃卡在 6 月写到，他很早就预料到了当前的"灾难"，并无意"否认他的血液"，但他也不想处于这样一个位置，妨碍大师的"使命和职责"。有鉴于此，他决定保持他的忠贞不渝，而格奥尔格支持的"语气"让他高兴万分。从这里可以看出，似乎格奥尔格认可了这封休假信，但提出了一些修改。

一回到法兰克福，他就被迫采取行动。依据学监办公室 4 月 19 日颁布的一道命令，身为学术单位领导人的犹太教授（会将身为"历史研讨会主任"的他包括进去）必须积极地参与反犹太行动。显然他没能预计到自己会被迫扮演如此难以忍受的角色，因此正式申请休假一刻也不容延缓。然而，他为如何把话说得恰当痛苦不已：他的文件中有四封日期为 4 月 20 日的信函草稿，都先于他在同一天提交的那一封。在这接连的几份草稿中，大多数的改动都是细微的，但在所有草稿中，都出现了两处重大的删节，极有可能是与格奥尔格的会晤所致。一处是，不再专门提及纳粹党，因此对当前反犹太措施的谴责，在某种程度上不如之前坦直。另一处是删掉了 4 月 15 日草稿中恢复作者名誉和权威的要求。

总之，最后的这封信比起 4 月 3 日和 4 月 15 日草拟的信函要弱。康托洛维茨并未要求在错误纠正之前无限期地解除（但付薪水)他的教授职位,而只是要求夏季学期休假,再接下来怎样没说。这封信罗列了一长串对近来反犹太措施的谴责,但没有具体指出它们都是纳粹党所为。结尾部分通过表达他素来持有的民族观点,以表明他的决定并非机会主义,提出在前面列出的环境条件下,保有他作为一个大学教授的尊严是不可能的,而没有明确地呼吁纠正。然而,不管怎么弱化,这封信依然是有操守的:它对反犹太行动的责难是尖刻的,它关于一个大学教授的尊严的观念是高贵的。这封最后在4月20日寄给普鲁士教育部的信,并非一般地呼吁宽容或者"捍卫人的尊严",如埃卡忠诚的美国学生拉尔夫·基西所主张的。[7] 然而,它依然无愧于一份勇敢正直的表达。

休假申请得到批准,使得康托洛维茨在夏季学期,可以以不同于正式教学的方式,自由地从事学术活动。现在他有时间写作,就他的空位期课题做些研究。虽然处于"休假"中,但他并没有忽视指导大学"历史研讨会"的行政责任:5月末,他向施拉姆提议法兰克福和哥廷根的研讨班交换各自博士论文的副本。而且如已经提到的,他应一些学生的请求,在自己的家中开设私人研讨班。在1962年的一封信中,他追忆到,他的同事瓦尔特·F. 奥托为了"抗议和友谊"也参与其中,并且贡献了对贺拉斯的一些颂歌和维吉尔的第四首牧歌的解读。他还记得课程结束的时候,他主办了一次花园派对。随着夜色愈浓,库尔特·里茨勒和他的妻子穿着晚礼服,从高雅的晚宴脱身来到这里。这一场在恐怖背景下举行的夏日聚会,是恩斯特·康托洛维茨一生中诸多小说般的场景之一。

然而,恐怖以及前程未卜总是摆在眼前。一开始埃卡似乎自信地认为,待在教室之外是正确的决定。他向施拉姆讽刺地谈到身为中世纪史学家在当前的局势下授课所面临的困难:作为一名矿物学者将来得更容易，"因为十二面体依然是十二面体，没有任何政权可以强迫它变成八面体"。[8] 在写给保罗·克尔的信中，他用了相似的意象："如果我是一名药理学家或者矿物学者，我将没有任何不能克服的问题。[但是]作为一名历史学家，作为一名所谓'信念科学'[*Gesinnungswissenschaft*]的代表，我可以看到，至少在目下，没有任何其他活动的可能性，除了在最小的、最私密的圈子。"[9]

康托洛维茨6月5日给格奥尔格的信，包含着对他那个时候的政治观点的最全面陈述。听到诸如"英雄""领袖"这类词被前所未有地高声嘶喊出来，他感到惊慌，因为作为一名格奥尔格的门徒，这些词意味深长，现在却被滥用，"可以说是被恶俗化了"。纳粹关于奥地利和萨尔兰的外交政策的明显动向，则让他感到忧心。在谈到大学时，"情感和神秘的'感觉'——基于所谓的大众意识——将取代能力、知识和学问"。他写道，"随着对自身的去地中海化，德国简直变得丑陋不堪"。总之他可以看到真正建设性的东西"少之又少"。但他不打算否定他的血液，且乐于保持他的尊严和对大师的忠诚。

然而，正是这一忠诚导致他在7月10日给大师写了一封痛苦的信（对于那时的他和现在的我们都是如此）。在这里需要解释的是，格奥尔格从未公开宣明他对纳粹接管的看法，也很少（如果有的话）跟身边亲密的人讨论这一点。但是有一个被记录在案的事件带有启发作用。5月初，纳粹的普鲁士教育部长请格奥尔格担任普鲁士艺术科学院诗歌艺术系名誉主席。（亨利希·曼、托马斯·曼和阿尔弗雷德·德布林刚刚被除名。）格奥尔格的助手恩斯特·莫维茨为他草拟了一份回复，解释说格奥尔格将不会接受这一职位，因为他从未接受任何公职,而且"在艺术科学院的外面,已经监督德国诗歌近半个世纪"。这份草稿继续说,然而诗歌乐于见到艺术科学院现在"站在民族的名号下",对此格奥尔格要求在回复中补充这一声明:"我绝对不会否定我对这个新的民族行动的父权 [Ahnherrschaft],不会撇开我在精神上的牵涉。"[10] 这封信在格奥尔格签名后于 5 月 10 日寄出;这天晚上,焚书的篝火遍布德国。

埃卡可能并不知道这一"父权"声明,但假如他得知,可能也不会惊讶。他在 7 月 10 日的信中表现出了无奈的顺从,这封信的背景是祝贺格奥尔格即将到来的六十五岁生日(而且是用钢笔写的,严格遵照大师手写的指示)(图 17):

> 让德国成为大师所梦想的!如果当前事件并非那一理念所扮的怪相,而实际上是真正的实现之道,那么就让一切得到最好的结果。那样的话,个体是否可以——毋宁说,被允许——大踏步前进,或者以回避取代庆祝,也就没什么两样。腓特烈二世说过 "Imperium transcendat hominem" [帝国凌越于个体],而我决不会对此进行反驳。[11]

康托洛维茨总是看重 Treue(忠诚),而此刻,他对格奥尔格是忠贞不贰的。然而,可以想象他的痛苦。可以肯定的是,埃卡并不认为纳粹政权是格奥尔格理念"真正的实现之道",这一点可以从他对格奥尔格另外两名门徒的公开演讲的反应中得到确定。科隆大学的德语文学教授恩斯特·贝尔特拉姆,值 7 月 12 日格奥尔格寿辰之际,在波恩大学发表演讲向他致敬,说"[他] 深谙诗

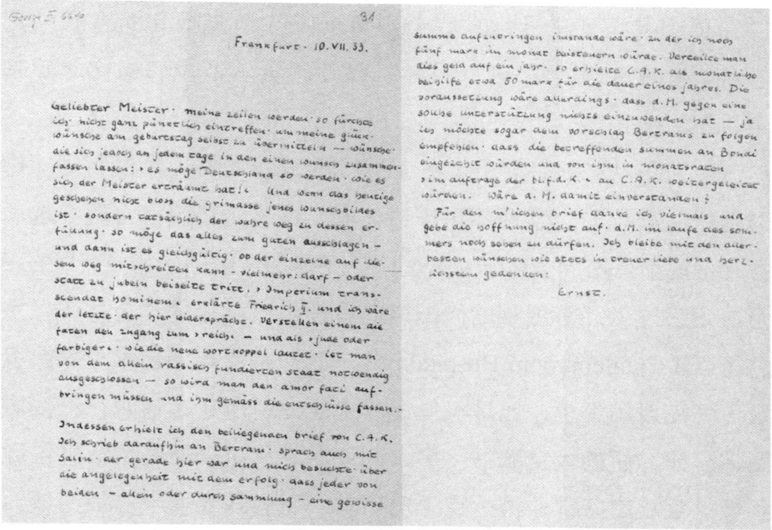

George III 6640 | 31

Frankfurt · 10. VII. 33.

Geliebter Meister · meine zeilen werden · so fürchte
ich · nicht ganz pünktlich eintreffen · um meine glück-
wünsche am geburtstag selbst zu übermitteln — wünsche ·
die sich jedoch an jedem tage in den einen wunsch zusammen-
fassen lassen: › es möge Deutschland so werden · wie es
sich der Meister erträumt hat! ‹ Und wenn das heutige
geschehen nicht bloss die grimasse jenes wunschbildes
ist · sondern tatsächlich der wahre weg zu dessen er-
füllung · so möge das alles zum guten ausschlagen —
und dann ist es gleichgültig · ob der einzelne auf die-
sem weg mitschreiten kann - vielmehr: darf — oder
statt zu jubeln beiseite tritt. › Imperium trans-
scendat hominem ‹ erklärte Friedrich II. und ich wäre
der letzte · der hier widerspräche. Verstellen einem die
fakten den zugang zum › reich ‹ — und als › jude oder
farbiger ‹ · wie die neue wortkoppel lautet · ist man
von dem allein rassisch fundierten staat notwendig
ausgeschlossen — so wird man den amor fati auf-
bringen müssen und ihm gemäss die entschlüsse fassen. -

Indessen erhielt ich den beiliegenden brief von C. A. K.
Ich schrieb daraufhin an Bertram · sprach auch mit
Salin · der gerade hier war und mich besuchte · über
die angelegenheit mit dem erfolg · dass jeder von
beiden — allein oder durch sammlung — eine gewisse
summe aufzubringen imstande wäre · zu der ich noch
fünf mark im monat beisteuern würde. Verteilte man
dies geld auf ein jahr · so erhielte C. A. K. als monatliche
beihilfe etwa 50 mark für die dauer eines jahres. Die
voraussetzung wäre allerdings · dass d. M. gegen eine
solche unterstützung nichts einzuwenden hat — ja
ich möchte sogar dem vorschlag Bertrams zu folgen
empfehlen · dass die betreffenden summen an Bondi
eingezahlt würden und von ihm in monatsraten
› im auftrage der Bl. f. d. K. ‹ an C. A. K. weitergeleitet
würden. Wäre d. M. damit einverstanden?
Für den m' lieben brief danke ich vielmals und
gebe die hoffnung nicht auf · d. M. im laufe des som-
mers noch sehen zu dürfen. Ich bleibe mit den aller-
besten wünschen wie stets in treuer liebe und herz-
lichstem gedenken:

Ernst.

图17　在1933年7月10日给“大师”斯特凡·格奥尔格的信中，康托洛维茨完全使用“格奥尔格书法”（斯特凡·格奥尔格档案馆，斯图加特）

人的词语有助于召唤出当今和未来的强大现实，而这正是今日我们以如此高的期许所承认的”。[12]瓦尔特·格罗斯带给埃卡一份报道这次演讲的纳粹出版物，记得埃卡愤怒地表达了他的不以为然。对于埃卡来说，另一个相似的演讲甚至更糟，叫《格奥尔格的革命理念》，也是在格奥尔格生日这天，在图宾根大学发表，演讲者不是别人，正是埃卡从前的同学和恋人沃尔德玛·于克斯屈尔伯爵。演讲宣称，“1933年的剧变决然地存在于斯特凡·格奥尔格的作品和生活中”；且进一步称，“新帝国”是否只是存在于格奥尔格诗歌中的“新帝国”，还是说“第三帝国”会超越格奥尔格的“理念”，尚有待观察。[13]他还提到“犹太人在德国新闻出版界的影响力的巨大危险”。于克斯屈尔将他的演讲的一份副本寄给埃卡，“为了至诚不渝的友谊”，但埃卡已经搞到一份，并在页边批满了注，诸如"完全不负责任""政党报刊的黑话""用各种夸张和卑劣手法进行侮辱"以及"贝尔特拉姆相比之下是英雄"。

到了早秋，他必须决定在 11 月开始的学期要采取的行动。这时他已决心下一个学期不再申请休假，这无济于事。有两个选项摆在他面前。第一个属于从天而降。牛津新学院的研究员已经在 9 月决定为一名经济困难的德国访问者提供该学年的"公共休息室款待"（Commonroom Hospitality）。这个消息传到艺术史家弗里茨·萨克斯尔那里，他是汉堡瓦尔堡研究所所长，当时在伦敦协商转移研究所的大量藏书一事。萨克斯尔反过来把这个消息告诉年轻的哲学史家雷蒙德·克里班斯基，后者知道埃卡在海德堡，写了一封信，强烈支持康托洛维茨获得这个访问职位。9 月 30 日，位于伦敦的学者援助委员会秘书长，将这封推荐信转交给新学院的院长。在一周内，后者告知，"学院已选举恩斯特·康托洛维茨教授为教师公共休息室的名誉成员，为期一年"。要找到康托洛维茨的地址有些费劲，在必要的耽搁之后，学者援助委员会的官员给他发来消息，正式的邀请也随后抵达。因此埃卡在 11 月 9 日向教育部提交申请，在冬季和夏季学期带薪休假，以便获得像牛津这样一所声望崇隆的学校提供的职位。翌日，法兰克福哲学系建议支持。12 月 5 日，部里正式批准下来了。

但在这些信件来回递送的时候，埃卡已决定采取不同的做法，很明显是为了保险起见，才没有把通往牛津的这扇门关上。那就是回到法兰克福教书。这个选项不需请求许可，因为他的休假只限于夏季学期，他的名字依然在系里的正式名单上。他公布了两个研讨班——"格列高利七世时代"和"论腓特烈二世"，以及一个关于德意志空位期的讲座系列，这是照搬此前提供过的主题。虽然对学生来说，注册由犹太教员开设的课程需要勇气，但第一个研讨班有十五名学生注册，第二个有十三名。在11月26日一封给格奥尔格的信中，康托洛维茨解释了他重返教职的动机。他没有顾及大师对纳粹可能存在的看法，写道："在克服了最初的恶心、震惊和痛苦后，现在仇恨开始让我变得多产。确实，每一步都需要与左右划清界限、四面出击，这让一个人……处在一条高贵的道路上。"他补充道，加入战斗带来"真正的愉悦——它使人年轻"。[14]

战斗在11月14日发动，康托洛维茨发表了一个"再就职"演讲，作为他的"空位期"讲座系列的开头。1993年，埃克哈特·格吕内瓦尔德采访过一名听过演讲的女性："大厅里挤满了人。听众的心悬着。那些反对纳粹的人克制着自己，但在这样一个场合，可以看出谁站在哪一边。演讲被认为是非常有胆量的……康托洛维茨看起来完全波澜不惊。"[15]

一开始，演讲者解释了一项新"就职"的理由。他只离开了一个学期，但"近几个月来发生的大量事件"使得他有必要向听众重新介绍一下自己。他将提供一个信仰告白（*Bekenntis*）——"如果一个人没有勇气在一个关键时刻作一番'告白'（profession），他为什么要顶着'教授'（professor）的头衔？"他将直言不讳，为了当前的和未来的德国的利益，"凭着对这片土地的不朽和希望的坚定不移的信念"。

他的题目是"秘密德意志"（*Das Geheime Deutschland*），众所周知这是格奥尔格圈的口号。它出自格奥尔格的一首诗的标题；在《腓特烈二世皇帝》一书的序言中，康托洛维茨写到，"秘密德意志"的这些人在1924年给腓特烈皇帝的石棺献过花圈。（格奥尔格有一次说，他宁愿成为"秘密德意志的皇帝而非公开的德意志的总统"。[16]）演讲者一开始指出，他要传达格奥尔格理念的实质，而演讲只是其系统性的呈现。因为其隐含的秘传性，此前并无一人这么做过。不过在恩斯特·贝尔特拉姆和沃尔德玛·于克斯屈尔将纳粹德国呈现为格奥尔格希望的实现之后，康托洛维茨决定强调一下其中的差异。后来他写信给埃德加·扎林，说在贝尔特拉姆和于克斯屈尔之后，他认为有必要"用正确的名字称呼事物"。他还写信告诉大师，他做这演讲是"为了往朋友们（首先是沃尔迪）制造的令人尴尬的粪上覆盖一层泥土，这样它将停止发出恶臭，渐渐地变成肥料"。[17]

乌尔里希·劳尔夫恰当地写道，"康托洛维茨的演讲是颠覆，而非指责"。[18] 它并未提及纳粹，或暗指他们的暴行。相反，康托洛维茨提出一个反神话（countermythology）："任何人有眼睛看，有耳朵听，都知道……直到现在，有另外一个德国，其生命超乎公开的可见的帝国。"他要"告白"的是这一"灵魂的帝国"（*Seelenreich*）。他开始讨论三个问题：秘密德意志如何存在？谁是它的担纲者？他们有什么可以辨别的特征？他的回答是用华丽的修辞来表达的；对斯特凡·格奥尔格的暗中引用，贯穿了整个演讲。

秘密德意志并非"位于某处"的一个阴谋社会，也不是"位于乌有"的脑海虚构。它一直在身边，"如死亡一般确凿"："它是像奥林匹斯山一样的神圣帝国，像中世纪的圣徒和天使国一样的精神帝国，像但丁的人类社会（*humana civilitas*）一样的人的帝国"；它是"现在和未来的英雄的世界，是永恒的德意志"。它"如同所有的神秘"；"它从未发生过，从未出现过，但[它]永存不朽地*存在过*（existed）"。它与当前德国的空间有关，但"它远远地超越了它"。康托洛维茨俨然是神谕者，告诉他的听众这一帝国"与这个世界有关又无关，在这里又不在这里"。

超验的天意使得秘密德意志成为继"神圣希腊"、基督教的"上帝之城"和但丁预示的文艺复兴时期世俗化的人文文化之后，第四个末世论的、最终在精神上位列最高的社会。（《旧约》中的犹地亚不扮演任何角色。）秘密德意志回到了希腊的模式，位于一个特定的空间，也即德国，但它是这样一个社会，其成员在"生命的丰盈"以及"对'至为深奥的人的存在'的'一切'的包罗"上，甚至超过了希腊人。秘密德意志的统治者和贵族，虽然是人类，但可以与宙斯、阿波罗或狄俄尼索斯同列。康托洛维茨并不希望列出具体的成员——他并未想过写一部"条顿人的《神曲》"——而是强调（暗地里与纳粹的宣传唱反调）它的最为伟大的代表中，许多虽然是德意志人，但被指责为"非德意志"。腓特烈二世是这样，称赞过拿破仑的歌德和黑格尔是这样，回避"官方德国的布尔乔亚世界"的斯特凡·格奥尔格也是这样。如尼采说过的，"为了更德国，一个人必须让自己去德国化"。德意志民族是"所有欧洲和地中海国家"的核心，正是这一点支撑着席勒的保证，即"德国的那一天，是所有时代的收获"。

秘密德意志的成员的特征，产生于对希腊诸神的"尊崇与爱"。正是这一信徒身份，而非任何生物学上的父子传承，使得他们高贵。有的是"酒神"，如腓特烈二世、马蒂亚斯·格吕内瓦尔德，甚至伦勃朗，"为了一线光明，需要创造一个黑暗的世界"。其他人，仅仅是年轻人——奥托三世、康拉丁[1]——已经准备好为了梦想牺牲自己。然而，秘密德意志的其他居民，譬如莫扎特，是"因

---

[1] 康拉丁（1252—1268），腓特烈二世皇帝之孙，在塔利亚科佐战役中被安茹的查理击败，在那不勒斯被斩首。

优雅而高贵"。(提及一位作曲家是非同寻常的;康托洛维茨憎恶古典音乐,有一次坚称自己分不清小提琴和鼓。[19])总之,一个人并不通过具体的事功,而应依据"高贵、美与伟大"来衡量这个社会的"英雄、诗人和智者"。德国的年轻人也许可以用这三个词来训练,以期成为当前德意志国家和人民的"Kalokagatoi"(英勇的希腊英雄们)。康托洛维茨总结道,有一天秘密德意志可能与现实的德国相等同,但直到那时到来,一个人需要保持警惕。秘密德意志的统治者用斯特凡·格奥尔格的语言,向内部的和外部的敌人喊话:"阻止我们!开花的词语不可磨灭! / 听见我们!带走我们!不管你喜不喜欢,它开着花! / 扼杀我们,让花开得更盛!"[20]

对于任何人,更不要说一个犹太人,在 1933 年发表这样一个与纳粹狂热潮流相悖的演讲,都需要勇气。康托洛维茨的讲座没有一丝种族主义的痕迹,而且虽然集中在德国,但不限于它;对被召唤来服务于这一理念的年轻人,授予的是来自希腊的名字;这一"帝国"并非军事力量的帝国,而是美的帝国。考虑到对席勒的引用暗含着德国"被选定的"末世论角色,这一演讲并非必胜主义的(triumphalist)。来自深渊的突变时刻尚未到来,至于什么时候可能到来,演讲者并未提供任何保证。1933 年 11 月 3 日,马丁·海德格尔向弗莱堡大学的学生做了一场演讲,为庆祝"我们德国存在的彻底剧变"。也许可以引用其中的话,来和康托洛维茨的进行对比:"规定着你们存在的并非定理和'观念',元首本人且只有他,是当前和未来德国的现实和法律。"[21]在整个第三帝国期间,除了恩斯特·康托洛维茨,没有德国教授公开演讲,反对纳粹的意识形态。

虽然秘密德意志演讲的内容和语言，看起来如同古斯堪的纳维亚的萨迦，离当今的我们很远，但埃卡对此非常满意，相信它已经产生了意想中的效果。在最后一封给斯特凡·格奥尔格的信（时间为11月26日）中，他写道，他的演讲是在"巨大的、死一般寂静的大厅里，那里一开始是阴郁的，然后变得面红耳赤，最后跺起了脚"。[22] 他"勾画了真正的永恒的神圣天堂，这个天堂对所有以宣传来夷平它的努力都报以更强烈的嘲笑"。因此他现在有"比以往更多的学生屏气凝神听他的讲座"。

但他这是自欺。纳粹控制下的学生会决定让他讲不了课，采取了联合抵制。穿着褐色制服的年轻人堵在门口，质问那些想进入大厅的人，为什么要听一个犹太人的讲座。当听众开始减少，康托洛维茨请求大学当局予以干预。但历史系的一位年资较深的同事建议他不要再授课，为了"维护安宁"。很快，他别无选择，只能投降，在12月11日中断了课程。

诡异的是，几乎就在同时，也就是12月3日，斯特凡·格奥尔格死于瑞士一个离洛迦诺很近的小镇。听到消息后，康托洛维茨取消研讨班，赶赴出事地。他在5日夜里到达，和其他门徒一起，在一个敞开的棺材边守灵。葬礼在第二天举行，当棺材被放下的时候，埃卡在旁边站着。依据埃德加·扎林的说法，埃卡后来告诉他，当他登上回德国的列车，他注意到有一名门徒从窗户里向站台上的另外两名门徒行"希特勒万岁"的敬礼，而对方也以同礼回应。[23]

第十二章
牛津

作为法兰克福事件的结果,埃卡接受了牛津提供给他的研究员职位。当他1934年1月抵达时,他进入了一个与此前生活过的完全不同的文化世界。这里不鼓励热切的严肃。牛津教员们从未想过要听令于一位自重的"大师";任何想谈论一个"从未发生过但总是存在着的秘密英格兰"的人将会受到嘲弄。1932年,一位英国书评人批评《腓特烈二世皇帝》的译本,说它"语调夸张,有几处近乎歇斯底里"。[1] 埃卡在英国的六个月在许多方面影响到他。当他写腓特烈的传记时,他对英国——德国在战争中的敌人——带着敌意。写到有一半英国血统的奥托四世时,他谈到他的"吝啬""接受的教育格外有限""智力贫乏"。不过一旦过了海峡,康托洛维茨便成了一名亲英派。这一态度的转变影响到了他的学术主题的取向,无论是短期的,还是长期的——在《国王的两个身体》中最为明显。此外,在英国的六个月,给他提供了机会尝试进行新的研究,由此产生了他的第二本书《基督君王颂》。另一个好处是他得说英语,要不是在此期间把英语练得这么流利,他后面就不会被伯克利授职。尤其重要的是,在牛津,他和古典学者莫里斯·包腊建立起亲密的友谊,这一纽带此后都未断过。

在 1919 年之前，埃卡的偶像是他的父亲；从 1920 年至 1933 年，他蒙恩于斯特凡·格奥尔格；从 1934 年到去世，和他最亲密的是包腊。他在美国去世时，卧室的五斗橱上，便放着这三人的照片。

有机会在牛津新学院作客，成为"教员公共休息室名誉成员"，不仅使埃卡离开充满恶意的纳粹德国半年，精神得到振作，也让他得以一偿到英国一游的心愿。早在三年前，他便已计划编辑《皮亚琴察皇帝党年鉴》（其唯一手稿在伦敦），还打算为迄今为止关于腓特烈二世的未知文献提供概要。如同他在给菲娜·冯·卡勒的信中所说的，这两个计划都需要他人在英国，这对他来说是一个"非常棒的额外福利"。[2] 他在法兰克福的任命使得他必须暂搁这些计划，但它们已然在他的脑海中。因此 1931 年 6 月，他给刚译完《腓特烈二世皇帝》的埃米莉·O. 洛里默写信，说他正计划夏末或早秋来伦敦，很高兴接受她的邀请，拜访她在赫特福德郡的家，但在 10 月，他写信说他发现自己不得不取消旅行，因为"政治和经济上的条件"。[3]（这时他正在试图要回他被骗取的钱财。）

洛里默夫人在 1930 年被康斯特布尔出版公司聘为译者。这一计划的发起人海伦·沃德尔，是一部关于中世纪吟游诗人的半通俗作品《吟游书生》的作者，在康斯特布尔当编辑。1930 年 11 月，她心满意足地写信给埃卡，说公司已同意翻译他的"大作"，提议把它作为新的"中世纪缔造者"丛书的第一本，面对普通读者。这本书在 1931 年面世，译者署名为"E. O. 洛里默"。洛里默的成就不止一端，她将康托洛维茨极为繁难的散文颇为准确地译成了英文，甚至在修辞表达上，几乎和原著一样生动有力。（在最后一幕，腓特烈二世"也不打盹，也不睡觉"[1]。）埃卡在信中对

---

1 原文为 slumbers not nor sleeps，应是借用《旧约·诗篇》第一百二十一章第五节："看啊，保护以色列的，必不打盹，也不睡觉。"（据修订本）

洛里默的成就表示感谢，说译本"精妙绝伦"，她对他的语调传达得如此惟妙惟肖，他非常吃惊。[4]

我们已经看到康托洛维茨得知这一新机会时，正值1933年多事之秋。由雷蒙德·克里班斯基写的推荐信深谙其情。[5] 它声称他在年轻时就学过英文，希望在英国档案馆从事研究（说他想完成一本"英国历史研究"的书，则可能有些夸张）。在对康托洛维茨的成就——他的腓特烈二世传记、他没有任教资格便在法兰克福获得任命，以及他"作为一名教师的格外成功"——予以极高的赞扬之后，克里班斯基作结道，基于他"完美的风度、世界主义的胸襟以及对英语和英国历史的熟晓"，他特别适合获得一项英国的任职。

幸运的是，收到克里班斯基信件的新学院院长，是H. A. L. 费舍尔，牛津的一位杰出的资深历史学家。虽然克里班斯基的信是用德语写的，因而可能起到的作用不是很大，但费舍尔能读德语，而且显然印象深刻：在他的影响之下，他的同事们没有考虑其他候选人，便选择埃卡为研究员。有传闻说康托洛维茨受到牛津邀请是因为搞混了，牛津教员们真正想邀请的是法律史家赫尔曼·康托洛维茨。这一画面就像温斯顿·丘吉尔本来想邀请以赛亚·伯林，却误请了欧文·伯林。但是文献显示，费舍尔确然知道候选人是恩斯特·康托洛维茨。虽然莫里斯·包腊在回忆录中说"一些聚会的主办者把他[埃卡]与法律学者赫尔曼·康托洛维茨混淆"，但他说的也只是在埃卡来到之后一些教员头脑中的混淆。[6]

12月，当埃卡不得不放弃在法兰克福教书，他的带薪休假两个学期的请求正好及时获批。他一直等到圣诞节后，在1月21日抵达英国，27日前到达牛津。因为新学院给他提供膳宿，带薪休假使得他在钱这种事上不必头疼。虽然他的邀请的原本条款中包括一处在牛津北部的房子，但他更喜欢住在学院里，这样可以参加它的社交生活。包腊的回忆录说"他在用英语说话时经常出现许多错误以及大胆的即兴创作，因为原则上大多数法语词可以用到英语中，如果它们发音适当的话；因此他会说'我的姐夫医学'或者把物理学家（physicists）说成'医师'（physicians）"。[7] 包腊继续说，"虽然他在法兰克福是一个教授，但他一点教授的派头也没有，幽默感十足，极快地便融入了我们的氛围"。在包腊讲的故事中，有一则是说他访问剑桥回来后"非常沮丧"："我问他为什么，他的话超出我的意料：'它是如此落后于时代。'我试探地说，牛津也是如此，但他精辟地回答道：'剑桥落后时代一个星期，是为糟糕；但牛津落后一百年，则为壮观。'"新学院的一位同事 J. L. 迈尔斯觉得埃卡自以为是，但另一位同事 H. L. 亨德森在 1938 年写道，康托洛维茨"真诚地参与教员公共休息室的所有交谈"，"使得他在逗留期间极其受欢迎"。[8]

来到牛津后不久，康托洛维茨就寻求巩固他和费舍尔的关系。费舍尔比他年长三十，先后成为弗雷德里克·威廉·梅特兰和弗朗西斯·达尔文（查尔斯的儿子）的内弟[1]，还是莱斯利·斯蒂芬的外甥、弗吉尼亚·伍尔夫的表哥。他曾在劳合·乔治手下担任教育大臣，说话时喜欢以"我在内阁那会儿"开头。[9] 当埃卡在牛津的时候，费舍尔正在写一部三卷本的欧洲史。由于他的学术生涯是以一部中世纪德意志史起家的，埃卡可以和他聊得来。费舍尔一则写于 1934 年 2 月 8 日的便条，被埃卡藏在《中世纪盛期

---

1 费舍尔的姐姐弗洛伦斯先后嫁给两人。

帝国和教皇的旗帜》一文的单行本中，文字如下："亲爱的教授，非常感谢允许我看这篇论文，我已饶有兴味地拜读。"对于这位长者，埃卡一直保留着美好的回忆。1949年他写信给包腊说，能引诱他回欧洲的一件事便是"去探望费舍尔院长的坟"。

而在同代的牛津历史学家中，他认识的有奥斯丁·莱恩·普尔和T. S. R.（"汤姆"）博厄斯。两位皆非新学院的研究员，但发表的领域与他相关。普尔着力于中世纪德意志史，已完成了他的第一本书，是关于"狮子"韦尔夫·亨利的。普尔对埃卡的研究感兴趣，乐于受益于他的鉴酒知识。（当埃卡后来请普尔为他在美国的一个职位写推荐信时，普尔写到他会略而不谈"[他]对莱茵河白葡萄酒的知识，免得让美国教员们过于自卑"。[10]）博厄斯和埃卡分享着共同的兴趣，他刚刚出版了一部卜尼法斯八世的传记（和埃卡的《腓特烈二世皇帝》的英译本属于同一丛书），正在写一本关于圣方济各的书。这兴许便是莫里斯·包腊将两人拉到一块的原因。但包腊只是在表面上对博厄斯友善，实则嫌恶。他背地里称他为"脑血栓"[1]。[11]而埃卡在这里也展示了其不厚道的一面，他学着包腊的两面做派，当面对博厄斯和气，私下里却和包腊一起嘲弄"墓博"[2]。后来博厄斯对埃卡帮助很大，但埃卡在给包腊的信中每次提到他时，总是用揶揄的语气。

埃卡与亚历克·史密斯成为好友，这是包腊喜欢的一位哲学家。作为新学院小礼拜堂的教长，史密斯免除了那些"不愿受累前来"的人周日做礼拜的要求。埃卡钦佩他"怡人的超然和开朗的心境"，

---

1 原文为thromboasis，在"血栓"（thrombosis）一词中加了个a，后半部分发音与"博厄斯"（Boase）相仿。
2 原文为Tombo，由博厄斯的名Tom和姓的头两个字母bo组成，内含tomb（坟墓）。

和他同样有对户外游泳的热情。这两人会一起去"牧师之乐",那是查韦尔河的一处保留给男性裸泳的隐蔽地带(女性则去附近的"圣母之乐"),在那里史密斯玩高台跳水。(1939 年在一封给包腊的信中,埃卡写道:"我以一个近乎史密斯式的筋斗,跳入中西部的深处。")埃卡遇到且结交的另一位哲学家是年轻的以赛亚·伯林,后者当时是新学院的一名讲师,同时在万灵学院当研究员。直到埃卡去世前,两人都保持着熟络的联系。而正是伯林 1934 年 4 月一次在万灵学院吃午饭的时候,把埃卡介绍给莫里斯·包腊(1898—1971)。

C. 莫里斯·包腊(图 18)用"我们的时代"来称呼他所处的在两次世界大战之间成熟的一代。我们也可以将这个说法用到包腊的牛津时期。以赛亚·伯林称他为"他所在的时代英国最伟大的智者",哲学家 A. J.("弗雷迪")艾尔,则将他形容为"这所大学迄今为止最有影响力的教员"。[12] 包腊的专长是古希腊文学,但他最为人知的是他那带刺的机智,以及"对欢愉的公开崇拜"。[13] 他绝谈不上温文尔雅,个子矮,小眼睛深陷眼窝里,没脖子。伊丽莎白·鲍文说他长得很像《爱丽丝漫游奇境》中的青蛙仆人,形容他每次走入一个房间,总是"高兴地看到他本人"。[14] 他说话时声音洪亮,虽然有时会压低,但嗓门很快重又变高,所以没有人能错过他的惊人之论。据说以赛亚·伯林为了能插上嘴,把语速练得非常快。[15] 诺埃尔·安南经常听包腊讲话,他回忆道:"他那带着抑扬变化的声调在牛津和伦敦回响。人们使用他的警句,却从未见过他……他的声音有着最后审判日的号声那样的传送力。"[16] 包腊认为"生活是关于什么是可能的,而非什么是被允许的"。[17] 安东尼·鲍威尔回忆道:"他的一举一动无不透着新潮。别具一格之处，不仅是宣称吃、喝和性（如果需要的话便自慰）的至高无上，而且将以下视为绝对当然：公然的势利、对成功的崇拜、个人的宿怨、无缘无故的恶意、对朋友的不忠、阅读别人的信件（如果没有撒谎的话，是去翻没有锁上的抽屉）。"[18]

图 18　莫里斯·包腊，1955 年前后

在写到包腊时，决计绕不开他的俏皮话。他抱怨他遇到 X，此人"给了他热情的白眼"[1]；另一位熟人是"他更加可以抹掉的回忆之一"；另一位是"赝品进化而来"。当谈到一位生病的熟人时，

1　原文为 warm shoulder，利用了 cold shoulder（冷遇）这一习语。

他说"哪里有死亡，哪里就有希望"。一位牛津同事（博厄斯）是"一个既无公德也无私德的人"；一位副校长"把动词不定式撕裂得满地都是"。至于一位非常知名的牛津哲学家，他妻子"像酒一样把她的丈夫醉倒"[1]。包腊经常取笑自己的性取向，抱怨他是"一个被人宴请多于宴请人的人"。对于他来说，"鸡奸发明出来，就是为了填补晚祷和鸡尾酒之间的尴尬时光"。在公共休息室读伦敦《泰晤士报》的订婚启事时，他用有意让人听见的低语评论道："见鬼——我和这两人都睡过。"而最著名的是有人好奇地问到他为什么想着要娶一位姿色平平的女人时，他应答："我的好伙计，鸡奸者没有选举权啊。"

尽管在公开场合显得冷淡，但包腊对诗歌有着炽热之情。他的趣味从他自己的治学专长古希腊诗歌，横贯法国、德国和俄国诗歌（他年轻时学过俄语），一直到当代英语诗歌，如艾略特和叶芝。考虑到埃卡对古希腊诗歌正典、歌德、荷尔德林和格奥尔格熟稔于心，讨论诗歌，甚至大声朗诵，为两人的友谊提供了一个基础。包腊在第一次世界大战的战壕中战斗过，这一事实提供了另一个基础。之后便是两人对八卦（偏好刺激点的）和俏皮话的共同兴趣。在格奥尔格圈中，很少有擅长嘴上功夫的；其中最机智的要数贡多尔夫，但即便是他，也做不到即兴地讲下流的警句。因而，这位牛津教员和这位从德国来的访问者，很快便体会到他们是多么享受彼此的陪伴。

而且，两人对那种事都是熟门熟路，便成了恋人。由于"断背"在英国非法，包腊避免向任何可能勒索他的人寻欢。（他是如此

---

[1] under the influence 既可以指醉酒，又可以指影响力。

谨慎，以至于在 1966 年的回忆录中对这一话题略而不谈。）但在埃卡来之前，他在匿名的同性恋"猎艳"中有过很多经验。至于埃卡，甚至在和巴比结好之后，他依然没有放弃此道。1928 年在写给威廉·施泰因的一封信中，他哀叹雕塑家富埃特正在寻找一名女模特，因为这个现在看起来比雕塑"年青人"更适合流行的口味。如同他作结的："这里正逐渐变得过于安全！"[19]之后埃卡哀叹纽约缺乏"厄洛斯的气氛……尤其是乳臭未干的小伙子"，他承认可能他是"没去对地方"才错失了。[20]1934 年 7 月埃卡离开牛津后，包腊旋即来海德堡看他，巴比也在那里。之后，在牛津的秋季学期结束后，包腊来柏林看埃卡，在圣诞节到新年的这段时期住在埃卡的公寓里。康托洛维茨 1943 年给包腊的一封信，有一段追忆了两人在"蜜月"中的诸多谈话。

埃卡在牛津的社交生活，并未让他从自己的研究日程中分心。相反，他在牛津的六个月极其高产，而且他的工作将为他之后的职业生涯奠基。他从事了四个不同的课题。一个是关于"忏悔者圣爱德华的崇拜"，从未完成。但他在第二个中取得很好的进展，即从外交史和英国文秘署书信写作风格转型的角度，看待腓特烈二世宰相维涅[1]和英格兰的关系。这个计划想必自 1930 年以来便出现在他的脑海中，当时他已经打算写一本书，收入与腓特烈有关的新文献的记录，并且指出《续篇》对西西里宫廷和英国宫廷之间的联系研究不够。一旦来到英格兰，他便在伦敦和牛津查找未公布的相关文献。而回到德国之后，他将这项工作完成，在 1937

---

[1] 维涅（Petrus de Vinea，1190—1249），意大利法学家、外交官，曾担任腓特烈二世宰相。但丁《神曲》地狱第七圈第二环有提到。

年奥地利的一份历史学期刊上发表文章《维涅在英格兰》。对这篇文章感兴趣的主要是中世纪拉丁书信风格方面的专家，但这篇文章在其他方面值得提及，因为它展示了将成为作者识别标志的习惯，即对微小细节的追问，以及连篇累牍的脚注。这一点已然在惯例上被称为康托洛维茨的"第二风格"。

康托洛维茨在牛津的第三项课题涉及礼拜仪式上的吟咏。我们已经看到他在《腓特烈二世皇帝》中三次举出礼拜仪式上的欢呼——"基督得胜，基督为王，基督统万邦"，而且在《续篇》中再次回到这一点。之后，他对珀西·恩斯特·施拉姆关于德意志帝国加冕仪式的一篇开创性文章做了仔细的笔记。从施拉姆那里，他得知"基督得胜"三句一组在许多中世纪的加冕礼中被吟诵。他对西西里仪式的特别关注，让他获得写成一篇文章的材料。他答应在牛津的"中世纪学会"宣读这篇文章，该学会由杰出的中世纪史学家、历史学钦定讲座教授 F. M. 波威克主持。这样的匹配很完美，因为文章的主题涉及诺曼底、英格兰和西西里三个"诺曼王国"关系的一个特定例子。这明显很合英国中世纪史学家的胃口，其中也许数波威克为最。他自己的研究专注的便是英格兰和诺曼底的关系。（应该注意到某种对称性：波威克是查尔斯·霍默·哈斯金斯的弟子和朋友，而康托洛维茨在法兰克福的讲座系列的标题和指导原则来自哈斯金斯《欧洲历史中的诺曼人》。）埃卡的论文想必也让他的听众很愉悦，因为他论证了西西里的加冕礼是以英格兰为中介，传承自诺曼底。在关于维涅的论文中，影响是从西西里到英格兰；而在礼拜仪式吟咏的讲座中，影响的方向则反过来。

在给牛津中世纪学会演讲之前，埃卡写信给施拉姆，说他正在他开辟的加冕礼领域工作，偶然地发现了诺曼－英国－西西里这一维度。他让施拉姆确信，他正把自己局限在"盎格鲁－西西里特别问题"上，因为不想和施拉姆的著作抢功；礼拜学论文对他来说是附带的，正如忏悔者爱德华和维涅课题。但在回到德国后他改变了主意。他并没有把"基督得胜"三句一组搁置一旁，而是决定将他的研究扩充成一本小书，其目标在于考察这三句在对统治者的礼仪性欢呼——基督君王颂——中的使用，有的是在加冕礼中的，有的是在别处。既然施拉姆研究的主题是加冕礼本身，他便没有剽窃。我们将在后面的章节追踪康托洛维茨在这一领域的工作。这里指出一点就足够，即在不断的出版障碍之后，加利福尼亚大学出版社在1946年用英语出版了这本专著。虽然十二年已经过去，但埃卡将之献给他的牛津友人们，确认了这本书的源起之所在。

1934年4月在一封给施拉姆的信中，他写道，除了偶尔投入"忏悔者爱德华""维涅"和"盎格鲁－西西里特别问题"外，他还在忙"[他的]事"。1938年7月在他的简历上有一处表述可以确证，他指的是他在法兰克福便已筹划的"空位期"这本书："[在牛津]我继续关于德意志'空位期'（1250—1308）的研究。"换句话说，他继续研究一个将演变成《国王的两个身体》重要部分的主题。牛津时期唯一留存下来的证据，是他在新学院和圣约翰学院（A. L. 普尔在那里当研究员）做的一次讲座的题目："中世纪的世俗化"。我们将看到在回到德国后，他对这一主题的推进。

埃卡在牛津遇到的最鼎鼎有名的中世纪史学家是马克·布洛赫。这一聚会之所以值得注意，是因为两人皆厕身他们时代最伟大的中世纪史学家之列。（一位法国历史学家后来将康托洛维茨称为"莱茵河那边的马克·布洛赫"。[21])此外,两位都是犹太人,都曾于1916年在各自国家的军队服役。在碰面之前,布洛赫对康托洛维茨并不高看。1928年,他在法国主要的历史学期刊《历史杂志》上评论《腓特烈二世皇帝》,承认这本书"读起来舒服,且不失动人之处",但他对传记这种形式,对"歌颂的"语调和民族主义立场不以为然。值得注意的是,他也觉得这一研究"十分不足"。四年之后还是在《历史杂志》上,布洛赫评论了《续篇》。这次他更为友好一些。考虑到"参考书目的丰富而清晰的呈现",他认为这本书是"一个珍贵的研究工具"。但他很好奇作者对法语的掌握程度,因为他发现书中缺乏相关的法语文献。

虽然一次面对面的相会看起来不大可望实现,但波威克利用1934年布洛赫访问牛津的机会予以玉成。埃卡就此写过两次,第一次是在1957年一封给波威克的信中。他追忆道:"确实我和你,还有马克·布洛赫一起在奥利尔吃饭。大约十点钟你起身离开,把一瓶威士忌和我俩留在纽曼主教画像下的奥利尔公共休息室(或者我搞错了?),而我们继续畅谈至午夜过去很久。"[22]1961年在给《泰晤士文学增刊》的一封信中,他借评论布洛赫《封建社会》的英译本,对这次会面作了更为详实的描述。现在,他想澄清一下影响的问题。

> 我有一些困惑,虽然也深感荣幸,在诸多受到马克·布洛赫相当影响的学者中,你们的评论家认为我是合适的人选。确确实实,我对他的《国王神迹》印象很深。事实上1934年我在牛津见过他一次,和他在奥利尔吃过饭,在我们热情的东道主莫里斯·波威克爵士留给我们充足的波尔多葡萄酒和

威士忌离开之后,我们一直交谈到午夜以后。我们是如此兴奋,都没有坐着,而是站在壁炉前,以交换我们在任何相关主题上的论据、立场和引证。我也感受到他在历史学上的学问"无疑由内在火焰燃起",这种火焰在历史学家的著作中如此缺少。但这恰恰是,唉,我无法借鉴的品质。我可以肯定,其他许多人对他的倚赖远甚于我,但我这么说远非否认他的研究和人格给我留下的深刻印象。[23]

康托洛维茨在《续篇》中引用过一次布洛赫的《国王神迹》(1924年出版),在《基督君王颂》中再度引用。不过,尽管《国王神迹》在处理"神圣王权"的诸方面是一个里程碑,但它涉及的是治疗性的权力,而这不是埃卡的主题。至于布洛赫,他之后朝很不相同的方向推进。因此这一判断是站得住脚的,即两人的"内在火焰"是分开燃烧的。

埃卡乐于和一个法国人在夜里畅谈,表明了他一定程度的柔和。如果还记得的话,在十二年之前,他以严词谴责法国"令人厌恶的怪相"和"令人作呕的可笑"。可能这一新的宽容是受到包腊的濡染。包腊是瓦莱里诗歌的拥趸,在瓦莱里于1931年6月获得牛津荣誉学位时,开始与他结交。在1966年的回忆录中,包腊写道,"即便到了现在,[瓦莱里]在我看来,仍是我曾遇到的才智最为拔萃之人"。[24]

和包腊的密切往来,肯定会让埃卡接触到与德国盛行的颇为不同的政治态度。虽然包腊从未真正参与政治,但他"总是倾向于左翼"。他的一个朋友休·盖茨克尔便是一名社会主义者。在1926年总罢工期间,包腊和左翼的牛津政治哲学家A. D. 林赛携手,寻求让矿工与政府之间达成协商。之后，他担任了牛津大学矿工妻儿基金的名誉司库，与另一位牛津左翼 G. D. H. 科尔一起，在假期为失业者筹钱。1936 年 11 月在美国时，他陷入选举的兴奋，为罗斯福加油。"在选举之夜，他凑在收音机跟前，说：'阿肯色怎么样？我们没有来自印第安纳的任何消息。'"[25]

至于外交事务，包腊很早便是希特勒的激烈批评者。1920 年代和 1930 年代初，他经常去柏林，主要是出于渔色的目的。1932 年秋，包腊和一些记者被邀请至希特勒所在的旅馆，听取他的看法。他后来回忆道："希特勒以其一贯的方式对我们夸夸其谈，主题是德国的统一。他的结论是，这不是政治的统一，也不是经济的统一，不是地理的统一——'而是，听着，这是精神的统一'。"[26] 他大吃一惊。所以我们很容易理解，不到两年后，当康托洛维茨在牛津"谈论一个所谓的'秘密德意志'"时，包腊认为这一术语"在英语中缺乏实质"。[27] 而埃卡在 1930 年代中期逐渐不再讲这个东西，可能最主要应归功于他这位英国友人的影响。

第十三章
有尊严的闲暇

1937年，恩斯特·康托洛维茨发表了一篇论文，名为《中世纪向博学的遁世之回归》。[1] 起初这篇文章打算收在路德维希·库尔提乌斯纪念文集的第二卷，但出版商在排好版后把这一卷给撤了，因为供稿者中有太多犹太人。然而，考虑到它已经"印好"，埃卡便要求做成有自己的封面的单行本，这样他就可以送给同事和朋友。这篇文章所着手的，并非学术上的争论。相反，它详述了一个古典理念的复兴，即西塞罗的 *otium cum dignitate*（有尊严的闲暇）。虽然"孤独是有智慧之人的命运"，但在古代世界这一原则并不意味着回避社会：哲学家的身影可以在市场或者宴会上找到。在古代晚期，哲学家们性好遁世，然而依然是为了寻找此岸的智慧。下一步便到了基督教：遁世（例如隐修），则是为了过一种苦行禁欲的生活，致力于获得彼岸的真福。康托洛维茨认为阿伯拉尔是第一个回到将遁世作为追求学问生活的方式的人，不过他也承认阿伯拉尔的遁世依然是隐修或者苦行式的，当阿伯拉尔谈到从事哲学时，他最终指向的是神学。康托洛维茨的故事主角是彼特拉克，一位西塞罗的仰慕者，试图过上一种哲学家、学者和诗人的生活，远离颠倒痴狂的大众，在怡人的退却中享受孤独。彼特拉克所希望的，是置身于"蓝天、山林、花与流溪"的风景中，品尝着简单而美味的食物。因而正是他将这一理念传给了后世："博学的隐士"为书所簇拥，置身于"文雅的孤独，理性而优美的 *otium cum dignitate*"。

无须费神就可看出，康托洛维茨的彼特拉克乃一种自况。对不受利用的、文雅的、遁世问学的理念的信奉，对他来说如此重要，以至于他甘愿自己掏钱，为了让这篇等同于《为吾生辩》[1]的文章流布。似乎很难相信他会认为自己能无视纳粹的暴行，过上有尊严的生活，但他的文章隐含着这样一种心声。他援引了卡巴乔画作《书房中的圣哲罗姆》[2]，提出哲罗姆在书籍的环绕中从事学术研究时，几乎不需要一头狮子来守护，而只需一只"有警觉心的小博美犬"。事实上从 1934 年中至 1938 年末，康托洛维茨过的便是一种安静、恬适、多产的生活。但他的研究和发表资格一直在削弱，直到他再也不可能继续下去。

对康托洛维茨 1920 年代和 1930 年代早期政治观点的批评抓住这一事实不放，即他"尽可能长地"留在德国。尤为腌臜的评论来自诺曼·康托尔，他指控埃卡待在德国，作为"理想的纳粹学者和知识分子"，受到"纳粹大人物"的保护。康托尔推测，康托洛维茨只是将"激进的反犹太主义 [作为] 庸俗的中间手段，以迎合将灰飞烟灭的纳粹；这样他就可以在希特勒的政权中得到相应的酬赏和声名"。[2] 这种推测是荒谬可笑的。康托洛维茨从未和任何纳粹高官有密切关系；相反他在这些年中的反纳粹主义是

---

1 英国红衣主教、牛津运动领袖之一约翰·亨利·纽曼（1801—1890）所著。
2 此处作者似乎转述有误，应指卡巴乔的画作《书房中的圣奥古斯丁》。

有文件可考的。他和包腊都提到了"屎特勒"（Shitler）。[3]一个更为精细的解释来自马丁·吕尔，他认为康托洛维茨迟迟不离开德国是源自他的"极端爱国主义观"。[4]但这个解释忽视了1935年之后，在康托洛维茨那里，已经看不到爱国主义的表述。

如果我们能不带偏见地审时度势，也许就可以很好地避免非难他人。埃卡在德国有足够的收入使自己过得很舒服，但他的收入只能在德国提取，而他无法知道自己能否在大萧条时期在国外找到一份工作。他最好的朋友们此刻都还在德国，只是比他早一点离开。他在大洋彼岸只有一个熟人。他的姐姐格雷特尔住在柏林，饱受肌萎缩侧索硬化症（葛雷克氏症）困扰，身体每况愈下，而他年逾古稀的母亲已于1934年搬到那里。从从事研究和著述的角度看，留在德国更为可取。他的收入允许他投身学术研究。他可以在日耳曼历史文献所的图书馆自由工作，还拥有一个属于自己的很好的私人图书馆；他的研究所需要的文献不是在德国，就是在欧洲其他地方。那些认为康托洛维茨应该基于政治原则和这一切一刀两断的人，只能说是站着说话不腰疼。

1934年7月离开英格兰后，埃卡中途停留，首次访问巴黎，加入姐姐索莎的"观光之旅"。天气太热，他觉得巴黎人一点也不讨人喜欢。然后他去海德堡看巴比。莫里斯·包腊不久也到来，女男爵开车带着两人到附近兜风。据包腊回忆："在这些出行中，我们有说不完的话，恩斯特那些罗曼蒂克的想法被我和她取笑。"[5]包腊坦言，他一到海德堡，就立刻为巴比所倾倒。无疑她在某个时刻也从埃卡移情于他，不过具体什么时候并不清楚。包腊的回忆录写到"我从海德堡到柏林"，而8月末的信件表明，那时埃卡在瑞士提契诺州马焦雷湖边的一家旅馆。可以确定他是和巴比在一起旅行，因为其中的一封信提到他的（女性）"车友"和另一个人将很快回到海德堡。

这年秋天埃卡居住在柏林，开始和格蕾特尔生活在一起。为了纾解法兰克福的局面，加上他明显不愿意宣誓个人对希特勒效忠，而这是8月20日的一条法律对所有公务员的要求，他便请求普鲁士教育部授予他荣誉退休的身份；基于他无法想象还能回去教书，申请永久休假没有意义。他的请求在11月10日由纳粹部长用精致的套语批准："我借这次机会表达对您的感谢，以及对您功勋卓著的学术服务的欣赏。"埃卡并非得到了特殊厚待；部长除了退让别无选择，因为申请者并不在1933年4月7日法律的"前线战斗"条款所规定的解职范围内。（埃卡后来开玩笑说，他大概是德国历史上最年轻的"荣誉退休"教授。）看起来奇怪的是，埃卡在荣退之后退休金（全薪）是定期支付的，俨然他是在正常的职业生涯结束之后退休的。此外，除了中间断过一次，这笔丰厚的款项持续支付到1941年德国与美国之间的战争爆发。但规则就是规则。恩斯特·莫维茨，一位普鲁士的高等法官，犹太人，也躲过依"前线战斗"条款的解职，也在1935年至1941年的"退休"期间被支付固定的退休金。埃卡在圣诞节退掉法兰克福的公寓，5月搬到在柏林租住的公寓，除了中间因为旅行要离开，一直在那里待到1938年11月。

埃卡的公寓在卡梅尔大街，离萨维尼广场不远，属于夏洛腾堡的中心地带。在包腊看来，"发现自己作为一个犹太人，被视为与其他德国人不同，这点让他深受折磨。有一两次在餐馆，侍者对他有所冒犯，场面尴尬，他唯一做的便是立马离开"。[6] 在1935年3月10日一封给巴比的信中，他提到了自己生活于其中的这种可怕的氛围、这种令人窒息的状态；如果她认为法兰克福的气氛可耻，柏林则有过之而无不及。

然而，他成功地应对了。他并没有失去朋友。库尔特·里茨勒和妻子已搬到柏林，他经常去看望他们。他还和前格奥尔格圈的一位同伴莫维茨共度时光。一位新朋友是阿尔布莱希特·冯·伯恩斯托夫伯爵（1890—1945），一位注定要在他的生活中扮演重要角色的贵族。伯恩斯托夫身高六英尺六英寸，体重超过二百五十磅。作为德国最早的罗德学者之一，他是一位坚定的亲英派。据他曾经的恋人埃尼德·巴格诺德说，他"对英国和英国上层阶级的怪癖、特长的了解，超过大多数英国人"。他"知道英式周末的价值[以及]调情的欺骗性"。[7] 他是一名自由主义者与和平主义者。他有一次告诉埃卡，他小时候曾把玩具士兵熔掉。与这些观念相一致的是，他是一个直言不讳的反纳粹者。早在 1934 年他就写信给一位英国友人："我们憎恨[纳粹]体制，并与之作斗争，因为它必定会破坏德国，使德国堕落……这伙罪犯、精神病患者、善良的疯子和张狂的年轻人，正在破坏我们以之为傲的优良品质，正是这些品质造就了 1933 年 3 月之前的德国。" [8] 伯恩斯托夫不仅写下这些东西，还在餐馆大声读出来，在那里他很容易被窃听。

伯恩斯托夫曾在德国驻伦敦大使馆担任次官，但在 1933 年因被认为不可靠而遭解职。回到德国后，他成为柏林 A. E. 瓦塞尔曼银行的联席董事。他的朋友约瑟夫·汉布岑是这家银行的合伙人，正是他把他招到这个职位来的，而汉布岑是恩斯特·康托洛维茨的姻亲。（汉布岑的妻子多萝特是某个康托洛维茨的外孙女；这对夫妇的女儿贝娅塔出生于 1927 年，教父便是伯恩斯托夫。）埃卡可能是通过这一家族联系认识伯恩斯托夫的，或者可能通过库尔特·里茨勒，后者自 1918 年就和伯恩斯托夫一起从事外交事务，两人过从甚密。埃卡在柏林不只是同伯恩斯托夫交往，经常和里茨勒及其活力四射的妻子克特在一起，还通过他认识了其他一些人。有一个便是亚当·冯·特洛特·祖·佐尔茨，另一位亲英派和前罗德学者，十年后将因密谋反对希特勒遭处决。

伯恩斯托夫经常在斯廷滕堡的乡下庄园招待客人，那里离柏林只有几小时车程。1936 年 8 月埃卡和包腊曾一起去那里，当伯恩斯托夫去猎鹿，他俩则到附近的湖里游泳。1937 年的圣灵降临节见证了一次大型的聚会，对此后来埃卡和玛丽昂·登霍夫都留下了深情回忆。在艳阳下，他们驾船，垂钓，打猎，总是谈笑风生。在一张照片（图 19）中，埃卡站在这座庄重的宅邸前，身边还有伯恩斯托夫、登霍夫，以及英国派驻柏林的商务专员"杰里"·平森特、英国大使馆一等秘书伊冯·柯克帕特里克。

图 19　在伯恩斯托夫的乡下庄园休憩，1937 年。埃卡站在右边。伯恩斯托夫坐在左边；他右边的是女伯爵登霍夫；另外两人是杰里·平森特和伊冯·柯克帕特里克（蒙哈特维希·冯·伯恩斯托夫允准）

康托洛维茨在柏林的公寓很宽敞，且布置得很好。他住三间房（不算厨房和浴室在内）而没有一丝财务压力的痕迹。1935年至1938年间，包腊经常待在卡梅尔大街，他传达了公寓的气氛：

> 在被解除法兰克福的教授职位后，恩斯特搬到柏林。基于大漩涡中最好的位置是中心这一原则，他将自己安顿在动物园附近的一套公寓。他在这里制定了新的生活模式。他的阅读量很大，从不允许被朋友或自己的娱乐打断。他的厨艺一流，以菊花汤、法式海鲜浓汤、白兰地烧鸭和橘子黄油薄卷饼见长。我们会在做饭上花很多时间，虽然我只是个打荷的，但我很享受，因为埃卡会不停跟我讲许多有趣的事，关于各种不同的食材以及如何处理它们。余下的时间主要也用于交谈，通常是就一个话题，很连贯的那种。政治少不了，但它们被从意想不到的角度来探讨，而恩斯特会坚持，所有的麻烦始于路德，或者希特勒是唯一不相信国家社会主义的纳粹，或者历史上最重要的人物都死于五十六岁。[9]

除了以上这段，有很多迹象表明康托洛维茨和包腊在1935年至1938年间是一对。1934年和1935年的圣诞节，两人先是一起待在柏林，然后在法兰克福。之后包腊经常待在柏林，开始认识埃卡的一些朋友。1935年，埃卡安排他写广播稿《希腊军事演习与品达》和《英国的奥林匹克观》，这是为了在柏林播送，以迎接即将到来的奥运会。此外他还安排他为恩斯特·莫维茨的萨福诗歌德译本写一篇导言。（包腊在回忆录中解释说他的德文被埃卡大改过；极有可能是埃卡把广播稿译成了德文。）有一晚埃卡和包腊合作，将斯特凡·格奥尔格的诗《海之歌》译成英文。他们曾一起去意大利旅行：格哈特·拉德纳在罗马看到过两人。[10]

这两个男人的亲密关系，引发了埃卡－包腊－巴比的三角关系问题。如同包腊在回忆录中声称的，他对巴比"一见倾心"，而巴比的女儿也告诉我，巴比"垂青于他"。[11]1935年初埃卡和包腊在法兰克福时，露西·冯·旺根海姆已于不久前带着女儿们一起搬到那里，必然在这年的新年前后，认识了包腊。在接下来的几个月，他们可能在埃卡不在场的情况下，再次约会；到1935年，她突然宣布想去牛津学习。在这年春天的某个时候，她向罗伯特·博林格咨询，看有无可能。博林格是格奥尔格的重要门徒之一，他把问题以邮件的方式转给了身在柏林的恩斯特·莫维茨。之后不明就里的莫维茨又把问题转给埃卡，让他给博林格作答复。埃卡狡猾地告诉博林格，"v. W. 小姐"应该和"C. M. 包腊先生"取得联系，俨然他压根不知道巴比认识包腊。他写道，"包腊先生是年轻一辈的牛津教员中最聪颖机智的"，且补充道，如果"冯·旺根海姆小姐"联系他，请提及他的——埃卡的——名字，包腊会"促成她与牛津方面的接洽"。对于他极其讨厌的博林格在不知情的情况下，在这一私人玩笑中扮演了中间人的角色，想必埃卡开怀不已。不过我们很好奇，对于巴比背着他询问在牛津学习的事，不知他有何感想。

巴比一边和莫里斯·包腊调情，一边还忙着将英语小说译成德语。她以海伦·沃德尔的《彼得·阿伯拉尔》（1935）初试身手，这肯定是埃卡的安排。（需要记住的是，正是沃德尔推动了《腓特烈二世皇帝》的英译本。）巴比翻译的第二部作品，伊夫林·沃的《一把尘土》（1936），则和包腊和埃卡都有关系：包腊是沃的朋友；该书由邦迪公司出版，而在创始人去世后，邦迪公司已由埃卡的朋友赫尔穆特·库佩尔接手。（如果斯特凡·格奥尔格知道他过去的出版社正在出英语讽刺小说，也许会吓一跳吧。）看起来，1936年夏天埃卡依然是巴比的心上人，因为他在7月写信给包腊，说他将和她在比利时的一处海滨度假胜地待两周。然而在同一封信中，他补充道："你要不要8月加入我们，然后和我一起去柏林？"我们只能推测，他尚未察觉他爱着的两个人已互生情愫。不久包腊去美国，在哈佛教了一学年（1936—1937）的课。回来后他有几次去法兰克福看巴比；1937年3月冯·伯恩斯托夫伯爵在柏林招待包腊、巴比和埃卡一起吃午饭。最迟至1938年秋，包腊和巴比将两人的关系捅破，不再对埃卡隐瞒。埃卡不但不感到难过，也未与两人断绝往来。

1938年巴比从德国启程去牛津，关于此事，有相当有趣的传闻。玛丽·韦斯利是一位英国社会名流，后来成为小说家，她告诉她传记作家，有一位叫海因茨·齐格勒的来自捷克斯洛伐克的德国难民，曾和一位反纳粹的德国"女男爵"一起（暗指的时期是1938年末），在伦敦为反对绥靖的外交官罗伯特·范西塔特爵士工作。据韦斯利的描述，齐格勒"说他会'把女男爵送到包腊那里'，[而]包腊确实在适当的时候，在瓦德汉学院接待了女男爵。在那里她帮助他进行战时工作，而且引诱了他"。[12]这里唯一符合真实的地方便是包腊在瓦德汉学院接待了巴比。很明显巴比试图制造这样的印象，即她是作为反纳粹的特工来到英格兰的。而包腊的传记作家则添油加醋地说，"依据玛丽·韦斯利的说法，她还从英国情报部领薪"。[13]

巴比让诺埃尔·安南[1]相信是包腊把她从德国"营救"了出来。[14]这种说法同样离谱。包腊自己的说法,虽然因巴比的自我戏剧化和歪曲而存在瑕疵,但让我们离真实更近一些。他是这样说的:

> 虽然她公然地反对纳粹,但她父亲的声誉意味着,即便是纳粹也得对她礼让三分。不过她的家庭成员中有一位与她反目。她想做某份工作,但女男爵认为不好,坚决地予以反对。这位年轻的女人极为恼火,威胁要向纳粹告发女男爵与恩斯特长期交好,对此进行最恶毒的解释,她知道这会给女男爵带来无以名状的危险,很有可能把她送进集中营。女男爵及时发现,认为自己必须马上离开这个国家。这一点她成功地做到了,但她几乎身无分文……她以素有的勇气承受这一切,没有一丝怨尤。[15]

对于那位被认为导致巴比仓促逃亡的"家庭成员"的名字,包腊谨慎地略去,但我可以告知,"这位年轻的女人"是巴比的二女儿,她从她的视角讲述了这一故事。1938年春,阿里安娜十九岁,刚从文理中学毕业。那时巴比依然和阿里安娜、三女儿住在法兰克福,但这时"她明确地决定她想去英格兰和包腊在一起",因而从公寓搬出来,住到了一家膳宿公寓。(埃卡1月的一封信表明,巴比那时想去英格兰,而3月的一封信则提及,她告诉阿里安娜她要离开了。)阿里安娜解释说,她和母亲的关系糟糕到几乎不

---

1 诺埃尔·安南(1916—2000),英国情报官、作家、学者。

说话，有什么事情都是往各自的邮箱塞便条。而且这些便条的语气非常激烈。阿里安娜想上大学学医，但巴比非得让她上瑞士（那里讲法语）的一所寄宿学校。（这年秋天她便是把自己最小的女儿送进了这样的一所学校。）年轻气盛而自尊心受伤的阿里安娜写道，"她愿意做任何事来避免这个"。而她的母亲则将之作为一纸证据，说她的女儿准备向盖世太保告发她。

虽然这次冲突发生在毕业时的春天，据称因为被捕的危险需要立即出逃的巴比，却是在一年之后离开德国。的确，1935 年的纽伦堡法律禁止非犹太人与犹太人发生性行为，违者处以监禁或者"苦役"，但巴比并非出于这一原因而逃走。关于这一点的最终证据来自埃卡 1938 年 9 月 30 日写给包腊的一封信，说她在柏林和他待了三个星期，因为铺张奢靡，害得他"破产"。很显然，她并非在仓皇中出逃，也非因为与一名犹太人结合而害怕被捕。

包腊在他的回忆录中告知，巴比"先是在伦敦定居，之后才是牛津"。不过她虽然无疑要从伦敦路过，但肯定没有立即在那里定居，因为她 10 月 24 日住在瓦德汉学院。很显然包腊不想给人那样的印象，即她来英格兰是为了和他在一起，但看起来事实就是这样。（在他的回忆录中，她以端庄的"女男爵"出现，从未被称为"巴比"。）埃卡知道她离开就是为了和包腊一起，生活在他那新装修过的院长楼——包腊的"宫殿"。在 1938 年 10 月 29 日的一封信中，他放荡地给包腊写道："巴比有没有让你'快活'？我希望有。"

出于依然不清楚的原因，巴比失去了她所有的钱。由于和包腊显然不宜住在一起太久，她去了伦敦，或许在那里找了份工作。然而，8 月她和包腊一起去法国度假，除了其他地方之外，时常出现在蒙特卡洛，是包腊掏的腰包。在希特勒-斯大林条约签署后，他们在巴黎下榻"一家极佳的酒店"，在"'拉彼鲁兹'吃了一顿难忘的午饭"，[16]然后一起回到英格兰。巴比和包腊之间的如胶似漆显然没有维持太久，但两人依然亲近。1943他将他的《象征主义的遗产》一书题献给"L. v. W"；之后，大约在1957年，他提出把露西·冯·旺根海姆介绍给一位到访的美国人。令人困惑的是，是埃卡而不是包腊在经济上支持她。1939年9月，他写信给包腊，希望能劝说她搬到伯克利，因为这样一来，他就更容易供养她，但她不愿意。一年后他在一封信中提到"在伦敦有人需要他完全供养"，[17]这部分导致了他的财政紧绌。埃卡的慷慨大方是出了名的——在伯克利他有时会帮学生出医药费，不过他为什么感到始终对巴比有一种义务，原因并不清楚。不管是什么，在余生他对巴比一直友善相待。1939年她用打字机帮他誊录了他的一篇文章。1953年埃卡访问伦敦时，两人见了一面。从1939到埃卡的晚年，两人一直通过信件定期联系。到他去世时，他保存了巴比写给他的"数千封"信，不过在巴比的要求下，尤迪特·肯特（索莎的女儿）付之一炬。

包腊的回忆录声称，在康托洛维茨的第二段柏林时期，他开始"抛弃从斯特凡·格奥尔格那里接受的教义，视自己在1919年的极端爱国主义行动为失常"。[18]1935年初，埃卡为业余听众写的一份广播讲稿表明，他并未立即脱离格奥尔格的思想形态（ideology），但已不再醉心于宣传它。在1933年10月至1935年10月的一系列先是从法兰克福，后是从柏林播送的午夜广播中，这次讲话是其中的一次，由政论作家沃尔夫冈·弗罗梅尔组织。他是一位格奥尔格的仰慕者。为了以"德国精神的命运"为标题，讨论一系列文化主题，他找来各种各样的关系撰稿，包括格奥尔格圈里的名人和知名学者。考虑到时代背景，弗罗梅尔找来的撰稿者绝大多数并非热心的纳粹分子，而且在讲话中并未涉及当时纳粹的口号，这一点可谓勇敢。

弗罗梅尔的勇敢还包括他请了一些犹太人，尽管犹太人是被禁止在广播中讲话的。1935年3月，他在恩斯特·莫维茨的建议下请来康托洛维茨。为了规避禁条，他安排他的一位年轻的非犹太人朋友以自己的名义发表讲话，然后向真正的作者支付酬金。然而，他这样做依然冒着风险，因为这位朋友是一位法科学生，几乎不可能如他在所念讲稿中展示的那样，在中世纪方面如此博学。实际上有一位听众便起了疑心："听起来您似乎是一位霍亨施陶芬时期的专家。" [19] 如果盖世太保有所注意的话，可能便会察觉到其中的欺瞒，对犯罪者给予严惩。

1935年2月22日，康托洛维茨的《德意志教皇》在柏林广播。这篇讲话与政治无关，但在暗中反对纳粹的必胜主义。《德意志教皇》探讨的是中世纪德意志人成为教皇的几个场合。主题是已然成为帝国主教、被其德意志性矮化的德意志教皇，与其他献身于普遍的要求、因而失去了德意志性的德意志教皇之间的张力。在康托洛维茨看来，德意志与普世未能统一，"这一绝望——如我们知道的——伴随着德意志的一切历史"［着重号为笔者所加］。[20] 1935年负责监督柏林广播的检查员，必定是在打盹，竟未注意到有人提到德国历史正陷入无望的泥潭。

然而康托洛维茨要想放弃这一理想——即一个曾经是且永远是德意志的和世界的德国——依然有困难。他的讲话以对班贝格大教堂的追忆开场，这座教堂拥有一位皇帝和一位教皇的坟墓：

亨利二世,唯一被认可为圣徒的德意志皇帝;克雷芒二世,唯一出生于德意志、埋葬于德意志的教皇。这些只是为将班贝格作为一个本可以成为的标志提供理由。接着康托洛维茨提到四件雕塑:《法兰克骑士》《加利利的女预言家》《基督教堂》《犹太会堂》。每一件都需要评论。骑士雕像挨着大教堂内部的一根圆柱,常以"班贝格骑士"之名为人所知。在提到这尊 13 世纪的雕像时,他引用了《腓特烈二世皇帝》,称之为"必定在德意志生活过的骑士般高贵而美好之人"。根据传记的说法,这一骑士"同时是世界的又是德意志的"。"加利利的女预言家"有时被用来命名位于东侧圣坛的一尊 13 世纪的雕像,但它实际上表现的是圣伊丽莎白。康托洛维茨选择"女预言家"这一术语是因为它的气氛。他的传记结尾,便是这位厄立特里亚的女预言家的话:"他活着,他没有活着。"至于《基督教堂》和《犹太会堂》,他直陈其见。对他来说,班贝格大教堂"通过它的墙壁,结合了得胜但不张扬的基督教堂和哀而不伤的犹太会堂里的同样高贵之人"。在 1935 年,提及一处对"基督教堂"和"犹太会堂"予以同等高贵的刻画并连接二者的德国历史遗迹,暗地里带有挑衅的色彩。同样显得目中无人的是这一广播脚本的结束部分,暗示班贝格大教堂是"极少数知道阿波罗的德国人的德尔斐"。

我们会注意到其中哀婉而非好战的语调。康托洛维茨对斯特凡·格奥尔格的尊崇并未减弱。1938 年新年前后,他和朋友威廉·施泰因一起到格奥尔格的坟前献花。两年后,他从伯克利写信给施泰因,说他应该再次给他献花。但《德意志的教皇》是他的著述中,最后一次使人想起"秘密德意志"这一主题的。

1934 年秋至 1937 年夏之间,康托洛维茨的两项主要学术工作,一个是关于基督君王颂的礼拜仪式研究，一个是关于德意志空位期的一本书。对前者的深入讨论，将延至后面的章节。这里可以说的是，埃卡在1936年夏天前，已经对这个主题完成了一个简短的研究，但由于在德国犹太人的发表受到限制，因而未能看到它的出版。珀西·恩斯特·施拉姆在1937年的一篇长文中摘录了一部分发表，但这很难称得上令人满意。1938年2月，对通过发表以期在国外找到工作感到绝望的埃卡，给身在伦敦的弗里茨·萨克斯尔写过一封信，从中我们可以估量他的挫败感。在信中，他探问萨克斯尔，看有没有可能将他的研究成果收入瓦尔堡研究所的一套丛书。因为他估计他的文章印出来大概有七十多页，对于研究所新创立的期刊来说可能太长，但兴许可以放在专题论文的丛书中，而且他准备好了将之译成英文。为了突出他的情况，他声称他的作品"绝对适合"，但实际不然，因为瓦尔堡研究所从事的是艺术史，而这项研究探讨的是礼拜仪式。萨克斯尔婉拒之后，埃卡尝试到别的地方出版，但无一成功。1939年初的一份简历上，他告知一本名为《基督君王颂》的德语著作"已计划私人出版，但最近被出版商撤下"。[21] 可以将之归因为，他想在伯克利留下来的话，接下来需要用英文出版一本更有分量的书。

前面提到过，在法兰克福的时候，埃卡便已计划写一本关于13世纪德意志帝国空位期的书。但到了牛津后，写一本仅限于德意志史的书的想法便淡了下去：牛津时这一想法的痕迹仅存在于一次讲座的标题——"中世纪的世俗化"。可以相当肯定的是，这次讲座是打算用来充当他的空位期一书的导论的，因为留存下来的两份德语草稿处理的都是"世俗化"主题。两份都有标题"1. 对时间态度的改变"；显然这个"1."表明，它是一部更大部头的作品的开头。稍早的一份草稿是在1935年6月后不久写的,另一份也不会太晚。

这两份草稿足够相似,可以视作同一篇文章的两个版本,展示了康托洛维茨的历史书写性质发生的显著演进。它们大致是从腓特烈二世传记结束的地方开始,但摆脱了叙事。它们也并非以诗歌和传奇开场,仿佛在宣布一部与"历史研究"相对立的"历史再现"的作品。相反,它们提出了由腓特烈二世之死引发的统治延续性的问题,所依据的是一项历史编纂学的论证:13世纪对奥古斯丁主义的反动。圣奥古斯丁假设了一个二元性:尘世的时间和宇宙的永恒。尘世的时间是不定的:尘世的生活是暂时的,可能在任何时候消逝。因而在奥古斯丁教义下的政治制度,缺乏任何对持久性的设定。一位国王死了之后便没有了国王,也没有了统治,直到下一位国王被选出;军队的召集和税收的征收都是临时的。但到了13世纪,英国和法国完全转向王朝延续性的原则;军队的召集比以前要更为常规;税收不再只是一年一次。康托洛维茨将这些发展与亚里士多德主义在13世纪的兴起作比较。巴黎大学的学者们反对基督教奥古斯丁教义假定世界是在时间中受造,他们辩称,与此相反,世界是永恒的。虽然这一教义在1277年被打压为异端,但它依然深入人心。随之一种新的"时间感",为朝向制度延续性的趋势夯实了基础。

康托洛维茨计划中的这本书,从未推进到"第2章",这一事实也许可以告诉我们很多东西。他不再考虑写一本无论如何会涉及德意志的书,因为犹太人不再被允许出版德意志史的书。但极有可能是他不再想写,因为第1章的草稿已经聚焦到英法的制度发展和巴黎大学的智识发展。事实上他正在勾勒一本将在多年

之后完成的、截然不同的书的一个部分。这里是来自《国王的两个身体》的证据:

> 主张时间问题作为下层逆流,激活着整个中世纪和文艺复兴的智识,可能还是有所低估……到 13 世纪已经流行,到 14 世纪和 15 世纪已变得极为普遍……延续性在此前尚未被注意或者被设想的地方成为预设;人们准备好去修改、校正和抑制——虽然没有放弃——对于时间之有限、人类制度与行动之短暂的传统感受。(第 283 页)

康托洛维茨在《国王的两个身体》中对"时间问题"的探讨,有一个方面在 1930 年代中期的草稿中是没有的,那就是介于 *aeternitas*(永恒)和 *tempus*(暂时)之间的概念:*aevum*(永常)。不过虽然埃卡在 1939 年的一篇论文(稍后讨论)中才首次提出 *aevum*,《对时间态度的改变》A 版本附带的一张笔迹潦草的纸上,已包括一个"Aetern.""Aev.""Temp."的图表,表明他大约在 1935 年便已意识到了这一主题。[22] 换句话说,他是从《腓特烈二世皇帝》,经过那本流产的关于德意志空位期的书,才抵达《国王的两个身体》的。

在 1938 年 7 月的简历中,康托洛维茨写道:"从那时起[1934 年 11 月],我待在柏林继续我的工作。但由于我无法期待一本主题与德意志史有关的书付梓,我开始收集有关瓦卢瓦王朝勃艮第公爵的历史文献。在我可以旅行的那些日子里,我利用了布鲁塞尔、巴黎、威尼斯、曼图亚和其他地方的档案馆与图书馆。"从中我们可以得知,埃卡"有尊严的闲暇"的第二阶段,从 1936 年

11 月延续到 1938 年 2 月,其中绝大部分由旅行构成。早在 1926 年读到友人威廉·施泰因关于罗杰·凡·德尔·维登画作的一项研究时,埃卡就迷上了 15 世纪的勃艮第。就像他在那时写到的,"犹如在读到一本好书时总是会有的妙境,一个人知道自己现在已经有所认识,但更渴望知道得更多,勃艮第历史的一切、勃艮第宫廷及其所有艺术——凡·艾克兄弟、弗莱马尔大师和罗杰本人的其他作品——一个人想无所不知"。[23]

然而埃卡将这一追求推迟了十年。最早有迹象表明他已投身写一部有关勃艮第历史的书,是 1936 年 9 月 3 日一封写给友人、古典学者恩斯特·朗洛茨的信。此前他刚从比利时度了三周的假回来,在信中他告诉朗洛茨,他正急切地寻找"与勃艮第有关的事物"。(1951 年他在一封给拉尔夫·基西的信中,追忆凡·德尔·维登在布鲁塞尔和安特卫普的画作,加了一句"布鲁塞尔是我的信仰"。[24])11 月,他去布鲁塞尔开始新书的研究工作。如同他给朗洛茨写到的,他已经"捣弄了一些细碎的材料……一项非常有趣的活,既不会讨人喜欢,也不会伤害到人"。但现在他发现有一些大的东西真的吸引了他。

直到 1937 年早春,康托洛维茨都在布鲁塞尔工作(除了 12 月去了一趟英国观看英王逊位仪式,以及在大英博物馆做些研究)。他住在市中心的王家大道,后来他将他所住的公寓描述为拥有"很好的视野,可越过柯登堡山顶,直抵圣居雨勒大教堂"。[25] 一位在歌剧院唱声乐的日本女人住在楼下,每天大清早吊嗓子,把他吵醒。步行去档案馆可以当作锻炼,因为它位于高处。埃卡后来在书中提到"布鲁塞尔的佳肴",但私下里写信给包腊,说他对这里的夜生活很失望。[26]

8月在柏林休息了一阵，在布鲁塞尔待了很短的日子后，1937年11月他开始一趟更长的旅行，去意大利和巴黎进行了几个月的研究。起先他到威尼斯和摩德纳，12月的前两周在那不勒斯，之后去罗马、曼图亚和米兰。新年的时候，他把手头的研究放下，去了一趟瑞士，和施泰因在一起。之后他在柏林和巴塞尔略作停留，差不多1月3日抵达巴黎，剩下的这个月都在那里。

　　在巴黎，康托洛维茨住在旺多姆广场边一家舒适的旅馆，只需步行就可到国家图书馆。图书馆开放的时候他在里面工作，闭馆后他便探索起这座城市来。他喜欢参观克吕尼博物馆，尤其因为它的佛兰德和法国挂毯。他通常在外面吃饭，有时和德国流亡者中的熟人一起，对烹饪予以密切的关注，部分是为了在家里可以模仿。1月中旬，他有了露西·冯·旺根海姆的陪伴，后者登记住进他所在的旅馆，房间挨着他。（到这时两人并未同居。）在巴黎期间，埃卡修正了他对法国的看法。他写信给姐姐索莎，说他并不觉得这里的人如他四年前以为的那样简慢。而且他已被巴黎"迷倒"。

　　为写一本勃艮第的书，康托洛维茨却把许多时间花在意大利，这一事实表明，他的目标在于用一种新的方式来研究这个主题。在"大胆查理"公爵治下（1467—1477），勃艮第的使者频频出现在意大利宫廷，而来自意大利的使者则寻求查理在北方的势力。例如，1471年公爵在洛林接待来自罗马、威尼斯、那不勒斯和费拉拉的使者。米兰派驻到法兰西和勃艮第宫廷的使节则定期往本国寄送急件。埃卡意识到，要了解勃艮第的政策目标和习俗，往返的信件和报告是丰富的资源。确实，这是最早的时期，有可能主要基于外交文献来撰写持续的历史。假如埃卡计划的这本书能面世,从方法论角度看,将会是开先河的,更不要说迥异于他其他的作品。(作为这项课题的副产品的一篇文章,展示了他对档案证据的敏锐。)至于这本书的实际主题,显然它会集中在大胆查理的帝国野心:他试图重铸加洛林王朝"中央王国",通过与意大利结盟在外交上挫败法兰西。康托洛维茨认为查理的帝国政策是基于复兴古罗马的理想,隐隐地不同于腓特烈二世的政策。不幸的是,1938年2月初从巴黎回到柏林后,他放弃了勃艮第计划,因为他判断继续待在德国不再可能,他需要更为快捷的发表策略,以帮助他在国外找工作。

第十四章
逃离

　　1938年，恩斯特·康托洛维茨痛苦地失去了他的"有尊严的闲暇"。他一从巴黎回来，护照就被收走，这意味着他再也不能出境，参加国外的学术研究活动。1937年他的《遁世》一文被撤稿，因为他是犹太人。只有《维涅在英格兰》一文在1938年1月德奥合并前发表。很显然，该是移民的时候了。

　　他的当务之急是准备一些论文用英文发表。国外并没有任何橄榄枝向他抛出，他自己也没有尝试在英格兰找工作。包腊必定明白告诉过他英格兰的就业形势，找也是白找。还剩下美国（巴勒斯坦不在考虑范围之内），他被建议，要找到一个职位的最佳策略是进行一次巡回讲座。因此就需要一些论文，最好能让可能的东道主有选择讲座主题的余地。于是从1937年冬至1938年夏，埃卡便埋头用一种他尚未能完全驾驭的语言，写作一组论文。感到自己已准备妥当后，他寻求把护照要回来。这绝非易事，不过他最终在10月29日拿到手。没过多久便是11月9日的"水晶之夜"，纳粹对犹太人发泄怒火。如果埃卡没有受到庇护，肯定会在凌晨被捕，然后运往萨克森豪森集中营。当危险过去后，他设法获得了所需签证，之后在12月初，穿越边境去荷兰，从那里坐船去英格兰。两个月后,他抵达纽约。

这一切多亏了朋友帮助,特奥多尔·蒙森尤其热心。他已于1936年移民美国,像他这样本人不是犹太人,妻子也不是犹太人,却离开纳粹德国的人很少。(他是一名学士。)在慢慢适应新的语言和文化(他决定自称为"特德")的同时,他在约翰·霍普金斯获得一个研究职位。这使得他鼓励埃卡也来美国。在1937年初的一封信中,蒙森告诉他,美国的大学也没差到哪里去,他认为埃卡满可以在这里找到一份教职。他强调不想催促他,也不想让他低估困难,但他表明,他会乐于和埃卡在同一个国家,如果埃卡有积极的意愿,他可以看看自己能否帮上忙。6月,他再次去信。这次他写道,他获得了下一学年耶鲁的斯特林研究基金,这可以让他更有余力,因为耶鲁在地缘上要更中心。(他调侃说"斯特林"并非指英国货币,而是捐赠者的名字。)现在他的提议是,埃卡应该来美国做一次巡回讲座,看喜不喜欢这个国家,他会尽己所能予以安排。如果埃卡有这方面的决心,他得把一个讲座题目的清单寄过来,蒙森补充道,"一份丰富的菜单会受欢迎"。

1938年2月初,埃卡一从巴黎回来,便表明了他的兴趣。彼时蒙森三十三岁,是个害羞但很执着的人,有着广泛的人脉。他认识高盛公司创立者马库斯·戈德曼的儿子朱利叶斯·戈德曼,而戈德曼又和知名律师、慈善家伯纳德·弗莱克斯纳(1865—1946)往来密切,后者是普林斯顿高等研究院的创立者亚伯拉罕·弗莱克斯纳的哥哥。通过戈德曼的联系,蒙森与弗莱克斯纳结识,不时成为他家中的客人。这一联系对埃卡的未来至关重要,因为他在美国的职业生涯初期,数弗莱克斯纳给他的支持最多。而弗莱克斯纳之所以能扮演这样的角色,是因为他是纽约救助德国流亡学者紧急委员会（1938年11月之后改成"救助外国流亡学者紧急委员会"[1]）的一名很有影响力的董事会成员。

1938年2月4日，蒙森从耶鲁写信给弗莱克斯纳，把有关埃卡的一些基本资料告诉他。他声称，腓特烈二世皇帝传记"在大众中获得的成功，非战后德国其他历史学作品所能及"。蒙森希望弗莱克斯纳去问一下紧急委员会董事会主席斯蒂芬·达根，看有没有可能安排一些讲座，最后以此作结："请代我向弗莱克斯纳小姐[弗莱克斯纳的妹妹]问好。我很享受和你们在一起的时光。"（早些时候蒙森造访过弗莱克斯纳在公园大道的家。）弗莱克斯纳立即写信给达根谈及此事，且补充到，他可以为之筹到五百美元（相当于今天的八千三百美元）。达根回复说，需要私下讨论。[2]

3月，紧急委员会开始着手为埃卡在曼荷莲女子学院谋求一份终身教职。在准备提交推荐信前，达根想对埃卡的资质有个底。1934年，他通过弗莱克斯纳的弟弟亚伯拉罕的关系，向牛津新学院的研究员E.卢埃林·伍德沃德问询。对于这封从普林斯顿拍来的电报，伍德沃德在电报中回复道："英语平平或可长进觉其陋不堪荐任电询另一牛津人之见。"三天之后他发来电报："吾见获证实。"[3]如果达根没有动用自己在英格兰的关系，打听牛津方面是如何看待康托洛维茨的人品和英语能力，事情本来会到此为止。其中一位是沃尔特·亚当斯，科学与学术保护协会学者资助委员会（这个换了新名字的组织在1934年将埃卡安置在新学院）主任；另一位是紧急委员会前秘书、后来声名卓著的爱德华·R.默罗，他同时在英格兰为哥伦比亚广播公司担任驻外记者。得到的反馈结果，虽然多少有些含混，但足以令人满意。亚当斯帮达根联系了三名牛津教员。J. L. 毕尔里对康托洛维茨没什么印象；

另一位 J. L. 迈尔斯则很冷淡，不过还是写道，"他的自信和缺乏矜持，在美国大学会得到比这里更友善的理解"。第三位，H. L. 亨德森，则予以了充分肯定。[4] 而默罗的电报很简短："牛津公认康托洛维茨格外适合。"[5] 达根便把康托洛维茨的名字和蒙森提供的材料转交给曼荷莲学院院长。

不知何故，埃卡并未得到曼荷莲的工作。因此他继续为巡回讲座准备论文，此外照常生活。婶母埃娃给女儿薇拉寄过一张明信片，显示埃卡7月5日在她那里吃晚饭："和他在一起总是很愉快，我们的谈话多围绕厨艺。"[6] 而在他留存下来的笔墨中，我们可以看到他对另一次晚餐的记叙，时间是"1938年7月的一个炎夏之夜"，地点是画家马克斯·李卜曼在万湖（Wannsee）的别墅。李卜曼已于1935年去世，晚宴的女主人是他的遗孀；其他客人包括她的女儿克特和女婿库尔特·里茨勒，一名未透露姓名的"外交官"（阿尔布莱希特·冯·伯恩斯托夫，之所以匿名，是因为他写这段文字的时候还在德国），以及艺术鉴赏家马克斯·J. 弗里德兰德。埃卡的笔触传达了那晚的气氛："朗西曼已经开始他去布拉格的不祥使命，在无云的黑蓝色夜空下，重型飞机发出轰鸣，宣布着雷暴即将卷席欧洲。"晚餐过后在花园喝咖啡。聊完政治新闻，他们把话题转向美国，因为里茨勒一家很快就要启程赴美，埃卡希望自己也能够去那。继而又聊到美国人收藏的欧洲画作，大都会博物馆有一幅肖像画早先被弗里德兰德鉴定为罗杰·凡·德尔·维登的作品。讨论继续，在本章结尾的时候会回到这里。

几天后，埃卡收到一个叫弗里茨·德穆特的人的来信，后者是德国学者国外生活紧急协会主任。（该组织成立于苏黎世，但已经搬到伦敦，同科学与学术保护协会合作密切。）德穆特写道：

> 加利福尼亚某所极为知名的大学空出一个中世纪史正教授岗位，要求我提议候选人。这个岗位是终身的，年薪大约九千美元。请让我知晓您是否有意，如果有的话，寄一份简历（三份复印件）过来，让我给您转交。事出紧急，还请尽快答复。（熟悉掌握英语乃必备条件。）[7]

埃卡大为惊喜。他立即作出答复，表达了对这一职位的强烈兴趣。他很快便准备好将简历寄出，同时顺带礼貌地问了一下德穆特，是否可能告诉他是加州的哪所大学（他推想"不是斯坦福便是伯克利"），因为他讲英语的朋友们可能有关系可以帮到他。但德穆特回答说他自己也不知道，因为他只是个传话的人。同时他还需要来自以英语为母语的人的推荐信。

于是埃卡全力以赴，以尽可能得到知名人士的支持。他的文件中包括两封分别寄给 F. M. 波威克和前美国驻柏林大使威廉·F. 多德"阁下"的信的草稿。正好多德在去柏林履职前是芝加哥大学历史学教授；康托洛维茨从未与他谋面，但了解到多德知道他的腓特烈传记，且称赞有加。在两封信的草稿中，他使用了相似的语言解释他的困境，想看看两位先生能否设法向德穆特推荐他，能否给他们可能有的加州友人写信帮助他。至少这两人是给德穆特写信了，这在很大程度上是可以肯定的。（1939 年埃卡在申请美国永久签证时，推荐人名单打头的便是多德。）还有很多人为埃卡的事情写信，包括 H. A. L. 费舍尔、A. L. 普尔、汤姆·博尼斯，当然少不了莫里斯·包腊。另一位是乔治·李·哈斯金斯，查尔斯·霍默·哈斯金斯（已在此前的一年过世）二十三岁的儿子。哈斯金斯是哈佛研究员协会成员，从英格兰写信给埃卡，说他在和包腊吃饭的时候，得知加州有一个职位在考虑埃卡。因而他写道："我知道家父对您过去的作为评价甚高，不知我能否为您效劳。"[8]

8月末，埃卡得知，这所有空缺岗位的加州学校是伯克利。这时包腊便把康托洛维茨推荐给伯克利的知名法学教授马克斯·雷丁，同时对他的朋友、哈佛法学教授费利克斯·法兰克福特施加影响。雷丁并未见过埃卡，但知道他的腓特烈二世传记，便写信给伯克利教务长门罗·多伊奇，用最强烈的口吻称赞他："[在]这一特别领域，我认为我可以说，可能无人比他更能为我们系带来更多荣光。"[9]多伊奇将这封推荐信转给伯克利遴选委员会主席，不过委员会想优先考虑美国人。这个职位是讲席教授，将在一位美国中世纪史学家退休之后空出，自有其他美国中世纪史学家来补缺。对于委员会的绝大多数成员来说，似乎并无必要在别处寻觅，更不要说考虑一个英语能力未得到证实的德国人。康托洛维茨是犹太人这一事实可能也对他产生了不利影响。这么说并无确凿证据，但我们可以看一下委员会成员、地理学家卡尔·奥特温·索尔寄给委员会主席的一份备忘录："我[似乎]察觉到在关于合适人选的表述里有一种本土主义贯穿其中。科学不识国家或种族的边界这种话可能很陈腐，但我强烈地拥护这一观点。"[10]无论如何，康托洛维茨的候选资格暂时搁置。

当然，依照常识，埃卡不能指靠伯克利，而为了尽一切可能找到工作，他需要让自己的履历更为光鲜。因此8月初，当友人珀西·恩斯特·施拉姆来柏林看他，他要施拉姆给他写一封通用的推荐信，施拉姆应允。埃卡希望在入秋后离开德国，考虑到这一点，8月末他和德裔格式塔心理学家库尔特·科夫卡在柏林见面，提出有没有可能在科夫卡任教的史密斯学院演讲。不久，埃卡和乔治·哈斯金斯通信，表示很乐意在哈佛演讲，哈斯金斯称没问题。至于耶鲁的演讲，他有信心，他挚诚的朋友特奥多尔·蒙森会把事情安排妥当（事实也的确如此）。

埃卡计划的巡回讲座是基于他可以旅行这一假定，但在向官方申请返还护照受阻之后，前提便不复成立。8月5日，他采取了第一步必需的措施，出现在柏林移民咨询处。事情进展得不错：咨询处乐意向警方建议给他六个月的旅行权利（标准的时长）。这意味着埃卡可以在8月25日向警察总局提出正式申请，有足够时间从移民咨询处拿到有利的推荐信来开门路。但埃卡不可能指望官僚在他坐在那里的时候就把护照交出来，所以他又回家等。起初他并未想到事情会遇到困难。9月1日一封给恩斯特·罗伯特·库尔提乌斯的信暗示，他马上就要启程，考虑到他们熟悉的世界已被摧毁，离去也就没什么遗憾。[11]（他用哀婉的语调，引用了华兹华斯的《为威尼斯共和国的覆亡而作》："身而为人，我们理当悲悼，即使一度伟大的事物，影子也已死去。"）不过在接下来的日子里，变得越发确凿的是护照归还的日子得往后推延。这段时间最糟糕。因为英格兰是他的中转站，而英德之间的战争看来一触即发。9月的第一周，包腊在柏林被一位友好的德国人提醒，要他最好赶紧离开，他照做了。《慕尼黑协定》签订之前的那个周末，埃卡在伯恩斯托夫伯爵的庄园度过。军车在路上隆隆作响；所有人都在密切收听收音机："伦敦，巴黎，罗马。"埃卡依然相信自己马上可以离开，在伯恩斯托夫的访客留言簿上写下"别了"。

捷克斯洛伐克危机达到顶点，引发包腊与康托洛维茨电报往来。包腊让埃卡知道，他会与他休戚与共。埃卡则在电报中回复："感谢老伙计并让我们期盼再相会。"之后，随着危机由张伯伦的让步而解决，埃卡立即写信给包腊："目前的解决方案可能不太让人愉快——无论如何，总算是一种解决，任何人都乐于从那种无法忍受的张力中解脱。即使英雄如我也（用布鲁姆的话说）'怯懦地松了口气'。"然后他补充道，他认为他可以见到好友，"就在不远的日子里，因为我可以肯定在接下来的日子会拿到我的证件"。但就在同一天，他感到有必要催一下警察总局，于是在10月3日进行了一次私人拜访。

1938年10月7日寄给包腊的信件很经典。包腊出席了一次牛津的欢宴，写到他很遗憾埃卡没有在那里，一尝松鸡的美味。埃卡回答道："这一想法对我来说无法忍受，虽然我并不喜欢松鸡，我可能会失望，而且比起从前来，在体验上更为贫乏。所以我必须厉行自制，吃山鹑和野鸡，它们现在着实很美味，而且在这些日子里如此带来安慰。"包腊抱怨院长楼的电工和窗帘挂钩老是给他添乱，埃卡对此表示同情，说他希望去小楼看看，"如果我可能来看你的话"。最后才是真正重要的消息："有一个希望，克尔岑夫人最终将她玫瑰色的指尖[《奥德赛》第九卷][1]介入我的事务，所以我可能要么被杀，要么成功，两者我都很高兴。"

谁是"克尔岑夫人"？"克尔岑"是埃卡给赫尔穆特·库佩尔取的绰号，两人自1923年就相识，那时他在海德堡，埃卡误把他认作沃尔德玛·于克斯屈尔（两人都是金发，身高也差不多）。[12]他们很快走得很近（库佩尔属于格奥尔格圈的外围人物），1935

---

1 "玫瑰色手指"在《奥德赛》中被用来形容黎明。

年，两人频繁见面，因为库佩尔搬到了柏林，接管邦迪出版公司。他的首任妻子是一个白俄罗斯人，叫帕拉斯科维·波勒斯金纳，被称为"梅花"（Baika），是一名受赫尔曼·戈林赞助的画家。因为她为戈林的妻子画过肖像，两人便成了朋友。[13] 埃卡的护照重新生效，这是其中的一个关节。

库佩尔的第二任妻子在1993年告诉我，是库佩尔的前妻要求戈林夫人在丈夫面前美言，事情才得以解决。但这个解释过于简单，因为埃卡在10月7日写信说，"克尔岑夫人"关注了他的事务，但他的护照在10月末才重新生效。10月29日，埃卡写信给包腊，说"有很多人在幕后活动"，鲜为人所知的是，其中包括柏林警方的头头。这一结论的来源是埃卡在1940年代初对他的学生威廉·A. 钱尼所作的解释。埃卡告诉钱尼，他在法兰克福教书时，有一名仰慕他的学生恰好是纳粹警官沃尔夫－海因里希·冯·赫尔多夫伯爵的儿子，而到1938年的时候，冯·赫尔多夫已成为柏林警方的首长。这位从前的学生（"一个可恶但有时有用的小伙子"）得知埃卡的护照难题后，找到他父亲看能做什么。于是赫尔多夫伯爵打电话给盖世太保一名级别仅在希姆莱之下的官员，让他去调查一下是否是盖世太保扣押了护照。官员对此一无所知，试图去搞清楚谁负责此事。一番问询之后，发现原来负责的是埃尔哈德·米尔希，戈林帝国航空部的二把手。米尔希的解释是："正是这种人出去后，作最恶劣的宣传，反对德国。"对此盖世太保的官员还击道："正是您这种人通过不让人出去，作最恶劣的宣传，反对德国！康托洛维茨必须在二十四小时内拿到他的护照。"

一位盖世太保官员和埃尔哈德·米尔希之间的谈话，康托洛维茨是如何知道的？据钱尼说，埃卡是从赫尔多夫的儿子那里得知的。即使钱尼是在 1988 年第一次写下他的解释，他声称记得这个故事的措辞，和他从康托洛维茨那里听来的一模一样。（笔者可以证实钱尼的记忆力非凡。）此外，有一层关系钱尼并未注意到：埃尔哈德·米尔希是康托洛维茨的远亲。（埃卡的堂姐埃尔泽·康托洛维茨嫁给了埃尔哈德的一位亲戚路德维希·米尔希；如果有人好奇，在戈林的航空部里怎么会出现有部分犹太血统的人，可以用戈林那句臭名昭著的话回答："谁是犹太人由我说了算。"）可能米尔希对康托洛维茨有个人积怨；即使不是这样，他可能对他的名字已有所警惕。把线头归拢一下：戈林夫人说项，通过对航空部施加影响，来帮助埃卡。但埃尔哈德·米尔希从中阻挠，直到被一位经赫尔多夫提点的盖世太保官员驳回。

在结果出来前，埃卡对其中的曲折并无知晓。10 月 11 日，他写信给包腊："我仍未拿回我的主要证件——太可怕了。我几乎无法工作，只能把时间浪费在等、等、等！我确实很生气，脾气很坏，坏到这些天我只喝法辛格[瓶装水]，没喝葡萄酒，竟然一点也没发觉水的味道太糟糕。"为了让埃卡喝到酒，包腊竭尽所能，他找到英国外交部的最高层，问外交大臣哈利法克斯子爵能否利用他的影响力介入。（就在三周前，哈利法克斯还和希特勒在慕尼黑握手来着。）10 月 24 日收到的回复并不在意料之外：

> 我亲爱的院长，感谢您在 10 月 18 日的来信。对于您想帮助康托洛维茨教授离开德国的努力，我心有戚戚。然而不幸的是，我的经验告诉我，凡在这类关系到一位德国国民的事务上施加外交压力，都会被德国当局怨恨，不但无益，反而可能对渴望得到帮助的人不利。[14]

与此同时，埃卡在10月16日给警察总局写了一封措辞强烈的信。他指出，他在8月25日便已申请返还他的护照，在9月30日又予以了催促，且在10月2日访问过警察总局。现在他已经等了七周，这样拖延下去，他将失去在美国找到一份学术职位的机会。他已计划在秋天进行巡回演讲，但现在很有可能撞到假期。他只能推断，是不是有哪个地方搞错了。由于事情紧迫，他要求立即调查。最终还是移民咨询处让事情取得进展。10月20日，该处发布一份文件，确认了最初的那份赞成的推荐信，不过声称原件"据说已丢失"。重新确认过的推荐信仍然得走流程，直到10月29日，警方才最终把护照交出。

一旦事情办妥，埃卡立即给美国的熟人拍海底电报，说他可以自由地前来办讲座。他们的回应令人高兴。11月4日，"年轻的哈斯金斯"写信给他，附寄一封哈佛历史系主任发出的正式邀请；11月7日，他收到耶鲁皮尔森学院院长的相同邀请；11月8日，则是史密斯学院讲座委员会。他准备一拿到英国和美国的签证就动身。

不过随后"水晶之夜"发生。在战后关于冯·伯恩斯托夫伯爵的回忆中，埃卡讲述了这一戏剧性故事的主体部分。他本计划11月10号晚在公寓举行晚宴，招待伯恩斯托夫和库佩尔。但那天早上他正在淋浴的时候接到一个电话。打电话的人正是伯恩斯托夫，他说晚宴得延后了。相反埃卡应该去他的公寓，且带上一些随身必需品，以防可能要去伯恩斯托夫在梅克伦堡的庄园。埃卡听从了指示，之后得知就在当晚犹太会堂被焚烧，犹太人商店的橱窗被砸碎，货物被抢劫。到了早上，知名的犹太人将会遭到围捕，而伯恩斯托夫想为康托洛维茨提供庇护。他没有去想这会给自己带来危险，这是他的勇气的一个例子，而正是勇气将导致他在1945年战争快要结束前，被党卫军残忍杀害。

埃卡在伯恩斯托夫的公寓继续待了两天后，又和库佩尔在一起待了五天，之后转移到一家膳宿公寓。他之所以没有立即启程，是因为还没拿到签证。在10月29日写给包腊的一封信中，他表达了担心，因为他的犹太人身份，他可能将很难取得去英国和美国的签证。（"对于盖有大号的红J字样的护照所有者，外国当局费尽心机地设置重重障碍。"）他指望包腊兴许可以让"哈尔王子"（哈利法克斯）帮忙。结果证明没必要这么做。包腊声称他将承担康托洛维茨在英国的所有费用，帮他渡过了难关。这样埃卡就能够在11月15日之后的一两天，去柏林的英国护照检查处，办理临时的访问签证。差不多在同一时间，美国签证也办理得很顺利，美国驻柏林的领事是伯恩斯托夫的一位朋友。11月27日，弗朗茨·康托洛维茨从柏林写信给在伦敦的女儿，说"恩斯特·K."前晚和他们夫妇在一起，说他准备在一两周内离开。[15]

实际上只是一周。12月3日，埃卡在赫尔穆特·库佩尔的陪同下离开柏林。伯恩斯托夫来火车站送别。埃卡将他的公寓让给库佩尔，以作为邦迪公司的一个办公室。这样他可以保留他的藏书，到这时他的藏书已聚沙成塔，无法像自己的影子一样带走。此外，这样他也可以在公寓里留出一个额外的房间给女管家，他认为这是他的义务。他和库佩尔一起借道荷兰去海峡，还不忘利用这个机会吃牡蛎。12月4日，他到达哈里奇港，之后去牛津。九个月后，英国和德国的战争爆发。

包腊在瓦德汉学院新整修过的院长小楼招待了埃卡。（巴比前不久去度假了。）包腊自己来当男管家。院长小楼贵宾餐桌上的晚宴堪称完美。这两人现在可能已不再是爱人了：在10月的一封信中，埃卡提及包腊从前"基情的日子"。[16] 但他们对彼此的陪伴从未厌倦。

12月末，埃卡在信中说他一门心思都在他的前程，几乎不可能工作。然而他还是做到了。汤姆·博厄斯已成为伦敦考陶尔德艺术学院院长，他安排埃卡在1月进行一个艺术史主题的演讲。这将会给他的简历加分，尤其可以展示他的英语演讲能力。这一主题让我们想起那个在马克斯·李卜曼万湖别墅度过的7月之夜。他们曾聊到美国的艺术品以及一幅被马克斯·J.弗里德兰德鉴定为出自罗杰·凡·德尔·维登之手的肖像画，埃卡（他对罗杰的兴趣是受朋友威廉·施泰因激发）问弗里德兰德是否肯定这幅肖像画中的人物是费拉拉的王子埃斯泰的廖内洛（Lionello d'Este）。以下是康托洛维茨的叙述：

> 马克斯·弗里德兰德犹豫了一会儿，然后说"是"，问我是不是要反对。这下轮到我犹豫一会儿，说"是"，坦承我有理由相信画中的人物，不会是廖内洛，极有可能是廖内洛的私生子弗朗西斯科（Francesco），他的名字写在画板背面的埃斯泰盾徽下方。[弗里德兰德回答]："天啊，如果您的假想是对的，这幅画就不可能是罗杰画的！而且这次出价不是一般高的收购，正是我推荐的。"……我花了好几个月，才找到一个真正令人满意的解决方案，弗里德兰德和我都没错。弗里德兰德没有被他的眼睛欺骗；油画是出于罗杰之手……我也是对的，因为同时我发现了另一幅［廖内洛的］

儿子的肖像画，不仅表明了被描画的人物是谁，而且表明了绊脚石在哪里。[17]

到康托洛维茨在考陶尔德学院讲到"罗杰·凡·德尔·维登的埃斯泰肖像"时，他已经把这个问题考虑周全。虽然这幅罗杰最精妙的肖像画之一，据称画的是埃斯泰的廖内洛，背后的文字却提到了一位"弗朗西斯克"（francisque），廖内洛私生子的名字的法语拼写。将画中人物确定为埃斯泰的弗朗西斯科的"绊脚石"在于，意大利的家谱学家将弗朗西斯科的生日推后太多，罗杰不可能将他表现为一位约莫三十岁的男子。然而，康托洛维茨给出了文献，以证明这一日期是错的，埃斯泰的弗朗斯西科比之前认为的，要早出生约十五年。此外，虽然弗朗西斯科在费拉拉出生，但他成年以后，几乎都是在布鲁塞尔度过，效力于那里的勃艮第宫廷，而布鲁塞尔也是罗杰生活和工作的地方，这可以解释"弗朗西斯克"，那是作为勃艮第宫廷语言的法语。许多图像学阐释和当代的一些其他文字描写，对埃卡的结论予以了肯定。基于康托洛维茨在1940年发表的这次演讲，大都会博物馆改了标签；一些与这幅画作相关的著作现在也会提到"艺术史家恩斯特·康托洛维茨"的成果。但这位作者不止是对画作的题材进行新的鉴定，因为他认为，通过排除罗杰是在埃斯泰的宫廷中完成这一画作，也就可以排除这一假定，即罗杰在意大利待过一段时期。（他写信给施泰因说，罗杰去过意大利，就如同施泰因去过秘鲁的概率一样小。）但他的这一主要结论，尚未被专家们接受。

埃卡的财力只允许他在伦敦待几天。索莎的女儿尤迪特把他安置在自己的普通公寓里。他手头缺钱，因为在他离开之后，就无法从德国政府领取退休金。很难知道他是怎么撑过来的。可能他存了些东西，私带了些现金出去，也可能是靠借钱。无论如何，他还得买一张轮船票，还得在美国维持生计。在启程前一周，他写信给一位在德国的友人："至于我，没什么可说的。我的状态当然很衰颓，心情坏，睡眠糟，胃口不好，消化不良。"[18] 他就是在这样的状态中，于 1 月 28 日登上阿奎塔尼亚号轮船，前往美国。

第十五章
"流亡的外国学者"

恩斯特·康托洛维茨在美国的最初几个月很艰难。他前途未卜，囊中羞涩，不喜欢纽约城。甚至连上岸都成问题。就如同他在给巴比的信中写到的，他的"新生活"得首先穿过地狱（Inferno）[1]。阿奎塔尼亚号在2月3日抵达，但他并未被允许在纽约下船，而是被送到埃利斯岛，作为"需特殊调查的外国人"遭扣留。问题出在他的护照签证只有六个月，官员怀疑他打算非法移民。如他承认的，他们的确有权抱怀疑态度，因为他携带着一箱书和多得似乎不合情理的论文。（他们打开了每一件物品。）由于船是在周五下午很晚才进港，他不得不等到周一的官方听证会。他尖刻地写道，他能通过铁窗看到自由女神像。虽然就那里的环境而言，生活条件还算过得去，但他仍然得和三十五个人睡在同一个房间。他写信给巴比说他为坏兆头闹心，对美国不再那么热爱。幸运的是，库尔特·里茨勒前来搭救。里茨勒一家已在两个月前到达纽约，他们在码头等着迎接他。他朝他们招手，传递了一个解释性的信息。所以里茨勒才能去美国领事馆延长埃卡的签证，而这足以将他带到曼哈顿。

他在巴黎旅馆落脚。该旅馆建于1931年，位于第九十七街与西区大街交叉口。房间很小，但租金公道。旅馆是里茨勒选的，他和妻子、年轻的女儿住在附近的第九十九街和河滨路交叉口。有里茨勒一家在邻近的陪伴，对他定然是个安慰。此外，里茨勒的公寓被他们成功从柏林抢救出来的东西布置得很奢华，还有从克特·里茨勒的父亲传下来的马奈、梵高和塞尚的画作增色生辉。里茨勒在社会研究新学院找到一份工作，但夫妇两有时还是得靠卖画来维持生计。就如克特所说的："我们靠墙糊口。"[2]

即便巴黎旅馆的租金低廉，但埃卡还是手头拮据。他不仅无法提取他的德国退休金，还得定期资助在英格兰的巴比。在一封给莫里斯·包腊的信中，他写道："在芝加哥有一些职位空缺，但据说不给钱，而钱是我唯一需要的。"后来他老是跟他在伯克利的学生，大谈他一度不得不住在纽约"一个月需一百美金的带家具的房间"。[3] 他也心怀不满；他跟包腊说"天气很恶劣，我受不了温度从 62 度一下子掉到 18 度。[1] 相当糟糕的是，当房间特别热的时候，我还是感冒了"。此外，他还抱怨缺乏一个"情欲的气氛"，或者他不知道该上哪找乐子，虽然他承认"世界博览会的象征——长矛和球——要多下流有多下流"。[4]

除了里茨勒一家，他还有一些熟人。在他抵达后的第一个周末，特德·蒙森从纽黑文（他还在耶鲁）赶来，加上另一位朋友费利克斯·吉尔伯特，带他到城里逛了逛。蒙森和吉尔伯特两人都不沉迷夜生活，这意味着这不过是一次"没有俳句"的游览。他们带埃卡去了洛克菲勒中心摩天大楼十七层的观景台。[5] 就如 2 月 25 日他在写给包腊的信中说的："坐电梯到洛克菲勒大厦的顶

1　这里是华氏度，换成摄氏度分别约为 17 度和零下 8 度。

层感觉很美妙。从那里看到的(虽然你厌恶风景,对它们的喜欢可能会显得很德国)让我对美国是什么或者它依靠自身缔造了[什么]有了初次印象,无论如何这挺重要。"一周后他去耶鲁看蒙森,告诉包腊"学院都是1929年到1930年的老式牛津建筑;'体育馆'类似主教座堂,图书馆像温莎堡"。

蒙森一如既往地热心安排了一次与伯纳德·弗莱克斯纳的会见。埃卡在位于列克星敦大街与第五十一大街交叉口的律师事务所拜访了他,之后寄出了一份会面备忘录,以备未来之需。这展示了他"留在这个国家的意愿"。首先,他将马上按照要求给东海岸的几所大学寄出几篇论文。同时他将"观望""加利福尼亚州立大学是否会选择"他。如果失败的话,他将试图获得其他学术职位,但明白如果他能出版一本研究合集,他的机会将大增。他在脑海中构想了"一本大约四百页到五百页的书,涵括他对中世纪思想与教育史的研究"。由于他想含蓄地问弗莱克斯纳能否提供支持,他详细说明了他想要出版的"研究"主题。之后他作结道:"容我再添一句,您对我的事务如此关切,对此我不知有多么感激。"如同事情将表明的,两人建立了密切的关系。

埃卡在美国第一次讲课,是作为客座教授,给巴纳德学院上一门定期安排的课程。这事来得巧。在和弗莱克斯纳见面没几天后,包腊的朋友、哥伦比亚大学古典学者吉尔伯特·海伊特带埃卡到哥伦比亚教授俱乐部用午餐,在那里恰好遇到巴纳德的中世纪史学家尤金·伯恩。伯恩——"人很好但无趣"(埃卡的描述)——便邀请他接手他的课程,给"五十个哥伦比亚的姑娘"[6]上课。埃卡没有讲他特别为学术听众准备的主题,而是讲起了腓特烈二世。不过无论是讲课的人还是听课的人,双方必然都很迷惑。对于康托洛维茨来说，只面向"姑娘"上课是新奇的，而听众大概也不知道他在讲什么。

没过多久埃卡告知包腊，里茨勒举办了一次午餐，请了他、吉尔伯特·海伊特，还有另外一个人。如他所描述的，"我们表现得非常轻浮，不知道第四个被请来见我的人，是哥伦比亚大学历史系主任。他在用餐前低声进行过一段简短的祈祷，此后再没说话的机会，因为我们过于饶舌"。（这"第四人"是卡尔顿·J. H. 海耶斯，杰出的天主教皈依者。）康托洛维茨向包腊保证"我记得讲过下流的故事"。[7]

在 3 月的第二周，他去新英格兰旅行，在哈佛、史密斯学院和耶鲁演讲。他给包腊写信说"旅行总的来说非常有趣，就像一个漫游的学者靠求乞穿越这个国家"。此外他补充了一句："耶鲁和史密斯学院给钱都非常慷慨；唯有哈佛是极大的例外，他们倾向于一文不花。"哈佛演讲——这是埃卡在美国第一次正式的公开亮相——的手稿留存了下来，表明他依然拿不准有些词该怎么拼。因此他用铅笔注音，例如将"o"放在"moulded"的"ou"上。

哈佛演讲面对的是历史系，名字为"13 世纪的永久观和进步观"，这是恩斯特·康托洛维茨史学研究进程中的一个里程碑。虽然它只是对那本流产的关于德意志空位期的书的导言部分的修正版本，但这一修正提出了一个新的分析概念，预示了一个新的分析框架。这一新概念是 13 世纪经院哲学术语 *aevum* 的重要性。埃卡提出这一术语是用来调节"永恒"与"暂时"的。*aevum* 是无尽时间（endless time），而非神的无时间的时间（timeless time，拉丁文 *aeternitas*）或者人的有限时间（timebound time，拉丁文 *tempus*）。它是"天使般的"（介于神人之间的状态），因为天使居住在其中。具备了 *aevum* 或者非永恒的无限期这一概念，13 世纪政制的形塑者们可以更舒服地处理超越个人生命的政制之持久延续的观念。我们可以翻到《国王的两个身体》第六章前两节，去看这一命题如何成为康托洛维茨名著的构件。

哈佛讲座也表明康托洛维茨开始全力投入西方民族国家史的研究。他以其惯常的爱好，在演讲开头，援引 F. M. 波威克 1936 年在哈佛三百周年庆上的演讲，后者提到英国人对一个延续存在的"王国共同体"的"著名"假定，从而为自己将 13 世纪的两项政治革新并置开道，这两项革新分别是：延续存在的体制，以及独立于任何特定的统治者生命而存在的"王国共同体"的观念。他并没有追究"国王之下但不仰仗国王的共同体"这一主题，但他对英国和法国政治延续性的例子的强调，以及他所作出的评论——即这一延续性的新观念"甚至在帝国……都可以察觉到"［着重号为笔者所加］——表明他不止是在一个方面远离德国。

在哈佛，"没有重要人物"来听演讲，也没有得到迫切需要的酬金，对此埃卡颇为失望。在史密斯学院的讲座，则源自此前夏天他在德国与库尔特·科夫卡的结交，他发现"这里的姑娘们非常可爱，同行们的知识水平相当低"。他最大的成功是在耶鲁取得的："这里的听众更为优秀，因此也更为欣赏我的论文。"（在召集听众这件事上，他的友人蒙森肯定没少花力气。）耶鲁的历史系主任邀请他 4 月再来做一次演讲，并且说他将利用他的影响力，让普林斯顿在接下来的学年为他安排一系列"待遇优厚"的讲座（埃卡的曲解）。这一点特别让埃卡高兴，因为关于他在伯克利职位的候选资格，还一点消息也没有。他开始认为美国学院和大学"有点讨厌外国教授，这我可以理解。可能有某种新的安排，不把工作给予难民"。

然而,康托洛维茨对生存的悲观很快被缓和。蒙森为他争取到去约翰·霍普金斯大学面试的机会,那里有一个研究职位,为期一年,没有经费。于是从新英格兰回来几天后,他便去了巴尔的摩,接受霍普金斯历史与罗曼语系的面试。他在信中跟包腊说:"这些人很有趣,不喜欢上课——一周顶多六到七小时——认为像耶鲁和哈佛那样工作十六或十七个小时,只是普通美国佬的世界观,但他们似乎喜欢学术研究和集邮。"[8] 埃卡立即得到了这个职位,但接下来他要寻找资助。这时他和伯纳德·弗莱克斯纳建立的密切联系第一次得到了回报。在不到三周内,由约翰·霍普金斯大学校长以赛亚·鲍曼提出的资助推荐,得到救助外国流亡学者紧急委员会的支持,他们答应给埃卡发放一千二百美金,但条件是必须在别的地方找到相同数量的款项。有了委员会做后盾,埃卡之后从另一个致力于帮助德国流亡学者的慈善组织,即卡尔·舒尔茨纪念基金会的奥伯兰德信托机构,获得剩下所需的一千二百美金。两千四百美元的总额在当时是很充足的。因而埃卡可以兴高采烈地给包腊写信,即便资助安排尚未落实:"在站稳脚跟之前,我起码已找到一个让我继续下去的'立足点'。"[9](他的好消息甚至传到德国,尽管被弄错了。弗朗茨·康托洛维茨的妻子从柏林写信给她的女儿,说"恩斯特在纽约附近的巴尔莫勒尔[Balmoral][1] 找到一个职位"。[10])

到 3 月末,埃卡履行先前对委员会的承诺,在俄亥俄州立大

---

1 应是把巴尔的摩(Baltimore)弄错了,而且巴尔的摩与纽约直线距离约为 275 公里,很难说是"附近"。

学演讲，索莎的丈夫阿图尔在这里的经济系任职。和自己的姐姐短暂重聚，必定令他心情愉快，但对于哥伦布这座城市，他当然不喜欢。在回去的路上，他写信给包腊："哥伦布［是］一座你觉得它有多丑陋就有多丑陋的城市……我很高兴自己不是在这里任职。"他也承认"它肯定比堪萨斯、明尼阿波利斯或达拉斯要好得多"。枯燥的中西部"甚是无趣，过于沉闷"。[11]

在结束了旅行后，埃卡有时间工作了。在日程表上，首要之事是将关于画家维登的演讲稿用英文发表。他肯定工作得很辛苦，因为他用英文写的信仍满是错误。（这篇文章发表之前，英文经 T. S. R. 博厄斯润色过。）在最终的成稿中，他的风格已与之前在德语中的不同。埃斯泰的廖内洛"在新的疾病败坏他的愉悦之前享受爱"；在回应这一观点——即假设中的第二幅廖内洛的肖像画让人一瞥"月亮的另一面"时，他说："谁会信任月亮？"[12] 之后他写信给伦敦瓦尔堡研究所所长弗里茨·萨克斯尔，想看看能否把论文发在研究所的期刊上。他解释说发表对于他在美国找工作至关重要，而这一篇是最合适的，因为它是"实证主义的"。[13]

5月，他去巴尔的摩找公寓，顺便去了一趟华盛顿特区。在巴尔的摩，埃卡惊讶地得知有些街区是划给犹太人的，他之所以觉得吃惊，是因为在德国的时候，他得知犹太人可以随意择地而居。至于华盛顿，他写信给包腊，说这"真是座可爱的城市，没有一点百老汇的气息，没有空易拉罐、破败的发动机、铁皮以及所有把美国城市污染得肮脏不堪的废金属和垃圾"。[14]

埃卡待在华盛顿最重要的事，是结交了费利克斯·法兰克福特。几个月前，法兰克福特已被罗斯福总统任命为合众国最高法院法官。他是亲英派，曾于1933年至1934年间在牛津当法学客座教授，与莫里斯·包腊缔结了深厚的友谊。1934 年,埃卡在牛津与其有过一面之缘,凭着包腊的关系,他得以提前写信请求接见。他尤其关心的是如何获得移民签证,这是受雇于霍普金斯所必需的。

法兰克福特慷慨地给了埃卡一些时间,且借机策划了一起未必属实的事件。在得知康托洛维茨作为传记作者的身份后,他把他和弗朗西斯·哈克特拉到一块,后者是一部受人欢迎且成为电影《亨利八世的私生活》灵感来源的亨利八世传记的作者。相当不可思议的是,法兰克福特把埃卡和哈克特带到最高法院在华盛顿的神圣法庭,把他本人和埃卡安置在审判席,让哈克特到被告席。然后埃卡指控哈克特捏造观点来源,略掉了关于亨利的性能力——或者用埃卡的话讲,"他多久做一次"——的证据。法兰克福特宣布了判决,但令人遗憾的是,该判决未被记录在案。

第二天,法兰克福特邀请埃卡吃午饭,听取了他所关心的取得移民签证一事。不幸的是他未能从中拉线,而只是详细说明了规则。在其他方面,两人谈话甚是投机,就如同埃卡以其恶作剧的方式在信中跟包腊说的:"费利克斯·法兰克福特很讨人喜欢。我不记得他什么时候这么和蔼可亲,使人愉悦……我们交流了我们以及其他人在与你打交道时的糟糕经历。所以这真是一顿愉快的午饭。"[15] 几周后,法兰克福特给埃卡寄来一封短信,谈到他即将去英格兰的旅行:"我亲爱的康托洛维茨——我将和院长大人 [包腊] 在一起,为你的健康、你在美国所受的同化和它的官僚作风而干杯。"[16]

"官僚作风"一直让康托洛维茨处于沮丧之中。5 月 11 日,他搭驳船去了一趟埃利斯岛,以便把他的临时签证延期到 8 月 29 日,容许他继续留在美国。但在他能够获得移民签证之前,这只是权宜之计。到 6 月末，他没有取得任何进展。他需要从美国境外申请，但没有美国驻加拿大领事馆发布的声明，他不被允许进入加拿大，而如果申请人不在加拿大，领事馆不会发出这样的声明。寄希望于蒙特利尔的美国领事馆能在他本人不在场的情况下暂时承认他符合资格，他准备了一份证明人的名单和一份新的履历表，日期均注明为 6 月 22 日。证明人的名单阵容强大，领衔的是前大使威廉·E. 多德和法官法兰克福特。履历表也给人很深的印象。它甚至假称康托洛维茨"1936 年至 1937 年间应瓦德汉学院院长之邀在牛津授课"，且 1939 年在牛津再执教鞭。他是如何希望凭借这一点侥幸成功？我们在 6 月 21 日一封给包腊的信中得到答案：

> 我希望得到你的另一封信（用官方的信头），说我在 1938 年与 1939 年之交的冬季应你们学院之邀开设讲座和授课，一如我在 1936 年至 1937 年间那样，我的课程是中世纪欧洲史……日期——如你的另一封信是——1939 年 4 月 16 日。1936 年至 1937 年间的补充是必不可少的，因为他们想要我最近两年授课的证明。1936 年至 1937 年间将非常合适，因为我的护照中有一个来自多佛"1936 年 12 月"的日期戳印，当时我为了见证温莎的逊位去了英格兰。如果你能把这封信用快件寄过来，我就能在几天内收到。我急需它。

确实，康托洛维茨在纽约的文件中包括一封来自瓦德汉学院院长的信，日期是 1939 年 4 月 16 日，声明了埃卡在 6 月对包腊请求的内容。菲娜·冯·卡勒很久以前就曾评论道，埃卡"以非法行径著称"。

蒙特利尔领事馆依然没有动静。当埃卡为迁往巴尔的摩处理事务时，他吃惊地得知伯克利给了他一份工作，而这份工作是他差不多一年前申请的。事情之所以拖延，是因为最终决定得由加州大学校长罗伯特·G.斯普劳尔作出，而斯普劳尔出于某项动机，推迟了决定。这一公开职位是个捐赠的教席，有一大笔钱，斯普劳尔对此很留心。由于没有候选人压倒性地脱颖而出，他一直等到最后一刻，才宣布埃卡充任，以一年为试用期，尽可能少花一点资助，这样就可以把更大的部分用在最终人选上。考虑到这一传闻，即美国宁愿把工作给美国人而不是难民，一位部分可能得靠慈善基金援助的绝望的外国人，显然会接受迟至6月才给予的无论什么工作。因此斯普劳尔写信给紧急委员会，看委员会是否乐意承担他将任命的康托洛维茨教授薪水中的相当一部分。伯纳德·弗莱克斯纳表示同意，同时在形式上咨询霍普金斯的以赛亚·鲍曼，问他是否愿意对康托洛维茨放行。鲍曼当然答应，他写道："[康托洛维茨]是很有魅力的人，能给任何大学添翼增辉；我们一刻也不会阻碍。"[17]伯克利的任命现在才确定下来。

在埃卡发现他已谋得伯克利的工作之前，邮件往来已有两周时间。6月29日，他写信给弗莱克斯纳："昨天下午德鲁利小姐[紧急委员会的助理秘书]和蔼地请我过去见她，我得知——如果我可以这么说的话——太平洋的鲑鱼最终咬钩。似乎不必告诉您我有多开心了。"此外他加了一句："很显然您是在最好的时间对我的命运伸出您的援手。我无以为报，深感困窘，只能握住您的手说声'谢谢'。"这时他并没有去想，他得到的不是固定工作，正如前一年的消息中一开始就明确说明的，这只是一份临时工作。相反，他只是想到即将到来的一年他的总薪水。他坚定而有礼地说道，这需要"不带情绪地考虑；这并不是说我真的贪婪，但我知道得很清楚，用拜伦的话说：'现成的钱是阿拉丁的神灯。'"[18]（他炫耀般地引用了拜伦的《唐璜》。）

康托洛维茨的意思是，虽然两千四百美元已由紧急委员会和奥伯兰德信托机构的财团为其募筹，但加利福尼亚应该再加一点，因为大学还有源自捐赠教席的资金可供支配。因而考虑到捐赠教席的拨款是九千美元，他几乎是厚着脸皮提出分拨三千六百美元。他写给弗莱克斯纳的信里也说："我不认为被人视作'非常廉价'，从而给后面可能发生的事情创造一个不利的先例是可取的。"然而，六千美元的总额相当于如今的九万三千美元，这对于当时的一个临时试用职位来说，是很大的一笔钱。当埃卡得知紧急委员会有一条规则，即如果薪水超过四千美元就不予捐助，他选择了退步，承认他将乐于接受那么多。结果是那年他挣了四千美元：两千来自紧急委员会和奥伯兰德信托机构的财团（由于伯克利的任命在8月1日发出，他已经基于在霍普金斯大学的职位而提取了财团拨给他的四百美元），两千来自加州大学。这个数额依然是不错的。

剩下来的问题是取得必需的移民签证。霍普金斯大学给他的任命书，他还没有弃置，可以用这个来申请"额外"的签证，但他仍需去美国境外申请。墨西哥不在考虑之内，因为边境那时是关闭的，加拿大也不在选项之中，因为先前提及过的官僚主义的怪圈。只剩下古巴，但他缺乏现金作费用：他之前从财团提取的四百美元，无论剩下多少都是不够的。幸运的是，他在加利福尼亚的工作8月1日正式开始，结果大学预付他三百美元，这样他就可以从纽约飞到哈瓦那，然后回到迈阿密，从那里坐车去旧金山和伯克利。

在等待预付款（以及古巴政府确认他将得到进入那个国家的签证！）期间，7月末埃卡和姐姐、姐夫在玛莎葡萄园岛[1]待了几天。扎尔茨夫妇在那里租了一间小屋度夏。徐徐海风以及游泳的机会，想必会让对纽约"粘乎乎的闷热"快快不乐的他快活起来。回到纽约后，在8月的最初几天，他去了哈瓦那。他为可以离开感到高兴；7月，他曾写信给威廉·施泰因："我不喜欢这里，希望能搬到更可爱，或据说更可爱的加利福尼亚。"[19]节约让他体重减轻。5月末，他曾写信给包腊："我变得非常瘦弱，都要完全失去我宝贵的小肚子了。体重减了差不多五公斤，不得不去找马具商给我的皮带扎三个新洞眼。我的几乎所有裤子都垂到了地上。"[20]

在哈瓦那，康托洛维茨花了两天时间，取得所需签证。之后在8月10日，他去迈阿密坐火车，开始了一趟为时五天的横穿大陆的旅行。[21]大部分时间他待在淘金者号上，这是一趟南太平洋铁路公司的车，从新奥尔良到洛杉矶，其设计是针对经济型旅行的。"在埃尔帕索附近"，他给瑞士的舅舅去了一封信，说他已横穿过"很多个州，在一百多个小时里"。他在洛杉矶下车，然后去旧金山湾。

---

1 通常简称为葡萄园岛，位于美国马萨诸塞州外海，为著名度假胜地。

第十六章
"对欧洲无欲"

康托洛维茨在伯克利的秋季学期始于 8 月 21 日星期一（上课则是在一周后），伴随着《奥克兰论坛报》上的一则简短社论："加利福尼亚大学宣布 E. 康托洛维茨博士将在未来一年担任一个中世纪史的教席，这意味着又一位伟大的学者加入全体教员中。康托洛维茨教授以其对德意志国王（1215—1250）腓特烈二世最具权威的研究而著称。"这一声明缺乏严格的准确性，它说恩斯特·康托洛维茨已"加入全体教员中"，但他只是作为一年期的访问学者而被聘任。的确他是个伟大的学者，但这并不能保证一年以后他还留在伯克利。

甫一到达，埃卡就在校园北边主要面向学生的里奇路 2424 号找到一间公寓。摆脱了近期的困难，他对最初的日子感到满意。9 月 6 日，他写信给包腊："这地方很迷人，我的公寓很舒适，工作也不是太讨厌，教授们目前都很和善，课程也进行得很顺利，气候极好。"此外，食物"比'美利坚'，也即新英格兰和纽约要好得多——是真的好"。而且这里男女同校。在来之前他以为他将"把查理曼的秘密低声传给矮小的菲律宾人的耳朵"，[1]但现在他对情况更明了："在我班上最美的女孩是奎因小姐。她确实长得很漂亮,但这样的女孩在校园里大概有五千个。我一生从未在一个地方看到过如此多美丽的女孩,长得好,养得好,打扮得也好。"

有三封圣诞节左右写的信,也许用"欣快的状态"来做标题会很贴切。在给瑞士的舅舅费利克斯·黑普纳的信中,埃卡说他"真的很快乐"。这里的气候"如同天堂"。旧金山可位列最美的城市;它坐落在水边,可与君士坦丁堡和那不勒斯媲美。[2] 在给费利克斯·法兰克福特的信中,他说"我赞美我被允许待在这里的几乎每一天……海湾的景色使我想起那不勒斯……食物精美,酒也不坏……学生英俊可爱,接受能力强,令人愉快"。[3] 他在给威廉·施泰因的信中写到他一点也不思念雷根斯堡大街(格奥尔格的旗手恩斯特·莫维茨在柏林的地址)的"'宇宙'的微妙"。[4]

这封给施泰因的信,有一段值得详引:

> 只有来西边之后,我才获得真正的慰藉,有在家的安住感,而对欧洲无欲,除了人情上的联系。这里不是"美利坚",而是17世纪的西班牙或地中海,还可接触到中国——多么迷人的多样性,而生活,感谢天公作美,有着那不勒斯的闲适。就是现在我都在阳台上用早饭和午饭,吃着草莓,往左可看群山,往右可观沧海。夫复何求,我的朋友!……学生们身上所带着的那种阳光,是我们在欧洲几乎不知道的。他们完全没有任何负担,十足的异教徒;只有很少一些受过洗,因为本地没有这样的习惯;因而他们呼吸着新鲜的空气,学习能给他们带来愉悦的事物;此外他们怡然于他们漂亮的肢体,[他们]渴望知识,有着动物的活力——这一结合让我莫名愉

快，让我持久地兴致勃发，以致我确实总是心生喜悦，每当我步入教室或者与这些孩子说话，他们已初具知识，但也存在着我们会认为是不可想象的差距。所以这是个与人、书本和智力的无尽的比赛，它使得我看上去苍老的同时又非常年轻。

埃卡在法兰克福的时候就知道，伯克利有着繁重的教学负荷。通常一个学年，他需要给本科生上一门概论，给高年级上一门讲座课程，还要上两个小时的研究生研讨班。（但他无须改试卷——这事会付钱由研究生来做。）概论这门课为时一年，名叫"中世纪制度"。（课程名是沿袭下来的；当他上这门课的时候，他告诉学生他的课其实是关于"中世纪的思想和观念"。）高年级课程的主题，他选择了"欧洲历史中的诺曼人"（秋季）和"人文主义与文艺复兴的开端"（春季）。准备讲座事实上耗掉了他在第一年的所有时间。很可能这两门讲座是搬用他在法兰克福讲过的内容，但即便如此，他也需要把德语译成英文。在第一学期末他写道，他"从一天蹒跚到另一天"。[5] 他依然需要钱，便利用5月下旬至6月末学期间短假期的机会，进行了一些额外的教学，且被允许重复"中世纪制度""人文主义与文艺复兴的开端"两门课的前半部分。只有一个地方颇为不利：每周有五天，他被要求在上午九点开始上课。[1]

康托洛维茨开讲座的时候总是对着稿子按部就班，因为不想出任何一丝岔子；因此他的大部分伯克利讲座如今都可以查阅得到。它们是打字机打出来的，只有很少的缩写词："人文主义的

---

[1] 康托洛维茨并无早起的习惯。按照他的说法，他是"八点九十分"才起床。

开端"有 237 页。虽然英语依然尚未完全成为他的第二天性，但他总是想自成风格。因此我们发现这样的短语——"历史马达的咔嗒声贯穿着这几个世纪"，以及这样的警句——"文艺复兴与人文主义不过是对中世纪世界的世俗化"。[6] 他把主题展开，而非提供连绵的叙事。在春季课程一开始，他就告诉上"中世纪制度"这门课的学生，他的探讨将"更多的是这五个世纪的政治 - 宗教观念的发展，而非历史事实"。[7] 他以极致的优雅声称："我意在首先探讨一些主导观念，可以这么说，它们构成了中世纪这部奏鸣曲得以演奏的键盘。"每一次讲座都缜密组织，精心结构。"人文主义的开端"讲座系列从"教皇主权"到"皇帝主权"到"人民主权"，从博洛尼亚（法律）到沙特尔[1]（柏拉图主义）到巴黎（亚里士多德主义）。讲座在一开始便简明地宣布了他的总体论点："并非重新发现而是世俗化"，而以完全终止式结尾："我们可以确信地说，文艺复兴和人文主义都是源自一场宗教运动。"[8]

虽然康托洛维茨写信跟费利克斯·法兰克福特说他第一个学期的教学"很有趣"，跟施泰因说他是"兴高采烈地步入教室"，但问题在于，这种感觉是否也存在于他的学生中。关于他在伯克利第一年作为老师的声誉，证词很有限。1940 年 2 月，他在历史系的所有同事被要求就他的终身职位这一问题进行评议。教学工作很少被提出来，但一旦提出来，两方面的评语都有。一位资历中等的同事，并无任何恶意，对"康氏作为一个人和一个绅士"非常钦慕，但对聘请他作为本科生的老师持保留意见，"因为有一些学生听不懂他讲的内容"。然而，一位资深的同事则告知"[他]

---

1 法国中北部城市，位于巴黎西南。

认识康氏的一些学生，发现他们对他深为敬重。有三个还去加州大学洛杉矶分校听他的演讲"（这里提到的演讲，是埃卡在美国历史学会太平洋沿岸分会年会上所作的）。[9]

由于缺乏来自学生的直接意见，负责收集信息的教授便找到一名叫佩吉·布雷的学生。如同他写到的，"这一看法是通过她的父亲布雷教授获得的，他没有告知她为什么要问这样的问题。布雷小姐认为康氏是一名真正的学者。他上课时有浓重的口音，但一个人可以很快适应。她视他为她遇到过的最有才能和最具启发性的老师之一"。

佩吉·布雷提到的"浓重的口音"引发了一个问题。当然埃卡是有口音，但是否浓重到让人无法理解，要打一个问号。从一位上过中世纪制度课的学生留下的笔记，看不到有任何理解上的困难——笔记很流畅，没有因为理解上的空白而出现破折号。因此极有可能佩吉·布雷指的是埃卡颇为古怪的说话方式——他的"独特的吟唱"。[10] 这是他在美国的公共形象的突出部分。据说在伯克利上课的时候，有一次他注意到有几个学生的面孔此前从未见过，课后便问他们是谁。回答是他们正在学中文，他们的导师让他们来听康托洛维茨的课，以帮助他们掌握汉语的上声。一些人感到他的声调让人不快。雅科夫·马尔基尔写道："他的英语词汇量早已足够，语法也无问题，但他的声调的曲线……从未失去其明显的外国人的轮廓，以至于会让对音调过敏的听众分心。"[11] 历史学家路易·戈特沙尔克于1942年夏季学期在伯克利当访问学者，并成为康托洛维茨的朋友，提起过他的"声音和音调让人不是一般地难受"。[12] 但他的研究生威廉·A.钱尼则坚称"这种半吟唱的节奏……令人着迷，他的学生们喜欢！"对于钱尼来说，"埃

卡是 [他] 聆听过的最伟大的演讲者之一"。[13]

之后我们将回到康托洛维茨在伯克利的教学。现在我们可以看一看他的第一年的其他方面。埃卡发现要让自己去迎合那些他感兴趣的人，总是很容易。就有利于他在伯克利的未来而言，最重要的新朋友是自 1931 年起担任副校长和教务长的门罗·伊曼努尔·多伊奇。多伊奇比埃卡大十六岁，作为古典学者开始职业生涯。1911 年从伯克利获得博士学位后，他在欧洲待了一年，1922 年升至伯克利拉丁语教授。在做行政（他是犹太人这一事实并没有给他制造任何众所周知的障碍）之前，他写过多本学术著作，大部分围绕尤里乌斯·恺撒的生平。考虑到他是一个世界主义知识分子，他和埃卡很快便往来密切，一点也不令人惊讶。埃卡来到伯克利四个月后，告诉费利克斯·法兰克福特，"多伊奇是个令人愉快的人，我很高兴经常见到他，因为他和他的夫人待我至为和蔼"。[14]在春天，当埃卡为了能留下来急需帮助时，多伊奇写信给纽约的伯纳德·弗莱克斯纳，支持紧急委员会再次提供资助，并提供了一份证明书。

另一位较早认识的朋友是马克斯·雷丁。他是那些凭借其优秀品质而取得学术成就的东欧犹太人中的一个。四岁时，他随父母一起来到美国，于 1899 年在纽约城市学院获得文学学士学位，1902 年在纽约大学获得法学学士学位，1909 年从哥伦比亚大学获得哲学博士学位。他于 1919 年加入伯克利法律系，1940 年成为讲席教授（在当时是难得的荣誉）。雷丁和多伊奇的关系很好。1938 年 8 月，当埃卡可能被任命的消息开始传出，雷丁写信给多伊奇："我本人并不认识康托洛维茨，但我当然知道他的作品。他是当世两三位最为伟大的中世纪史学家中的一位。"[15]尽管有着年龄上的差距——雷丁长埃卡十五岁——但两人在伯克利成为密友。《国王的两个身体》便是纪念他的,书的开头是对两人一次谈话的描述。当雷丁于 1950 年谢世,埃卡写信给他的远房堂姐埃莉泽·彼得斯:"我真的很爱他,很少人让我这样爱。"[16]

第三个朋友是 1925 年至 1950 年间在伯克利当人类学教授的罗伯特·H. 洛伊。洛伊本姓洛维(无疑他更早的姓氏是莱维),十岁时从维也纳来到美国,其成长道路与雷丁相同。1901 年他在城市学院获得文学学士学位,1908 年从哥伦比亚获得哲学博士学位。1917 年加入伯克利人类学系,1925 年成为正教授。作为一位在美国印第安人中开展田野工作的民族学家,他在伯克利的存在,加上阿尔弗雷德·L. 克罗伯,使得伯克利人类学系进入全美顶尖行列。在提到的这三人中,只有洛伊用德语和他交谈。在埃卡到来的几周内,两人讨论起一些词是如何在德语中容易想到,但在英语中则不然,或者反过来。

提到洛伊,就不得不提埃卡为留在伯克利的艰苦努力。11 月给施泰因的信中,他写道:"我不认为有任何东西可以引诱我离开这里,除非把我强行带走。"但他认识到他不一定能获得终身职位。在给堂兄弗朗茨的信中,他说他已然得到一个一年期的"试用"工作。操弄学院政治非他所长;如同他写给施泰因的,他希望他的目标能与别人的"大学政治"目标相契,从而让他们产生兴趣。这有点过于愤世嫉俗;后面可以看到,洛伊和多伊奇对他的支持绝无任何"政治"目标,而只是支持卓越(excellence)。然而对卓越的支持,在大部分的头脑中似乎并无一席之地,而正是这些人,决定着埃卡能否在一年之后留在伯克利。罗伯特·斯普劳尔出于预算的原因,想让他走人。他在历史系的同事则大都漠然,还有一些带着敌意。

稍微看一下系成员，就可以找到一些为什么看来埃卡要失业的迹象。在20世纪初，伯克利历史系很小，也没什么地位。1910年前后，据说有一位观察家这样评论历史系主任和他的同事们走在一起——"假巨人被真侏儒环绕"。[17]1911年对赫伯特·E.博尔顿的聘请，意在增加该系的身高。博尔顿是一流的、有着全国性声誉的美国史家，以"博尔顿论题"著称，该论题力主西班牙边陲对美国发展的影响。[18]1919年他成为系主任，一直担任这一职位直到退休，也即埃卡来到伯克利第一年度（1939—1940）的年末。1932年，他还当过美国历史学会主席。他是一位认真正直的管理者，但在聘用政策上为其执念所驱，即南美史和美国史的教与学得一起进行。由于这一观念的追随者在别的地方极少，这意味着博尔顿得从他自己的学生或者门徒这有限的一拨人中招人。不幸的是，"博尔顿帮"皆平庸之辈。博尔顿聘请的唯一有些声誉的美国史家，是普利策奖得主弗雷德里克·帕克森。但帕克森获得普利策奖是在来到伯克利之前的1925年，而他在伯克利的1932年到1947年再无建树。

历史系在美国这一翼，至少有博尔顿和帕克森这两位有着全国声誉的历史学家，而欧洲这一翼，则一个也没有。罗伯特·J.肯纳是一位多产的历史学家，研究斯拉夫欧洲，出过好几本书，在专业领域很活跃。但他对地理学的侧重，使其处于当时学术风气的边缘，而且即便那时，他也尚未写出一部重头的作品。1933年对中世纪史学家詹姆斯·韦斯特福尔·汤普森的任命可能带来一点不同，因为他更年轻，此前他已是芝加哥大学正教授。汤普森（私下里被叫作"詹姆斯·温德福尔·汤普森"，因为他娶的女人有一大笔遗产的继承权[1]）是被西德尼·赫尔曼·埃尔曼欧洲史讲席教授一职引诱到伯克利来的，这一职位是新设立的，且待遇颇丰（年薪九千美元，而校长才一万一）。但到 1933 年时，汤普森已经六十四岁。1939 年七十岁的他依照规定退休，不过直到 1941 年去世，他一直在系里的政治中扮演角色。

不幸的是，对于埃卡而言，无论汤普森还是肯纳，都毫无用处。汤普森，作为《封建德意志》（用词不当，因为中世纪德意志避开了封建主义）的作者，可能视埃卡为学术上的对手。可以肯定的是在 1940 年 2 月，他"极力推荐"非常年轻的林恩·怀特担任埃尔曼讲席教授。（怀特是哈斯金斯以前的学生，当时在斯坦福任教。）肯纳则从一开始就反对埃卡在伯克利任职，且立场从未缓和。一位伯克利的见证者把他描述为"过于自负，对同事易生怨恨或嫉妒之心"。[19]他是他所垂涎的埃尔曼讲席在本校最中意的人选。据说他"实际上已经把它授给了自己"。[20]1939 年 8 月，在埃卡去加利福尼亚的路上，肯纳向伯克利矿业学院院长致谢："您在写给博尔顿教授绝妙的信中提名我为西德尼·赫尔曼·埃尔曼教授这一举动，深深地打动了我……这对我来说的确是一项非常了不起的荣耀，因为被授予的这一职位，在我看来……在这个国家是最好的。"[21]因为埃卡的临时受聘被理解为他可能获得埃尔曼讲席，肯纳立即心生敌意。

系里第三位资深的欧洲史学家是威廉·A. 莫里斯，做的是中世纪英格兰宪制史。1940 年他六十五岁，从轻微的中风中恢复过来，专注于自己不起眼的技术性学问，对一位其研究不会影响到自己

---

1 温德福尔（Windfall）有"横财"之意。

的德国学者漠不关心。系教员花名册上还有一位中世纪史学家保罗·B. 谢弗，在哈佛跟从查尔斯·霍默·哈斯金斯学习，1932 年来到伯克利。谢弗是一位有奉献精神的老师，而且据大家说，是一个备受喜爱的人：一位"老派的绅士－学者－单身汉"。但他除了一篇短文以及对一本概论教科书的若干校订之外，再无发表成果。据说他曾对人讲："我为什么必须发表？现在已经有太多的祸枣灾梨。"[22] 他实际上已被授予终身职位，也不是量小之人，因此并不介怀埃卡的存在。（在随后的年岁里，两人非友非敌。）而埃卡也不会指望从一位喜欢古典音乐胜于系里事务的助理教授那里得到任何帮助。

就历史系来说，让康托洛维茨留下来再"试用"一年毫无问题，但埃尔曼讲席免谈。12 月，系主任博尔顿向校长建议作出这样一个 1940—1941 年的任命。不需要立即采取行动，但在接下来的一个月，历史系的一个跨学科委员会商议，是否应该授予康托洛维茨终身职位。举行表决时，所有出席的成员都投了反对票。他们的基本理由（必须说的是，这一理由表面上说得通）是"考虑到自他最后一项重要的学术成果（1927—1931）后已过去这么长时间，委员会认为终身职位应基于他在这里的表现，再来一年也无法指望对此作出可靠的判断"。[23]

罗伯特·洛伊也属于该委员会，但这次会议没有通知他。在风闻结果后，他狂怒不已，火速发出一封激烈的信给斯普劳尔校长。洛伊写到他对会议决定"深感遗憾"："依我之见，康托洛维茨教授在学识上胜过我们历史系任何一位终身成员。他代表着才智和学问的一种不同的秩序。"此外，他确定"[康托洛维茨]是一位卓越的老师，阐述生动幽默，极富人情味"。他从一位投反对票的成员（显然是弗雷德里克·帕克森，不久之后他将成为康托洛维茨的支持者）那里得知，虽然委员会对前一年来自英格兰方面的有利信件予以了考虑，但他们将这些信件视为出于对难民的仁慈情感，而不予理会。洛伊认为这是对"写信的知名学者们的侮辱"而予以驳斥。他还得知委员会只是考察了《腓特烈二世皇帝》为数很少的书评，缺乏他所认为适当的样本，因此随信将委员会忽略的一些评论寄过去。在他自己的阅读和许多评论的基础上，他表达自己的观点，称"康托洛维茨的书被公认为文辞斐然、观点独到。对于一个三十二岁（在1927年）的人来说，这是一项令人惊艳的学术功绩……他的留下对大学的利益很重要，而他的离去将成为严重的损失"。

洛伊继续向历史系猛烈开火。他指责"［历史系］没有热情促成康托洛维茨博士的终身职位，相反决意把他扫地出门。它承认——粗野无礼地——他有做正教授的资质，但宣称它可以从任何有代表性的美国本土学者那里得到更多价值"。他只能得出结论："系里反对任命才华横溢的学者，而支持可以被安排去干系里杂务的庸人。"（两天后他写信给帕克森，指责历史系"粗俗的地方主义、愚蠢与恶意"。[24]）

也许是被吓唬住了，斯普劳尔校长指示伯克利预算委员会主席对历史系成员关于埃卡应否得到终身职位的意见进行测验。有四人无保留赞成，弗雷德里克·帕克森是其中一位，显然是被洛伊拉到埃卡阵营中的。另一位是乔治·格特里奇，一位副教授，研究领域为18世纪英国史。他称"［康托洛维茨］才华横溢且根底扎实"。另外两位倾向于支持，但半心半意。第七位"对康托洛维茨一无所知"。剩下的三位倾向于反对。当然，其中两位是资深的欧洲史学家肯纳和莫里斯。莫里斯相信"康托洛维茨将继续有成果出来，但怀疑他在他的领域能达到顶尖水平"。

民意测验不具约束力，还得由历史系来表决。在延迟一个多月后，埃卡被邀请举行一次公开讲座。赫伯特·博尔顿这样介绍他："我们已然颇为享受且极大受惠于康托洛维茨博士在我们中间亲切和蔼且砥砺人心的存在。"[25]这次带幻灯片的演讲通达易晓，内容是关于"大胆查理和佛兰德斯的意大利文艺复兴"。之后，博尔顿写信给斯普劳尔说这次讲座"给他的印象很好"，并作结道，"我推荐他成为历史系终身教授"。显然博尔顿这么做是得到了系里的支持的，但是否举行过正式表决并不清楚。博尔顿写道，他不是请求让埃卡获得埃尔曼讲席（在他的理解中斯普劳尔是想保留这一职位），而是提议用临时资助把他留下来，直到莫里斯退休，那时就可空出一个正教授职位。

前景看上去一片光明，直到斯普劳尔突然把灯关掉。大约在5月中的某个时候，他把埃卡召去面谈，告知他出于预算原因，他准备让他走人——没有终身职位，没有一年期职位，什么也没有。博尔顿和多伊奇试图从中说项，力劝再聘埃卡一年，但斯普劳尔毫不动摇。5月28日，多伊奇写信给康托洛维茨："十分遗憾地告诉你，我向校长提出你的续聘问题，他说他已明确声明不会有续聘，在你们的面谈中他已经作出了最终的明确答复。"[26]

这边是多伊奇令人黯然的消息，那边是从海外传来的黑色新闻。德国军队正越过法国北部。要想知道埃卡对此会有什么感受，我们可以提及他早先对战争的表态。1939年9月6日写给包腊的一封信，表明他被战争的爆发所鼓舞。他欣喜于张伯伦绥靖政策的最终破产，并作为一个熟悉德国内情的人士提供了关于宣传策略的建议。落在德国的传单应当对"德国的爱国者"喊话,而不是"德国的男人和女人",应当指明真正"爱国的"德国人有义务开小差。总的来说,他认为(非常不现实)如果找到合适的言辞,要"'引诱'许多德国人"并非难事。

然而在兴奋的同时也有忧虑。除了担心巴比是不是在集中营,他也为在德国的反纳粹友人担心。他希望他本人"在这些恐怖的日子里不是离得这么远",好奇接下来什么国家可能被卷入战火,且期望希特勒"再无王牌在手"。

当德国军队侵占波兰,埃卡变得阴郁。9月22日,他给巴塞尔的埃德加·扎林写信,谈到"疯狂",说战争"被命运女神冷酷而持续地在这个世界上推进"。他承认他可能无能看到事物的本相,然而却以最痛苦的句子结束他的评论:"撇开不可预测的事,我认为英国和法国无望取得战争胜利;到目前为止德国的战争世纪并未结束。"[27] 在12月一封寄给柏林威廉·施泰因的信中,他写道,他现在认为"英国等国"的前景似乎比之前要好一些。然而他担心即便英国人取得胜利,也将是皮洛士式[1]的胜利,因为代价将会是巨大的:"结果无法预见——政治的、经济的、宪制的和智性的。"[28]

1939年12月,亚当·冯·特罗特前来拜会埃卡,他们是在柏林时认识的,通过伯恩斯托夫伯爵。冯·特罗特早先几个月试图取得华盛顿方面的兴趣,为在美国政府和像他本人这样的反纳粹者之间建立联系,以推翻政权(他支持折中的和平),但在牛

1　皮洛士(前319/318—前272),古希腊伊庇鲁斯国王,崇拜亚历山大大帝。皮洛士式胜利为西谚,指代价高昂或得不偿失的胜利。

津时便已认识他的包腊，认为他是一个双重间谍，对费利克斯·法兰克福特发出警告，后者转而阻止特罗特见罗斯福。然而埃卡对特罗特——他出现在西海岸是为了取道去中国——并无任何提防，且乐于花一些时间和他交谈。特罗特告诉他，他最终会回到德国，带着破坏政权的计划，并补充道，"我们中的一些人可能会遇害"。埃卡告诫他不要这么做，但特罗特还是成为1944年密谋刺杀希特勒的主要成员，并在行动失败后被线钩绞死。

1940年5月下旬，比利时投降。埃卡写信给纽约的伯纳德·弗莱克斯纳，询问有没有可能从紧急委员会获得第二次拨款。这封信的主要部分是描述他在伯克利的不幸，但在结尾他还是忍不住直陈己见，说英国将继法国陷落，而美国将会被新一波学者席卷——"来自荷兰，来自比利时，但也来自英国"。他担心"竞争必然会变得更为剧烈，而这个国家的每所大学 [会] 指望用很少的钱便得到一个牛津钦定讲座教授"。[29]

此外，埃卡在告知弗莱克斯纳自己的艰难处境时，不乏内心的剖白。他明白他实际上从未有过获得埃尔曼教授职位的机会，因为"董事会"（他克制自己不去责备斯普劳尔）不想把这一职位授予一个四十五岁的人，否则很可能接下来的二十年或二十五年便失去了招到更佳人选的机会。关于反犹主义从中作梗的可能性，他承认"反犹主义在校园中几乎不可闻"。（确实，在早先1月写给舅舅的一封信中，他便说"这里几乎感觉不到反犹主义；至少我是没有遇到过"。[30]）然而，由于这一讲席的捐赠者西德尼·埃尔曼是犹太人，而如果又授予一个犹太人，别人肯定会有想法。另一个犹太人门罗·多伊奇也尝试过发挥他的影响力，"然而在我的问题上，多伊奇博士无能为力"。意思已经很明显。

在同一封信中，埃卡还写道："我无法掩饰我的失望，尤其我刚把我的七十九岁老母亲成功弄到瑞士，我得奉养她。"他以为他已经成功让母亲去了瑞士，但事实上他搞错了。其中曲折如下所述。在1931年金融危机之后，克拉拉之所以能保住荷尔斯泰因的庄园，是因为她让一位实业家在土地上建温室种黄瓜，然后五五分成。但事实证明这个解决方法不妥：土地在1933年被拍卖，别墅则在1935年。（它现在是一个旅馆，在前门上方依然可以看到康托洛维茨家族的纹章。）之后克拉拉搬到柏林，和女儿格蕾特尔一起生活。（格蕾特尔的丈夫已谢世。）1938年埃卡离开德国前往英国时，被迫把母亲留在身后，因为没法为她弄到实质的财务担保，去英国或美国的入境签证便发不下来。他便打算让母亲待在柏林，然后用他的大学退休金赡养她，因为他不在德国，这笔钱他自己是无法取出来的。一开始这个法子行不通，因为德国政府停止支付。但埃卡对此提出质疑，而官僚机构在11月予以恢复，甚至支付了逾期的欠款。虽然现在有钱维持母亲的生计，但考虑到犹太人在德国的处境，显然这非长久之计。1939年夏，他试图通过与柏林的英国官员的交情，获得一张英国签证，但还是过不了官僚机构这一关。当战争在9月开打，事情也就不了了之。

埃卡和母亲经常有信件往来，据悉这些信件无一留存。不过1939年11月和12月克拉拉·康托洛维茨写给哥哥费利克斯的两封信——字迹文雅而工整——尚存，可以从中管窥她的处境。犹太人的食物配给被减少。克拉拉写道，"恩斯特"寄来一个包裹周济她，但包裹已被打开且没收。针对犹太人的宵禁意味着她在晚上是孤独的，因为她独自一人生活。（格蕾特尔已于1939年2月20日前不久去世。）她想听听收音机，但犹太人被禁止拥有这玩意。

如她所写的，"对此我非常遗憾，因为我喜欢听音乐会。尤其现在这孤寂的夜晚，要是能听听音乐，该有多好——最近我总是晚上六点就待在家——我的孤独感也就不会来得那么快"。[31]

一旦去英国的路线被切断，唯一逃离的可能便是借道瑞士。这一度似乎是可行的，因为费利克斯住在瑞士，可以提供帮助。事实上他成功地帮妹妹弄到了一个签证号，且慷慨地同意拿出沃州[1]所要求的高昂保证金一万瑞士法郎（大约相当于如今的三万美元）。按照计划，在能够去美国之前，克拉拉住在他附近。（她的外孙女贝亚特·扎尔茨，预定在1940年秋成为美国公民，而公民的亲戚可优先申请入境许可。）但在瑞士的生活费用依然头疼，尤其因为没有人可以确定克拉拉得在这里待多久。费利克斯担负不起，而埃卡的退休金也用不了，因为德国马克不能带出国。因此只能靠埃卡在美国的薪水。（他写信给舅舅说索莎无法提供帮助——她和丈夫在移民过程中为打通关节，迅速积累了债务。）在这年的冬天和1940年春，埃卡认为他能支付母亲的费用：他有收入进账，且有望获得一个终身职位。到3月，他已开始往费利克斯·黑普纳的账户支钱。5月，一切似乎已经板上钉钉。于是克拉拉在她抵达瑞士之前，把一些行李和衣物运送过去。

有鉴于此，我们只能惊讶于埃卡在给弗莱克斯纳的信中没有说太多，因为我们看到他以为他母亲已身在瑞士，而如果没有新的资助，他将没有收入赡养她。后来，到了6月17日，他把一切事情喊停。那时他有理由相信他将获得一份新的一年期合同，然而不能保证以后收入稳定。此外，德国征服法国已导致美国限制

---

1 瑞士的一个行政州，首府为洛桑。

难民入境，这意味着克拉拉在瑞士滞留的时间可能比当初预想的要更长。所以埃卡请求舅舅安排将母亲的行李运回柏林（在那里他依然可以给她钱），承诺他不会放弃，只是在执行具体计划之前，需要看事件的后续。

伯纳德·弗莱克斯纳搭救了埃卡一把。到 5 月 29 日，要想有机会找到另一份学术职位已太晚。因此在门罗·多伊奇推荐下，埃卡请求弗莱克斯纳帮忙，在伯克利补贴一个副研究员的职位。如同他在 5 月 29 日的信末尾写到的，他"不得不再次以请愿者的身份提笔写信，提出这个令人不快的问题，即紧急委员会和奥伯兰德信托机构是否准备再次拨给我一笔款子，能让我度过最近的一年"。

弗莱克斯纳对他颇有好感，很快便着手提议委员会批准一项拨款。时间已是 6 月下旬。奥伯兰德的资助从未兑现，但弗莱克斯纳的心思好使，他找到了西德尼·迈[尔]·埃尔曼求助。得花点笔墨说一下埃尔曼，他是旧金山一位富裕的律师，捐赠欧洲史讲席，是为了纪念死去的儿子，也是他对伯克利事务感兴趣的一个象征。弗莱克斯纳不认识他，但有一个名叫弗莱德·M. 斯泰因的银行家同事认识。在弗莱克斯纳的策动之下，斯泰因写信询问埃尔曼"能否在本地筹集一些钱"，以接济一下康托洛维茨。[32] 在所有人为世界局势忧心忡忡之际，斯泰因为麻烦埃尔曼表示抱歉，但又为自己纾解，说"此事并非个人的，而是公共的"。埃尔曼迅速给予答复，说他"衷心愿意"帮助康托洛维茨留在伯克利。[33] 他在一些场合见过他几次，也在自己的家里招待过他，发现他"令人愉快"。他还补充道，"据我所知，他是一位杰出的学者和老师，在学生中很受欢迎"。他进而写道："请尽快让我知道你手头有什么资助，我将全力支持。"碍于大学的规定，埃尔曼不能直接对埃卡进行捐助，但他指示从埃尔曼讲席（依然空着）尚未花掉的钱中间拿出三千美元，再加上紧急委员会的一千二百美元，在伯克利设立一个有着四千二百美元不错收入的副研究员职位。这样埃卡可以生活得足够体面，甚至可以自由地从事他的学术研究。

第十七章
基督君王颂

1940年6月,在为获得副研究员职位而寻求支持的过程中,恩斯特·康托洛维茨列出了他的工作日程。他打算出三本书:"(1)勃艮第研究;(2)一本关于礼拜学主题的书;(3)中世纪学问研究。"这是一个相当有雄心的计划,在这三本计划的书中,只有一本面世。然而这一说明,使得我们可以了解从到达美国到研究员时期结束时埃卡的学术志趣。

计划中的"勃艮第研究"一书如同鬼火一般不可捉摸。我们已经看到,从1936年到1938年,当埃卡被禁止德意志史写作时,他便致力于研究瓦卢瓦王朝(1328—1589)时期的勃艮第。但他只发表了一篇关于罗杰·凡·德尔·维登的带副产品性质的成果。此外我们知道的第二项研究,"大胆查理和意大利文艺复兴",在他动身前往美国时就已经完成,因为1939年3月他在耶鲁便以此为题做了讲座。但之后勃艮第计划被推迟。1941年4月,他宣布打算完成一本书,"在这个夏天,书名为'大胆查理和意大利文艺复兴',大概会有一百五十页至两百页"。[1] 然而这样的一本书从未面世。

虽然埃卡从未出版关于大胆查理的讲义,但还是有可能宣读它的手稿版本。他过于节俭。在做了两次讲座后（第二次是1940年在伯克利），1960年值底特律艺术博物馆佛兰德艺术展，他还从文件中取出手稿来做演讲。就像那时他在写给学生迈克尔·车尔尼亚夫斯基的信中所说的，"它上面长了很多苔藓，无人能认出来，甚至包括我自己"。[2] 留存的手稿表明，比起他的许多其他讲座，这次讲座要更为通达易晓，尤其因为使用了幻灯片。它一开场就提到了这一公认的观点，即15世纪的勃艮第贵族文化充满着骑士精神——"白色的独角兽和白色的驯马"。但康托洛维茨认为这一观点在好人腓力的治下是成立的，却不适用于腓力的儿子大胆查理。按照他的分析，查理的统治与腓力相反，那是因为他的野心勃勃的目标：通过在所有面向挑战法国（包括意大利）来推进勃艮第在大陆的优势。为了获得对各个意大利政治体的影响力，查理寻求使节们的势力："公爵的宫廷里挤满了意大利人。"其中有一些是"意大利文艺复兴"的鼓吹者，如贝尔纳多·本博，一位威尼斯的修辞学家，在查理的宫廷待了四年。这些人随身带来了罗马经典和当时的人文主义作品的副本，有助于转变查理的主要居住地布鲁塞尔的文化，使其远离中世纪的骑士精神。罗马思想反过来有助于查理形成其新帝国观。在结论部分，埃卡各拿好人腓力和大胆查理时期的一枚奖章作了比较：前者的风格是"勃艮第式或哥特式"，而后者是"古典式"。总之，"查理渴望的不再是勃艮第骑士多彩的显赫，而是恺撒们普世的名望和桂冠。在这一渴望中，意大利文艺复兴的学说和君王们是他的导师"。这篇东西，非同一般地没有术语，但绝非无足轻重，展示了作者对修辞学与统治者的关系的兴趣，提出了一个独到的、令人信服的、文献证据充分的观点。

"关于礼拜学主题的书"则实际上付梓。依据前言，1934年作者在牛津时就已开始这一计划，德语版本在1936年已"准备印行"，但"环境使得出版不可能"。[3]1938年埃卡已决定离开德国，他明白他需要准备文章用英语发表。因此他着手梳理他的礼拜学材料，完成了一篇文章的草稿，在从英国去美国的途中给包腊看过，他称美国为他的"礼拜之歌"。1939年2月在给伯纳德·弗莱克斯纳的备忘中，他将"关于礼拜学主题的几篇文章"列入他的研究日程的一部分，这篇东西可能是其中的一篇。那时必定已经近乎完成，因为3月在剑桥，当他把自己介绍给哈佛宗教史学家亚瑟·达比·诺克时，他打算让诺克看看有没有可能发表。至于礼拜学主题的其他论文，到了1940年，埃卡打算把它们和他已用德语写成的文章整合成一本英文著作。1940年的整个下半年，他都埋首于这一计划，写新译旧。12月，他写信给年轻的友人爱德华·罗迪蒂："这些该死的颂歌比你我预想的要累人得多；它们的长度也超过我想要的，打字机打出来大约三百五十页；脚注也连篇累牍。但现在我总算完成了，且已把书稿交付给伯克利出版社。"[4]

彼时是1940年。在着眼《基督君王颂》的书本身之前，我们来看看为什么它又花了六年才得以出版。1940年11月，埃卡写信给已在该年成为系主任的弗雷德里克·帕克森，询问出版进度。由于主要的问题在于，这本书由加州大学出版社出版是否合适（该书对礼拜欢呼的大量引用要求复杂的排字工作），帕克森把信转交给校长斯普劳尔。后者在12月的回复让埃卡安心。可能是为了对自己在春天的专横有所弥补，斯普劳尔写道："如果你决定把这本书放在我们的出版社出版，我本人乐于竭尽所能，使其加快通过机器。"[5]

起初这本书的进展很快。埃卡是在 12 月提交的；到 1941 年 1 月 16 日，由三名负责监督"加州大学历史出版"的历史学家组成的系委员会予以了批准。但这时"机器"卡住了。在春天，埃卡得知尽管斯普劳尔早已做过保证，但因为缺乏"必要的资助"，[6] 这本书的出版将被耽搁。一段时间后，依照决定，因为作者不是伯克利的终身教员，这本书如果要出版，得从校外拿到一千二百美元的资助（相当于今天的一万六千七百美元）。1942 年 6 月，埃卡将自己的窘境写信告诉给伯纳德·弗莱克斯纳，说他对"拉来"这样的资助一筹莫展，问能否从卡内基委员会获得支持。结果石投大海；紧急委员会在 1942 年 8 月 3 日的内部通信提到"恩斯特·康托洛维茨需要一千二百美元"，但委员会"没有如此大的一笔钱供任何一位作者使用"。[7] 财政上的障碍必然继续由"连串倒霉的境遇"构成，当这本书于 1946 年出版时，作者在前言中曾颇为细致地提及。由于他并未提及该书是在资助下出版的，给人的感觉仿佛是，作者被耽误良久后获得的正教授终身职位，对缓和"倒霉的境遇"起了奇效。

另一种"连串"[1]则导致了一本值得注意的书的产生。从关于腓特烈二世的研究中，埃卡得知，在西西里的少年国王成年之前，"基督得胜，基督为王，基督统万邦"这一箴言出现在其金印上。即便这一箴言与这位成年后偏好"罗马世界之都"（Roma caput mundi）的皇帝的政治思想或政策无关，埃卡仍在 1931 年的增补卷中对此予以了详述。在那里，他提到相同的词语出现在西西里的诺曼国王和法国的路易四世发行的硬币上。他颇为踌躇地推测

---

1 即与前面所提的"连串霉运"不同。

昆体良为可能的起源。从传记跨到增补卷的这一步，让我们可以感知到康托洛维茨是如何运思的。国王与"主基督"的联系是中世纪统治者崇拜的一个方面，也是他持久关注的主题。此外，出现在诺曼国王和继承诺曼底的法国国王硬币上的标语，碰撞出一个新形成的主题："欧洲史中的诺曼人"。

还有一个"连串"，源自他在腓特烈二世传记中生动表达过的信念，即"基督得胜"三句一组已作为赞美诗，在年少的腓特烈加冕为西西里国王的过程中使用。事实上，这一信念并未有坚实的证据，然而他着迷于施拉姆1930年关于加冕仪式的文章，进而追究起"基督得胜"三句一组在礼拜仪式上的使用。如同我们已经看到的，他第一次这么做是为了1934年在牛津作为主讲人提供某些合适的东西。1946年出版的书显示，第六章关于西西里、诺曼底和英格兰三个"诺曼王国"的加冕仪式，最初是"作为一篇论文提交给由F. M. 波威克教授担任主席的牛津中世纪学会"。第六章似乎适合放在该书结尾之前，因为它并未处理主题的中心，相反集中于诺曼人的相互联系，表露出受惠于查尔斯·霍默·哈斯金斯的基本观念（第157页，注释157）。[8]它表明"基督得胜"三句一组在三个诺曼国家的礼拜仪式上出现的最早文献记录，是来自11世纪和12世纪的诺曼底，在那里它是在宗教节日上被吟唱的（第166页），之后从诺曼底传到英格兰。其中的一个证据可见于1188年的一份文献："教士们在圣灵降临节上当着国王的面唱**基督得胜**"（第174页）。

引文表明这一欢呼现在被用来称赞国王，而埃卡进一步指出，它成了英国加冕礼的一部分。他甚至看似有理地称，首例是征服者威廉在1066年圣诞节的加冕（第178页）。在这一描述中，西西里王国处于次要位置，但并非完全不见踪迹，因为康托洛维茨从两处证据（都很薄弱）中得出结论，在12世纪西西里的加冕礼上，颂歌也被使用（第158、166页）。（他没有了早先的自信，谨慎地放弃了《腓特烈二世皇帝》中的一段，即年少的腓特烈二世于帕勒莫加冕时，也吟唱过"基督得胜"三句一组 [第161页]。）以对12世纪西西里惯例的假设为前提，他认为可以说，这一观念来自英格兰。瞧（Voilà）："三个诺曼国家在礼拜仪式上的一致性变得越来越显明"（第179页）。

我们已经看到1934年埃卡从英格兰写信给施拉姆，说他对诺曼颂歌的研究只是附带的，并不想抢施拉姆的先，但回到德国后，他开始构思写一本关于颂歌的书——包括"基督得胜"三句一组，其中有些与加冕礼有关，有些无关。我们现在不去追踪进一步的进展，而是去看一看其最终的英文成品。第一章来自起初的腓特烈二世研究，讨论硬币上的"基督得胜"铭文。自8世纪以来，拜占庭的皇帝们已然把"IC XC NIKA"（耶稣基督得胜）这一箴言印在硬币上，这一做法在12世纪被诺曼国王罗杰二世挪用，他希望借此表明他已取代拜占庭。这一先例很容易便导致完整的口号"基督得胜，基督为王，基督统万邦"刻在罗杰的孙子、年少的腓特烈二世的金印上（第7—10页）。虽然腓特烈的雄心在于罗马的普世，在其开始自主统治的时候，便用"罗马世界之都"的箴言替代了"基督得胜"，但"基督得胜"迁移到了别的地方。1266年，路易四世将其挪用到首次发行的金币上，此后它便出现在法国的许多其他硬币上，也可见于模仿法国的欧洲政治体。

埃卡总是热衷于指出后续的影响，他评论道，法国硬币上的箴言在对"瘰疬"（king's evil）[1]的神奇治疗中发挥着作用。如同他在马克·布洛赫那里读到的（第5页，注释13），法国国王有时会使用有"基督得胜"的硬币作"触摸"治疗，暗示着他们辅助基督（第5页）。在中世纪晚期的科隆，"基督得胜"三句一组相当于该市的庇护者"三王"，而在中世纪晚期的亚琛，该箴言被改成"基督得胜，基督为王，查理大帝统万邦"，表明查理曼与亚琛之间的联系（第2—3页）。他还认为以下事实中"非常有可能涉及"这一硬币题铭，即纪尧姆·德·诺加雷[2]，公平腓力最重要的大臣，在1308年的一次演讲中公开要求镇压圣殿骑士团时，便吟诵了"基督得胜，基督为王，基督统万邦"（第4页）。一位21世纪的研究者当然可以求助于网络空间来检索事例，而埃卡在没有搜索工具的情况下，发现法国硬币上的三句一组被约翰·加尔文挪用，以"用基督之名为军事行动辩护"。

如同埃卡喜欢展示逸闻趣事，他的第一章主要是为了在历史编纂学上得分。虽然他可能更喜欢展示从诺曼西西里的硬币到法国硬币的传承，但西西里硬币在12世纪晚期便停止铸造，而法国硬币在半个多世纪之后才开始铸造。不过康托洛维茨发现"基督得胜"三句一组在12世纪远离西西里的地区是如此广为人知，以至于它成了滑稽模仿作品的素材。一个例子来自法国讽刺作家夏蒂荣的瓦尔特（Walter of Chatillon）关于金钱力量的一节："金钱得胜，金钱为王，金钱统万邦。"（第6页）可以肯定的是，夏蒂荣的瓦尔特和类似的写作者并没有研究西西里硬币上的铭文。

---

[1] 即颈淋巴结结核。
[2] 纪尧姆·德·诺加雷（1260—1313），腓力四世的顾问和掌玺大臣。

那么这是如何发生的？埃卡的回答是，"并非硬币而是连祷文，应该被视为这些玩笑话的来源"（第7页）。更为特出的是，在一次高卢－法兰克人礼拜上的欢呼，便是以"基督得胜，基督为王，基督统万邦"启首（第9页）。康托洛维茨使用钱币学以观照中世纪统治权的历史这一做法十分新颖，而他对礼拜仪式的借助更是如此。如同他在《基督君王颂》的前言中写到的，对礼拜仪式资源的评估，尚"处于最初阶段"（viii），需要发展；历史学家不再应该"连祈祷书都未曾打开过，便轻快地讨论起中世纪思想和文化的历史"（ix）。

《基督君王颂》大部分在讨论"基督得胜"这一核心的礼拜学事件。虽然埃卡在1936年的德国著作中已经提供了他的一些发现，但其中重要的两章（第二章和第三章）是1940年在伯克利写的。对于写作它们必不可少的是，之前1938年在巴黎他可以检视原始的礼拜学手稿，以及他可以"奢侈地使用"伯克利内部图书馆的借书服务（xi）。在寻找"基督得胜"三句一组的起源时，他首度提出在古典修辞学和基督教礼拜仪式之间存在关联的可能性。昆体良让人感兴趣：他通过举例"hic regnat, hic imperat, hic sola [scil. eloquentia] vincit"，提到省掉连接词的从句在修辞上的力量（第22页）。但埃卡认为"一位早期的礼拜仪式学者会利用昆体良著作"的假设不太可能（第23页）。可能礼拜仪式学者觉得"为王""统万邦"和"得胜"这三个动词的组合足够广为人知，因而予以利用，但这未免显得穿凿附会。埃卡转而提出最终来源是东罗马世俗的欢呼，"很可能这种礼拜仪式的三联句（tricolon）来源于拜占庭剧院、圆形竞技场或者街道的群众，而不是查阅昆体良《雄辩术原理》的一位礼拜仪式学者的书斋"（第28页）。

我们无需追随作者从拜占庭引用一系列细节,将最早的西方颂歌放在卡洛琳王朝的法国,并把时间确定在751年至774年之间,只需强调这一地点和时间具有非常重大的意义。这意味着颂歌在礼仪中被吟咏以赞美统治者,源于其作为卡洛琳王朝的统治者崇拜计划的一部分——该计划意在加强新王朝的合法性,通过仪式上的神圣化,将君主塑造成新大卫。如果基督"得胜、为王和统万邦",那他显然便是基督王,而在加冕礼上如此吟咏,其言下之意,乃是让统治者承担基督教国王的衣钵。以下是康托洛维茨的中心论点:"颂歌是西方最早试图在世俗政治和教会领域建立天主之城类似物的政治文献之一。古代的统治者崇拜在中世纪的对应是礼拜仪式上对统治者的效忠。我们也许可以有把握地称之为'中世纪的统治者崇拜'。"康托洛维茨利用"礼拜学"的专门参考文献来写作历史,他是最早这么做的历史学家之一。

《基督君王颂》剩余的核心章节(第三章和第四章)以渊博的学问讨论了颂歌在法兰克和德意志王国被吟咏的各种场合和语境,然后是教会的场合——对主教和教皇的欢呼。康托洛维茨强调了世俗王国和精神王国在就职仪式和加冕礼上的相互作用,提到"教皇颂歌的皇帝化"和"皇帝颂歌的教皇化"。英诺森三世的统治时期见证了"皇帝化的教皇"对德意志皇帝的支配地位,即便从礼拜仪式的角度看也是如此(第144—145页)。第四章以关于时期划分的一个强有力的主张结尾:基督被构想为国王曾一度支持着君主的威望,但到罗马时代末期(大约在13世纪早期)关于基督的新形象开始流行——"更为人性化和亲切……一点也不威严或庄严"。如同作者作结的:"'基督得胜,基督为王,基督统万邦'——这一成功的习语失去了实质,也变得不再真实。

它们逐渐被忘却或被当作咒语使用……因此向统治者吟唱古老颂歌的整套表演被抛弃。"（第 146 页）熟悉《国王的两个身体》的读者将会认出"以基督为中心的王权"这一历史分期。

《基督君王颂》以一出羊人剧[1]结束。最后一章，"现代的颂歌"，指出近来的教皇和独裁者们是如何开始要求在他们的集会上唱古歌，"有点像是从前生活的漫画"（第 180 页）。譬如，颂歌出现在一本法西斯的赞美诗集中："'基督得胜，基督为王，基督统万邦'……领袖贝尼托·墨索里尼，意大利的国家荣耀、和平、生命及永远的救星。"1939 年 3 月新就职的庇护十二世从阳台上面露微笑，下面的人群突然唱起"历久弥新的颂歌"。我们可以想象 1939 年 3 月 3 日埃卡在巴黎旅馆的小房间从《纽约时报》上读到这一幕，并且保留下来以作未来之用的情景："突然之间，但显然是自发的，整个人群唱了起来。颂歌那高贵的声音，伴以副歌'基督得胜，基督为王，基督统万邦'，扶摇而上苍穹，其情之切，其声之广，甚至令持怀疑论的观者动容。"（第 185 页，注释 223）

尽管《基督君王颂》的诞生是断断续续的，但这本书组织得很好。每章的行文都方向明确。作品的力量还在于它在主要的问题上表述清晰利落。但从文学的角度看，神秘主义是个问题。虽然打算为被疏忽的原始材料提供一个容器，使其不那么像"由祈祷、祝福和教会仪式组成的魔法灌木丛"，但康托洛维茨还是留下了一个布满荆棘的灌木丛。除了书名是拉丁文，书上还有大段

---

[1] 古希腊悲剧三部曲演完后，须加演一出调剂气氛的轻松笑剧，因歌队装扮成半人半羊的森林之神萨缇（satyre）而得名。

未被翻译的拉丁文（有时满页都是），还夹着一些未被翻译的希腊文。第二章开头的法语引文来自一位世纪末的诗人古尔蒙[1]，以表达一个作者接下来并未当真的观点。尤其具有挑战性的是未被界定的术语的激增："无连词从句"（asyndetic clauses）、"荣耀颂句"（doxological phrases）、"复活宣报"（praeconium）、"恳祈派"（Déesis group）以及"统治者的好名声"（*euphemia* of the basileus）。读者们非得去求助于足本大辞典，或者抓破脑袋。埃卡可能解释过"三联句"（tricolon）是指一个句子由三个清楚分明的部分组成，通常是独立的从句，譬如"我们不能奉献，我们不能祝圣，我们不能神化这片土地"。通过将 tricolon 和 triad 交换着使用，他暗地里强化了"修辞学和礼拜仪式之间密切关联"的观点。但由于他假定他的读者如他一般有学问，他使自己沉浸在只有内行才懂的"另类风格"中，很难为伯克利历史系的同事以及其他大多数缺乏鉴赏力的人所欣赏。

关于这本书的一篇书评，由卓越的中世纪思想史家爱德华·克兰茨发表在《知识宝鉴》上。[9] 这篇评论在一开头宣布了康托洛维茨的"双重贡献"："他不仅澄清了关于一项特殊的礼拜仪式的历史中的诸多含糊的问题……他也利用这一历史以观照更为一般的政治和教会的发展。"接着克兰茨进行了扎实的概述，偶尔夹着异议，最后作结道，《基督君王颂》"展示了礼拜仪式在一位伟大的历史学家的解释之下所产生的丰富成果"。1959 年重印之际，作为德国最杰出的历史学家之一的赫伯特·格伦德曼为《历史杂志》撰写书评，对此书不吝赞美之辞。[10] 康托洛维茨令格伦

---

1 古尔蒙（1858—1915），法国象征主义诗人、小说家和有影响力的批评家。

德曼心悦诚服的，是其"令人惊叹的明断而多智"，"对互不相关的材料和二手文献的博涉"以及"带批判性的敏锐和富于洞察的理解力"。在他看来，康托洛维茨"仿佛带着神的权杖，能洞穿初看起来单调但实则复调的东西，从每一项礼拜仪式发生的地点和原因观察到相应的政治和文化上的变化"。

可能最令埃卡高兴的是收到了珀西·恩斯特·施拉姆的一封来信，后者1930年的著作为他指明了道路：

> 您已经搜罗宏富，很难再有所补遗。您对颂歌和连祷之间是如何相互关联、这一关联如何与古代和拜占庭形成对比，以及一个独立的传统是如何在罗马形成的阐述，绝对是有说服力的。无人能怀疑颂歌起源于法兰克王国。对我而言尤为重要的是，您再三强调它们的性质乃政治宣言：随着国家在形象中变得可看见，它在颂歌中也变得可听见。[11]

然而这本书从未变得很有名，康托洛维茨对礼拜仪式之重要性的主张，也并未如其后来对法学资源的利用，对学术研究造成大的冲击。在1981年的《盎格鲁-诺曼基督君王颂》一文中，H. E. J. 考德利感慨"礼拜仪式的资源并未得到历史学家应有的注意"。[12]具有献身精神的学者将继续带着钦佩之情阅读康托洛维茨的《基督君王颂》，但大多数中世纪史学家依然"连祈祷书都未曾打开过，便轻快地讨论起中世纪思想和文化的历史"。

计划中被称为"中世纪学问研究"的书如果面世的话，将会缺乏《基督君王颂》中的那种连贯性。这一点很明显可从1939年2月埃卡向伯纳德·弗莱克斯纳详细列出的题目清单中看出——"他未能在德国出版的"以及他想为英语读者准备的。他写成了三篇，一篇是关于博洛尼亚修辞学家圭多·法巴的研究，另一篇题为《无名氏的 *Aurea Gemma*》，第三篇在写给弗莱克斯纳的信中题为《论 13 世纪时间性的转型》。

关于 13 世纪修辞学家圭多·法巴的文章的出发点，是 1934 年康托洛维茨在牛津新学院图书馆发现的一份手稿。在 1941 年 4 月 2 日的一封信中，门罗·多伊奇告知弗莱克斯纳在那一学年中康托洛维茨完成的工作。多伊奇说"中世纪历史［期刊］《知识宝鉴》即将发表他的一篇名为《圭多·法巴的受业之年》的文章"。"即将发表"这一说法可能来自埃卡，可能源自他对英语用法的误解，因为《知识宝鉴》的编辑在 8 月拒绝发表此文。但到 1942 年 6 月，他得以写信给莱克斯纳，说他的文章《圭多·法巴的自传》将不久"诞生"在《中世纪与文艺复兴研究》[13]，而文章确实于 1943 年在该杂志发表。

埃卡第一次知道圭多·法巴，可能是为写作腓特烈二世的传记而研究修辞学家的结果，在文章中他坦陈"［他］不是个天才"。文章一开头陈明法巴作为一名修辞学家的声誉，然后对稀少的传记资料予以核查。康托洛维茨的贡献在于，修正了法巴早期经历方面的资料，这基于他在一篇修辞学论文的序言中找到的自传部分。（埃卡附上了该文本的一个版本。）这篇东西之所以被《知识宝鉴》的编辑拒绝，极有可能是因为它缺乏令一般人感兴趣的地方。把"自传"一词放在标题可能让它显得更为有趣了，但这种改动只是装点门面，因为康托洛维茨对于将这篇简短的自传作为珍本处理不感兴趣。

这篇文章之所以值得注意，在于它富含的学识令人眼花缭乱。

法巴的序言以散文写就，行文曲奥，典故遍布，令人畏难，也让人惊异于康托洛维茨是如何破解的。例如，他先是故作忸怩地认为序言提到在一个铁匠铺工作，也许暗含对 *faba* 和 *faber*（铁匠）的某种双关，继而加以否定，以精致渊博的引用证明，"铁匠铺"是博洛尼亚学生称呼法学研究的俚语。不久将成为埃卡好友的林恩·怀特感佩地写道："你告诉我里面有一些不错的调查研究，但这篇文章超过了所有的预期。"[14] 丽塔·科普兰评论道，康托洛维茨的破解"堪与阿瑟·柯南·道尔最为神秘的破案媲美"。[15] 然而其带来的实证成果仅仅是对一个毫不重要的博洛尼亚修辞学家的一生中某个时期的传记资料的修订。

与研究圭多·法巴的这篇文章相关的是《无名氏的 *Aurea Gemma*》，发表于 1943 年。埃卡对深奥标题的癖好在这里可谓到了极致。《基督君王颂》至少有一个解释性的副标题，而《无名氏的 *Aurea Gemma*》没有副标题，几乎很难让人联想起讲的是什么。（埃卡还会这么做，如"基督-国库"和——珀利翁山叠奥萨山[1]——"ΣΥΝΘΡΟΝΟΣ ΔΙΚΗΙ"。）如果有人有兴趣读完这篇东西，可以知道它试图证明将 12 世纪博洛尼亚的修辞学专著 *Aurea Gemma*（《金色宝石》）的作者归为某个亨里克斯·弗兰西吉那是不对的。这可能是埃卡最不寻常的旧式学术论文，对于一个十年前已然抱怨过"大人物"的人而言，几乎可以说是怪诞的。该文一开始说明序言在手写本中经常是和它们意欲介绍的作品相分离，然后提供了四份手写本的版本谱系以澄清源流，最后总结道 *Aurea Gemma* 为"无名氏"所作。五个附录含有版本。除了技

1　希腊神话中巨人们试图将珀利翁山叠在奥萨山上，以攀登奥林匹斯山，攻击诸神。

术上的娴熟，使得这篇东西免于枯燥的因素还在于其华丽的文体。以下为一样本："读者会被引导着，可以这么说，穿过措辞庄严华美的序言——标题所暗寓的秘密在其中得以揭晓——的列柱廊，抵达'雄辩术'的神龛，在其圣坛上，当然，他只能找到枯燥乏味、瘦骨嶙峋的规则。"（第254页）值得提及的是，埃卡对《圭多·法巴》和《无名氏的 Aurea Gemma》都很喜欢，以致在生命的晚期指示将它们收入他的《选集》中。

同样作为在1939年给弗莱克斯纳的信中提及的论文，《论13世纪时间性的转型》则属于完全不同的类型。第一个美国版本——最早可追溯到康托洛维茨计划的关于德意志空位期的书——是埃卡1939年3月在哈佛的演讲：《13世纪的永久观和进步观》。之后在1939年12月下旬，他将哈佛演讲予以缩减，在加州大学洛杉矶分校举办的美国历史学会太平洋沿岸分会年会上发表。由于时间限定为二十分钟，这次演讲作了精简，而且标题中删除了"进步"二字。就哈佛的版本而言，手稿留存了下来，我们可以看到其中的转变。可能因为这次演讲针对的听众是各个领域的历史学家，它通过提出两项更大的重要主张来吸引注意力。一个是方法论的。康托洛维茨提出哲学和神学的发展对政治和宪制史的影响。第二个是关于民族国家的起源。在民族国家这一概念背后的预设是民族或人民在国王的生命之外有其永久的政治存在。在13世纪的政治实践中，这一点变得越来越明显。康托洛维茨在他的这一篇短文中，将诸命题结合在一起，确立了新的政治实践的现实，然后提出借鉴13世纪关于时间——尤其是经院哲学概念 aevum（无限持续）——的哲学和神学讨论，来予以解释。

太平洋沿岸分会上的论文最初在脚注里提到《太平洋历史评

论》的编辑"慷慨提议"发表这篇口头报告，而且大体上原封不动。但没有脚注是无法发表的。所以埃卡在春天埋头倒腾脚注，然后差不多在5月末，把文章寄给《太平洋历史评论》的编辑路易斯·K.孔茨。但孔茨（《弗吉尼亚边境，1754—1763》这部专著的作者）在6月6日的一封信中表示，他将不会兑现他的提议。[16]他说，"由于我们现在手头有堆成山的关于远西和太平洋区域的材料，看起来近期不可能在《评论》上发表您的有趣的论文"。尽管有这些外交辞令，但更有可能的是，孔茨编辑扫了一眼手稿，得出结论：这篇文章布满拉丁术语以及对无始无终和有始无终的区分，在一本以远西和太平洋区域为特色的期刊中，是没有位置的。他没想到，被他拒绝的文稿在略作修改之后，将成为20世纪最令人称道的历史编纂学作品的一部分。当埃卡决定把精力投入《基督君王颂》，他把这篇太平洋沿岸分会的论文搁置一旁，而当他写《国王的两个身体》时，他又回到了这篇论文。

第十八章
为稻粱谋

恩斯特·康托洛维茨，早先在法兰克福是一名正教授，在1939年冬至1945年春，却不得不为在伯克利的工作而奔走。我们已经看到他在1939年6月写道："太平洋的鲑鱼上钩了。"但随后鲑鱼一直扭动。接连三个学年，康托洛维茨都面临失业，直到最后一刻被一年期的任命所挽救。1943—1944学年，鲑鱼实际上脱了钩：埃卡甚至没有获得一年期任命，而是靠给军队授课维持生计。1944—1945年，他获得了伯克利的另一个一年期任命，但这次任命是基于这样一个假定，即他将在一年之后接任威廉·A. 莫里斯的讲席。这是没有保证的，但在1945年5月，随着授予终身正教授的消息传来，康托洛维茨最终收绕钓丝，钓起他的鲑鱼。

"恩斯特的险境"始于1941年4月2日门罗·多伊奇写给伯纳德·弗莱克斯纳的一封信。多伊奇告知"在周一和校长交换过意见，事情变得清楚，基于大学的预算，康托洛维茨博士已无可能在来年获得任命。我向您保证，无论我还是校长，都为此深深遗憾，因为我们对他的为学和为人都十分敬重"。如多伊奇所观察到的，"可以肯定康托洛维茨的任命只有这一年，但显然他怀着会被续聘的希望"。然而斯普劳尔校长的决定无一丝转圜的余地。

因此多伊奇"[希望][紧急委员会]为他提供的 1940—1941 年补助也许可以延续到 1941—1942 年"。事情很快变得对埃卡有利。多伊奇从西德尼·埃尔曼那里获得一份协议，授权从那时依然处于闲置的埃尔曼基金中为埃卡拨款，而紧急委员会在 4 月 16 日通过了与前一年总数相同的补助。

虽然埃卡的生计已无问题（他成了收入达三千美元的"历史学讲师"），但在 5 月初，他感到要给弗莱克斯纳这么写道："我承认我很欢迎这一解决办法，然而无法隐藏失望之情。事情的结果本应对我在这所大学的前景更为有利。然而，去年妨碍我获得终身任命的僵局，实际上并未改变。"[1] 他继续提到，埃尔曼讲席是唯一的空缺，但于他不可得：他已获悉，这一职位可能授予（从后年开始）"一位现代史学者，而不会从本校选出"。（这是对即将任命雷蒙德·J. 桑塔格的一个暗示，之后还有更多。）他认为系主任弗雷德里克·帕克森和门罗·多伊奇想留住他，直到另一个教授职位空出来，这里暗指的是莫里斯的职位，后者此时已经六十六岁。然而埃卡对此并不自在，因为这意味着得依赖紧急委员会的资助。如同他有尊严地写到的，"您要相信我极不愿意一直成为朋友的负担，而不是自立营生。毕竟我双脚健全，智力也无问题，而且紧急委员会也毫无理由非得再支持我一年"。他已在其间完成一部关于中世纪礼拜仪式和政治关系的书，但最近五个月来，书稿只是在出版社搁置着。他希望写出更多的东西，这样他才能更抢手一些，但与他的续任一起而来的教学义务，必然会限制他的学术产出。此外他补充道，"我所有的计划可能被欧洲政治事件及其在这个国家的反响搅乱。[德国人已经攻占南斯拉夫和希腊。]我准备好了再次从戎"。

对埃卡来说，欧洲的战争形势尤其令人沮丧，因为他的母亲还在柏林。在先前那个春天的彻底失败之后，新的计划是让克拉拉·康托洛维茨立刻启程，经瑞士和法国去里斯本，然后直接或间接来美国。旅行成本和支付给官僚机构的费用不是一笔小数目。因此埃卡 3 月写信给舅舅费利克斯，4 月再写了一封，要他返还前年寄给他的钱。第二项请求是急迫的：费利克斯应该"尽快"把钱寄回，因为正等着"急用"。从 1941 年的春天到秋天，埃卡和索莎（现在也能在财务上有所分担）忙着设法营救。除了找钱，他们还面临美国政府设置的官僚机构障碍，政府的依据是移民可能是盖世太保的间谍。到 7 月，又出现新的障碍：为了回应美国政府关闭所有德国领事馆的命令，德国政府以要求关闭美国领事馆作为报复。这使得如果要想获得签证，唯一的可能是先去另外一个国家，或者如埃卡所希望的，也许可以向美国大使馆提出申请。除了这一切，还有一个事实，即克拉拉不再具有独自旅行的能力；得安排她和她的侄女格特鲁德·康托洛维茨一起来，格特鲁德那时也在柏林。

向国务院探听情况，填写各种表格。但到了 1941 年秋，犹太人在德国的情况突然发生可怕的恶化。9 月，他们被要求戴上黄星，被禁止先于所有非犹太人登上公共交通工具。如果所有的座位都坐满了人，他们就得站着。最恐怖的是，据犹太德国人在美国出版的报纸《建设报》报道，一些德国城市的犹太人被驱逐到东方。埃卡和索莎现在进入紧急状态。10 月中，他们用长途电话通了一次话（自 1939 年夏以来，这还是两人第一次听到对方的声音）。之后埃卡发电报和格奥尔格圈中的一位熟人、住在巴塞尔的西尔维奥·马基斯取得联系："缺乏资金。到瑞士的旅程几乎不可能，而美国签证可能要通过大使馆才能搞到。请询问出版商[赫尔穆特·库佩尔]并电复妈妈格特鲁德是否受到新法案影响。"差不多同一时间,埃卡收到一封来自苏黎世的电报,在那里格特鲁德的友人正在为她周旋:"格特鲁德需要保证金两万法郎放到瑞士银行利塞尔皮塔科夫斯基能否弄到请拍电报到苏黎世GREIGTUSTR 22号。"虽然在译解中世纪修辞学的密码上埃卡是位大师,他却被电报上的地址弄得一头雾水,10月18日他写信给姐姐:"GREIGTUSTR肯定是电文错乱了。你知道这可能指什么吗?"尽管如此,他还是给"格雷格图大街(Greigtustrasse)22号"发电报说:"我们尽力而为。"事实上,该名应译解成弗雷古特大街(Freigutstrasse)。

"利塞尔·皮塔科夫斯基"指埃卡的堂姐埃莉泽·皮特科夫斯基(娘家姓康托洛维茨)。她是埃德蒙·皮特科夫斯基的遗孀,后者是一位律师,曾为法本公司董事会成员,后因犹太人身份被解雇,移居苏黎世,死于1936年。因为埃德蒙与苏黎世制药公司罗氏公司董事埃米尔·巴雷尔保持着生意上的往来,有理由推定埃莉泽手头有钱。但1941年的夏天她把大部分钱花掉了,为了从苏黎世经法国去里斯本再到哈瓦那(出于官僚机构的原因,对她来说这是进入美国的唯一路线),再从那里去伯克利。因此埃卡写信给他的姐姐:"我立即给利塞尔打了电话。她自然也没钱,但她立刻写信给巴雷尔[他已在1940年移民纽约]问他能否作保。"

1941年秋,埃卡给索莎写了四封信,都是关于如何营救母亲,还不算上另外的电报。在这个时间段,他们可以在《建设报》上读到这样的德语标题,如《第三帝国的驱逐》(10月24日)和《驱逐在继续》(10月31日)。信中的细节延伸至很多可能提供帮助的亲友的名字(巴雷尔并没有帮忙),也详述了官僚机构的要求、可能的旅行路线，以及最重要的，费用、保证金、旅行和生活支出的钱款总额。10月18日埃卡写道："至于其余的五百美元，我只能出一部分的力，无法全部筹集到。我可以从银行借二百美元，但妈妈待在哈瓦那以及从哈瓦那出发的昂贵的长途旅行所需的钱，还没有着落。如果你能出三百美元和保证金，那倒是有可能。我已经完全到了财务状况的极限……此外，未来[对我来说]看起来如此不确定，我不能没有一点储蓄，而我当前便没有。"

在分担格特鲁德·康托洛维茨必需的路费上，双方产生了分歧。为此埃卡写了第二封信："此刻的你我都不能参与其中，因为我们需要把所有手头的钱用在妈妈身上。我绝对反对把你我的财产打碎，而不是用在唯一的目的上，也就是妈妈。"因为格特鲁德是一位知名人士，一位曾是斯特凡·格奥尔格门徒的女诗人，格奥尔格·齐美尔的情妇，他直率坦白地补充道："关注格特鲁德的人比关注妈妈的多得多，这是可以理解的……甚至对我来说，格特鲁德的航程在客观上比一位八十岁妇人的要更为重要，这点你可以相信。但是请保留你只为妈妈准备的资金。你将需要它。"

埃卡从未停止强调优先次序。12月3日，他写道："如果你有钱给[格特鲁德]（我说的不是妈妈所需的钱，也就是说，是你个人的钱），那么把它给'联合'[美国犹太人联合分配委员会]是最方便的。一旦我知道，我就会告诉你。比起妈妈来，格特鲁德筹钱总是要更容易。而我们将依然需要拿出更多钱给她。"譬如他了解到，"从里斯本坐船到古巴至少需要花四百五十美元。他们说如果花六百多美元买更高一个等级的舱位的票，旅程不但变得更为舒适，而且更有可能买到票。但考虑到之后将发生的事，很难为妈妈提供这样的舒适"。甚至伯克利和哥伦布、俄亥俄之间的通信费用也要合计："我有一笔五十多美元[相当于今日的七百六十五美元]的电话账单，为拍电报花了三十美元。我不能再这样维持下去，就像你一样。"但克拉拉从柏林发来电报，至少能表明她尚未被驱逐。埃卡12月3日的信是这一系列中的最后一封。他这样结束："如果曾经在我们的生活中，我们就更为愉快的事情写过如此长的信，我会很高兴的。"通信到这里结束，因为到12月的时候，消息慢慢传来，10月德国政府已从法律上禁止出境。[2]

回到埃卡的工作问题，到了1942年春，疑问再次产生：他会被续聘吗？决定权在斯普劳尔校长手中。华莱士·斯特格纳讲了一个有关他的故事："有一次，一位访客为了一个职位来到他的办公室，听到鲍勃洪亮的声音在里间响起。'请坐，'秘书说，'他还有几分钟，他正在和纽约方面通话。''这样啊，'访客说，'可是他为什么不用电话？'"[3]嗓门亮堂的鲍勃作为管理者精力充沛，做事也不拖泥带水，但就是喜欢看账本，依照他的规则手册来作决定。

这一次他早早行事，使得伯克利不用为康托洛维茨的未来负任何责任。3月，他写信给弗雷德里克·帕克森，说他虽然"乐见一项可以将恩斯特·康托洛维茨留在学校的安排"，但他并不确定可以给他提供任何职位。[4]他这样总结自己的立场："我将乐于让康托洛维茨博士想待多久待多久，假如他的薪水有其他来源，而非我们的一般拨款，而且他能充分地理解我们雇用他并不招致法律或者道德上的义务。"帕克森肯定也明白情势已不同前两年，因为埃尔曼讲席已不再空缺。被从普林斯顿挖来的雷蒙德·J. 桑塔格在秋天就任，导致划拨基金没有任何多余。

这使得紧急委员会和康托洛维茨的朋友们在 5 月就开始为他行动，因为年度决定将在 6 月作出。门罗·多伊奇写信给斯蒂芬·达根，询问前三年给予康托洛维茨的补助可不可以延续。达根以问作答：是否可能找到别的资助？是否有机会获得终身教职？多伊奇不得不回答说"眼下找不到别的资助"以及"在一个财政紧缩的时期，不可能去预言他的任命的持久性"。[5]

埃卡并没有把所有希望都放在多伊奇身上，他写信给伯纳德·弗莱克斯纳，详述自己的处境，寻求弗莱克斯纳的投票支持。[6]他为"这一简直是众所周知的请求"而道歉，然后说"我只是不知道此刻我还能做点别的什么"。除了埃尔曼资助不再可获得这一事实外，新的战时形势意味着联邦政府会削减给加州大学的拨款。战争还使得他的情况进一步复杂化，因为他现在被列入"敌侨"名单，这个分类让他不可能成为终身职位的考虑人选。在面对失业的可能时，他说他"曾试图自愿入伍，因为我想在参谋部我可能有点用处。但身为一名敌侨，我没有资格当志愿兵"。他还留意过"其他的防卫工作"，但"出于同一理由而被挡在门外"。因此他以无声的雄辩写道，"虽然我不觉得自己作为文明一方让别人为之斗争有多愉快，但我看不到自己有任何方法在这场战争中扮演任何积极角色"。康托洛维茨让弗莱克斯纳确定一点，虽然他很喜欢伯克利，但他不打算留在这，而是想尽一切可能找到另一份职位，这样也就免于依赖紧急委员会。他甚至计划参加美国历史学会将于该年冬天在巴尔的摩召开的会议。但与此同时，他所能做的只是请弗莱克斯纳"再次为他向紧急委员会说项"。

再一次投票结果对他是有利的，但拨款的最高限度为一千二百美元，还不到埃卡去年的一半。考虑到 1942 年一千二百美元相当于今天的一万六千美元,以及埃卡在去年秋天写信给姐姐说他"完全到了财务状况的极限",很明显,仅仅紧急委员会的拨款很难令人满意。埃卡的系主任帕克森显然认识到了这一点,他向斯普劳尔申请一份八百美元的补贴。我们无法找到斯普劳尔的回信,但帕克森的第二封信表明,斯普劳尔没有理会这样一份基于"人道考虑"的申请。帕克森有礼有节地予以了回复。他脑子里想的不是"人道考虑"而是机构的最大利益:"康托洛维茨令我们这个校区拥有了在中世纪史领域具备公认能力的人……无论之前还是现在,我都认为康托洛维茨会以尊严和力量支撑这一领域。中世纪史永远开不起很多大班,也不会有很多优异的学生能胜任这方面的研究。然而我相信只要给出持续的承诺,他将逐渐积累起一批可敬的、有才智的追随者。"[7]

如果帕克森未能找来一个强有力的盟友,看来斯普劳尔不太可能屈服。这个盟友便是雷蒙德·J.桑塔格,一个很有分量的人。伯克利聘桑塔格担任埃尔曼教授可谓极为难得。先前他在普林斯顿已经教了十七年书,1939年晋升为亨利·查尔斯·李历史学教授和系主任。之后伯克利将经常从常青藤联盟招聘教授,但这在1941年是很稀罕的。桑塔格能力很全面。在现代欧洲外交史这个他享有声望的领域,他著作等身,特别耀眼。他吐字清晰,风度翩翩,这些品质使他成为一个超凡的演讲家。尤其重要的是,就像他在普林斯顿被拔擢为系主任所表明的,还可以指望他来处理院系事务。不像他的前任詹姆斯·韦斯特福尔·汤普森来到伯克利实际上是为了领取丰厚的薪水退休,桑塔格获得任命时四十四岁,正是年富力强的时候。斯普劳尔明白,他来到伯克利是要留下的,而且不太可能跟他作对。

在认识到恩斯特·康托洛维茨的才能后，"雷伊"·桑塔格很快就成为他的支持者。因此他和帕克森在同一天写信给斯普劳尔，施展他的说服力。[8]在信的一开头他坚称，"中世纪和文艺复兴对于后来的欧洲史研究来说，乃不可或缺的基础。没有这一基础，任何机构不可能在欧洲史领域谈得上真正强大"。但伯克利现在在中世纪领域相对逊色。他承认保罗·谢弗是一名优秀的教师，但强调"他并没有履行他在学术上作出的明确承诺"。他没有提到威廉·莫里斯，可能是因为莫里斯局限于英国宪制史，或者因为他马上要退休。桑塔格避免让自己有过分吹嘘之嫌，他承认"一名流亡者若想被留用，除非比任何可得的美国学者要明显优秀得多"。原则上，在作选择之前应该将整个领域查看一遍。但这一常规做法，目前就伯克利而言行不通，而且康托洛维茨已经在那了。对他有利的事实在于，"他的学术能力已赢得国际认同；他的知识涉猎非常广博，延伸至文艺复兴时期；[而且]他的专攻领域中世纪思想史，是最重要和最难的"。因此他得出结论："如果可能，他应该被授予正教授，这是他应得的。但即便现在的安排，也好过失去一位得到举国公认的有才能的学者，而且是在一个重要领域。如果我们无法获得这个国家中可得到的拔尖之人，那我们当然应该想法子留住康托洛维茨。"

斯普劳尔会怎么做？很显然，他的选择很少，除了写信给帕克森："依据你在7月27日的来信，以及同日桑塔格教授的来信，我将建议从大学基金中拨款八百美元作为康托洛维茨1942—1943学年的薪水，并将为此提出正当的情由。"[9]就这样，为了再留一年而进行的第三次战斗，获得了胜利。

在转向第四次就职前，也许我们要讲一下克拉拉和格特鲁德·康托洛维茨在最后岁月发生的可怕的故事。格特鲁德很勇敢。1942年春,她计划带队非法越界进入瑞士。这一队人,除了她自己,还有其他四名女性。最年轻的六十三,格特鲁德六十五,埃卡的母亲八十。队伍在没有佩戴黄星的情况下,携着伪造的文件,成功从柏林抵达布雷根茨附近的瑞士边界。她们在那里的一个小镇待了几周,以可疑的"度假"为托词,来等待一个预先安排好的信号。有一位法国将军最近逃脱德国的监禁,大概也是在这一地区进入瑞士的,所以边境的巡逻特别密集。眼看定额配给卡要到期,最终信号在1942年5月6日来到。在格特鲁德的联络人提供的指导下,这些上了年纪的女士在夜里越境。但只有一人成功穿过,其余四人被捕。而在这四人中,一人立即吞咽了毒药,另一人被运到"东边",从此音讯全无。剩下的两个是格特鲁德和埃卡的母亲。她们被从一个营地运到另一个营地,最终回到柏林。在那里一些盖世太保军官对格特鲁德的沉着端庄印象如此之深,以至于决定不按规则办事:本来她们作为"罪犯"应该被装运到东边以作惩罚,现在她们被送到特莱西恩施塔特这座"享有特权"的监狱城。[10] 她们于1942年7月6日乘火车出发,那是一趟"运输老人的车",有一百名被驱逐出境者。

埃卡在秋天才得知事件骇人的转变。10月3日,格特鲁德的大嫂埃娃,当时在英格兰避难,写信给她住在加州斯托克顿的女儿薇拉和女婿:"我们现在得知格特鲁德和克拉拉已经……去了特城(Th.-town)。我们还能见到她吗?我们仍抱着希望!"既然薇拉和埃卡定期见面,薇拉肯定会立即把这一消息告知他。几个月后,格特鲁德设法给弗朗茨和埃娃夫妇寄来一封信或明信片。埃娃将之转给在加州的家人,并要求他们寄给"恩斯特·康托"。

在通信中，已被训练成护士的格特鲁德告知她正在照顾克拉拉。最后一次跟哥哥通信（副本到埃卡这里的日期不确定），格特鲁德努力为自己感到高兴："我依然过得很好。"只是她不得不告知埃卡的母亲已死于心力衰竭，不过没有痛苦，而且"被我们所有人当作公主一样照顾"。[11] 依据特莱西恩施塔特的记录，克拉拉·康托洛维茨死于 1943 年 2 月 10 日，这与格特鲁德一首诗的落款日期一致。这首诗是作为碑铭，其中一行写道："我们多么安静地吻这戴有戒指的手指。"[12] 埃卡是否为这一不幸而自责？他在这件事上的反应出奇地沉默，但他的博士生罗伯特·本森告知，有一次他因为不知情问起埃卡的母亲，得到的是一个可怕的回答："母亲？我没有母亲。"此外据威廉·钱尼所说，埃卡做过这一断言，他的尖刻在其中尽显无遗："就德国而言，他们可以用一个帐篷把整个国家罩住，然后扭开煤气。"[13]

在其他方面，1943 年也是个困厄之年。伯克利的财政状况与先前相比大为恶化。随着战争进入总动员，学生的数量急剧下降，州议会削减了两成的预算。3 月，帕克森提交了一份预算申请，其中包括康托洛维茨的正教授职位，但没有回音。5 月，约翰·D. 希克斯，一位新聘的杰出美国史学家，写信给斯普劳尔，说"没有中世纪的支持，现代史犹如一个站在梯子上的人，梯子被从下面抽走"。[14] 而东方语言系的主任则写道："我可以当着全系所有成员的面说，这个分校有 [康托洛维茨] 当同事，我们所有人得到的激励将无可限量。"然而对于后者，斯普劳尔的回复是，他"很抱歉康托洛维茨必须成为我们首批战争受害者之一"。

很可能到 1943 年春，埃卡已经明白在下一个学年，等待他的是残酷的前景。5 月，他写信给他的知交、当时在芝加哥大学教书的艺术史家埃德加·温德，想试试看有没有可能在他那里找到一份工作。为了尽可能让自己的资历更漂亮，他完成了他最重要的文章中的一篇，《"国王降临"和圣撒比纳堂大门上的神秘镶板》，发表于1944年的《艺术通报》。文章的主要意图是关于艺术史的。对于他提出的罗马圣撒比纳教堂门上的两块木刻镶板的图像学解译，他很有把握，近乎沾沾自喜。对他来说，他的解读无可置疑——它们是"唯一可能且自洽的解释"。然而批评家们很快提出异议：康托洛维茨文件中的相关通信表明，专家们对他的图像学解读的反驳有着充分的根据。[15]

不过批评家们的驳倒并不需要我们烦心，因为虽然埃卡的图像学解释单独拿出来会让人产生怀疑，但这篇文章的重要之处，是其为图像学解释作铺垫的扩展阐述。在这一部分，康托洛维茨检讨了古希腊、罗马和早期基督教的证据，仿佛它们有着综合的连贯性。换句话说，他对现在被称为"古代晚期世界"的探讨，预示了历史编纂学在20世纪后期的发展。而这一扩展阐述本身是他触及他称之为"政治神学"的一个醒目的样本。它展示了罗马帝国晚期统治者崇拜的仪式和形象对早期基督教的影响，以及基督教内部在神圣与世俗之间的反弹。基督在圣枝主日降临耶路撒冷的形象背后是罗马皇帝的降临——对一座城市的正式进入。而基督降临反过来又为基督教统治者的"降临"提供了一套模式。此外，它还展示了玛拉基预言的可信，"看啊，我要差遣我的使者在我前面预备道路"[1]，这一预言为基督教"末世论"降临主题提供了支撑。康托洛维茨的博学简直叫人震惊。此前他已利用过钱币学

---

1 见《旧约·玛拉基书》第三章第一节，译文采用修订本。作者依据的《圣经》版本应为杜埃－海姆斯版，"使者"的译法非如大多数采用的 messenger，而是 angel。

的知识,而现在,蒙《艺术通报》在复制图像上的慷慨协助,他能够展示和评论大量的钱币、护身符、雕花大理石石棺、壁画和手抄本彩饰。再加上横跨数种文化和数世纪的主要书面证据,礼拜仪式高歌,天使们四处飘动。参考文献是如此广博,篇幅超过了正文。拥有如此才能的一位历史学家竟然得为找工作担心发愁,似乎不可思议。

但斧头[1]还是落了下来。6月2日,埃卡收到帕克森的一封信,被告知:"我最近得知,校长并不打算在6月30日之后为你提供一个大学的职位。"[16]余下的部分读起来就像是在真诚地道别。帕克森"沉痛不已"。他对康托洛维茨的学术能力深为敬服,认为"可给任何一个历史系增光添彩"。而他"更为欣赏的是当你面临至为艰难的处境时所展现出来的尊严、勇气和得体"。

帕克森说这些好话无疑发自肺腑,只是它们无法用来付账单。埃卡的回信也是真诚的,但话里还是忍不住带刺。[17]他写道:"我领会您的好心,让我知道'罗马已经发话'[2]以及斯普劳尔校长对中世纪史和我本人都感兴趣。这一事实我也料到了,课程125虽然在校样中依然可以找到,但并未出现在课程表中。"他留意到"在与大学的合同期满前三个星期,自己未收到关于事态的任何正式通知"。接着他补充,"我不是一个犯罪分子,且毫无防备,用这样的方式对待我,给我的印象,至少是不公的。在这些年我受到的所有羞辱中,数此为最"。信中流露的口气,是认定结局

---

1 英文的"斧头"(ax)同时有"解雇"之意。
2 原文为拉丁文,全句应该是"罗马已发话,案子已了结"。最初的教会法由大公会议或地方会议的主教颁布之后,随着时间的推移,罗马主教们为因应疑难,依据该准则,用教令补充教会法。

已真正来到。康托洛维茨表达了感激之情，对"全系几乎所有成员向我展示的友好，首先是博尔顿先生，其次是您；您可以确信，我哪一个都不会忘记"。

埃卡等到一年期的合同期满之日到来才给斯普劳尔写信，为自己的遭遇抗议："今天是7月1日，并没有任何来自大学管理层的正式通知送到我手中。我的表现，就我自己看来，并不使下面一点不证自明，即用一份没有通知的解雇来结束一段延续了四年的关系是合适的。"[18]斯普劳尔的答复克制而滴水不漏。他指出，他在去年已就埃卡的身份写信给帕克森，讲定他并不负有责任，"无论是法律的还是道义的"。他还附上这封信的一份副本，且进一步指出，埃卡作为"讲师"的身份众所周知是"荣誉性的但临时的"；"因此，未能为1943年提供相同的条款，无论如何不能被视为解雇"。斯普劳尔为冒犯到康托洛维茨感到抱歉，但"又自辩，1）大学从来没有这样的惯例，要将这样的通知寄给讲师；2）依照这封附上的信件，我以为系主任本已告诉你，你的身份是临时的"。事情就是这样。

或者只是看起来这样。这次埃卡没有紧急委员会搭救，又被加州大学除名。但还有解围之神，以美军实行的一个新的教育计划的形式到来。从帕克森那里得知自己不再被续聘三天后，埃卡收到雷蒙德·桑塔格的一封信，谈到这个军队项目，提议他加入。这个计划被安排在伯克利分校，而桑塔格是监督者，可以指派任命。因此，他提出让康托洛维茨教现代史和当代政治课程的四个部分，担任这门课程所有七个部分的助教和阅卷人。学期为期三个月，从6月中开始，可以让埃卡净赚六百美元。如果这样的职务和报酬可以持续一年，按比分配下来的收入将会足够。

陆军特别训练计划（ASTP）延续了三个学期，共十一周，这意味着从1943年6月到1944年3月，埃卡一直受雇于美国政府。间接的证据表明他的收入有所增长：一份付款分类账显示他在这一时期共收到两千四百美元。该计划的目的在于"鉴别、训练和教育有学术才能的现役军人，以为陆军军官的特种部队"。埃卡尖刻地称之为"大区领袖计划"，说它旨在让未来的美国占领者成为纳粹地区官员的替代。[19] 在这些由政府赠地的大学校园里，学生们的课程很密集。他们被期待在八个月里完成计划，从而获得一个四年制的学士学位和一份任命。埃卡的职责是教历史。从6月到8月，他讲的是现代史和当代政治；从9月到12月，讲德国史；从12月到下一年3月，讲意大利史。

1944年3月，陆军突然终止特别训练计划，埃卡再次失业。但弗雷德里克·帕克森和雷蒙德·桑塔格正在为他通路子。3月，帕克森写信给斯普劳尔，提出一项新的理由。他解释道，在和同事咨询之后，他特别建议从1945—1946学年开始任命康托洛维茨为正教授，中间的这段时间应该继续给予一年期的任命。他称这样就可以解决两个问题。威廉·莫里斯到1945年7月1日就该退休了，而他的英国宪制史课程对于历史系而言乃"必不可少"。（这门连续两学期的中世纪英国宪制史课程，当时是主修"法理学"，即计划上法学院的学生必修。）此外，乔治·格特里奇想减少他正在上的早期现代欧洲的一些课程，以便完全致力于他更为偏好的现代英格兰和英帝国领域。帕克森认为，在这两个领域，康托洛维茨都特别适合担任补缺的人选。此外他宣称，他"是如此有才能的一位中世纪学者，以至于从分校离开的朋友们，在被咨询到莫里斯退休一事时，大多数都声明他是现在最好的中世纪史学家"。他承认罗伯特·肯纳对任命"流亡者"的质疑并非没有道理，然后巧妙地声称自己也有相同的疑虑，"直到我开始了解这名流亡者"，就这样结束了这封信。

比帕克森的信来得更强有力的，是桑塔格寄给他、再由他转给斯普劳尔的一封信。人脉很广的桑塔格已经写信给两位知名的中世纪史学家，以获得他们关于康托洛维茨的看法。一位是林恩·怀特，已离开斯坦福，成为米尔斯学院的院长。一位是约瑟夫·R. 斯特雷耶，继桑塔格之后，担任普林斯顿历史系主任和亨利·查尔斯·李教授。怀特和斯特雷耶是20世纪中叶美国本土最伟大的中世纪史学家。桑塔格在信中告知帕克森，"两位皆认为我们分校有着全国最好的中世纪史学家，却到别的地方找人，不啻愚蠢之举"。他引述斯特雷耶的话说，"加利福尼亚只有疯了才会找另外的中世纪史学家……康托洛维茨比起你们从外面找来的任何人都强"。桑塔格然后给出自己的意见："康托洛维茨学识的广度和深度皆让我吃惊。我读过他去年发表的关于艺术、人文主义、神学和宪制史的文章……他对历史的全部领域都有所涉及，已经赢得了一个最难以取悦的读者的喝彩。"桑塔格相信康托洛维茨是莫里斯"合情合理的继任者"。由于他认识到直到这个教授职位实际空出来，资金短缺一直会是问题，他惊人地慷慨提议，"我愿意献出一千美元，只要其他的捐献者保证拿出同等数额的钱——然后余额的话，我将设法从别人那里弄来"。

现在斯普劳尔将康托洛维茨的事务提交给伯克利预算委员会。4月19日，委员会鉴于历史系一些课程的迫切需求，建议任命埃卡讲师职位，但对终身任命的审议，则需要先进行外部审查。与此同时，帕克森找来六名研究生写了两页的赞美之词，为埃卡造势。

在进一步的幕后通信之后,斯普劳尔要求一个特别委员会审查康托洛维茨有无资历获得终身教授。桑塔格(委员会中的一名成员)引用一封来自林恩·怀特的信,这封信开头一句便先声夺人:"康托洛维茨可以给世界上的任何历史系增光添彩。"[20] 然后怀特进入具体的讨论。在提到《腓特烈二世皇帝》时,他写道:

> 它在面世之初,受到广泛批评,被认为"过于主观"和"印象主义"。我猜史学界这么说的意思是,它犯了可读性强、生动有趣这一无可原谅的罪。但我记得哈斯金斯在 1929 年的评论,他说"当其他人在谈论写一部腓特烈的传记时,康托洛维茨已经写出了一部"。而 1931 年,当包含最初被省略的注释的《续篇》在柏林出版,很明显,这部传记是建立在浩繁的学术研究的基础之上。即使最愚钝的学究也会信服康托洛维茨的学术能力。

林恩·怀特在写推荐书上可谓非常有才。这里是另外一段高妙的文辞:"他有一种令人愉快的天赋,文章从显然不相关的东西写起,然后让其幽隐之义呈扇形散开,直到最终,我们不仅对他打算确立的事实深以为然,对整个中世纪的理解也焕然一新。"还有很多仔细推敲过的短语如:"其组合之精妙,如高水准的弦乐四重奏","罕有学者像他这样按照古文物研究者自己的游戏规则击败他们"。此外,他还说康托洛维茨对勃艮第宫廷的了解"异常渊博"。总之,他得出结论,"依我一点也不谦虚的意见,[如果]放他走,伯克利将铸下大错"。

尽管特别委员会全体一致支持一份终身正教授的任命,斯普劳尔到了这时仍然拖延。（1944年伯克利暂时转入秋季学期，从11月份开始。）7月4日，他写信给帕克森，说他在全面调查历史系的需求之前，不能在康托洛维茨一事上有所行动。帕克森答应对他能找到的所有系成员进行民意测验，之后在7月15日提交了一份七页长、单倍行距的报告。该报告赞成任命。又过了一个月，事情仍未决定下来。到了8月15日，埃卡听到非常令人沮丧的传言。在一封写给门罗·多伊奇的信中，他请求进行一次私人谈话："我不希望沉湎于个人的'苦难史'，但事情已经变得复杂得不行。我坦承我在所有方面都快力不能支了。近日我可以拜访您吗？"[21] 埃卡提到了阿伯拉尔的苦难（确实可怕），但和阿伯拉尔不同，他的状况很快就会得到缓解。在这份给多伊奇的绝望的信发出去三周后，帕克森写信给埃卡，说校长无法给出任何长期的承诺，但已批准他来年担任一年的讲师。给出的理由是中世纪英国宪制史这门课急缺老师。由于莫里斯正式退休是从夏季开始，但在春季学期便要离开，另外乔治·格特里奇休假，有一门中世纪的课也需要有人上，斯普劳尔校长决定让康托洛维茨来教这些课，以及其他需要全负荷工作的课程。

在1944年9月的信中，帕克森感到有必要告诉埃卡——无疑是出于斯普劳尔的坚持，说新的讲师职位的授予，完全"无损"[1]未来与莫里斯退休有关的行动（的合法权利）。但对形势的仔细评估表明，"伯克利之战"（林恩·怀特的说法）实际上已经结束。虽然莫里斯到春季离开，但康托洛维茨被要求上他的两门中世纪史课程，已强烈表明，他在未来会接着上这两门课。此外，他被

---

1 原文 without prejudice，乃法律术语。

指派上格特里奇的文艺复兴课，正是之前 3 月帕克森向斯普劳尔推荐的，好让他获得期限更长的任命，而格特里奇也可以解放出来教他更喜欢的课程。换句话说，埃卡这一年的任务就是教所有能使一份终身教职正当化的课程。永远那么谨慎的斯普劳尔之所以要求"无损"条款，是因为他总是想让自己有选择的开放性，但 1944 年 9 月的临时举措是一个明显的前兆。

如果埃卡 1944—1945 年被分配的任务目标不是朝向终身任命，那他的负担会很可怕。那时他对英国宪制史很反感。在收到新的教学计划的消息后不久，他写信给莫里斯·包腊："不幸的是，下学期我得讲英国宪制史，对此我一无所知也不感兴趣。"[22] 跟威廉·钱尼则说，他感到"教这门课，就像教第二次世界大战，将霍尔-贝利沙[1]列为主角，而从不提及温斯顿·丘吉尔"。[23] 甚至当他为他的任务苦干之时，一切都还是未知数。5 月 7 日，帕克森写信给多伊奇，说如果康托洛维茨将获得任命，他需要被列入大学便览手册中，如果不是的话，应该立即告知他。最终将平衡打破的是芝加哥大学社会思想委员会。5 月 17 日，芝加哥的路易斯·戈特沙尔克访问伯克利，让帕克森、桑塔格和其他人知道，他们正在讨论给予康托洛维茨正教授职位。之后，当戈特沙尔克回去后，他报告了帕克森的声明："如果芝加哥给他职位，我们将努力劝他留下来。"[24]

最终，由于芝加哥大学历史系的坚决抵制，事情不了了之。然而，起初的可能性给"恩斯特的险境"这一章带来了快乐的结局。由于在 1931 年的《续篇》和他来到伯克利之间发表的东西很少，

---

1 即莱斯利·霍尔-贝利沙（1893—1957），英国政治家，1937 年至 1940 年任战争大臣。

校方不愿给他正教授的终身教职，这是可以理解的。当然真正的问题在于，他的腓特烈传记带有强烈的倾向性。虽然1940年代初用英文发表的文章，尤其是1941年1月《基督君王颂》获得由伯克利历史学家组成的委员会同意出版，应该使事情变得有利于他，但随着战争而来的财政压力，为推延终身教职制造了新的理由。不过随着战争取得胜利，以及康托洛维茨作为学者和教师的声誉持续上升，能够将他排除在外的理由越来越少。幸运的是，他还有一些能说上话的朋友帮他推进，其中首要的是多伊奇、帕克森和桑塔格。当然，罗伯特·斯普劳尔才是那个作决定的人，他看起来并未怀有恶意，但固执己见，凡事谨小慎微。无论何时，只要有可能拖延，他就尽可能长地拖延。然而到了1945年5月，当他得知康托洛维茨可能被一家存在竞争关系的著名学府撬走，他不可能再玩他的时间战术。我们将借埃卡那繁复的话来结尾。在一封给芝加哥大学约翰·内夫的信中，他写道："恰好，在我并未期待的情况下，大宇宙和小宇宙展示了它们的内在统一。我们的大宇宙（斯普劳尔校长）几周前已动身去俄国。在离开前，他清理了办公桌，发现了提到小宇宙（我本人）的文件——来自历史系的谦卑请求，这已是第六次还是第七次,关于我的终身任命。因此——可以这么说，在斯大林的压力下——大宇宙提名了小宇宙。" [25]

第十九章
"北方乐土"

有人可能认为,在伯克利的这五年半时间,工作不确定,同时令人沮丧的消息(军事上的和个人的)又从欧洲传来,定会使得康托洛维茨持续心情低落、郁郁寡欢。但这远非事实。诚然,糟糕的时刻经常光顾他,但整体而言他是快乐的。1940 年,他谦恭地给伯纳德·弗莱克斯纳写信,让他确信自己在伯克利的第二个学期,"工作和消遣都不少"。海因里希·齐默尔在 1941 年春天访问过他,说他"非常欢快"。[1] 之后的 1945 年,埃卡给德国的一位朋友写信,说他并未受到战争的直接影响,因为他生活"在北方乐土"(在北风之外的一个永远沐浴着太阳的地区)。[2] 在另一封信中,他更充分地谈到了自己的幸运状态:"我们搁浅了!但在我们所有会搁浅的海滩中,这个绝对是最怡人的……从外面看,我们生活在永不凋谢的花朵中,这些花朵知道这里没有冬天,雨天只有几星期。有一圈朋友带来所需要的刺激,考虑到有几个是'海德堡人','每个词'都可以被理解。"[3] 先前的一章讲的是埃卡最为糟糕的时刻,而这一章我们将来谈一谈这不知道有冬天的、花朵永不凋谢的氛围。

所谓的"海德堡人",涉及三位陆续来到伯克利的德国流亡学者：瓦尔特·霍恩、曼弗雷德·布科夫泽和莱昂纳多·奥勒思吉。虽然他到达美国之后，还结交了出生在维也纳的罗伯特·洛伊，但洛伊主要的生活经历是在美国，而且他的学术领域——民族学，与埃卡自己的关注点无关。而霍恩、布科夫泽和奥勒思吉，都有着海德堡的背景，与埃卡有着双重意义上的共同语言。

瓦尔特·霍恩生于1908年，是一位路德宗牧师的儿子。他先在海德堡学习，之后去往汉堡，在欧文·潘诺夫斯基的指导下，获得艺术史博士学位。中间他在佛罗伦萨待了四年，于1938年移居美国：虽然他的父亲是一位牧师，但他有四分之一的犹太人血统，因而根据纳粹种族法，在德国不能受雇。1939年，霍恩成为伯克利的一名访问讲师。第二年他获得终身教职，此后余生都是在伯克利度过，除了1943年至1946年在军队的三年。霍恩的学术兴趣与埃卡差不多。他的博士论文探讨的是12世纪罗马式建筑正面的图像学。早在埃卡在伯克利的第二个学期，他和霍恩就在彼此的课程中做过客座演讲。大约1943年，埃卡在伯克利组织过一次烧烤野餐，其中的一张照片（图20）显示，霍恩颇为招摇地紧拥着一个不是他妻子的姑娘。（他被认为是伯克利最为花心的男人之一。）

音乐学家曼弗雷德·布科夫泽生于1910年，他先是在海德堡学习，后在巴塞尔，在纳粹武力接管之后获得博士学位。1941年他抵达伯克利，在音乐系授课，直到1956年英年早逝。埃卡《基督君王颂》有一份音乐学附录，便是出自他的手。他被认为是"同代人中最为伟大的音乐学家之一"。[4]此外，他是一位涉猎广博的知识分子。在海德堡，他跟随雷蒙德·克里班斯基学习过哲学，发表过关于"黑格尔音乐美学"的论文。由于他和埃卡皆是洗脚

图20 伯克利的烧烤野餐，约为1943年。埃卡在最右边，挨着他的是瓦尔特·霍恩的妻子，再过来则是多萝特·弗兰凯蒂；瓦尔特·霍恩居中，抱着姑娘（勒纳档案）

礼的专家，埃卡开玩笑说两个人也许可以在圣周四那天去电报大街，与那些擦鞋童竞争；他们将为洗脚服务收取十美分，如果再加五美分，则搭送礼拜仪式表演。埃卡有时会亲切地称他为"布科夫泽·月俱乐部"（Bukofze Monthclub）。[5]

在所有来到伯克利的德国学者中，意大利中世纪文学专家莱昂纳多·奥勒思吉是和埃卡走得最近的。两人在提到对方时，都称之为"公司"（die Firma）。奥勒思吉是知名（犹太）德-意书商和出版商莱奥·S. 奥勒思吉的儿子。他的一个姐姐嫁入费拉拉的芬奇家族，这个名字因乔治·巴萨尼的小说《芬奇-孔蒂尼花园》[1]而广为人知。莱昂纳多1885年生于维罗纳，从小到大在家里说德语，在外面说意大利语。因此很难说他的母语到底是德语还是意

---

1 乔治·巴萨尼（1916—2000），意大利犹太裔小说家。该书被意大利新现实主义大师德西卡改编为同名电影（中译为《费尼兹花园》）。

大利语，从年轻时起他这两门语言都很流利。他先后在佛罗伦萨、罗马、慕尼黑和斯特拉斯堡求学，于 1906 年在海德堡获得博士学位，1913 年取得在那里任教的资格。1924 年，他在海德堡晋升为正教授，在那些日子里，这对于一个犹太人来说可谓非凡的荣誉。1933 年，基于"种族"理由，他被排除在海德堡教员队伍之外。同年他在罗马大学找到工作，在那里任教到 1938 年。1939 年移居美国之后，这位曾经的海德堡正教授发现生活很艰难。在回答一份关于他的英语知识程度的调查问卷中，他写道："足够让别人听懂。"他接连找了些短期的工作，一度还失业（1941 年两人就靠他妻子在皮革厂工作维持生计，妻子来自柏林一个富裕的犹太家族）。在埃卡的帮助下，奥勒思吉在伯克利东方语言系找到一份副研究员的职位，为期一年（1944—1945）。（他写过马可·波罗。）1945 年再次失业的他（彼时他将自己形容为"一个没有学院的学者"）在伯克利等待，一直熬到 1948 年才获得另一份领薪职位。现在他在东方语言系当讲师，但到了 1950 年，他将因为拒绝签署带有争议的效忠誓言而被炒鱿鱼。奥勒思吉是一名非常卓越的学者，他可以用拉丁文、意大利文、德文、法文和英文发表文章和出版著作，其所涉领域，从洛伦佐·达·彭特[1]的图书馆到摩德纳主教座堂的罗马式正面，到"哥伦布对小安的列斯群岛的命名法"。他的海德堡时期的主要工作是一部开拓性的科学文献史学著作，从中世纪到伽利略，共三卷，每卷约五百页。

虽然 1920 年代奥勒思吉和康托洛维茨都在海德堡，但那时他们几乎不知道对方。（奥勒思吉离格奥尔格圈子很远。）而一

---

[1] 洛伦佐·达·彭特（1749—1838），意大利歌剧剧本作者、诗人，因与莫扎特合作而知名。

旦都流亡到美国，自然而然会有所接触。1943年两人都获得军队特别训练计划的教学任务，奥勒思吉是在俄勒冈大学。当计划于1944年结束，埃卡施以援手，将他带到伯克利。从这时起，到奥勒思吉于1961年去世，他们在学术研究上一直相互砥砺。令两人颇为投缘的地方在于，两人都是对内在于语言和图像的象征意义尤为善解的中世纪史学家，都被但丁所吸引（也许称得上痴迷）。[6]两人在希腊拉丁学问上有相同的志趣，都有展示个人机智的嗜好，都是玩多种语言的文字游戏的老手。（可以选一个奥勒思吉的例子，他为一辆给他制造麻烦的二手车取名字，第一次叫它"伽利略"。为什么？"Eppure si muove"[1][可它确实在动]。等这辆车报废之后，他称它为"路德"："Hier stehe ich, ich kann nicht anders"[2][我站在这里，别无选择]）。[7]

在埃卡说德语的小圈子还有一名成员——虽然与海德堡无关——是奥托·门琴-黑尔芬。他出生于维也纳，因为妻子是犹太人，不得不在1938年逃离奥地利。（如此多的奥地利人搭乘1938年6月的一条船来到美国，以至于他们称这条船为"六月花号"。）来到美国后，他在奥克兰的米尔斯学院找到一份教职，从1940年一直干到1947年，然后来到伯克利，成为一名艺术学教授，直到1962年退休。像埃卡在伯克利那些年的许多朋友一样，黑尔芬兴趣广泛。首先他是一名中国艺术的专家，以关于匈人的历史文化

---

1 在《关于两种世界体系的对话》出版后，罗马宗教裁判所对伽利略进行审判。年老的伽利略不得不在法庭上当众忏悔，同意放弃哥白尼学说。不过他在判决书上签字时，嘴里仍然自言自语，说的便是这句话。
2 1521年神圣罗马帝国在沃尔姆斯举行议会，传召路德放弃或重申其立场。而路德断然拒绝公开悔改，声称只承认上帝的话是最高权威。有的学者认为这句话的最后几个字是较现代的用法，质疑路德说过这样的话。

作品最为人知。(他曾在苏联求学一段时间,且在中亚旅行过。)他通晓希腊文、拉丁文、俄文、中文和日文,以及德文和英文。他说起话来也是妙趣横生。有一次他说五美分镍币[1]上的野牛图案下方的箴言其实应该是"E pluribus nullum"[合众为乌]。[8]

有一个正式的场合,可以让埃卡和他的通晓多国语言的、博学的德国友人们保持联系,那就是由伯克利发起的东方学讨论会。这个学会由湾区那些对亚洲事务感兴趣的学者组成,他们会定期碰头,提交论文,交流信息、见解和看法。它是德国流亡学者费迪南德·莱辛于1939年创办的,他在东方语言学系当主任和汉学教授。和他在工作上很密切,并且很快成为推动力的是卜弼德,另一位汉学家,在1940年接任东方语言学系主任一职。埃卡和卜弼德是好友,不过值得注意的是,后者的流亡是另外一种。卜弼德是波罗的海德意志人的后代,出生在符拉迪沃斯托克,父亲是沙皇在太平洋地区驻军的司令官。他在哈尔滨学过中文,1920年动身前往美国,求学于伯克利,之后教衔一路晋升。奥勒思吉(本人已是大才)称之为"我所遇到过的最令我惊异的学者之一"。据说卜弼德通晓主要的古代和现代印度-欧洲语言、闪米特语、含米特语、阿尔泰语、汉语和马来-波利尼西亚语。学生和朋友们都很欣赏他的俄国口音以及"彼得一世时期的艺术格调",进而延伸到欣赏起杰拉德·曼利·霍普金斯[2]的诗歌。

埃卡有一次嘲弄说,伯克利东方学讨论会其实应该被称为"鸟

---

1 指的是1911年设计、1913—1938年制成的野牛镍币,正面是美洲原住民头像,背面是一头美洲野牛。野牛下方有铭文"E PLURIBUS UNUM",意为"合众为一"。
2 杰拉德·曼利·霍普金斯(1844—1889),被认为是维多利亚时代最杰出的诗人之一,以跳跃韵和意象的运用著称。

类学讨论会"[1]，因为出席的都是"珍稀鸟类"。伊戈尔·谢甫琴科，作为资历较浅的教员，1949年从欧洲来到伯克利，他不记得在这一小组中有本土出生的美国人。虽然埃卡很难称得上是一名东方学家，但他热切地参加，因为他如此享受这种深具人文主义精神的智识探讨，在其中他们可以相互交流意见。1941年秋，他谈到最近的一本书，《罗马与中国：一项对历史事件相关性的研究》[2]，对其予以抽筋剥骨的重创。随后他谈到与拜占庭有关的事情（符合"东方"的标准），利用这个机会概述准备发表的东西。当奥勒思吉于1944年来到伯克利，加入卜弼德、门琴-黑尔芬和康托洛维茨（当然还有其他人），这个小组的精神之光愈发煌熠。他们的聚会是半公开的，后来一位观察者写到这些学者的交流，"他们有着广泛的兴趣和活跃的才智，使得[讨论会]成为伯克利历史上兴许是独一无二的论坛"。[9]

接下来我们谈谈担任本科生讲师的埃卡吧。在这段被考察的时期，他的课程所覆盖的范围很广，无论从年代还是从地理上看，都是如此。最初几年，在军队特别训练计划任教之前，他先后教了四个学期"中世纪思想和制度"（名字改自"中世纪制度"），其中的三个学期覆盖公元300年至1300年，第四个学期是专门关于拜占庭的，从公元300年至800年。我们已经看到，他在军队为期一年的课程是关于现代史和当代政治、德国史和意大利史的。之后，为了获得正教授，他上了两个学期的英国宪制史、一个学

---

1 "东方学"英文为Orientologicum，"鸟类学"为Ornithologicum。
2 该书出版于1939年，作者为弗雷德里克·梯加特（1870—1946）。通过对比分析公元前58年至公元107年罗马、东欧和中国发生的一系列历史事件，梯加特得出汉朝的活动对罗马影响巨大的结论，试图颠覆欧洲中心论，但不被当时主流学术界认可。

期的文艺复兴和一个学期的宗教改革。换句话说,他讲授的时间范畴从公元 300 年跨到 1600 年,而在军队的校外课程则延伸至 20 世纪。

考虑到有时他一而再地讲授被规定的课程,或者从一个终止的系列换到另一个新的系列,其中牵涉到的工作量是巨大的。如同之前所提及的,康托洛维茨会把他所有的讲稿打出来。大部分(以及手写的修改和附录)被保存在利奥·贝克研究所二十二个扣眼活页夹里,加起来大概有六千页。这些讲稿打在 6 英寸 ×9.5 英寸的纸页上,比美国标准的 8.5 英寸 ×11 英寸要小。拉尔夫·基西解释了其中的缘由:"他从不带公文包进教室:他带着微笑进来,点头致意,略作问候,然后从口袋里掏出讲稿,坐在他的椅子上,开始讲起来。"[10]

如今浏览这些讲稿,可以看到它们的令人目眩之处,不仅在于其洞察力、对材料的驾驭以及有时出现的新知识,还在于它们是艺术作品,在结构和修辞上都能看到匠心独运。在军队讲授的意大利史课程是这样开场的:

> 1871 年 7 月,一位无足轻重的王子,从皮德蒙特 – 萨伏伊王国的法国边境,带着浪漫主义和自由理想主义的浪峰,进入这座城市,定居在奎里纳勒山上的教皇夏宫里。这些大而低矮的、涂着赭色的夏宫,部分是由贝尔尼尼在 17 世纪时所建。

这些讲稿经常会夹着讽刺。埃卡可不想掩饰自己对讲授英国宪制史的不悦,他的系列课这样开场:

如果要讲一门关于英国宪制史的课程,最好的方法莫过于援引斯塔布斯主教的某些令人泄气的话。他的《英国宪制史》在1874年首次出版,已经为数代的历史学家挤好了奶——有时是奶粉。这位主教说:"制度史不下功夫是无法精通的。"我为你们,也为我自己感到抱歉,确实这样的功夫,要么是你们不能幸免,要么是我不能幸免。

以这种偏离正道的方式,他为第一堂实质性课程提供了一个少一些尖酸的导言:

如果你可以的话,用一句来自荷马或者《圣经》、但丁或者歌德(取决于你的课程是关于古希腊还是教会、意大利史还是德国史)的引文来开始一门课程或者为其作总结,总是稳妥的。不用说,在一门探讨宪制史的课程中,莎士比亚是要被叨扰的。

(因为康托洛维茨一开始讲的是罗马人的不列颠,他所"叨扰"的莎士比亚的戏剧为《辛白林》;在《国王的两个身体》中,则为《理查二世》。)

宗教改革课程的导言则可谓修辞的顶峰(这里我们必须记住,他是在1946年冬说这番话的):

新生事物之诞降与滋长,其景象本该令人振奋,而在这里,从隐喻的层面讲,并非"新生命"的载欣载奔,而是分娩的阵痛，连续的阵痛……这一切以最折磨人的方式展开：对心智的拷问、无穷的迫害、无休的敌意、无止的分裂、来自异端和巫术的无尽冲击，直到它在一个民族的羊栏中获得成熟，这是欧洲最受折磨同时也是最为自我折磨的民族之一，也就是德意志民族。如果说意大利文艺复兴就像另一位全副盔甲的雅典娜从宙斯的头颅里跳出来[1]，据我们所知，并没有经受分娩的剧痛，那么德意志宗教改革发生的条件，则远胜于《创世记》第三章第十六节中对夏娃的预示："又对女人说：'我必多多增你怀胎的苦楚，你生产儿女必多受苦楚。'"

在导言结束后，埃卡喜欢呈现纷繁的细节。在中世纪制度这门课程一开始，他提到小写字母"i"应该为基督教在4世纪分裂为阿里乌斯派和亚他那修派负责：耶稣要么是 *homoiousios*（与上帝相似），要么是 *homoousios*（与上帝同质）。在别的地方他还把自己的研究带进来：戴克里先将太阳神看作朱庇特，将苍白的君士坦提乌斯[2]看作赫拉克勒斯；作为太阳神的皇帝可能被用一个光轮来表示，因为那正是光芒四射的太阳的标志；因此是基督教光轮的起源。[11]

诺曼·里奇在1940年代初期听过康托洛维茨的讲座，他说"他远非像桑塔格那样爱出风头，而是坐在讲台边，用他那抑扬顿挫的嗓音，读着一份细致打出来的手稿。然后他会一边嘴里叼着烟，

---

1 古希腊神话中，依据预言，墨提斯在生下女儿后，会再生推翻宙斯的儿子，宙斯遂将墨提斯吞入腹中，此后严重头痛，最后只好要求把头颅打开，披坚执锐的雅典娜从中跳了出来。
2 即西罗马帝国皇帝君士坦提乌斯一世(250—306)，其脸色苍白，所以有"Chlorus"之称。

一边考虑问题。我总担心烟会掉下来。他的讲座听起来不是很刺激,但这是因为他的阐述如此精妙"。[12] 另一位伯克利的见证人则这样写道:"康托洛维茨以无可挑剔的衣着健步走进来,整个教室顿时陷入一种几乎看得见的兴奋和期待的氛围……这颗明敏的头脑包罗宏富,在数个世纪之间闲庭信步,揭晓着人的戏剧。"[13]

埃卡的研究生研讨班并不使用稿子。研讨班在他家里举行,从晚上八点开始,持续到十一点,"之后工作结束,开始非正式的谈话"。埃卡在起居室的中间放了一加仑葡萄酒,让参与者随意享用。研讨班的方式是德国式的:一学期选一本主要原著,进行深入耕读。学生就各个不同的方面提交论文,然后进行讨论(诺曼·里奇写道,"我们和他讨论、争辩"。[14])。研讨班所使用的文本中,有一些是拜占庭皇帝君士坦丁七世的《礼仪书》(读的是拉丁文,因为埃卡的学生并无足够的希腊语水平),克雷莫纳的利乌特普兰德(Liudprand of Cremona)对他出使君士坦丁堡的记叙,"无名诺曼"[1] 以及但丁的《君主国》。当埃卡在1949年的夏季学期研讨班上讨论《君主国》时,他指派一位天主教神父充当"魔鬼代言人",为正统罗马天主教将这一论著打上异端烙印辩护,而自己则谐趣地扮演起以极大的热情检控但丁的角色。

在伯克利的那些年,仰慕埃卡的学生形成了一个小圈子,本科生和研究生都有。据说可以看见他在校园里"被一群学生簇拥,然后把他交给另一群学生,由后者陪同到当地的餐厅吃饭和交谈"。[15] 在打仗的这些年,和他走得近的研究生有威廉·A. 钱尼、诺曼·里

---

1 *Tractatus Eboracenses* 的作者,该论集写于1100年,讨论的是国王与天主教会之间的关系。

奇和乔治·H.威廉姆斯。这些人后来都成为专业学者,有著作面世。战后,另一位威廉姆斯,谢弗·"斯派克"·威廉姆斯加入到这个研究生的小圈子中。可以想见的是,这两个威廉姆斯免不了带来俏皮话。因为乔治·威廉姆斯研究的是"无名诺曼",被称为"无名威廉姆斯",而斯派克·威廉姆斯致力于"伪伊西多尔"的教令集,被称为"伪威廉姆斯"。有一个晚上,乔治仍未到来,斯派克便起身说:"不用担心!伪威廉姆斯会去把无名威廉姆斯找来!"[16]

另一名研究生是路易斯·魏克曼,一个墨西哥人,出生于巴伐利亚的一个大户人家。魏克曼1944年来到伯克利撰写博士论文,埃卡给了他一个题目:1493年亚历山大六世教皇诏书,该诏书划定了西班牙和葡萄牙在新世界的势力范围[1]。埃卡不惮其烦地帮助这位访问者将诏书放在中世纪教会法的背景中,依据日耳曼历史文献所的方法,将其与其他特许状予以比较,将亚历山大教皇的准许(由一位封建领主发布)追溯自伪造的《君士坦丁御赐教产谕》中展示的一个观念。这是埃卡指导的第一篇博士论文,他对此颇为骄傲,在论文1949年以西班牙语出版后,特地写了个导言。(魏克曼后来成了一名外交官,出使过联合国、以色列、德国和意大利。)

埃卡作为学术导师不止一般地认真尽责;他还和其中一些他所钟爱的学生做朋友。一个例子是威廉·"比尔"·钱尼。钱尼1941年以交换生身份,从太平洋学院来到伯克利,那时他十八岁。他在1943年获得学士学位,然后作为一名研究生,一直待到1949年,在康托洛维茨和莫里斯·包腊的提携下,入选哈佛学会。钱尼想成为一名中世纪史学家,也掌握必备的语言。这可以

---

1 即"教皇子午线"。

部分解释埃卡对他的兴趣，但两人很多的交谈并非仅限于行话。埃卡向钱尼回忆起他早年生活的诸多方面。1943年或1944年，他把包腊的《象征主义的遗产》一书（带有拉丁文题词）送给这位二十或二十一岁的年轻人。这导致他们有一个晚上谈起包腊书中对斯特凡·格奥尔格一首诗的翻译。钱尼懂德语，他认为这一翻译无论就准确性还是传神程度而言，都胜过恩斯特·莫维茨的版本，后者作为格奥尔格的主要门徒之一，最近刚出版一本格奥尔格诗歌的英译本。对此，埃卡表示，他很高兴听到钱尼这么说，因为包腊书中的翻译是他和包腊两人花了一个晚上合作而成。

康托洛维茨总是乐于和他喜爱的学生在课堂之外交谈会饮，并坚持让他们喊自己"埃卡"。先前提及的那张野炊郊游的照片大概拍于1943年，上面除了他，主要是他的学生。在战争期间，他作为"敌侨"被迫遵守宵禁令，晚上八点之后待在家中。诺曼·里奇、乔治·威廉姆斯，还有另外一两名学生，便来拜访他，同他作伴。他们带来廉价的乐美堡牌葡萄酒（"把乐美堡带回家／因为乐美堡顶呱呱"），埃卡非常感激，既为有青春作伴，更为有美酒销愁，因为他手头没有现金。（雷蒙德·桑塔格告诉里奇，康托洛维茨手头紧绌，不过"酒对他来说必不可少"。）学生们在埃卡家中的聚会有时会一直延续到天明。

除了和同事、学生交往，埃卡还和陆续移居到伯克利或周边的亲戚保持联系，他们为数不少。最早来到这里、实际上还在埃卡前头的，是伯恩哈德·彼得科夫斯基（生于1910年），大概是在1938年。他已将姓名美国化为伯纳德·彼得斯（彼得科夫斯基在电话里念过于麻烦）。他和埃卡出现在相同的地方纯属巧合。他和埃卡并无血缘关系，只是埃莉泽·康托洛维茨的一位侄子，后者嫁给了他的伯父埃德蒙·彼得科夫斯基。他的经历很令人好奇：一开始是码头装卸工人，后来成为 J. 罗伯特·奥本海默的物理学学生。不过即便进入大学，他和埃卡彼此也没什么往来。这里之所以提到他，只是因为他安排了父亲格奥尔格·彼得科夫斯基／彼得斯（生于 1874 年）和母亲埃娃，于 1940 年 6 月从德国过来与他汇合。而这两位在埃卡的生命中扮演着角色——凭着他们自身的能力以及作为他们吸引别人的结果。格奥尔格在德国是一名物理学家，在智识上的爱好不偏于一门，对埃卡的工作颇感兴趣。埃卡非常了解他的兴趣点，在 1942 年将一篇评论文章《中世纪的柏拉图》发给他，在 1950 年代又从普林斯顿把自己其他的文章选印出来寄给他。1950 年，埃卡将马克斯·雷丁的死讯告知埃莉泽·彼得斯时，写道："格奥尔格如果在世，肯定也会非常伤心。"[17]

之后，格奥尔格和埃娃在伯克利的存在成为磁铁，吸引了他们的侄女多萝特·弗兰凯蒂（生于 1900 年）和她的六个孩子在 1941 年夏天的到来。多萝特的生涯需要单辟一章来讲述，才算完全恰当。她是埃德蒙·彼得科夫斯基和埃莉泽·康托洛维茨的女儿，从小在优渥的家境中长大。她的第一任丈夫约瑟夫·汉布岑，人称"别波"，家境也很富裕。他是詹姆斯·洛布的养子，洛布是库恩–洛布银行的合伙人之一，后来又成为洛布古典丛书的创始人。在洛布的栽培下，汉布岑成为一名银行家，柏林 A. E. 瓦塞尔曼银行的合伙人。他和多萝特在 1927 年成婚，几年后从柏林搬到苏黎世郊区，1937 年离婚前有五个孩子。离婚后多萝特随即嫁给路易吉诺·弗兰凯蒂，一个半是意大利犹太人、半是德国人的男爵。为保险起见，这次她再次选择了一个富人。路易吉诺来自罗斯柴尔德家族，父亲拥有威尼斯大运河边最为豪华的宫殿黄金宫（Ca' d'Oro），乔尔乔涅、丁托列托和凡·戴克的画作均在其收藏之列。作为一名极有天赋的钢琴家，路易吉诺的教育在伊顿和牛津完成，在那里他结交的友人包括克莱夫·贝尔[1]、费利克斯·尤苏波夫亲王[2]。

1930年代，他用家族财富买下佛罗伦萨郊区贝罗斯伽多山上一处壮观的宫殿。在多萝特到来时，路易吉诺的母亲玛丽恩·冯·霍恩施泰因（来自巴伐利亚的一个贵族家庭，肖像画家弗朗茨·冯·伦巴赫的姨子），已将宫殿重新粉饰得富丽堂皇，并将其当作豪华的膳宿公寓，向挑选过的客人开放。1940年，巴伐利亚王储鲁普雷希特亲王偕同妻子和孩子在托雷迪贝洛斯瓜尔多待过一段时间。伯纳德·贝伦森[3]不时会过来。（有一次路易吉诺问贝伦森觉得如何，得到的回答是"我有点giù"——意大利语，相当于英语中"down"[低落]。对此，路易吉诺回复道，"我知道，但我问的是您觉得如何"。）1938年多萝特为路易吉诺生下一个孩子。到了1941年夏天，别波，也就是前五个孩子的父亲，给他的前妻打长途电话（当时他住在纽约），叫她"即刻把那几个孩子带离欧洲"。所以她带着六个孩子飞到里斯本，在那里等母亲埃莉泽从苏黎世过来会合。埃莉泽得乘火车穿过已被占领的法国，这让他们在等待的时候多少有一些担心，好在她顺利抵达。之后，在汉布岑的资助下，母亲、外祖母和六个孩子登上一架泛美客机，跨洋飞至百慕大，辗转到纽约。一份纽约报纸上有一张照片显示了"意大利多萝特·弗兰凯蒂男爵夫人"和六个孩子走下客机后不久的情景。[18]

---

1 克莱夫·贝尔（1881—1964），英国艺术批评家，著有《艺术》等。
2 费利克斯·尤苏波夫（1887—1967），刺杀拉普京的主角。
3 伯纳德·贝伦森（1865—1959），美国艺术史家，专长为文艺复兴时期。

在伯克利，多萝特买了一栋宽敞的房子，大到足以住下她的六个孩子、母亲、一名女家庭教师，以及路易吉诺和他的母亲——他们在战争末期来到伯克利。多萝特曾一度听过埃卡的课（她也出现在图 20 中）；1947 年她借钱给埃卡买房子。当然，她也举行晚宴。客人中会有作曲家恩斯特·布洛赫、指挥家皮埃尔·蒙特，两位都是路易吉诺的朋友，又或有奥尔加·施尼茨勒，维也纳剧作家阿图尔·施尼茨勒的前妻。（奥尔加是伯克利一奇人，她以有很多披巾闻名，经常看见她在电报大街大步流星，披巾垂下一截，落在一根顶部饰金的手杖上。）另一个频繁来访的客人便是埃卡。他擅长与孩子们打成一片（只要他们不是婴儿）。1945 年，多萝特在家里组织了一个令人惊喜的派对，为了庆祝埃卡的五十岁生日，来了很多人，有老有少。

在这样的场合，下厨的是多萝特的母亲埃莉泽，大家称她"利森"。除了姐姐索莎，利森是亲戚中埃卡最喜欢的。利森的父亲纳扎里·康托洛维茨[1]，是一家大型化学公司的董事，在 1878 年利森出生那会儿，算得上波森最富的人之一。1898 年她嫁给埃德蒙，他是一名律师，在岳父退休后，承担起了公司的管理，之后加入法本公司董事会。1905 年，设计过柏林地铁站的知名建筑师阿尔弗雷德·格雷南德，为纳扎里和埃德蒙两家子设计了一栋宽敞的别墅，采用的是最新的新艺术派风格。然而，随着纳粹接管德国，利森和丈夫不得不逃离。1936 年丈夫去世，利森陷入山穷水尽。她继续待在苏黎世，直到 1941 年夏去里斯本和女儿会合。在伯克利，

---

[1] 纳扎里·康托洛维茨（1844—1928）为埃卡祖父的弟弟的儿子，按辈分来说，属于埃卡的堂伯父。

利森给多萝特烧饭,光景远不如从前,但她并没有因此而有一丝郁郁不欢。

埃卡对利森有无尽的情感。他们是可以相互戏谑的一对。1947年,他寄给她一只火鸡的屁股,庆祝她归化为美国公民,脱离早先"冯·兴登堡的世界"(von Hintenburg,hintern 在德语中是"臀部"的意思)。一年之后,利森和女儿一起移居意大利,埃卡在她七十岁生日的时候给她寄了这样一封信:

> 所以在星期一的时候,你将正式进入"老年"——这一点无可否认。然而,正如3月21日是春天的正式开始,但绝不意味着春天真的到来,你的七十岁生日也不是你的老年的5月。直到你抵达"老年的全盛期",你依然有大把的时间行之若素。让我温柔地、钟情地拥抱你。希望负担不会变得太重,总是能够忍受。更希望你依然如从前一样为别人所"不可或缺",而不会变成一项负担。[19]

1949年,她回来短暂地停留了一下。他写道:

> 于我而言,和你在一起,俨然回到了自然状态,在我们身后是三个世代的光阴……能让我这样的,除了索莎,还有贡多尔夫的语言、受教育的经历,但你们两个依然是我最原始的经验。[20]

最后一个需要提及的家族成员是薇拉·彼得科夫斯基/彼得斯,她是埃卡的情人。还记得在他十几岁的时候,他的父亲不想他和堂姐"有任何瓜葛",那时他听从了父亲的话。但薇拉是他的侄女,堂兄弗朗茨的女儿。她于 1907 年出生在波森,1928 年嫁给了远房表哥恩斯特·彼得科夫斯基(利森的儿子、多萝特的弟弟),这令她的父母一开始颇为不悦。这对夫妇在柏林过着经济宽裕的生活,一直到 1933 年纳粹接管。恩斯特拥有植物病理学学位,他在柏林一家银行担任部门主管的同时,还在离首都六十英里的一个占地四百英亩的农场继续从事这一领域的研究。不过一旦纳粹掌权,他便被觊觎他财产的人"告发"。据称他曾妄议戈林,因此在 1933 年 7 月被捕,由党卫军关押,先是在市中心的哥伦比亚大楼,之后在滕珀尔霍夫机场,受到非人的残暴对待:"被刀割,被鞭打。"[21](其他在这一时期被纳粹逮捕的人均被折磨致死。)在党卫军的监狱待了两周后,他被释放。他父亲(仍是法本公司董事)派了一辆豪华汽车来接他,把他送出德国。恩斯特在苏黎世待了几个月后才恢复健康,之后与妻子和年轻的女儿团聚,一家子开始了漂泊,经法国、塞浦路斯、英格兰,直到 1940 年 1 月抵达加州斯托克顿。他在一家大型土豆公司谋到一份差事,名字也换成了恩斯特·彼得斯。

彼得斯一家搬到加州,与埃卡在加州无关,但考虑到斯托克顿离伯克利只有五十六英里,这一家子经常来看埃卡。薇拉父母从英格兰写信给她,反复在信中问候"恩斯特·康托"。彼得斯夫妇曾借给埃卡一幅利奥尼·费宁格[1]的画作《诺曼村》,这是薇拉一度富裕的父亲送给她的礼物。1942 年恩斯特·彼得斯被诊断出多发性硬化症,不久便再也不能下地种土豆。无法从事户外工

1　利奥尼·费宁格(1871—1956),德裔美国画家,表现主义的代表人物之一。

作的他改行当起了会计，而薇拉则去做护理工作，以贴补家用。（出于财务上的原因，他们把费宁格的画取了回去，卖了三千美元，而到 2004 年，这幅画在苏富比拍到了一百二十四万美元。）

薇拉对埃卡素存爱慕。她保留了 1935 年埃卡寄给她的一封信和一张明信片，以及 1939 年 9 月埃卡得知薇拉在斯托克顿后，从伯克利寄给她的一封信。薇拉·彼得斯（图 21）是一位迷人的女人。1940 年两人成为情侣。对于这段关系，她小心呵护，不让丈夫知道，所以埃卡写有亲密内容的信时，会寄到斯托克顿邮局的存局候领

图 21 薇拉·彼得斯，约 1955 年（勒纳档案）

处,而没有亲密内容的信,则直接寄到她家,这样她就有了障眼法,营造出两人只是好友的假象。(他有一次把这些信件称为他的"官方信"。[22])薇拉拥有一辆车,可以开车去约会。他们经常去卡梅尔,同埃卡的两个德国朋友阿图尔和莱尼·雷蒙待在一起,这两人是为数不多的知情者。有时他们也去塔霍湖。伊戈尔·谢甫琴科对伯克利的风月之事多有知晓,据他说,瓦尔特·霍恩在校外有一间公寓,用来和他数不胜数的相好们幽会。他给了埃卡一把钥匙。

薇拉·彼得斯并不是一名知识分子,这一事实反而平添了她的魅力。露西·车尔尼亚夫斯基说,埃卡对待女性的态度是"她们是有罪的,直到证明自己的无辜"。[23]如果她们是女学者或者试图胜过男人一筹,她们是有罪的。相反,他更喜欢和能让他放松、快乐的女人在一起。薇拉还很有幽默感;有一次两人在餐厅,侍者误把她当作埃卡的"小妹",这促使她在随后的一封信中称他为"老兄、堂兄,诸如此类"。在卡梅尔,埃卡和薇拉会去散步,在塔霍湖则会去游泳。1951年9月,当他打算前往西海岸的普林斯顿,两人知道这是最后一次幽会。他们分别登记入住旧金山的一家旅馆,午夜过后分手。凌晨一点,薇拉写了一张依依不舍的便条,里面既坦露了自己的心境,也同样多地谈到了埃卡:

> 埃卡——说太多没什么意思,尤其你痛恨浪漫主义,而我显然掩盖得不错。或者你忘了把我称为抗感觉的东西放在我旁边,当你"亲手缔造"了这一切时。虽然并不完美,我仍想感谢你的"创造性"工作。还有很多其他事情,我也得感激你——你不会理解,所以就一句话带过。我希望它多少有助于对生活或生活的外貌,有一个不同的态度,有助于我

成功地做我准备开始要做的事情。然而——不尽的情与爱——薇拉。[24]

一直到去世,埃卡都保留着这一便条(以及薇拉后来的许多便条),这一事实表明,他并非像薇拉所描绘的那样无情。此外,两人的关系并未随他在普林斯顿定居而画上句号,而是一直延续到他去世。(在去世前夕,他指定薇拉为他的主要继承人。)而就薇拉这方面来说,她告诉女儿,她依然爱着丈夫:"人们说一个人不能同时爱上两个男人,但我就是这样。"[25]

第二十章
"决不去德国"

1930年,恩斯特·康托洛维茨在哈勒给出了他的"我站在这里"[1]:"对某种类似德国天命的真正信仰……是的,对今时受到威胁的国家的狂热信仰。"大约十年后,他告诉他在伯克利的一名很钟爱的学生,"就德国而言,他们可以用一个帐篷把整个国家罩住,然后扭开煤气"。康托洛维茨的思想和职业充满连续性,但这方面除外。

当然,憎恨并非一日之寒。从1935年"德意志教皇"广播中的暗示,到"绝望——众所周知——紧跟着所有的德意志历史",表达的都是挫败,而非敌意。战前的私下表达是针对"屎特勒"的。在写给包腊的信中,埃卡因为张伯伦对"屎特勒"让步而对其予以苛评。譬如1939年3月16日,在德国军队长驱直入波希米亚后,他以浓重的讽刺写道:"我的想法是应该将柏林威廉广场重新命名,称之为张伯伦广场,在宣传部门前竖起两尊纪念碑,一尊给休斯顿·斯图亚特[2],一尊给内维尔,献词如下:'一个国家对泛德意

---

1 语出路德在沃尔姆斯的信仰告白。参见第329页脚注。
2 休斯顿·斯图亚特·张伯伦(1855—1927),英裔德国种族主义作家,其《十九世纪的基础》对20世纪泛德意志运动影响甚深。

志之奠基者的致谢。'"巴尔的摩的观众在观看一部新闻影片时与他有同样的感想,这让他很受鼓舞:"张伯伦受到的嘘声比屎特勒还多——我从未听过这样的噪音。"[1]

战争爆发后,对于德国人的侵略欲望,埃卡尖刻地写道:"欧罗巴再次被一头公牛强奸。"[2] 这是在 1939 年 12 月,而对于 1940 年 5 月德国的胜利,他放弃了讽刺:"我很难把注意力放在其他事上,对胜利可怕的宣布接二连三传来。"[3] 在写给伯纳德·弗莱克斯纳的信中,他直言不讳:"欧洲的噩梦对我的折磨,非言语可表。"[4] 埃卡没有理由在信中告诉弗莱克斯纳他对德国人是怎么想的,但诺曼·里奇和埃卡共度过许多个夜晚,据他说,到 1942 年,"纳粹这整个事已经使得康托洛维茨转而对总体上的德国人持尖刻甚至狂热的批评态度"。[5]

不幸的是,康托洛维茨关于现代史和当代政治的军队讲座系列的文本没有留存,而德意志史讲座系列的文本并不完整。不过在后面这个系列中,埃卡有一次谈到数个世纪以来德国对政治预言的入迷。因此"当花衣吹笛手[1][希特勒]到来,他将年轻人引诱上钩。他使得他们相信,他就是数世纪以来被预言和应许的'救世主'"。[6] 在这一语境中,埃卡引用了席勒的诗行,"每个民族在历史中都有属于它的那一天,但德国的那一天,是所有时代的收获",这是在他的公共生涯中第三次引用,但这一次他将席勒的"是"改成"将是",使得其作为政治先知的身份至为显白。在 1930 年的哈勒演讲和 1933 年的"秘密德意志"讲座中,他对

---

1 德国民间传说,花衣吹笛手奏笛为小镇驱鼠,镇长违背承诺,拒付酬劳,吹笛手遂奏笛将整个小镇的儿童引走。

席勒的援引是带着热切的赞同,而现在,他将这一引文作为德国人如何被蒙蔽的一个样本。

1945年5月德国投降那一天,康托洛维茨在他的文艺复兴课程中,跳过常规讲稿,评论起时事及其意义。战后的新闻报道,使他了解到纳粹可怕的暴行,而这些是最难以承受的,因为它们完全推翻了他早期宣告的对"国家应有的未来和荣耀之教义"的信仰。他的具体反应可以在与战前德国友人的通信中找到。其中一个朋友是依然在波恩执教的恩斯特·朗洛茨。确定朗洛茨与"褐死病"(对黑死病一词的戏仿)没什么干系,埃卡在9月将纳粹政权称为"怪物般的猥亵",宣称"世界最糟糕的怪诞,确保了在希特勒那里,粪成肉身"。[7] 他还写道,"对集中营[和]奴工受掠夺的揭露,[是]一个勃鲁盖尔式女巫的安息日,匪夷所思"。(他还不知道最糟糕的:在信中有一段提及"贝尔森、达豪、特莱西恩施塔特",而没有提及东边的灭绝营。)1946年他和玛丽昂·登霍夫重建联系,从她那里得到一份报告,他形容为"一份关于1940年至1945年间的令人震惊的报告,足以让人(以及它被大声宣读出来时的听众)冻僵"。[8]

在1945年给朗洛茨的信中,埃卡写道,对他来说回到德国"当然完全不可想象"。在1946年9月一封给埃德加·扎林的信中,他使他确信:"同一些友人的重聚,可能是唯一还能吸引我回德国的事。不久前我写信给希腊专家莱因哈特,说我不可能再在德国讲课,因为将我自己的非现实(我必须生活于其中),植入一个秩序完全不同的非现实(现在大概在所有的欧洲国家都可以发现,当然也在德国),毫无意义。"[9] 对于1950年5月去欧洲旅行的想法,他并未认真考虑,只是写信给赫尔穆特·库佩尔说,可能太贵。("对我而言旅行从未便宜过;我太老,旅行就是遭罪,把自己塞进中间的甲板让我很不舒服。")如果他真的去欧洲,他"将决不去德国"。[10]

埃卡强烈意识到他的"拔根"——他"自己的非现实"。他已在 1945 年 1 月成为美国公民,但他这么做只是为了官方手续上的便利。从写给扎林的一封信中的一段话,可以清楚看出他没有任何幻想:"劳合社并不为这个国家的东西提供任何保险;这个国家可能在许多方面比今日的欧洲更合意,但不再是'梦乡'。"[11] 在 1949 年一封给库佩尔的信中,他表达了对一个"特别愚蠢的"说法——说他已经成为"十足的美国人"——的厌恶,然后在措辞巧妙、苦乐参半的一段中,表达了他的情感挣扎:

> 您肯定知道吉塞拉·沃贝泽克是谁,那个女演员?一个十分机智的人。来到纽约有一段时间后,她遇到一个熟人。"您快乐吗,沃贝泽克女士?"她略作沉吟,答复道:"快乐——?是的!Glücklich[德语,"快乐"]—?不!"加以必要的修正后,这适用于我们这里的每一个人——而我本人更是困滞于最讨人喜欢的海岸![12]

回到埃卡对战后德国新闻的关心,他意识到那里的生活条件令人忧虑,便寻求通过礼物包裹的方式,帮助友人。在与朗洛茨重建联系的信中,他写道:"我亲爱的挚友,我有不计其数的事情、没完没了的问题得问您,但最重要的是,我可以给您寄一些东西吗?寄什么?怎么寄?我当然知道没什么东西是您用不着的。"[13] 尤为感人的一段来自 1947 年 5 月写给时年五十七岁的弗里德里

希·贝特根的信:

> 我很高兴从他［一位伯克利的同事］那里得知,您"到目前为止"还不错,虽然他对您的挨冷受寒予以凄惨的描述,说您得往身上裹很多毛织品,但仍感到冷。我应该寄一些衣服给您吗?有一种蓝色海军呢的补给包,里面有纽扣、针线、衬里等。甚至鞋面革和各种材料也可以寄,如果有人可以给您做鞋。说到这,我突然想:您收到袜子、茶之类的包裹了吗?有许多包裹寄给了您,有补给包,也有其他种类的船运货物。[14]

(查尔斯·杰拉维奇在军队特别训练计划中上过埃卡的课,他在2012年依然记得1946年带着埃卡寄的包裹去柏林拜访贝特根。)

这一时期的信件也展现出埃卡对政治局势的反思,表明埃卡正在就美国关于德国问题的外交政策,形成一个批评的立场。在1946年9月一封给扎林的信中,他提到西方占领国的"怪异的无能"和"自以为是"。他尤其对9月6日国务卿詹姆斯·贝尔纳斯在斯图加特的演讲感到惊愕,贝尔纳斯向德国人保证只要俄国军队依然在俄国区域,美国军队将留在德国。这一演讲导致埃卡担心"它只是用以请来一位德国的麦克阿瑟",也就是说一位将监督美国长期占领的高级军事指挥官。在一周后一封给朗洛茨的信中,埃卡对局势的看法呈现得更加清楚,他哀叹冷战更趋严峻。贝尔纳斯已经承诺美国将帮助德国重建,埃卡"原本期望"这预示了德国局势的改善,但发现这一演讲显然是"政治性的"。他暗地里支持亨利·华莱士,后者猛烈批评这一演讲的反苏立场,因而被杜鲁门总统解雇。如同埃卡接着所说的,"在这个国家,需要踌躇再三的问题被过于简单化地处理,用外交上不可能的公式'支持或者反对俄国'。这样做不会带来任何好结果"。

埃卡并不同情俄国人,这点可以肯定。1947年5月,在写给当时在柏林当教授的贝特根的信中,他建议朋友严肃地思考一下在西方找一份不同的工作,"穿过易北河,背离奥托人"。原因在于,如埃卡有预见性地写到的,"很可能会开始封锁,一个人最好是避开";如果贝特根受困,"从战略上讲,从柏林只有一条后退路线:去西伯利亚"。但是支持德国在军事上对抗俄国人并非埃卡所好。在同一封信中,他批评美国扩张军事基地的趋势,似乎在宣称,如果确实发生对柏林的封锁,这将是西方的错。

在埃卡与前德国友人的交往中,最值得注意的事件是他对与珀西·恩斯特·施拉姆有关的非纳粹化程序的参与。为了对这个故事有全盘了解,我们必须回到1938年8月,彼时埃卡正绝望地寻求离开德国,找人为他写推荐信,以获得在美国的一份教职。我们已经看到他和施拉姆是朋友,在研究兴趣上有交叠之处。1920年代两人同在海德堡,接下来的十年保持热诚的关系。到1938年,施拉姆已经是哥廷根的教席教授,由于他了解埃卡的人品和学问,显然是写公开推荐信的好人选。唯一的问题是,他是否会这么做,考虑到在1938年的德国,为一个犹太人说好话,对一位德国教授而言有些危险:即便这封信是打算在国界之外公布,但总有可能泄露到国内。然而施拉姆接受了这一委托,写了一封很有说服力的信。

施拉姆说他了解康托洛维茨多年,差不多读过他写的一切东西。他提到了腓特烈传记取得的巨大成功,指出增补卷"对于所有与中世纪德意志帝国有关的研究来说，依然是个信息宝库"。他继而指出，康托洛维茨在没有取得任教资格的情况下，便被法兰克福任命为正教授，又说他的教学才能像他的学术才能一样被高度认可："他十分强调对学生的倾听。"这封信在当时相当勇敢。施拉姆写道，康托洛维茨在教学上的投身使得对他来说，放弃在法兰克福的职位"特别痛苦"，这个职位"在外界看来如此成功，如此非他不可，以至于他对失去它感到空虚"。如果这些文字在纳粹德国被读到，它们将引发对珀西·恩斯特·施拉姆可靠性的质疑：他真的是在说，一个犹太人被迫离开他的工作很可惜？

后面的更大胆。施拉姆表明他并未和他的犹太朋友划清界限。相反，他充分知悉埃卡自离开法兰克福到那时的所有学术工作；此外，他在自己最近的一篇文章中，将埃卡一篇未发表的文章中的部分列入其中。（所有人都知道康托洛维茨为什么不能发表。）他还知道埃卡已经完成一部学术论文集，认为"出于学术之计，应尽快出版"。在提到康托洛维茨的英语能力之后，他如此作结：

> 我必须强调，自认识康托洛维茨多年以来，我们之间的谈话，给我带来了我非常珍视的智识交流，同时使得我可以肯定，康托洛维茨会很适合且丰富任何一个由智力活跃之人组成的新圈子，因为他是一个正直可靠的人。对于他的离去，他的许多友人只有遗憾。

施拉姆将这封信的一份副本寄给埃卡（标准的德国程序），埃卡将之保存下来。因此当施拉姆自己面对巨大困难时，埃卡可以立即予以报答。施拉姆的问题是他的纳粹经历，这可能导致战后他被禁止返回哥廷根的教授岗位。有几点是没有疑问的：他在1934年至1938年间属于纳粹的准军事组织冲锋队，然后在1939年成为纳粹党员，虽然他在同一年又退出。在战争期间，他是国防军的官方历史学家。（1960年代，他基于这些经历出版了两卷本，导致欧文·潘诺夫斯基称其为"希特勒的修昔底德"。[15]）但一个人总是可以从环境中找到借口，而战后的"去纳粹化"委员会乃由德国人组成，在作决定时有回旋余地。

1946年10月，英国区的一个去纳粹化委员会要求施拉姆填关于他的过去的调查表。当他的妻子将此事告知埃卡，埃卡提出写一封为施拉姆说话的信会有帮助。出于某种原因，施拉姆婉拒了这个提议，而且最初一切看起来很顺当，因为1月德国委员会已宣告他无罪。但事情并没有到此为止，到了3月，英国军事管制政府驳回了委员会的决定。依照新的裁定，施拉姆被禁止回到他的教授岗位，既因为他的冲锋队员和纳粹党员的身份，也因为"他的记录表明让他处在一个影响德国青年的位置是不利的"。哥廷根的校长，原指望着施拉姆的回归，决定挑战这一裁定，立即写信给埃卡和芝加哥大学颇有声望的流亡教授汉斯·罗特费尔斯，问他们能否"澄清国际上对施拉姆教授的人格和学术工作的评价"。[16]

三天后，施拉姆向康托洛维茨和罗特费尔斯发出一份相似的请求，提供了所有可能帮助他们推进他的目标的信息，还有一个名单，上面是他认为可能会为他写信的学者，主要在美国和英国。

埃卡立即行动起来。他和罗特费尔斯通过邮件，商量着策动一次支持施拉姆的投书运动，并就各自的分工达成一致。之后埃卡找来另外几个人写信，他本人也提交了一封公证过的三页长、单倍行距的信。在施拉姆的至暗时刻埃卡为他写信，就如同早前施拉姆为埃卡写信,这样的近乎对称,俨然历史女神是欧几里得。

之所以并非完全对称,是因为康托洛维茨写的信更长,也更热切。[17] 他以自身的经历开头:

> 我最后一次见到施拉姆博士,是在1938年那个阴郁的夏天。那时我还没有移民到美国,而德国不久之后将开始大屠杀,施拉姆博士有勇气来探望我,在我柏林夏洛腾堡的家。那时他为我写了一封信,推荐我到加利福尼亚大学任职。(见文件 I.) 我知道施拉姆博士给美国和英国的机构写了大量相似的信,为了推荐他移居国外的犹太朋友,以减轻纳粹政权带给他们的困厄。我还需要提及的是,1937年或1938年,我应施拉姆博士的要求去哥廷根探望他,在他的家中和他一家人共用晚餐。我希望补充的是,在那些年很多德国学者会避免引用犹太作者的作品,而施拉姆博士却冒着风险引用了我的一篇甚至尚未发表的研究论文……公开地透露这一事实,即他依然和犹太学者、犹太友人保持私交。

埃卡接着转到施拉姆的学术成就。在这方面,他的目标不只是确立这一无可争议的观点,即施拉姆是"杰出的、国际公认的";在目前的语境下,更重要的是提出他的历史编纂学成就是"超民族的"这一点同样毋庸置疑。事实也的确如此。埃卡有充分的理由写道,施拉姆绝没有将自身限于德意志史,还写了关于英国、法国和西班牙国王加冕礼的基础性研究;他甚至计划写一部欧洲"从开始到现在的"加冕礼史,"覆盖欧洲比较宪制史中广博而艰深的领域"。总之,"施拉姆博士的工作及其研究主题的总体品格，排除了先天的狭隘民族主义路径或军国主义观。我读过施拉姆博士近三千页的著述，我并未发现有民族主义或军国主义的精神表露于字里行间"。

埃卡继续格外准确地宣称，在纳粹时期，施拉姆推动了欧洲历史学家之间的国际合作，还支持过非德国学生的就业。就后者的例子而言，他提到施拉姆对斯拉夫学者格奥尔基·奥斯特罗戈尔斯基的帮扶：当奥斯特罗戈尔斯基"还是一个海德堡的穷学生时，他的生计部分靠施拉姆博士支持，他早期的工作也是靠施拉姆博士的推荐"。此外还有一点就是，施拉姆的博士生们从未研究亲纳粹的主题。总之，埃卡的信以一种压倒性的说服力回应了施拉姆受到的指控，即他的记录显示"他不应处在一个影响德国青年的位置"。相反，施拉姆回到他的教授讲席"近乎必要，就教育和再教育德国学生进行清醒的学术研究这一问题而言"。

问题在于，埃卡在两段话中的深入是否超出必要。他声称施拉姆乐于帮助犹太人"显然表明[他]不是纳粹主义的追随者"，并在最后一段写道，"据我了解，珀西·恩斯特·施拉姆从未在谈话、写作或教学中显示出民族主义或者军国主义的态度"。但他知道施拉姆是冲锋队成员，对这一点他保持沉默，他也将党员身份视为"障眼法"而不予理会。这里不适合长篇幅地考量施拉姆在第三帝国时期的政治记录。但一些突出的论据将表明，埃卡这两段话是站不住脚的。1933年施拉姆热情地欢迎纳粹接管德国。作为普林斯顿的交流学者，他特地去普林斯顿和纽约演讲，旨在劝服他的听众相信新政权的优点。他主张，德国正在经历一场健康的革命，否定了共产主义接管的可能性，同时还致力于社会公正；至于反犹政策，只是次要的，也只影响到犹太人中的一部分。

在《慕尼黑协定》签订后，1938年10月18日，他在日记中写道："八千万——没有流血。无论俾斯麦还是圣女贞德都做不到，只有兼具二者能力的人才能做到。本人不胜欢喜而无法静心工作。"[18]

显然埃卡无法知道施拉姆在给别人的信或者自己做的笔记中写了什么，而且极有可能他并不知道施拉姆在1933年支持纳粹政权的公开声明。此外，他在最后一段中谨慎地使用了限定条件"据我所知"。无疑，施拉姆的记录中充满含混；埃卡提供的所有正面的细节都是真的，而且埃卡不知道的另外一点是，在1943年出版的一本书中，施拉姆以赞同的态度引用了其曾祖父对19世纪解禁汉堡犹太人的一则陈述："对我们所有人来说，犹太人和基督徒一样，都是汉堡的市民……对犹太人的解禁完全不是出于恩惠，而是出于正义。"[19] 然而，断言施拉姆不能被视为"纳粹主义的追随者"，这话说得太满，埃卡当时必定也知道这一点。

既然这封信即便没有那两句暧昧的声明，依然会非常有说服力，那么问题来了：为什么他走得那么远？有一个答案似乎是清楚的："忠诚"是他的格言之一，而施拉姆作为朋友早先冒着危险证明了他的友谊。或许我们还可以注意埃卡信中的另一段："在依然存在的'学问共和国'中，施拉姆是一个显著人物。"对埃卡来说，"学问共和国"的优先已成为一个信条。至少部分是由于他对"德意志性"的疏离和对他的美国公民身份的冷淡，"学问共和国"延伸出一个超出只是私人层面的新的忠诚。不管施拉姆可能有什么样的纳粹记录，他是"共和国"的"显著人物"，而且让他教导年轻人加冕礼仪式和圣像学，真的谈不上有任何危险。结果也是这样，英国军事官员接受了哥廷根大学的申诉，施拉姆再度从事其成果丰富的学术职业。很可能埃卡有说服力的信件在这一结果中发挥了突出作用。

诺曼·里奇写道，埃卡的反德主义在"战后变得更为温和"，[20]但这种说法似乎只是在一定程度上正确。1953年夏，他战后第一次去欧洲旅行。他感到有必要在德国待几周，因为有一些研究和出版的事项需要打理，而且他真的想见一见一些老朋友。在慕尼黑，他和赫尔穆特·库佩尔待在一起；在波恩，他见到恩斯特·朗洛茨；在法兰克福，他和与巴比反目的女儿阿里安娜在棕榈园散步。他发现德国城市的状况很可怕，因为它们依然还是废墟——"它们看起来像奥斯蒂亚或提洛岛的挖掘现场"。[21]但是即便城市已经重建，他也会感到疏离。如同他在给堂姐利森的信中写到的，"德国现在之于我是陌生的，如同曾经陌生的希腊之于我已变得熟悉。我希望在这个地方没有别的事要做，一旦结束了旅行中的'公事'部分，我很可能再也不会回去"。[22]他的下一次欧洲之行是在1955年，事实上他就没有回去。虽然去罗马参加国际历史学家大会，使得他有机会和他最亲密的两位德国中世纪史学家朋友弗里德里希·贝特根和施拉姆会面，但他并没有冒险去特拉斯提弗列[1]的北面。

日耳曼历史文献所的事情，使得埃卡于1958年和1961年在慕尼黑有过两次短暂的停留。1961年他待了一天半。在回程中他写道，他第一次在希腊遇到德国旅客，听到他们的语言时，差点取消计划好的旅行。他终究忍住了，在慕尼黑遇到三位同行："事情还不算太坏，我忘了自己身在哪里。"[23]

---

1 罗马的第十三区。

第二十一章
"安乐乡"

从 1945 年 6 月到 1949 年 6 月这四年，也许称得上康托洛维茨一生最幸福的时光。他认为自己如置身于"安乐乡"（land of lotus-eaters）。[1] 虽然抱怨"他赚的只有一个门房那么多"，[2] 但他搬进了属于自己的房子，变得对新事务很投入，如园艺。他照例去卡梅尔沐日光浴、吃小龙虾，去塔霍湖钓鱼、游泳。他有诸多谈伴，也得到了一干为他所钟爱、他也费心良多的新的高年级学生。会饮之不绝，犹如学术工作之无止。

买一所房子是头等之事。埃卡在校园附近的一幢楼有一套公寓，到 1946 年夏天大楼要出售，迫使他另寻住处。战后的伯克利住房短缺，他在伯克利山找到一套公寓，在高地 193 号。但那个地方不方便。就像他在给恩斯特·朗洛茨的信中所说的，"我得搬走，伯克利人满为患，只有在很远的地方才找得到落脚处，每天驱车不知要多少时间"。（"驱车"在这里指的是公共交通；康托洛维茨只是后来在普林斯顿，在自动换挡投入使用之后，才拿到美国驾照。）在给埃德加·扎林的信中，他同样抱怨他的新住址让他每天得花两个小时在路上。两年之后，他决定买一所小房子，在欧几里得大街 1421 号（图 22）。他没有钱付首付，但他的外甥女多萝特提供了所有现款,而他同意用月付的方式偿债。在他看来,这一安排是幸运的,因为"我这等于是在积累养老金……我必须每年省下五百美元"。(当他的学生迈克尔·车尔尼亚夫斯基惊讶于他有钱买房子,他答道:"哦,迈克尔,并非人人皆难民。"[3])考虑到这所房子稍事步行便可到校园(也有巴士在附近停靠),而且那一片的房子不愁没销路,他认为哪怕他五十六岁的时候不行了,"也不会给多萝特带来任何风险"。[4](埃卡老是开死在五十六岁的玩笑,腓特烈二世、恺撒和尼采都是死在这个年纪。)此外,房子很漂亮,旧金山湾和金门大桥尽收眼底。

图 22　埃卡在伯克利欧几里得街的房子(卡勒姆·勒纳-托马斯摄)

埃卡对按照自己的想法改造房子充满热情(这对他来说是第一次)。他花钱进行了扩建,加了面向街道的墙,将房子的外部粉刷了一遍。一位黑人清洁女工——"我喜欢这女人"——每周来三次，每次两小时。虽然一位日本园艺师每周来一次，每次两小时，但埃卡发现他喜欢自己打理花园。1949 年，他写信给包腊："我的花园现在格外漂亮，金雀花如同一片黄色海洋，下面长着鸢尾花和玫瑰。"5 月，他写信给利森："花园里的花持续绽放着，给我欢愉，让我在工作中魂不守舍。这一'毛病'实难自禁。虎皮花也花期不远，我对它们非常好奇。"他一心要给土壤通气，以至于从俄亥俄引来蚯蚓，且密切关注它们："蚯蚓们的状况好极了，变得大得有些离谱。"1949 年 11 月，他写信给包腊："雨两天前开始下，我的花园失去了魅力。只有来自俄亥俄的蚯蚓是快活的，它们在我的尸体里做爱 [为什么是他的"尸体"不清楚]，在我死去的热情里。"

然而就爱好而言，园艺还是要排在厨艺之后。有一座坐落于中心区的、属于自己的房子，埃卡可以如他喜欢的那样，经常举办夜宴。关于这些聚会的段子多如牛毛：三天——一天用来拟菜单和购物，一天用来烹饪，一天用来清扫。一份菜单可能是这样的："菊花菠菜虾仁干贝汤，然后是很快就可以做成的鸡胸肉配藏红花米饭加柿子草莓。" [5] 我有一次问埃卡在普林斯顿的同事库尔特·魏茨曼，康托洛维茨是否真的会上菊花汤；回答是："是的，是这样。有一次他邀请我用晚餐，桌子上真的放着菊花，然后他拿起花，把花瓣撕到他的和我的盘子里！"当埃卡上烤肉时，"他精湛的刀工，伴以舌灿如莲的历史独白，足以为宫廷御厨增光"。一个熟悉的段子讲的是埃卡有一次在塔霍湖度假时准备晚餐。小别墅为奥托·门琴-黑尔芬和妻子安雅所有。当埃卡在厨房里忙活着，想到橱柜里找什么东西而未果，他一言不发地上楼，下来时手里多了一罐松露。旁边的一个人傻眼了："埃卡，你旅行的时候总带着松露？"他应道："难道不是人人如此吗？"[6]

另外三个厨房的段子要更少为人知。埃卡和奥勒思吉的妹妹玛格丽塔·罗森塔尔在厨艺上一直是对手。据玛格丽塔的儿子费利克斯说，两人都会在倒腾了三天菜后，告诉客人，他们"不费吹灰之力"就做成了。一天早上，当费利克斯开车载母亲出门，她叫他在埃卡的房子边逗留一会儿。因为知道这个时间他在做饭；她想知道他在法式清汤里到底放了什么特殊的佐料。他们这么走进去，埃卡的确正在搅动汤锅。知道他的对手正越过他的肩膀看，他若无其事地扔进去一枚胡桃。当她离开的时候，她以为终于知道了他的秘密。但这是个诡计。另一个是我从迈克尔·车尔尼亚夫斯基的妻子那里听来的。有一次夜宴，埃卡上来一道腰子，露西没想到有这么好吃，问他是怎么去味的，她本来想自己做，但碍于那股让人昏眩的尿味而不能："你是怎么消除干净尿的痕迹的？"埃卡答道："亲爱的，正相反，我通常会撒一点自己的进去。"埃卡喜欢内脏。他对他的"小牛胸腺"[1]引以为豪。一位从前的伯克利学生回忆起有一次坐巴士，正好遇到康托洛维茨往家赶。但他刚一上车，便马上对司机说："哦，停下，我忘了我的脑髓。"[7]

除了内脏，海鲜也是康托洛维茨的拿手菜，而这和他的另外两项爱好相契：捕小龙虾和钓鱼。前者是他在卡梅尔的主要活动之一，他通常会在春季学期末，来这里看望他的德国朋友阿图尔和海琳·莱曼兄妹。阿图尔足够幸运，他出售了德国的财产，及时把钱带了出来，用于购买卡梅尔的一处房子和在那里研究投资战略。薇拉的女儿埃娃还是十几岁时，有时会陪埃卡去卡梅尔，

---

1 这是法国菜里的一道顶级料理，因为牛胸腺是不易取得的食材，料理程序也很复杂。

在她的记忆中，埃卡和莱曼兄妹的谈话包罗万象，但总免不了要谈到晚宴适合上什么菜。

埃卡的信中，对关于鳟鱼的一切都很在意。1949年4月，他写信给包腊："现在我就指望着鲑鳟鱼过日子，这种可能是我尝过的最美味的鱼，有着只在淡水中交配的相当高贵的情结。"一个月后又写道，"我下周末要去爬山——星期一就放假了——和三四个学生，希望能钓到足够多的鳟鱼，好让那些美国人知道蓝鳟鱼的胜妙"。（那些人可能会惊讶，蓝鳟鱼是将新鲜抓来的鳟鱼放在法式清汤里煮，"蓝色"的黏液依然在上面。）离开加利福尼亚后，埃卡在1952年夏返回，把事务料理完，又去了塔霍湖旅行。在写给学生罗伯特·本森的信中，他谈到他的垂钓："我钓到一些九到十英寸的、又肥又重的褐鳟和溪红点鳟，斯特拉斯堡饭店厨师的做法和欧洲的一模一样——蓝色。"像这种事是埃卡认为有必要在信中提及的。

在伯克利的那些年，他经常去塔霍湖，并不怯于在冰冷的水中游泳。在那里的时候，他时常住在门琴－黑尔芬夫妇的小别墅。安雅（娘家姓安娜·阿伦森）是一个充满活力的辩论对手。她来自维也纳，是一名弗洛伊德学派的心理学家，曾接受过安娜·弗洛伊德的精神分析。她在1936年发表的一篇文章，讨论的是"因恐惧阉割而产生的攻击行为"，1946年的一篇文章则为《一个超我蜕变的案例》。争辩源自埃卡看不起弗洛伊德学说。1956年他写信给利森："我想'在外面'，只想'在外面'……直到今天我仍然没有再次回到子宫的欲望，很显然在心理学家看来一点也不正常。"当他在写给包腊的信中提到"鲑鳟鱼只在淡水中交配的情结"时，他加了一句，"我会就此去咨询安雅，说不准我自己会养成这种嗜好"。但安雅并不准备当一名咨询师。有一次在塔霍湖,埃卡看到她正在开坎贝尔汤罐头,说他可不能让这样一个人来给他做精神分析。对此她还击道,她永远不会接受他的咨询。

这个故事,以及其他许多故事,都是迈克尔·车尔尼亚夫斯基的妻子露西告诉我的。这很容易把我们带到埃卡和他的学生们的关系这一话题上。一些战后出现在伯克利的人之于他,犹如他的同时代朋友一样重要。在弄明白他们是谁之前,有必要作一些排除。对"大师之死"后格奥尔格圈的播散,乌尔里希·劳尔夫的描述可谓才气横溢,他将恩斯特·康托洛维茨置于湾区诗人群的中心。[8] 这些诗人构成"伯克利文艺复兴派",后来汇入"垮掉的一代",包括罗伯特·邓肯、杰克·斯派瑟和罗宾·布莱泽。所有这些人都参加了康托洛维茨在1947年至1950年间的讲座,并且为之入迷。他的一些评论影响了他们的思想和诗歌创作。邓肯有一次提到,在他的传记中,康托洛维茨是仅有的两位占有一席之地的老师之一,且进一步说明:"罗宾·布莱泽、杰克·斯派瑟和我作为诗人,在不同的方面都是康托洛维茨的学生,并且通过他的教导,分享了这一观念,即历史的创造性根据也是诗歌。"罗宾·布莱泽认同"康托洛维茨对于我们三个都十分重要"的说法。这种影响的例证还包括特殊的意象如"耶路撒冷王国",以及埃卡在但丁和彼特拉克讲座上表达的观点,即真正的诗人持有"公器"(office)。[9] 一项对伯克利诗人的研究发现另一影响,即康托洛维茨的"冷峻、戏剧性、对传统的过度倚赖"。[10] 该研究甚至证明,"伯克利文艺复兴"这一术语来自康托洛维茨的影响:邓肯说过"当斯派瑟、罗宾和我还是康托洛维茨的学生时,在承载着中世纪和文艺复兴的学问的诗作中……我们称自己为伯克利复兴"。[11]

但这些人几乎没有和康托洛维茨一起"学习中世纪史",因为他们只是听他给本科生开的讲座。此外,无论他们多么敬仰他,他却并不赞赏他们。我采访过的一位同时代的见证者对此确定无疑。玛格丽特·本特利·谢甫琴科强调埃卡并没有——也不可能——被罗伯特·邓肯周边的小圈子吸引:"[埃卡]是很讲究的,而邓肯很邋遢;邓肯很少洗澡。"露西·车尔尼亚夫斯基说,虽然通常而言埃卡对诗人们有最高的尊崇,但他并不尊重这三人,因为他不能忍受不修边幅。依照诺曼·里奇的说法,"他不喜欢这一伙人"。斯派瑟想成为一个圈内人,但过于粗鲁莽撞;就像埃卡向里奇提出的异议:"他未经我的允许喊我埃卡!!"[12] 也是说到斯派瑟,多萝特的女儿贝娅塔·奥尔登写信告诉我:"我和杰克·斯派瑟同在埃卡的一个班。他是个腌臜、令人反感的年轻人,上课的时候就是在混日子,而埃卡优雅光洁,打心底不喜欢他。"

已经蔚然的"伯克利文艺复兴"传说的一个例子,是布莱泽的一个说法。据称埃卡在结束"前往普林斯顿教书前的最后一次课"后,拍着邓肯、斯派瑟和布莱泽三人的肩说:"我想带上你们三个,但你们都是诗人。"[13] 然而在 1950 年春天,埃卡并没有打算离开伯克利,从未提出要去普林斯顿的可能性,更不要说带学生去那里。关于埃卡与这些诗人的传闻,有着比初次出现时更多的意味,因为它使他看上去与明显的同性恋者相处愉快。但拉尔夫·基西说埃卡取笑过同性恋。这一特别的证言不仅可以反驳劳尔夫,他在讨论中把艾伦·金斯堡(受邓肯影响)拉进来,也可以反驳小威廉·A. 珀西,他在《同性恋百科全书》中写道,"[康托洛维茨]于 1939 年至 1951 年在伯克利任教,其间出入同性恋场所,尤其与诗人罗伯特·邓肯相投"。[14] 如果一个人有足够的决心,他可以试着将恩斯特·康托洛维茨拉入酷儿（queer）群体，但肯定不是通过这一路数。

在这一群确实"被记住"的新学生中，最突出的是迈克尔·车尔尼亚夫斯基和拉尔夫·基西。这一判断很容易作出，因为埃卡将这两人指定为他的遗著保管人。迈克尔·车尔尼亚夫斯基（图23）1922年生于哈尔滨（满洲）一个俄裔犹太移民家庭，并在那里长大，直到1931年日本占领此地，导致这一家子迁居天津。家里人继续说俄语，但迈克尔是在英国人的学校受的教育。1939年，他准备上大学，美国显然是他该去的地方，尤其因为有亲戚在那边，可以帮他在纽约或纽约附近找到学校。但在从天津到东海岸

图23 埃卡与迈克尔·车尔尼亚夫斯基，约为1950年（伯纳德·罗森塔尔摄，勒纳档案）

的路上，他在伯克利停留，在那里他有一个熟人。他非常喜欢这里，以至于在加州大学注册。他虽然打算学数学，但在一两年后，在恩斯特·康托洛维茨的感召下，转学历史。1942年战争爆发后不久，他志愿加入美军。如同他的妻子回忆的："他想去打希特勒，于是他们派他去打日本。"1945年末他回国，1946年6月拿到学士学位。之后他又在1947年拿到历史学硕士学位，1951年拿到博士学位。因为康托洛维茨建议他治俄国史，他选了罗伯特·肯纳和卜弼德当研究导师。

一些同时代人认为，迈克尔将埃卡视为他的代父（直到1948年，他的生父还在天津生活），而埃卡接受了这一角色。（那些想起斯特凡·格奥尔格和康托洛维茨关系的人，会想知道这一点，即1942年康托洛维茨四十七岁[1]、车尔尼亚夫斯基二十岁——年龄上的差距几乎一致。）迈克尔是在为自己最喜爱的教授做完家务之后才去部队报的到，而当他离开的时候，他把自己的衣物留在他那里。值得注意的是，埃卡给了他一颗氰化物丸剂，让他戴在脖子上，以备发现自杀比受苦更可取时所用。在1940年代末，迈克尔与其他一些年轻人会和埃卡一起旅行，在内华达山用飞蝇钓鱼，露营数日。在成为研究生后，迈克尔参加了埃卡所有的研讨班，且就自己的博士论文向埃卡请教。1951年春还在伯克利的他，向在东海岸的埃卡发了一则电报，告知关于伯克利效忠宣誓争端余波的法律裁决："胜利全面恢复妙哉迈克尔。"1951年至1952年迈克尔担任埃卡在普林斯顿高等研究院的第一任研究助手时，埃卡写道，"合作非常愉快"。道里尔·奥尔登是一位拉丁

---

[1] 原文为"五十三岁"，有误。康托洛维茨生于1895年，格奥尔格生于1868年，两人也是相差二十七岁。

美洲的历史学家,其学生生涯与车尔尼亚夫斯基有所重合,在他的记忆中,后者是"他所知道的伯克利最杰出的研究生"。[15] 然而我们将看到,迈克尔在写作上陷入困境,有抑郁的倾向。(他在 1973 年自杀。)

埃卡与拉尔夫·基西,渐渐变得比与车尔尼亚夫斯基要更亲密。在步入生命尽头之时,基西(他于 2011 年逝世)曾写信给我,他准备将康托洛维茨寄给他的多封信件公布在网上:"这于我而言是一段动情的经历,当我读他的那些话时,我几乎能听到他的声音。"他在 1960 年出版的书脱胎自他的博士论文,在致谢词的最后部分,他写道:"有一个人的影响自始至终都是最为重要的……怀着对导师最深切的敬重和对友人最真挚的情感,我把本书献给恩斯特·H. 康托洛维茨教授。"[16]

拉尔夫·基西 1923 年生于底特律的一个工人阶级家庭。父亲是一名机修工。一些人认为这似乎有点怪,埃卡最杰出的学生之一是如此"美国"——"在底特律出生,看着棒球吃着苹果派长大"。[17] 1944 年他在韦恩州立大学获得学士学位,之后加入海军,在那里晋升为少尉。他不喜欢谈论自己的战时经历,但他透露他服役的船在太平洋曾遭到神风特工队的攻击。他的听力被船上火炮不断的轰鸣声损害得如此严重,以至于在去世前的很多年,他其实已经聋了。

退伍之后基西回到底特律,并于 1947 年从韦恩州立大学获得硕士学位。这年秋天根据《退伍军人权利法案》,他进入伯克利。在去世前不久,他开始把他所称的《埃卡:关于恩斯特·H. 康托洛维茨的杂文集》在他的网站上分期连载,其中包括埃卡写给他的所有信件的副本,以及各种与埃卡有关的信件、一些埃卡未出版的著作。基西还计划写《缅怀恩斯特·H. 康托洛维茨》，但生前只完成了一个简短的序和引介性的《与埃卡的关系》。不过《关系》中依然告诉了我们很多。基西解释道，他去伯克利念博士，本来是想治现代欧洲史（着重是法国），辅修早期现代史。他的辅修学分需要一门课，于是报了"宗教改革"。然后到学期结束时："我彻底修改了我的博士计划，早期现代史（依然以法国为重点）成为我的主修，中世纪和古代史成为辅修。这就是埃卡宗教改革课程对我的影响。"

基西继续解释道，在接下来的学期（1948年春季），他参加了康托洛维茨举办的一个关于历史编纂学的研讨班——这是所有博士候选人的必修：

> 开始不久我提了一个问题，关于某个历史学家的理论……他叫我在下次上课的时候，就该作者的著作做一个专门报告。他很喜欢我的报告……在学期结束的时候，他询问迈克尔·车尔尼亚夫斯基……用这一方式："那么基西下学期打算上哪些课？"迈克尔告诉我，埃卡这是在叫我参加他的研讨班。

此后埃卡为研究生开设的所有研讨班，基西都有参加，很快升入最受喜欢的学生之列。他身高体强，长相英俊。埃卡送给他绰号："骑士"。基西对埃卡是五体投地。他如此着迷于埃卡的烹饪之道和对葡萄酒的偏好。在许多社交聚会中，他都是"葡萄酒供应者"。埃卡在普林斯顿的尸体，就是基西在他死后的早晨发现的。

第三个是罗伯特·本森，他有时会和车尔尼亚夫斯基、基西一起，作为康托洛维茨伯克利岁月后期最钟爱的学生被提及。无疑埃卡和本森走得很近。然而即便本森的研究是在埃卡的直接指导下，沿着最切近埃卡自己研究兴趣的路线进行，埃卡最终还是疏远了他，并未将其列为遗著保管人。"鲍比"·本森1925年出生于俄勒冈波特兰，1943年至1945年间在空军服役。1946年至1950年，他是伯克利的一名本科生。一开始他主修英语，属于"伯克利文艺复兴派"的一分子，参加在电报大街破败的膳宿公寓里举行的夜间聚会，在那里一群可谓嬉皮士原型的年轻人，在罗伯特·邓肯的领导下，探讨埃兹拉·庞德和其他现代派的诗歌。但本森很快在埃卡的影响下，把主业改成了历史。非比寻常的是，1948年春季学期本森才大二，埃卡却让他来参加研究生研讨班。本森之所以有这样的特殊待遇，不仅是因为他非常聪明、专注，给人以好感，说起话来头头是道，还因为他在语言上极具天赋：他通晓拉丁文和德语。此后一直到1949年秋季学期，他参加了埃卡开的所有四门研究生研讨课。

本森的语言天赋值得再提几笔。他的一位学生曾这样写道："他不只是会法语、德语、意大利语和拉丁语……而是通晓。"[18]德国杰出的中世纪史学家霍斯特·福尔曼说得更详细："本森在每门语言中——不管是德语、英语，甚或拉丁语——都力图在略作思考后，找到恰到好处的字眼来表达。"[19]本森的德语好到可以毫不费力地用来写作和讲课。1972年柏林自由大学甚至请他去做教席教授，但被他婉拒。此外，他是埃卡的"第二个圈子"（second group）中唯一和他一样对诗歌感兴趣的，而这意味着他可以直接从原文阅读和引用斯特凡·格奥尔格的诗。（我有本森即兴凭着记忆草草写下的一首格奥尔格的四行诗。）因而可以理解，埃卡在早期是非常喜欢他的。但后来两人的关系出了问题。尤其是本森有拖延症,这一点将让埃卡越来越恼火。

1940年代末还有很多学生围绕着康托洛维茨,其中大多数上过他的研讨班,同他有来往,但没有选择中世纪史作为他们的主修。可举一些名字,如约瑟夫·鲁宾斯坦、亚当·帕里、默顿·迈耶、约翰·莱迪·费伦和罗伯特·克洛德尼。如果有人问怎么不见女性,这个问题并不十分恰当,因为那时候女研究生少之又少。即便如此,也有女性来上他的课。除了多萝特的女儿贝娅塔·汉布岑跟着他学习过一段时间,还有芭芭拉·耶拉维奇,伯克利一位英文教授的女儿,之后将成为一名享有盛誉的巴尔干史学者。另一位是贝蒂·韦格尔,后来在英格兰继续中世纪史的研究生学业。1950年她从英格兰给康托洛维茨写了一封温馨有致的信,看得出她很机智。她为自己怀孕而致歉(埃卡让人人都知道他讨厌婴儿),结尾的时候说她最近在意大利,经常看到墙上涂抹着"基督得胜!基督为王!基督统万邦!",但"整体而言,基督所占的空间远不如锤子和镰刀"。[20] 然而值得注意的是,在这封信中贝蒂·韦格尔称埃卡为"康托洛维茨先生",表明她从未被接纳为内部圈子的一员。这里可以看到一个双重标准:在他的研讨班上出现一些女性没问题,但要进入他的圈子内部不行。

毫无疑问,他喜欢把目光落在女孩身上——那些"怡然于她们曼妙的肢体"的人。1939年12月他写信给费利克斯·法兰克福特,说他得谨防成为"多配偶论者"——"一个老师,如果底下有很多面容姣好且精心打扮的女学生,这是他唯一可能的出路"。[21] 玛格丽特·本特利·谢甫琴科直言埃卡"对女性颇感兴趣",喜欢"小姑娘"。迈克尔·车尔尼亚夫斯基跟他的妻子嘟囔埃卡是只"老山羊",跟其他人则说他是只"公山羊"。1956年他在瓦萨学院给"许多非常年轻的女孩"授课,但抱怨看不到她们,因为他在放幻灯片:"如果我把灯的方向掉个头,会更好。"[22]

然而,埃卡有多喜欢看女孩子,他在与年轻的女性成为朋友方面,就有多讲究。毫不意外地,他会把不通世故的排除在外,罗伯特·本森的第一任妻子是个"新潮少女"(bobby-soxer),两人在1949年的离异可能并非巧合。在另外一端,智力突出的女性也不合他的意。剩下来的就相当少。他与贝娅塔·汉布岑之间情深意切——他喊她"披头族"(Beatnik),但这是特例,尤其因为贝娅塔是他最爱的亲戚利森·彼得斯的外孙女。另一个例外是露西·杜克斯,长着蓝眼睛,"光彩照人",[23]嫁给了迈克尔·车尔尼亚夫斯基。露西(图24)是一名来自匈牙利的犹太人,在维

图24 露西·车尔尼亚夫斯基(承蒙伊娃·车尔尼亚夫斯基提供)

也纳长大，1939年来到美国，在伯克利找到一份工作，给流亡书商欧文·罗森塔尔当双语秘书。通过罗森塔尔这一层关系，她和埃卡结识。（欧文的妻子玛格丽塔是莱昂纳多·奥勒思吉的妹妹。）

埃卡很快对露西产生了好感，尤其她令人赏心悦目，没有女学究气：她跳恰尔达什舞。让埃卡入迷的还有这一事实，即她的名字和他的前情人露西·冯·旺根海姆相同，以及她的丈夫经常喊她"宝贝"。她旁听过一些埃卡的课，但总是坚称她是一个业余爱好者。他喜欢用德语和她说话，取笑她的维也纳口音；他教她如何做饭。反过来她帮他收拾房子。（不过当她主动提出帮他为晚宴准备饭菜时，她只被允许切欧芹。）1946年通过埃卡，露西认识了迈克尔·车尔尼亚夫斯基。但是当他们决定成婚时，埃卡雷霆大怒。在一份记录中，他高声嚷道："迈克尔，这是自杀！"[24]正如露西说的，"他差点不认他们"。原因是"学者不结婚；彼特拉克就没有"。他的心渐渐仁厚起来，开始接受车尔尼亚夫斯基夫妇的婚姻，因为它并没有妨碍迈克尔的工作。

在伯克利，还有一位年轻的女性，像露西一样受到埃卡喜爱，那就是玛格丽特（玛姬）·本特利，一位主修历史的本科生。她生于1931年，以貌美著称，来自伯克利的一个知名家族：她的曾祖父是西海岸卫理公会的一名领导人，父亲怀尔德·本特利是知名的限量版印刷商。她年方十二的时候，埃卡就通过罗森塔尔的关系认识了她。（她的父亲是出版商，而罗森塔尔是书商。）玛姬优雅、机智，学业优异。她在大三时入选美国大学优等生荣誉学会，1950年从伯克利以"最优等成绩"毕业。"她从来只得'A'。"拉尔夫·基西在和底特律的妻子离异后（可能实际上是在此之前），爱上了玛姬，两人走到一起。这段关系没有维持长久，但拉尔夫总觉得和她来得亲近，而她也不忘旧情，甚至在嫁给了另一个男人后。在她死后，基西写道："她是我最老的、最珍贵的朋友。"[25]

到与拉尔夫·基西的情事之时，玛姬已成为埃卡圈子的外围成员。1949年在一次包括车尔尼亚夫斯基夫妇在内的聚会上，出现了一张名叫伊戈尔·谢甫琴科的新面孔。玛姬摔断了腿，正打着石膏。露西记得谢甫琴科走过来说："本特利小姐真漂亮；要是能走路该多好。"她当然能再次走路，而且之后将成为他的妻子。接下来我们还会谈到她，但现在最好转向谢甫琴科。他1922年出生于波兰，父母是乌克兰人。（第一次世界大战结束时，他父亲供职于一个短期存在过的乌克兰州的内务部——警察机构的分支。）他很早便会说三种语言：乌克兰语、波兰语和俄语。在华沙的亚当·密茨凯维奇高级中学，他学会了拉丁语和希腊语。在中学被德国人取缔前，他刚好毕业。因为波兰的大学被关闭，他去布拉格大学继续学业，1945年在那里获得古典学和古代史的博士学位。战争期间，布拉格被纳粹占领，大学里使用德语教学；他对德语掌握得很娴熟，后来与康托洛维茨交谈，相比英语，更喜欢用德语。1946年，他住在德国难民营时，给乔治·奥威尔写信，问能否将《动物庄园》译成乌克兰文。奥威尔同意了，还专门为此写了一篇导读。（奥威尔的英文原稿已丢失，现在可见的是从谢甫琴科的乌克兰文译回去的。）不久之后，也即1946年秋，谢甫琴科去比利时鲁汶天主教大学念他的第二个博士，这次是拜占庭研究，学习和写作用的都是法语，1949年拿到学位。之后在1949年秋，他设法前往伯克利，从事一份临时的初级教职，教古代史和拜占庭史。英语从而成为他能流利使用的第六门近代语言。

考虑到他的世界公民背景（他还将里尔克译成乌克兰语）以

及对拜占庭的研究兴趣，谢甫琴科不可避免地加入了康托洛维茨的圈子。一些人以为他是埃卡的学生，其实不是。就像他在给笔者的信中所说的："无论在伯克利的岁月还是在普林斯顿，从未有人把我当成一名'康托洛维茨的学生'。如果是的话，兴许我已经写出一部划时代的著作。"确实，他"反对"埃卡的方式不同于那些追随者。他告诉我他的独门之道："我是一个令人不快的年轻人，用后马克思主义和前年鉴学派这些埃卡不懂的东西去抨击他。"他的前妻玛姬·本特利也单独告诉过我，"埃卡对伊戈尔总有一点怕——他知道埃卡不知道的东西"。

除了有学问和自以为是，谢甫琴科身材魁梧，举止间透着超凡魅力，喜欢向女人献殷勤。他口无遮拦地和我谈起他在风月之事上的高超技艺。他记得来到伯克利不久后瓦尔特·霍恩对他的教导："只和优等生。"玛姬·本特利便是一名优等生，所以符合霍恩法则。"谢甫"迅速就俘获了她的心，让基西成为她的往事。但有流言说谢甫琴科已婚。他把妻子留在欧洲，那是一个死于古拉格的乌克兰诗人的女儿。原本是计划等他在美国立稳足，她便与他会合。所以伊戈尔和玛姬的私通在本地可谓轰动一时。伯纳德·罗森塔尔记得有一次他母亲在自己的房子里看到还未成年的玛姬随随便便坐在伊戈尔的大腿上，大为光火。（1950年代初，谢甫琴科在法律上抛弃他的第一任妻子，娶了玛姬。）

1950年至1951年，埃卡因为拒绝在效忠誓言上签名而停课，谢甫琴科接过了他的课程。（因为谢甫琴科并非美国公民，不需要宣誓，这让所有相关方都感到满意。）埃卡发挥了影响，以确保他得到敦巴顿橡树园研究所拜占庭研究中心1950—1951年的一份资助。研究所在华盛顿特区，而当时玛姬在约翰·霍普金斯大学读硕士，离得近。但丑闻缠身使得他之后不可能回到伯克利再执教鞭。

这一章的结尾会越出埃卡身边的年轻人。除了之前提到的从欧洲流亡过来的同事，在 1940 年代末期有两位同代人对埃卡特别重要。一位是才华横溢、势不可当的林恩·怀特，中世纪史学家，查尔斯·霍默·哈斯金斯的学生。怀特在 1937 年至 1943 年间，从助理教授晋升为正教授，之后成为米尔斯学院的院长。他在 1938 年出版博士论文《诺曼时期西西里的拉丁隐修制度》，其主题是康托洛维茨感兴趣的。但更吸引人的肯定是他之后向技术史的转向，因为它强调的东西融贯（East-West program），在彼时美国的中世纪史学界闻所未闻。正如怀特在一篇具有非凡原创性的文章《中世纪的技术和发明》（1940 年）中所写的，有必要"打破希腊人与野蛮人、罗马人与日耳曼人、东方人与西方人之间习以为常的界线；因为中世纪技术被发现不仅由传承自罗马－希腊世界、经西方诸民族的发明才智改造的技术设备构成，也有来自三个外源的成分：北方的野蛮人、近东的拜占庭和穆斯林、远东"。[26] 怀特后来在这一领域的工作，使其被公认为"现代技术史和生态史的奠基者"。[27]

在 1944 年期间，埃卡和怀特开始有社交往来：1944 年 2 月的一封信中的"怀特夫人"，到了 6 月的一封信里变成了"莫德"。考虑到一个院长繁忙的日程安排，之后埃卡和怀特已尽可能经常见面。（怀特在 6 月的一封信中写道："学院里事情一大摊……但我决定不把自己弄得每天焦头烂额。"[28]）在 1962 年 6 月一封写给莫里斯·包腊的信中，埃卡最终证实了他对怀特的钦佩：

克拉伦登出版社前不久出版了我的一位友人林恩·怀特的《中世纪的技术与社会变革》，无疑你会收到一本而且你必须读。在我看来，这是近二十年我读到的关于中世纪问题（包括我自己的在内）的最好著作……我发现它是如此令人爱不释手，以至于上了床还在读，以至于读到安眠药失效，以至于我无法入眠……林恩·怀特［是］我知道的唯一你可以和他不用"行话"谈话的人。[29]

埃卡和怀特的友谊使我们可以回应那一观点，即作为一名欧洲流亡者，他在美国感到"被边缘化"。当然康托洛维茨从未成为"爱好者团体之一员"——他从未花时间搞学院政治或者向当地俱乐部演讲。但即便依然在欧洲，他也不会这么干。虽然在伯克利和他走得近的朋友大多是欧洲人，但他总是更喜欢和世界主义者以及有着广泛文化关切的人来往。1941年至1942年间，经常在午餐时间出现在伯克利教授俱乐部"历史桌"旁的，有博尔顿、帕克森和桑塔格，但没有埃卡。不过，虽然他和系里的任何成员都不是特别亲密（就如同他和法兰克福的历史系同事），他对待他们中的大多数却是彬彬有礼。桑塔格是一个例子（直到因效忠誓言发生争执）。1950年6月22日的一封信，谈到了和怀特夫妇、埃卡的系主任约翰·D. 希克斯的一次晚餐。需要补充的是，康托洛维茨会定期出席专业会议，与有着相关研究兴趣的美国中世纪史学家建立联系。

有那么多钦慕他的学生，康托洛维茨并未感到"被边缘化"。他花很多时间和他钟爱的学生在一起，其中唯有迈克尔·车尔尼亚夫斯基有欧洲背景。他甚至出席历史学国际荣誉学会（Phi Alpha

Theta）的年度宴会，且做过一次餐后演说（1949年6月），以冷面的幽默开场：

> 我远非一个内行的餐后演说家，今晚却被赶鸭子上架，我可一点也不觉得这有什么幽默有趣，我宁愿平静地享受我的葡萄酒，聆听一位比我更能说会道的同事的发言……[有人]建议我应该以对前一位演说者的称赞开始。我在历史学国际荣誉学会听过的最后一次餐后演说来自古特里奇先生；他的演说，如同你们所有人都会承认的，令人赞叹不已，所以我无法称赞。[另一个]建议是把宾客们比作鲜花。我非常喜欢这个主意……我想把肯纳先生比成一朵紫罗兰，谦逊地隐身于惠勒[1]冰冷的西南角三十载。[这番对一位众所周知的对头——此君在1947年"几乎病态地渴望"得到教授职位——的中伤，肯定引起了尴尬的笑声。]

在讨论埃卡在伯克利的生活时，我们漏掉了埃卡最亲密的朋友莫里斯·包腊。从1939年初至1948年末，两人并未谋面。在康托洛维茨移民的最初几年，他们保持着定期通信，但在1943年前后，变得不那么勤。1944年埃卡写信给包腊："只有士兵们继续写信，而且这些人必须回；所以留给其他信的时间就没多少了。"在包腊卷帙浩繁的全集中，没有1944年至1948年间康托洛维茨寄给他的信。不过当包腊于1948—1949年间来哈佛讲课，且假期

---

[1] 应是指伯克利分校的惠勒楼（Wheeler Hall），该楼从1917年开始使用，有着该校区最大的报告厅。

在伯克利待了一个月，两人再续前缘。之后埃卡将他的喜悦告诉了赫尔穆特·库佩尔：

> 我也暂搁了和他的通信，至多一年一封，就像和你们所有人一样——失去了书写上的联络。然后去年圣诞节，莫里斯来到这，待了将近一个月——这段光景是我在美国十年最欢愉的。我们在机场错过了彼此；他的出租车比我的先到我家几分钟，因此他就在台阶上等我。从打招呼的第一刻起，我们就仿佛前几天刚见过面。妙趣横生的一夜，只有和莫里斯在一起才会有的妙趣横生，我们上床的时候，已是四点。[30]

这段引文表明包腊起初住在埃卡的房子里。但这并没有维持很久：大部分时间他住在康托洛维茨的堂姐利森在附近的公寓。利森的外孙女贝娅塔记得很清楚，虽然回想不起来原因。不管是什么，可能都不是真的，因为埃卡的房子有三个卧室和两个浴室。埃卡和包腊毋庸置疑曾经是恋人，但让包腊搬到亲戚公寓的决定，加上他和她们没有任何共同爱好（贝娅塔说包腊"温文有礼，但对女士们毫无兴趣"），可以推出这一结论：不管他们过去是什么关系，现在埃卡和包腊只是非常好的朋友。

在伯克利，包腊借着社交聚会认识了埃卡的所有朋友——奥勒思吉、布科夫泽、霍恩、雷丁、门琴-黑尔芬夫妇（"奥托琴夫妇"）。就像他在那时写到的，他听到了"各式各样的欧洲人……用他们自己的语言交谈"。[31] 他也被埃卡介绍给自己的年轻人圈子，但与他们很少来往。露西记得包腊，但只有模糊的印象；薇拉的女儿埃娃记得她一开始几乎无法理解包腊，因为他的"牛津腔";当拉尔夫在1963年写信给包腊,告知埃卡的死讯时,他称呼他为"我亲爱的莫里斯先生"。威廉·钱尼和包腊变得熟悉起来,但这要等到他在牛津的那段日子。钱尼记得包腊告诉他,1936—1937年间他在美国时,有传言说他将接受美国的一份职位,而各所大学开始争相出高价。对此包腊补充道:"我开始好奇,在金钱面前我可以抵抗多久,但最终觉得我不能放过旧世界的腐败、恶意和阴谋,然后就回来了。"[32]

除了埃卡死前的一次简短的会面,这两人不会再在美国聚首。但圣诞节的拜访确保了他们友谊的绵长。1949年4月埃卡写信给包腊,笔调间一反常态地带有某种依依不舍,"美国又恢复了你来之前的那种乏味",结语道:"4月的下半月有你的生日;所以向你致以比平常更深情的问候。"

第二十二章
根本问题

如果说从1945年6月到1949年6月的四年,是恩斯特·康托洛维茨一生中最快乐的时光,那么接下来的十四个月,则算得上是最糟糕的。他以为余下来的职业生涯会在伯克利度过。一切都将顺风顺水。早先在法兰克福大学的时候,他进行过一场激烈的斗争,但谁成想这样的事情会再度发生?而在1949年6月的加州大学,便爆发了一场激烈的冲突。为原则使然,康托洛维茨义无反顾加入,然后被卷入争斗,直到1950年8月末被解雇。

加州大学的效忠誓言冲突,源自校长罗伯特·斯普劳尔的一个策略性决定。当时美国被共产主义困扰。对间谍和"颠覆"的担忧急剧上升。1948年12月,惠特克·钱伯斯[1]把众议院非美活动调查委员会带到一块"南瓜地",那里藏着政府秘密文件的缩微胶卷。1949年3月7日,在纽约开始出现以《史密斯法》为依据的审判;4月开始对朱迪思·科普朗间谍活动的审判。加州的非

---

[1] 惠特克·钱伯斯(1901—1961),早年曾为共产党员和苏联间谍,后来叛变。1948年钱伯斯将阿尔杰·希斯指认为共产党员,被后者否认且以诽谤罪起诉。钱伯斯遂提供一份包括希斯手写笔记、政府文件副本和缩微胶卷在内的证据。由于他将胶卷藏在一个挖空的南瓜里,报刊将这些文件称为"南瓜文件"。

美活动调查委员会威胁要在本州通过立法，打击州大学体系的"不忠行为"。由于担心立法可能直接干预大学事务，削减财政支持，斯普劳尔决定摇旗响应，让董事会提出一个加强的效忠誓言，让大学所有教员签署。

在3月份的董事会会议上，斯普劳尔的动议获得全体一致通过。加强是关键。迄今所有的教员都被要求作如下宣誓："我将拥护合众国宪法和加利福尼亚州宪法，竭吾所能恪尽职守。"没有人会觉得这有什么冒犯，但加强的誓言就不是这样了："我决不赞成、加入或支持任何赞成、鼓吹或教导以武力或任何非法或违宪手段颠覆合众国政府的政党或组织。"这是对受聘的一项政审。加州大学西北区学术评议会（代表伯克利和戴维斯校区）在1949年6月14日召开特别会议，商议这项新的要求时，也是这么认为的。此前出席人数达到两百的情形很少见；而现在差不多有四百名教授出席，约占全体教员的一半。当斯普劳尔主持会议时，爱德华·托尔曼，心理学系一位声名显著者，起身提出一项动议，赞成评议会成员向国家和州效忠，提出学术自由和终身职位的问题，呼吁撤回对原誓言的附加内容。

接着另一位知名教员（仅仅是他的现身就赋予其巨大的庄重）起身读了一份备好的声明。这里是一位见证者的描述：

> 在宣誓之年的所有事件中，对于那些亲历者而言，印象最深刻的可能要数一位前德国学者的演讲……反复回旋的言辞中带着奇异的韵律，高亢的声音中透着热情……他讲到了希特勒掌权之初对宣誓的强加。他的主题总是："事情就是这么发生的。起初的誓言是那么温和，几乎难以察觉其中有

任何令人反感之处。接下来的誓言会更加强硬!"他声称,从一开始就应该抵制:应该拒绝的是第一份誓言。

下面是埃卡的原话:

> 历史表明它从未为此付出代价,无论是屈服于即时发作的歇斯底里的影响,还是为了一时的好处而危害永恒的价值,……新的宣誓,如果真的要强制执行,将置某些真正的价值于危险,这些价值的高贵,绝非那声称的好处能相比……这是典型的煽动家的权术,通过将特立独行者贴上非雅典人、非英国人、非德国人的标签,将最忠诚的公民,而且只将忠诚的公民,带入良知的冲突……我不想谈论政治权术或学术自由,甚至不想谈论这一事实,即被强制的宣誓在作出的那一刻便是无效的,而是希望强调处于危急关头的真正根本问题:职业尊严和人的尊严。这是可耻的、没有尊严的行动,是对人的主权和职业尊严的公开侮辱和侵犯。大学董事会竟敢将穿袍者欺凌到这一地步——在让人不知所从的经济胁迫的压力下——他被迫要么放弃他的终身任期,要么放弃他的判断自由、作为人的尊严和作为学者的负责的主权。[1]

经济学家沃尔特·D. 费舍尔在四十多年后还记得这次演讲,那时他还年轻,还未取得后来的卓越成就。他对政治一无所知;他父亲是一名银行行长,伊利诺伊州商业委员会主席。但在1949年6月的这次会议上,他被康托洛维茨的热情迷住,被他的这一论点击中:"希特勒政权便是这样起家的——很小的誓言通向更大的。"这一点说服费舍尔变成一个"不签名者",并坚持这一立场,直到1950年8月被学校解雇。1949年6月,恩斯特·康托洛维茨出席全体教员会议这一事实值得注意。戈登·格里菲斯是历史系的一名助理教授,他在回忆录中写道:"我很吃惊地发觉康托洛维茨教授……正走向礼堂的前面演讲。在此之前他从未参加美国的学术活动或者任何其他种类的政治活动。"[2]确实,只要埃卡在伯克利,他就尽可能避免委员会工作,对大学事务毫无关注。他喜欢引用被归于萨克森国王[1]1918年被迫退位时的一句话:"自取其咎。"[3]但现在他投身于争论之中,很快在一场又一场会议上都可以看到他的身影。

在经过诸多讨论后,评议会以压倒性多数表决通过一项动议替代托尔曼的动议。该动议并未要求把这一新的否认声明删除,而是声称它应该"被删除或修正",并要求为评议会提供一个咨询委员会,"以和校长磋商,看能否这样解决"。六天后,南区学术评议会通过一个完全相同的决议,要求产生自己的咨询委员会。在此之前,北区委员会已经向斯普劳尔校长作出建议,赞成完全删除新的否认声明,但承认如果有公关的必要,对于被删除的涉及"信念"的部分,应该用新的语言表达:"我不会作任何宣誓,不会成为任何协议的一方,亦不会作为任何政党或组织之成员作出任何承诺,若其与我依据本誓言[宪法宣誓]的义务相抵触。"其后,当此事到了大学董事会面前,在6月24日的会议上,董事会全体一致表决,支持采用北区委员会提出的在原有誓言上的"公

---

1 即腓特烈·奥古斯特三世(1865—1932),一战中被授予德国陆军元帅军衔。战败后逃到布雷斯劳做起寓公,直到去世。

关"补充，并且加了一句："我不是共产党员。"这便是恩斯特·康托洛维茨从未签署的"那份誓言"。

6月25日，埃卡写信给堂姐利森，说"董事会无论如何坚持要宣誓，整个派仗将重新开始，你会看到我忙得团团转"。确实，6月27日他出席了伯克利教授俱乐部"不签名者"的第一次会议。（他和其他许多人都还在伯克利，因为那个夏天他们有课。）这群人认为新的誓言还不如之前的，咨询委员会只是去商量，而没有以全体教员的名义提出建议。几周后，斯普劳尔校长再进一步，将董事会拟定的誓言副本邮寄给每位教员，要求签署并且明确"不晚于10月1日"。言下之意是，如果没收到签上名的誓言副本，就不会寄出年度聘书。确实到了7月末，很显然只有那些回寄誓言副本的人收到了聘书（约占一半）。作为回应，7月25日，一个由六名不签名者组成的团体（其中包括恩斯特·康托洛维茨），给北区学术评议会的成员们去信，要他们撤销他们的签名，直到计划在9月举行的下一次学术评议会年会。

7月，埃卡一反常态地乐观。14日，他写信给德国的恩斯特·朗洛茨，说美国人正在快乐地庆祝歌德诞辰两百年，尽管几乎都不知道歌德是谁。但"这一名字不知怎的，听起来像个友好的德国人"。然后他补充道：

> 对大多数人来说，这一情感当然是由政治决定的——对俄国人和共产主义的恐惧。前者是有根据的，后者则是幽灵，被共和党人大加利用，现在甚至出没在大学中。我们这边正处于一场艰难的斗争中，反共誓言本欲强加给教员，被学术评议会以令人惊讶的全体一致抵制。这些问题在大学内以纯

粹议会式的斗争方式,能得到多大程度解决,这一点很有看头。我已经在小范围内看到关于原则的斗争如何能成为现实,而没有留下怨恨。如果这一切在德国,不知会进展如何!"[4]

在9月19日召开的北区评议会全会上,斯普劳尔校长宣布不签署誓言本身并不会引发大学解聘;接着全体教员表决,"要求获得这一特权,即以加利福尼亚州公共信托官员的名义自愿签署效忠誓言,以确认其效忠自由立宪政府诸原则"。这一表决意味着不应该有任何其他誓言,但在9月30日的会议上,董事会并没有撤回他们具有争议的誓言,而只是退让,推迟关于能否给不签名者发聘书的进一步磋商。埃卡并没有等待进一步磋商的结果出来,而是在10月4日,有意在一开始的截止日期10月1日后,将一份公证过的宪法誓言的签名副本寄给校长,且附有一封信,声称他"无法按照董事会的要求签署一份政治誓言"。在这封信中,他写道,"我的政治记录经得起任何调查",因为他曾"两次自愿扛起枪,与德国的左翼激进分子积极作战"。接着他告知斯普劳尔,"[然而]我对加利福尼亚大学及其工作是如此尊重,以致不能允许自己相信,政治调查的基域(base field)应该列入它的活动范围,这会使得学术生产陷入瘫痪"。

一位经历了"誓言之年"事件的英语系成员写道:"我们参加誓言会议,谈论誓言,思考誓言。我们醒来,在早晨明媚的欢愉中,有誓言陪着我们……我们在教授俱乐部进午餐的时候讨论誓言。到了晚餐的餐桌旁,我们又能谈论什么别的话题呢?然后我们上了床,誓言盘旋在我们上方的黑暗中,安扎下来变成噩梦惊醒我们。"[5] 历史系主任约翰·D. 希克斯是个温和派,花了大量时间和精力，试图通过磋商达成一致；后来他在回忆录中写道，这"是我一生中最痛苦的经历"。[6]1949—1950 学年埃卡被准许"在校休假"，因此削减了教学计划。他指望用这一段宽松的时间从事学术研究，但现在他持续地被会议打断，满脑子是策略。他留存下来的文件，包括满是会议记录和备忘录草稿的文件夹，大量与誓言有关的信件、表格和简短笔记。在争端快要结束的时候，他写信给赫尔穆特·库佩尔："这件事耗掉了我一年的工作时间，也没有让我的身体好些。"[7]

1949 年的整个秋天，无论是大学学术评议会，还是各个分区的咨询委员会，都和董事会开过几次会。语义学上的手段开始起作用：大学是应当致力于从教员中清除异己的目标（objective），还是已然在誓言中体现的清除异己的政策（policy）。11 月 7 日在北区评议会举行的一次会议上，已然成为康托洛维茨左膀右臂的戈登·格里菲斯，提出一份言辞强烈的决议，以一百四十八票赞成、一百一十三票反对通过。（时间上有点晚，大部分出席者已动身回家。）该决议坚称，"董事会的权力行使，不仅必须充分考虑从宪法上限制所有公职人员权力的思想自由和结社自由原则，还必须对大学作为特别致力于精神自由之机构的本性深表尊重"。

由于董事会在那个秋天自始至终坚持宣誓，一群伯克利的不签名者非正式地组织起来，每周五在教授俱乐部定期碰头。在一位观察者看来，"这一鼓舞人心且高度理想主义的团体，虽然有些喋喋不休，但对一般教员的意见有着相当大的影响，有助于其成员的良知反抗沿着合作和讲究策略的路线进行"。[8]领导者是爱德华·托尔曼，而康托洛维茨在其中很突出。约瑟夫·图斯曼是当时哲学系一位反对宣誓的年轻成员，他记得康托洛维茨"非常另类,有时由着自己来,但仍是中坚分子"。[9]爱德华·W. 斯特朗在1950年是伯克利文理学院副院长,1988年接受采访时称:"康托洛维茨无疑是不签名者中最有斗志的。"

在春季学期,埃卡如此沉浸于政治,以致给研究生开的历史学方法研讨班的笔记包括如下内容:

"非雅典活动调查委员会"
a. 对"非 X"活动的迫害在各处一再发生。
b. 彻头彻尾的荒谬——"X"只是对我们想象的概括或创造。
c. 可以反转为:迫害"非美国人";苏格拉底"真正的雅典人",理想贫瘠的异教徒"真正的中世纪人"。
d. 自义,褊狭。[10]

这里不对誓言事件的全部细节予以赘述,可以这么说,康托洛维茨的战斗性在1950年残冬尤其显著。由于约翰·弗兰西斯·奈兰领导的一派在董事会占据上风,强制签署问题已然来到关口。奈兰是旧金山一名知名律师,一度当过威廉·伦道夫·赫斯特[1]的顾问。2月24日,奈兰派强行通过一项决议,在其中董事会宣布:"作为加利福尼亚人民的受托人,他们[需要]保卫大学的自由,防备在政治体中出现的少数残忍狂热的颠覆分子……"随后,他们要求所有教员在4月30日或之前,提交包括6月的最初措辞在

---

1 威廉·伦道夫·赫斯特(1863—1951),美国报业大王。电影《公民凯恩》以其生平为蓝本。

内的签名誓言，而且规定不就范者"[将]被视为自 1950 年 6 月 30 日起与大学解除关系"。换句话说，董事会是在宣布打算废除终身聘任制的原则。(斯普劳尔校长现在改变立场，投了反对票。)

《旧金山纪事报》起了个大标题："效忠誓言或失业，加州教授被告知。"虽然希望渺茫，但为了挽回局势，与董事会达成妥协，一个被指定的教员委员会和不签名者组织——约有二百人参加——举行了紧急会议。几乎每个发言的人都支持抵制。然而康托洛维茨更进一步，号召大规模辞职。几十年后，一位分子生物学家记得他当时站起来说道："这里有一张卡片，如果你把你的名字签在上面——如果有二百个人，集合二百张卡片，当有第一个人被炒掉，在那张名单上的任何人都将辞职。"[11] 这一记忆是可靠的，因为我们知道在第二天，也即 2 月 28 日，康托洛维茨散布了一份他提出来的宣言，大意如下：

> 我们这些签字人郑重宣布，除非董事会在接下来 3 月 27 日召开的会议上，撤回之前提出的特别效忠誓言，否则我们将立即自动不再继续承担我们在办公室和教室的义务。如果有任何教员，包括助教在内，在 1950 年 7 月 1 日只是因为未签署誓言而被解雇，我们将立即自动辞职。[12]

在该宣言中，埃卡还写道："全体教员作为法人团体，应该以最后通牒对最后通牒，以抉择对抉择，以最后期限对最后期限。我们必须停止建造不牢靠的'退路'，那只会通向失败和灾难。"一段对誓言争端的历史记录总结道："虽然 [康托洛维茨的] 这份提议响应者寥寥，但这一事实，即它是由一位有着国际声誉的学者发出,表明了事态的严重。"[13]

　　埃卡的决定导致了他和雷蒙德·桑塔格的冲突。后者在1944年为帮助埃卡获得终身教职扮演过关键角色,此后两人保持着良好的友谊。桑塔格夫妇曾送给埃卡一本绝版的英国宪制史著作作为礼物,在卡片上写道:"致以一切美好的祝福,多拉和雷。"桑塔格是个虔诚的罗马天主教徒,这不成为问题,但他变成了冷战分子,他的政治观点使得他在宣誓一事上,站在了康托洛维茨的对立面。在埃卡号召大规模辞职后不久,两人碰过一次头,发生尖锐的分歧,一天后埃卡觉得有必要写一封信。[14]这封信提到"昨天下午虽然闹得很不愉快但至少格外诚实真挚的谈话"。他写道:"一个人是不是基督徒没什么区别,只要他在内心秉有不可动摇、不可妥协的人道观念……您可能把我列入您以学者的骄傲谴责的那种人,或者您可能称我为'唯心的'犹太人或德国人。但除了犹太人和德国人,我还是,或者试图是一个'野蛮永恒的反对者',不管这种野蛮是棕色的、黑色的还是赤色的,是以希特勒先生还是以奈兰先生及其同伙的丑陋面目出现。"后来,当诺曼·里奇为申请华盛顿大学的工作请埃卡写一封推荐信,埃卡回应道:"你比桑塔格优秀。"[15]

　　2月末、3月初的争论揭示出,伯克利大部分的教员都是温和的,他们希望董事会考虑到不签名者的心声,撤销宣誓的要求,但支持从大学中清除共产分子。赞成这两个目标的动议以邮寄投票的方式压倒性通过,清点投票的时间是3月22日。不签名者非常失望,只有一百三十六人(11%)反对其中一项动议,其中包含如下字句:"所有未来薪酬和职位的接受函,将包括一项声明,即接受该职位的人服从大学将共产党员排除于大学雇用之外的政策，该政策体现在董事会 1949 年 6 月 24 日的决议中。"不过当那些支持这一动议的人希望它能够安抚董事会中的奈兰派时，事情却并未遂愿：3 月 31 日，董事会对撤销誓言的动议唱名表决，结果是十比十平，意味着签署誓言或者"一个同等声明"的要求维持不变。

3 月 31 日的结果出来后，斯普劳尔给不签名者发了一封油印的要求，叫他们屈从。埃卡在 4 月 6 日的回复是："我将绝不屈服于压力、强制、威逼或胁迫，因此除了我乐于签署并在 1949 年 10 月 4 日交给您的标准誓言，我不会签署别的誓言。"然而，3 月平局这一事实，使得摊牌推延，因为它导致校友前来游说。这些努力取得的成功超乎预期。4 月 21 日委员会以二十一比一的表决结果，撤销签署非共产分子誓言的要求。（唯一的反对票来自美利坚银行行长 L. M. 詹尼尼，他在表决之前放出话来："我要组织 20 世纪的联防队，揭发所有的肮脏。"[16]）看来似乎争端在这一刻便告结束。4 月 22 日《旧金山纪事报》的通栏大标题是："董事会接受和平方案——放弃让加州大学宣誓。"

但事情并没完，因为这一决定蕴涵着一项交换条件。任何没有签署最初的誓言，任何拒绝在 5 月 15 日之前按照要求书面否认自己是共产党员或"任何其他鼓吹以武力或暴力颠覆政府的组织"成员的人将被解雇，除非他或她申请北区或南区的教员特权与任期常任委员会对其情况进行审核。这样的审核将基于面谈。每个委员会将证实申请者未予遵从的理由，并寻求确定其是否与共产党有任何关系。如果未予遵从是基于正当的良知，也未发现存在与共产主义的联系，委员会就会向大学校长提交一份有利的推荐信。北区特权与任期委员会的七名成员都是完全值得信任的：都签署过董事会 6 月 24 日所要求的誓言，都支持董事会将共产分子从大学清除的政策。

不可能知道康托洛维茨在 5 月末的听证会中说了什么，因为正式的文字记录被禁止。查尔斯·马斯卡廷接受过北区委员会的审核，1990 年我问他有没有任何关于埃卡出席的资料，但他没有。他说他发现很难去描画，因为"埃卡是个相当棘手的人物"，但他认为那一次他可能很温和，因为委员会的成员都是教员同仁，同他们谈话可以被理解为是出于礼节。[17] 拉尔夫·基西说程序很大程度上是个形式："问题的设置方式导致对问题的回答会令人满意。"[18] 我们不知道会谈的结果：在委员会 6 月 13 日给校长的报告中，有四十七名教员顺利得到推荐，埃卡位列其中。在谈及康托洛维茨的特殊情况时，报告指出他已然发誓在 1945 年的归化程序期间，他从未是一名共产分子，并且补充道，他"对任何形式的极权政府恨之入骨，对任何使他想起他的德国经历的事情都有着非同一般的敏感"。委员会"确信他不是共产党员，也未投身任何与其坚持不偏不倚的学问、自由追求真理的责任相悖的活动"。

在大学评议会的成员中，六十九人有六十四人顺利得到委员会的推荐。（北区有五名、南区有一名拒绝和各自委员会讨论他们的观点，随后委员会未予推荐。）委员会还审查了八十一名非大学评议会成员的雇员（大部分是助教），五十八人顺利得到推荐。（其中一名是拉尔夫·基西，后来是在埃卡的敦促下才签署誓言的："因为这关乎你的生计。"[19]）当斯普劳尔校长将这些推荐信提交给董事会，许多董事很不高兴，因为他们看到居然有这么多人得到推荐。他们认为委员会肯定是太心软。然而，委员会的工作隐含这样的假定，即它们的推荐会被接受。这不仅可见于董事会在 4 月 21 日的让步，也可见于大学董事会的全部历史，它从未拒绝任何就特权与任期成立的委员会的任何推荐。随后在 6 月的会议上，董事会顺水推舟。他们毫无困难便达成全体一致，决定解雇一百五十七名斯普劳尔校长认为有充足理由不予续聘的非评议会教员。（之所以会有这么多，是因为这一事实，即许多助教不在续聘计划之内，因而坚持所要求的程序毫无意义。）但董事会并没有立即对六十二名顺利得到推荐且属于评议会成员的不签名者作出决定，而是推迟到下一次会议，该会议按计划在 7 月举行。

决定是在 1950 年 6 月 23 日作出的。6 月 25 日，朝鲜军队侵入韩国，6 月 27 日，杜鲁门总统命令美国空军和海军援助韩国政府。6 月 29 日，杜鲁门派出地面部队。现在这个国家是真的与共产主义干上了，这一事实对于不签名者的未来可不是好兆头。认识到这一点，爱德华·托尔曼在 29 日周五晚的不签名者会议上发表一项声明。他以其卓然的尊严，力劝剩下的抵抗者不要"让自己和自己的家庭立于危墙之下"，除非他们坚决要这么做。在前面等着他们的未来"可能不仅是被炒掉，而且还会被报纸中伤"；他们将发现很难再找到一份合适的工作；他们将可能因其"花岗岩头脑"而受到从前的同事友人嘲侮。（事实上这样的情况已经发生。）他本人是无所谓，因为他马上就要退休。他不需要太过担心自己的经济保障，也满足于写过一本书，因此他认为自己能够"放纵于自正自义之罪恶，沉迷于自在良知之奢侈"。然而其他人不必非得牺牲其生活。在结语中，他"只是希望声明——对于你们中间同样认为必须这么做的人，可能多少是个安慰——我本人将依然是不签名者"。然而"对于你们中任何出于情势或理性而自认为需要和应当签署之人"，他将"无改其友善敬重之情"。[20] 托尔曼的慷慨陈词乃识时务：在接下来的日子里，六十二人中有二十二人让步。（到夏末，不签名者的总数已经减少到三十一。）

6月30日，在写给熟人的一封满是刺的信中，埃卡表示他可能要么被开除，要么被迫辞职：

> "Les dieux ont soif"［诸神渴了］。董事会将不满足于将那一百五十七名次要的雇员拿来做百牲祭的祭牛，还想拿那六十二名未签名的教授当牛排晚餐。……我可能不会被解雇，但可能不得不辞职，以防一些无辜的同事受牵连。很头疼也很讨厌。[21]

剩下来的不签名者在7月6日成立一个正式的组织，叫"学术自由小组"。康托洛维茨写了一个宣言，以寻求校友的支持。在写给东海岸一位同行的信中，埃卡的系主任希克斯对董事会7月会议的结果表达了谨慎的乐观："经我们的特权与任期委员会排除嫌疑的人员，校长已建议全部保留。如果他的建议被接受——我相信会的，我们也就可以算是脱离险境了。" [22] 在提到历史系唯一的不签名者（戈登·格里菲斯早先已经屈服）时，他补充了一句："我猜向康托洛维茨投橄榄枝的不会少，如果我们的董事会疯狂到解雇他。"

接下来的这次董事会会议颇具戏剧性。在争端爆发之前，许多董事——国务活动家、工业界巨头——都疏于与会。其中一位是副州长古德温（古迪）·奈特，他对高等教育毫无兴致，自从1946年当选董事以来，一直到1950年2月，从未出席过一次董事会会议。但现在，像其他几位一样，他也将之作为自己的职责参与其中，为了展示他的反共证书。一位观察家在事件展开之际写道："当一个大学的议题燃烧成一个政治议题，这些董事们似乎准备像小孩子一样跑过来观火。"[23]7月21日的会议有十九名董事出席，双方近乎平分秋色。由州长厄尔·沃伦领衔的一方支持接受关于评议会不签名者的赞成推荐；反对方则由约翰·弗兰西斯·奈兰带头。与此同时，美国部队正被朝鲜军队逼退，有被驱逐入海的危险。这使得奈兰可以强调认识到共产主义威胁的需要。假如所有二十四名董事都与会，结果本将对不签名者不利，而这缺席的五位导致表决走向另外一个方向——十比九。但在票数清点后，奈兰宣布他要把他的投票改成赞成票，这样他就可以在下次会议提出重新审议。

由于奈兰宣布他将提出重新审议，聘书和薪水支票也就无法在8月1日给不签名者寄出。8月2日，康托洛维茨给彼时在普林斯顿的特奥多尔·蒙森去信一封，其中对此有所提及：

> 实际上我们已然被撵走。8月1日我们既未收到薪水，也未得到一年一度的所谓合同。一贯怯懦的斯普劳尔之前并未立即寄送，而现在我们的老朋友、赫斯特的律师奈兰，将续聘延迟到8月的下一次会议。届时他将获得多数，且凭借这多数将不签名者炒掉。我看不出事情还有转机。我也不知道我是否会被撵走，还是在撵走之前辞职。很可能是前者，这样我就可以像奥勒思吉那样说"Californiam vadi iterum eici"。[24]

奥勒思吉博学的反讽，利用的是基督所说的（《彼得启示录》）"Romam vado iterum crucifigi"（"我再次去罗马殉道"）；而他的版本的意思是"我再次被加利福尼亚撵走"。奥勒思吉和康托洛维茨都曾被迫离开德国（奥勒思吉还被迫离开意大利）；1950年8月25日，他们确实"被加利福尼亚撵走"。到那时，奈兰赢得了必要的票数。董事会会议的讨论围绕这一问题，即是否有任何人认为剩下的不签名者是共产主义者，还是说真正的议题是维护纪律。麦克法登是州农业委员会主席，依照职权成为董事，属于奈兰这一派。他承认是后者："没有任何董事曾将一名教员指控为共产主义者……问题已然变成：在大学中应不应该强制它的雇员遵从纪律，或者每所大学允不允许设立自己的雇用标准？"至于董事会如果否决基于自己动议的程序所作的推荐是否属于失信，另一位奈兰派成员只是声称："我不认为任何人可以作出理智的决定……仅凭一次听证。"之后董事会以十二比十的表决结果，决定解雇不签名者。

新学期开始后，一个支持被炒教授的学生团体将"大写的C"（一块高耸于校园之上的岩石）涂黑，"以悼念学术自由"。《生活》杂志10月第2期发表了一篇文章，出人意料地对被炒教授表达了同情。其中有几张照片，一张是打点行李离开校园的爱德华·托尔曼，还有一张是康托洛维茨坐在他的桌子旁，与之相伴的说明文字是："历史学家恩斯特·康托洛维茨，五十五岁，在加利福尼亚生活了十一年，写过四本中世纪史方面的著作。生于波兰，现为美国公民，曾在1918年[原文如此]慕尼黑的战斗中受伤。他也拒绝签署：我不会接受妥协。"一位义愤填膺的保险经纪人写信给康托洛维茨："您是不是共产主义者或者是否有这方面的倾向可能存在争议，但可以肯定的是，您已然表明您绝不是一个百分百的美国人……"[25]

10月，埃卡决定出版一本为自己辩护的小册子，叫《根本问题——关于加利福尼亚大学效忠誓言的文件和旁注》，扉页上饰以大学的箴言："Fiat Lux"[要有光]。出版的费用是从自己的口袋掏的，共计四百二十五美元（相当于现在的四千一百美元）。在1949年6月的声明中，他就已将"根本问题"认定为"职业和人的尊严"。现在他写道："从争端一开始，什么是根本问题对我来说就已很明显"，可以称之为"职业的尊严"。在同一页，他还引用了"学术自由小组"8月一份未签名的、可能出自他本人之手的声明："问题不是共产主义，而是大学的福祉和尊严。""尊严"一词接连两次出现并非巧合。在《国王的两个身体》中，康托洛维茨声称，"仅在道德或伦理意涵上来理解'尊严'一词，也即将其理解为'无尊严'行为的对立面，是错的"。相反，他解释道，除了道德意涵，尊严（首字母大写）关乎永不死灭的职位或法人："虽然个体每天都在死去，但尊严永不消亡。"[26]

在《根本问题》中，他并非花太多笔墨讨论董事会的极力主张，即他们是在与共产主义作战。对他来说，宣誓的要求是"胡闹"，而至少到8月25日，"没有签署誓言书的共产主义嫌疑分子"的指控，实际上已经变成了"不从董事会"的指控。在他看来，除了创造一个"学术屠宰场"，董事会的行为也侵犯了全体教员的尊严。他提到埃尔曼董事在一次董事会会议上宣称教授们"不过是董事会的雇员"。但埃尔曼未能明白，正如法官构成法庭，牧养者及信徒一起构成教会，教授和学生一起构成大学。如康托洛维茨写到的，"一个人可以想象一所没有园丁和看门人，没有秘书，甚至没有董事——这样的图景很迷人——的大学。大学之不变与本质在于其总是作为师生之体"。此外,大学教师是这样一种职业,"赖其良知以为性命"。他以炽热的心情继续写道,"只有那帮浅薄无知、有着坏心肠、该被谴责的董事们才不知道学者的性命之所在,才敢破坏学术职业之支柱——即良知——以'拯救大学',不仅如此,还将致良知的学者开除,而正是这良知才使得他成为一名学者"。这本小册子接着呈现了可观的细节,关于董事会是如何共谋,通过废除终身职位,以欺骗的手法得逞。最后是前后呼应的终止式:

> [我拒绝签署]因为我拒绝被胁迫行动,在治安维持员监管的威胁下工作[或]屈从于强制、威胁和经济压力……因为我拒绝以我的良知和信念为代价,拿我的学术地位和学者尊严做买卖;因为我既震惊于也厌恶端悫之缺席、诈伪之流行,而这在那些应为反对全体教员的程序受责的人身上,自始至终都可看到。

康托洛维茨对加州大学效忠誓言坦直不屈的反对,通常被假定为是对他在义务警察系统和魏玛时代的极右政治观念的戏剧性背转。这一观点就绝大部分而言,是正确的。我们已经看到在一封给罗伯特·斯普劳尔的不让步信中,他为自己曾加入"白军"表示遗憾,认为这么做是为"通往纳粹的道路"作铺垫。在《根本问题》中,他通过尖刻地提及"什么样的毒蛇之种[《马太福音》23:33]能从'白军'中产生,一旦他们穿上褐衫",用这一意象以揭发奈兰派董事自命的爱国主义。在重申自己不是且从未是一名共产主义者的同时,他激切地反对那些为了利用非理性的歇斯底里以自肥而炮制非共产主义者誓词的人。对他来说,"对共产主义的恐惧 [乃] 一桩幽灵"。由于他并不将此视为"根本问题",他避免了就共产主义者的权利进行争辩。但在 1950 年 3 月,他反对一项包含如下表达的评议会动议:"业已证明是共产党员者,不被接受为教员中之一员"。在这一问题上,他站在那些反对在学术任命时进行政审的人一边,基于"一个人是否在职业上适宜教学或从事研究,应取决于对他的心智、性格和正直的客观评估,而非其政治信念、宗教信仰或法律关系"。[27] 康托洛维茨支持这一立场,即"只要共产党在美国是合法政党,那么以一个人与该政党联系紧密或属于该政党成员为由而将其排除于学术职业之外,就不能被视为正当的",在学术自由这一问题上,他也就将自己置于极左立场。就此而言"他的左边只有墙"。

但他为什么又在小册子的序言中说"我是真正的保守主义者"?之前已经论证过,他对"大学之不变与本质在于其总是作为师生之体"的主张乃一"诗性神话观",它假设了"天才头脑的永恒存在",类似于他早期对"秘密德意志"的信仰。这一论证可谓独辟蹊径,却走得太远。真正诗性神话般的"秘密德意志"是没有开端的,而康托洛维茨知道大学到 12 世纪才开始作为师生之体。此外,"秘密德意志"的成员是先验的,在当下至多只能推断出来,而大学的成员是经验的——有形的,可通过花名册来辨认。然而,保守主义在康托洛维茨思想中的延续性肯定是可观察到的,因为他在小册子中展示的对神圣不可侵犯的职业的尊崇,并非第一次。1933 年 4 月在向法兰克福大学申请休假时,他已然强调"大学教授之尊严,唯建立在内在真理之上"。这一观点在 1935 年至 1936 年的一本中途流产的关于空位期的书稿中得到深化,其中提到特殊的"精神"品质将教授和法官与教士联系起来。显然,康托洛维茨在1949年6月全体教员会议上所声称的"三种职业有资格穿长袍:法官、教士和学者"乃长期抱持的信念。在《根本问题》中,他通过将教授和诸如看门人和园丁之类的雇员进行对比,从而发展了他的论点,即教授之任职并非依据董事会的意愿,因为他们便是大学:教授在他们所服务和构成的这一机构中有某些既定的权利,是园丁和看门人——他们为这一机构提供支持服务——所没有的。虽然在1949年6月的声明中,康托洛维茨提到"人的尊严",但他并未在小册子中使用这一术语,可能因为他现在是想严格地提及精英的神圣尊严。

接下来为效忠誓言这个故事作个总结。8月31日,康托洛维茨和其他十九名不签名者(一些人称他们为"决不签名者")聘请斯坦利·韦格尔,旧金山一位一流的律师(没有收费),起诉董事会要求复职。案件于12月末由加利福尼亚一地区上诉法院审理。当代理董事会的律师承认起诉人的忠诚并非要点之所在,主审法官的回应揭示了她的立场:"那么要点是,这些孩子很顽皮,因为他们并没有听从老师的话签名?"1952年4月6日,此时埃卡已经去了普林斯顿高等研究院,法院作出有利于起诉人的一致判决,基于州宪法的一项授权,即加利福尼亚大学独立于所有政治影响力之外。我们已经看到迈克尔·车尔尼亚夫斯基发电报给埃卡:"妙哉。"但这一反应还太早,因为败诉一方将案子送到加利福尼亚最高法院。旁听审判的人大多数都曾出现在法院的法官议事室。在漫长的审议之后,1952年10月17日,最高法院维持地方法院判决,裁决复职。对埃卡来说,唯一的影响是,使他有资格获得从1950年7月1日到他接受普林斯顿任命期间的离职津贴。1952年12月17日，对研究院十分满意的他，向加利福尼亚大学历史系提出辞呈。

有人可能认为，从原则上讲康托洛维茨获得了胜利，但并非如此。最高法院作出的有利于不签名者的裁决是基于如下陈词："我们无需讨论起诉人提出的关于他们的所谓民事权利受到侵犯和合同受到损害的诸问题，因为我们满足于这一点，即他们的救济申请必须得到准许，基于州立法对该领域有确切规定，不得要求大学人员进行任何效忠宣誓或声明，除非该要求是向所有州雇员作出"。这涉及一事实，即在董事会投票赞成解雇不签名者后，沃伦州长要求加利福尼亚立法机构通过一项该州所有雇员都要服从的效忠誓言。（沃伦可能传达了不签名者反复的抱怨，即把学术雇员单拎出来不公平，但鉴于他正在为再任而竞选，他可能是想擦亮他的反共分子证书。）然后立法机构迅速通过了一项面向所有人的誓言，比起董事会强加于加州大学全体教员的誓言更为广泛。新誓言明确要求，签名者当前并不鼓吹以武力或暴力或其他非法手段颠覆美国政府或加利福尼亚政府，过去五年并非任何鼓吹这类主张的政党或组织的成员，此后在服务于该州任何公共部门期间也不会加入此类政党或组织。那些已复职和希望复职的不签名者被要求作此宣誓，很奇怪的是他们所有人都予以了服从。可能他们的理由是至少他们没有被区别对待，但也可能他们只是已然厌倦了。

第二十三章
高等研究

在一封写给普林斯顿高等研究院院长罗伯特·奥本海默的信中，德国流亡哲学家保罗·弗里德兰德对一个短语进行了巧妙的转义，也许可以用来作为本章的开头。弗里德兰德被请来写信支持埃卡在研究院的委任，1950年10月他如是写道："恩斯特·H. 康托洛维茨教授在伯克利是拒绝签署效忠声明的人之一，在历史学上的造诣极深。他的研究确实非常高等。"[1] 埃卡，如众所周知的，得到了这份委任。

他并没有立即搬过去。1950年秋他依然在伯克利，因为直到夏天，他都不确定自己是否会被解雇，而到了秋天，对他来说，要想找另一份职位已太晚。就像1933年法兰克福的夏天，他在家里开设高级研讨班，而没有报酬。他依然深入与效忠誓言有关的事务，继续参加不签名者团体——学术自由小组——的会议，旨在寻求法律上的救济。

最重要的是，他把他的精力都耗在写作和散发关于誓言争端的小册子《根本问题》上。9月末，他把草稿寄给朋友、以伯克利分校教务长身份退休的门罗·多伊奇，想让多伊奇基于其长期经验，有所提点或指正。当小册子得到多伊奇的认可后，埃卡拿去印制，其副本寄送的地址多到令人震惊。(他订购了一千份副本和八百份卡片,上面写有"作者敬赠"。)大部分的收信人,除了从前的学生,便是地位很高的人或者有声望的学者。在纽约的康托洛维茨收藏物中,有一个鼓起来的文件夹,里面包含许多感谢信,大多数有祝贺性的评论,来自诸如芝加哥大学校长希钦斯、费利克斯·法兰克福特、西北大学历史系主任格雷·博伊斯、奥斯瓦尔德·维布伦、小阿图尔·施莱辛格。费利克斯·法兰克福特说,尽管"事情很不幸",但他想必有某种战斗的愉悦(*gaudium certaminis*)。[2]

但埃卡期盼着能把全部时间都用来从事他的学术研究。1950年5月誓言骚动进行到一半的时候,他参加了一次为时一周的专题研讨会,在敦巴顿橡树园的拜占庭研究中心宣读了两篇论文。他很高兴能和杰出的拜占庭学家碰头,说说行话,他们的工作有所交叉。(与会者包括"来自巴黎的格拉巴尔,来自奥斯陆的勒奥兰治,来自布达佩斯、现在在伯尔尼的阿尔弗尔第,以及作为'纯正美国人'的我本人!")[3] 他亦为该中心在拜占庭领域的藏书之博富而目眩。埃卡和中心主任伯特·弗兰德结下友谊,后者邀请他在来年春天作为客座教授回到中心,待足一个任期。由于伯克利那边前途未卜,他愉快地接受了。基于这一段短暂的经历,他认为待在敦巴顿橡树园会是"难得的乐事"。随后,当他得知伯克利的结果,他更为愉快。1951年1月末,他动身前往东部,在华盛顿一直待到6月。这是一段美好的时光,敦巴顿橡树园坐落在静雅的乔治敦,有阔气的花园。埃卡住在一栋舒适的小别墅里,利用中心的专业图书馆(他称其"令人着魔"),写了两篇论文,与专家们相互切磋。在东部时,他还借机去了一趟普林斯顿和纽约。他的心情舒坦,因为知道自己的未来有了保障:在动身前,他得知他已获得高等研究院的一份终身职位。

这一任命的获得多亏了两人，一个是特奥多尔·蒙森，一个是欧文·潘诺夫斯基。蒙森在需要为了埃卡的利益有所行动时，是不吝忠诚、不知疲倦的。正是他敦促埃卡1938年来美，利用他的影响力让埃卡和伯纳德·弗莱克斯纳取得联系，安排其在耶鲁露面，并为埃卡得到约翰·霍普金斯的研究员职位从中说项。1938—1939年蒙森帮着营救了埃卡，1950年他再度施以援手。此时他是普林斯顿大学历史系的副教授。定居普林斯顿的德国流亡者，不论在大学的还是在高等研究院的，都知道彼此，而蒙森的朋友中间，有一个便是知名的艺术史家潘诺夫斯基，他是高等研究院历史研究院中最有影响力的成员。1950年晚春，蒙森曾和潘诺夫斯基谈到康托洛维茨有没有可能得到一个职位。然而那时这一问题并不紧迫，不过到了7月，当得知埃卡可能被解雇，蒙森便"开诚布公地"写信给正在缅因度假的潘诺夫斯基，之后又打了一个长途电话。潘诺夫斯基旋即告诉蒙森他会支持康托洛维茨，但任命程序在10月才能有所推进。

潘诺夫斯基支持埃卡的决定绝非预先可估计到，因为直到1950年春，他还将埃卡和他所痛恨的右翼立场联系起来。在1948年一封写给弗里茨·萨克斯尔的信中，他提到罗吉斯·凡·德尔·维登和意大利，"对康托洛维茨、德皇和帝国颇为蔑视"。[4]格哈特·拉德纳的回忆录尤其可以让我们了解这一点。1949年秋季学期，恩斯特·罗伯特·库尔提乌斯和拉德纳同在研究院访问。这时历史研究院空出一个职位，潘诺夫斯基和奥本海默皆对库尔提乌斯有意。但后者婉拒，且推荐康托洛维茨。之后潘诺夫斯基向拉德纳咨询，想对埃卡有更多了解，他知道拉德纳是埃卡的朋友。他解释说他有很大的保留意见,因为腓特烈二世传记。特别是他注意到令人毛骨悚然的一段,其中作者毫无悔意地为腓特烈二世的敕令辩护,该敕令禁止西西里人与外族通婚,为保持其血统的纯洁性。拉德纳坚持康托洛维茨这么写只是从13世纪的视角出发(就这一段来说,这样的辩护缺乏说服力),并衷心地推荐康托洛维茨后来的作品。可以补充这一描述的是我从费利克斯·吉尔伯特那里听来的说法,他告诉我,当蒙森向研究院提名康托洛维茨作为可能人选时,潘诺夫斯基带着惊恐打电话给他,问康托洛维茨是不是"危险分子"。吉尔伯特使他消除了疑虑,此外还有哈罗德·彻尼斯,历史研究院的一位古典学者,曾在1946年到1948年任教于伯克利,对埃卡有了解。

潘诺夫斯基的彻底转变,来自他对康托洛维茨在效忠誓言危机中的坚韧不屈的钦佩。作为一名热情的民权主义者,潘诺夫斯基对发生在伯克利的事态有着及时的了解,因为他的儿子沃尔夫冈就在该校物理系任教。1950年9月他写信给埃里希·奥尔巴赫,说沃尔夫冈签署了誓言,这让他和妻子怒火中烧,不过当董事会在夏天食言,沃尔夫冈已然"得体地辞职"。[5]在同一封信中,他还谈到他如何正式提名这位"领诵人之子"(son of the cantor)。10月,蒙森写信给埃卡,说"潘"正在"难以置信地"为他游说,尤其是针对那些认为应该在其他领域作出任命的人。[6]蒙森在8月初就将康托洛维茨著作的完整目录寄给潘诺夫斯基,因此潘诺夫斯基为了开展他的活动,想必已然知晓埃卡最近的学术研究。

投票在11月举行。11月14日,高研院院长J. 罗伯特·奥本海默召集了一次教员全体会议,其中五人来自历史研究院,七人来自数学院。潘诺夫斯基写了一份支持康托洛维茨的意见书,并已在会前传阅。现在他将之向与会者宣读。他解释说，不管历史研究院可能采取哪个发展方向，但肯定需要一名中世纪史学家。学院在许多领域寻找候选人，但只发现了一人，一个学院"有信心和热情支持"的中世纪史学家，也就是恩斯特·康托洛维茨。之后他援引了费利克斯·吉尔伯特的一封信，称康托洛维茨是"当今活跃着的最优秀的中世纪史学家"。为了强调埃卡的合适，潘诺夫斯基写道：

> 他的研究工作和兴趣在时间、空间、主题和方法上，超越了通常界定的中世纪史范畴。时间上，从古典时代晚期到15、16世纪；空间上，涵盖西欧、拜占庭和东伊斯兰；主题和方法上，在处理许多方面的复杂问题时，通过各种不同的角度予以观照，而他对多方才艺的通晓，使他能够将它们一一澄明。

在具体的细节之后是结论："除了已由他的成就充分证明的专业能力，对我们来说，恩斯特·康托洛维茨值得称道之处还在于其心灵品质，感受起来比界定起来要更容易，它能让它接触的一切充满生气。"

投票并没有马上进行，为的是给那些希望独立了解的人留出一些日子。11月20日，全体教员一致投了赞成票，尽管有一名数学家，因对康托洛维茨在伯克利誓言争端中的立场不快而拒绝投票。现在只剩下由董事会对建议予以批准。海军上将路易斯·施特劳斯属极端保守派，试图阻拦这一任命，不过在清楚看到只有他一人反对后，态度也缓和下来，使得表决全体一致。12月29日埃卡收到正式邀请，结束了那个多事之秋。

1951年1月4日，在寄给奥本海默的接受函中，他表达了深深的感激之情：

> 您在12月29日的来信无疑点亮了1951年，否则它看起来将十分惨淡，至少在纯粹私人领域，而在令人瘫痪的"誓言之年"的消沉后，这一邀请让我的精神再次充满新的乐观，让我有想去工作的新冲动。事实上，我正切盼着在普林斯顿安顿下来。您向我概述的条件开启了我学者生活的新前景，对我来说这简直不可相信，在未来没有课堂作业或学期常规工作，迫使我在一个句子写到一半时中断自己的工作，相反我将可以完成我所有未完成的研究，像一个年轻的探险者，自由地航行于历史问题的浩瀚海洋。[7]

高研院的任命，使得埃卡有必要在1951年夏从东部回到伯克利，把房子卖掉，把事务了结，为迁居作准备。因为已然参观过普林斯顿，他知道它的吸引力所在。6月，他写信给德国的友人恩斯特·朗洛茨："[普林斯顿]是座迷人的小城，居民仅八千[原文如此]，完全处于花园与草地之间，但离纽约只需五十分钟车程……所以我对这场战斗的结果格外满意。"在去往普林斯顿的列车途中，他写信给赫尔穆特·库佩尔，坦承离开加利福尼亚让他心情有些沉重，尤其因为他的许多朋友都在那里。他希望在东部找到新知。为此之故，他是以去荒野旅行的心情，"带着念珠和小镜子去和'土著'作物物交换"。[8]

从一开始，他在研究院便感到非常惬意。他广受钦佩。乔治·凯南回忆录中的一段话将之概括为:"一个单身汉,一个唯美主义者,一个有着不可言传的旧世界魅力的人,埃卡,舒适地安顿在他位于亚历山大街的家中,是1950年代普林斯顿的一个核心人物。"[9] 在他抵达的一个月后,这位"有着旧世界魅力的人"写信给库佩尔,说他的境况比他想象的要令他愉悦。他发现城镇"漂亮得让人心醉","整个气氛令人心旷神怡"。[10]

他的住处是亚历山大街一座古雅的木结构小屋,历史可追溯至19世纪上半叶,离研究院足够近,可以步行过去。起初他住在一楼,别的什么人住二楼。空间不是很充裕,于是他在壁橱里做

图25 恩斯特·康托洛维茨在高等研究院的办公桌旁。1957年埃卡写信给薇拉:"这里有两张照片,留一张,或者两张都留,或者都不留。对我来说,它们展示了——照片总是干这种事——一位我不认识的'外国绅士'。"(勒纳档案)

了一个小酒窖。1951年12月他写道，晚上十一点过后，"正常"人在这个点应该睡觉，"上面的人"为被吵到而抱怨。最初几个月的喜悦源于赫尔穆特·库佩尔将他留在欧洲的大量藏书寄给了他。重量有2.5吨。埃卡写信给堂姐利森说，"这就像只期盼一个孩子却生了五胞胎，不过我准备好了尿布——也就是书架"。按照商定好的，库佩尔给每个货箱依据主题贴上标签，这样"文学"书寄到他家里，而其他书则寄到办公室，那里很宽敞（图25）。

他不必用"念珠和小镜子"与人交换，以结交新朋友。很快他就成为欧文·潘诺夫斯基的至交。埃卡与"潘"年纪相仿，同是富有的犹太-德国人家庭出身，皆为机智过人的学者。（埃卡为潘诺夫斯基的爱尔兰猎犬写过一首精巧的拉丁文诗——"Canis Panis"；而潘诺夫斯基在读完埃卡的论文《勃艮第公爵与意大利文艺复兴》后写道："Veni, legi, vicisti"——"我来了，我看见了，你征服了"。[11]）1948年至1950年间，埃卡在伯克利开设过关于历史方法的研讨班，从他为研讨班所做的笔记可以看出，他已经读过潘诺夫斯基的一些著述，且视其为艺术史领域的典范。通过蒙森得知潘诺夫斯基在他获得研究院任职一事上所扮演的决定性角色，在将接受函寄给罗伯特·奥本海默的第二天，埃卡给潘诺夫斯基写了一封感谢信，表示非常期待能和他共事。

一位德国艺术博物馆的馆长回忆起，当他上潘诺夫斯基的家里拜访，而康托洛维茨也在场时，两人中的一个如果引用一行诗的开头，另一个会把接下来的补全；他们也会探讨世界史上所有那些获得"伟大"（the Great）之名的人，就每个人的情况，品评授予这一名号是否适当。潘诺夫斯基的妻子多拉也是一名艺术史家和知识分子（凑巧的是，她是莱昂纳多·奥勒思吉妻子的一个堂姐），当埃卡造访的时候，她也会一起陪同。（这一对夫妇组合被叫作"潘多拉"。）埃卡死后，潘写信给他的学生威廉·赫克舍说："埃卡的骤然离世是无法弥补的损失。他可能是我们在普林斯顿最亲密的朋友，也是——除了你——唯一能用莫扎特三重奏的形式与之交谈的人。"[12]

埃卡在研究院还获得了另外一个人的友谊，这人要更为著名，即院长罗伯特·奥本海默。虽然此前几乎对彼此一无所知，但在普林斯顿，两人的关系升温。奥本海默曾于两次世界大战期间在哥廷根学习，能够毫不费劲地阅读德语，且喜欢跟进研究院的名家们的工作。因而埃卡把自己论文的单行本给他。奥本海默批准了埃卡欧洲旅行的经费，甚至包括埃卡在希腊诸岛的度假。康托洛维茨在信中会向"罗伯特"的妻子和孩子问候。这两人甚至沉迷于博学的恶作剧。一位未知人士从法国写信申请到研究院访学，开玩笑地署名为 N. 布瓦洛，但这是个法国诗人，生于 1636 年，死于 1711 年。埃卡支持布瓦洛的"候选资格"，写信给奥本海默推荐他的一首诗，"来吧老疯子，去学喝酒 / 酒喝得好学问高：/ 不喝酒的人啥也不知道"，并总结道，"想忘掉他格外不容易，尤其因为他已死掉"。被"灵学系"的建议所劝服，奥本海默写信给"亲爱的布瓦洛博士"，表示愿意"于 1959 年至 1984 年间为其提供一份职位，在特朗斯泰吉亚[1]"的"冥王学院"。[13]

另一方面非常重要的是 1954 年 4 月发生的一起声名狼藉的事件，关于奥本海默为政府原子能委员会工作的许可。当得知自己被指控为"可能危害国家安全的危险分子"时，奥本海默决定主

---

1 意思是"穿过冥河"。

张进行一次听证会。这时埃卡写信给他:"我极为敬佩您决定采取的立场……如果是我,我也会这么做。凭我那点远不能相比的经验,我知道您将需要为这场严峻的考验付出多少精力,损耗多少健康,但我可以保证您将恢复过来,尤其到最后,一切皆会顺利。"[14] 然而事与愿违,奥本海默被剥夺了许可。在奥本海默律师们的指示下,研究院全体教员在非公开听证期间保持沉默,但当结果宣布,埃卡出力成功地让全体教员(包括约翰·冯·诺依曼,他是奥本海默反对的氢弹项目的主要支持者)达成一项支持奥本海默的公开声明。签名者表示"完全相信[他]对合众国的忠诚、他在保护国家秘密上的谨慎以及他对国家安全与福祉的深切关注"。在伯克利,埃卡已然站出来反对红色恐慌,而现在,他再次站在了它的对立面。

在谈及埃卡在研究院结交的朋友时,第三个需要考虑的名字是乔治·凯南。与凯南的友谊值得一说,因为他的背景与康托洛维茨交往的大部分人都不同(他是中西部人),因为他不用拉丁语和希腊语说双关语,因为他个性矜持:他的中间名是"弗罗斯特"(Frost),一些人称他"冷面"(frosty)。在从政府部门退休后,凯南于1955年加入研究院。他和康托洛维茨在估摸出对方的为人和能力之后,互相钦佩。当凯南快要完成他的第一本历史著作《离开战争的俄国》,他问埃卡看能否"烦心过目"一下初稿。下面是凯南的描述:

> 他把打印稿带回家里读,至少读了大部分,然后叫我单独去他家用晚餐。他不只是美食家,还是个大厨,为我们两个准备了……一顿美妙的饭,佐以最好的葡萄酒,之后请我

到起居室落座喝咖啡和威士忌,一边取出打印稿说道:"哦,我的朋友,我们接下来谈一谈你的东西。"于是他开始从历史写作的技艺和品味出发,对书稿提出最敏锐的、让人受教且无法忘怀的批评。这点,我想不只是一个伟大学者的标志,也是一个伟大绅士的标志。[15]

1957年凯南为英国广播公司做了一系列讲座,第二年以《俄国、原子能和西方》为题出版。该讲座力主缓和(détente):"在我们停止将克里姆林宫推向一扇封闭的门之前,我们将永不会知道它是否准备穿过一扇敞开的门。"凯南甚至提出美国、英国和俄国应当将军队撤出欧洲。不出所料,由于冷战的氛围,这些讲座受到猛烈攻击。迪恩·艾奇逊[1]坚称,"依我之见,凯南先生从未现实地把握权力关系,而是对之采取相当神秘的态度"。[16]凯南是个很容易受伤的人,他被这一反应弄得格外心烦。埃卡试图安慰他:"我想写信告诉你……我对你的英国广播公司讲座有多高的评价。总得有人出来说你说的这些话,而且即使来自这个国家的回旋镖不会让你愉快,它们对对手也没有任何好处。你做了正确的事。"凯南很感激,为埃卡"善意和体谅的短笺"而向他致谢。[17]

康托洛维茨在研究院结下的友情太多,这里就不细说。只需提到如下几人即可:希腊文化学者哈罗德·彻尼斯,德裔拜占庭史学家库尔特·魏茨曼,德裔数学家、理论物理学家赫尔曼·魏尔。埃卡有特别多的时间是和住在普林斯顿的旧友一起度过的:特奥

---

1 迪恩·艾奇逊(1893—1971),1949—1953年间任杜鲁门政府国务卿,为由乔治·凯南首次阐述的遏制政策构建运作框架,在确定美国冷战期间的外交政策中扮演核心角色。

多尔·蒙森和埃里希·卡勒（1940年他和菲娜离婚，现任妻子是一位活泼而有魅力的维也纳女性）。在普林斯顿，蒙森的兴趣和埃卡最贴近，他们不断地交流着观点和书目上的建议。1954年当蒙森离开普林斯顿去康奈尔大学当教授，埃卡颇为不悦。

除了终身教员，研究院通常还会有许多其他人，要么以"成员"的身份待一两个任期，要么只作短暂的逗留。埃卡喜欢社交，但也很快抱怨起"访问者"。1955年他写信给莱昂纳多·奥勒思吉："就像这整个学期一样，很不幸圣诞节的访客也会泛滥成灾，我将待在家里。从新年开始，我决定离开，能干的玛姬[·谢甫琴科]将告诉每个人我在阿拉斯加，电话为'克朗代克3—4556'。"[18]

1955年秋，埃卡代替近期离开的蒙森，为普林斯顿大学的研究生开设了一个研讨班，如同此前至少不下一次，是关于但丁的《君主国》。这一次这个主题具有特别的意义，因为他正在写《国王的两个身体》中有关但丁的章节。1956年春和1962年秋，他给研究生开了另一个研讨班（因病中断）。但他并未成为校园中的一道风景，吸引新的追随者。相反，他和他在伯克利的某些门徒保持密切的联系。罗伯特·本森来普林斯顿攻读研究生学位，成为埃卡实际上的学生。此外，他可以招他最爱的学生给他当一段时间的研究助手。一开始是迈克尔·车尔尼亚夫斯基（1951—1952），之后是本森（1952—1953），再后面是拉尔夫·基西（1953—1955）。基西之后的那年，埃卡聘请了玛姬·谢甫琴科。她已经在约翰·霍普金斯大学获得硕士学位，但并没有做学术研究的打算，所以没有继续读博。不过埃卡对她有所偏爱；他甚至称她（不管她知不知道）为自己的"女儿"。[19]在她担任助手期间，他写信给莫里斯·包腊："我依然受不了罗得牌香烟，但我并不介意我现在的助手玛姬喜爱它们,因为她可不是一般的漂亮,因此可以做任何她想做的。"[20] 因为她的聪明能干,以及对埃卡的研究领域有所涉猎,所以埃卡出于实际目的,乐于雇用她当秘书。他向她口授信件。有一次,她需要打电话给普林斯顿旅馆的订房员,因为埃卡正在接待来这里做客的迈克尔和他的妻子露西。玛姬在电话里说她希望给"车尔尼亚夫斯基教授夫妇"订一间房。订房员问道:"您能把名字确切地拼一下吗?"她这么做了,然后指示说账单记到"康托洛维茨教授"名下——"您能把名字确切地拼一下吗?"最后订房员需要知道是谁打的电话,她答道:"谢甫琴科夫人"——"您能把名字确切地拼一下吗?"[21]

埃卡在普林斯顿的日常作息不同于在伯克利,因为他不再需要上课。他告诉别人他"八点九十分"起床,上午在家工作——据拉德纳的说法,是从十点到下午两点。(1953年秋,他将亚历山大街的整个房子接手,这意味着他可以给自己配备一个家庭办公室。)在午间简餐后,他通常去研究院处理信件和公事。他大概会在五点离开,去商店购买晚餐所需,然后回到家阅读或社交——无论哪种情况,都会很晚才结束。在吃过晚饭后,他从不做任何学术研究。如同拉德纳指出的,这一作息表明一个学者在高度专注地工作区区四小时后,可以取得多大的成就。

最初两年,埃卡购物时不得不依赖别人,因为他没汽车,而提着袋子去拿骚街的购物区又太远。很长一段时间,他对开车有戒备,因为变速杆让他不安。(1927年他开的那辆菲亚特给他留下了糟糕的回忆。)但是到了1953年,拉尔夫·基西主动提出当陪练,让他练习用自动换挡驾驶。(他写信给包腊说他的死期"可能很快就要到了,因为我终于还是买了一辆车,一场事故也就在所难免，它会阻止我老去"。[22]）一开始基西"没少焦虑"，但埃卡领会得很快，因为本来就很容易。他买雪佛兰是 11 月，到 12 月他认为自己可以在车辆拥挤的路上开车而"不会紧张"。这使得他的日常生活变得简单，还允许他开车去特伦顿为他在亚历山大街的房子购置家具。他也经常去纽约，但会搭火车，这样要来得方便。

在夏天，埃卡打破了他的普林斯顿作息。获得研究院任命之后的第一个和第三个夏天，他回到加利福尼亚。之所以选择 1952 年夏住在伯克利是考虑到便利，因为他偏好一个凉爽且配备很好的图书馆的地方。而且他也可以去看薇拉，去塔霍湖钓鳟鱼。1954 年他避开了伯克利，因为这里有很多人他必须去见，而他不想把时间花在这上面，许多糟糕的记忆也让他难受。相反，他待在普林斯顿一直工作到 7 月，然后 8 月去塔霍湖，9 月初的前两个星期去卡梅尔。钓鱼和游泳是他的酷爱。他喜欢拿前者说笑：

> 溪湖中鳟鱼们追随着我，俨然我是圣方济各的化身，因此尽管并不鄙视诱饵，但含情脉脉地拒绝咬钩。只有一些异教徒足够愚蠢，被邪恶所诱惑……我已在塔霍酒吧将它们煮成蓝色，我们的前辈英诺森三世太愚笨，没把这项惩罚用在阿尔比派教徒上。[23]

1950 年、1951 年和 1952 年的夏天，康托洛维茨都曾计划去欧洲，但出于种种原因皆未实现，直到 1953 年才成行。这是一趟漫长的旅行，从 5 月初到 9 月初。5 月 6 日，他搭乘伊丽莎白女王号前往英格兰，在那里待了十天，主要是和莫里斯·包腊在一起，在瓦德汉学院的院长楼里。在牛津，他和巴比再聚首，两人上一次见面还是十四年前。之后他穿越海峡来到法国，花了一天见拉尔夫·基西。基西拿了富布赖特奖学金在巴黎待一年。埃卡和他见面是为了讨论他的研究，并"对他吹风"，让基西准备好接下来担任他在高等研究院的助手。从法国启航，他又去那不勒斯见奥勒思吉夫妇。

这趟旅行的主要目的地是令他魂牵梦萦的希腊。他搭船从那不勒斯到雅典，雅典的美国学校[1]成为他的总部。他参观了所有陆地上重要的地方，并在米科诺斯岛待了一周。另外他还去了一趟伊斯坦布尔，给薇拉写信说他发现"与他的年轻时期重逢"很奇怪，同他会面的朋友来自一战时期，"那时才二十，而今已六旬"。自从1924年在那不勒斯看过帕埃斯图姆的希腊神庙和罗马时期的希腊雕像复制品，埃卡认定比起其他文化，"神圣的希腊"更让他产生共鸣。他似乎严肃地持有这一信念，即这和他的"地中海祖先"有关。身为犹太人的康托洛维茨写道，希腊是他的"祖国"。（他从未踏入以色列半步。）对他来说，现在希腊甚至在意大利之上："你怎么能欣赏'油画'，当你能从三个维度看待事物？意大利的一切事物，比起希腊，看起来要单薄，缺乏独创性。"他在米科诺斯的一周让他有"暇裕沉浸于希腊世界"。

他流露出的一些想法，让平素爱讥讽的他听起来几乎孩子气。他写信给迈克尔："[希腊]是无法抗拒的——不只因为'史诗'或阿卡狄亚的风景，更因为它所造就的人和人所带来的生气，没

---

[1] 应指American Community School，前身是成立于1945年的英国陆军学校，用于教育二战结束前夕派遣到希腊的英国军人子女，1954年更名。

有'缅甸牌剃须膏'[1]或'可口可乐'的广告牌。"给薇拉的信："希腊正是我所需。美国人离本源有多远，这里的人就离得有多近。当看到人们可以和时间生活在一起，而不是像美国那样，试图与时间为敌地生活，一个人会明白什么东西是令人讨厌的。"

在阿卡狄亚待了七周后，埃卡回到现实世界。出于学术目的，7月中，他在罗马、锡耶纳（为了写作《国王的两个身体》而研究湿壁画《好政府的寓言》[2]）和博洛尼亚待了几天。然后去了德国，如同我们已然明白的，出于义务。之后他去了巴塞尔，评估他的堂姐格特鲁德《希腊艺术的本质》的未完成书稿。（他称赞有加，手稿于1961年出版。）接下来的两周，他和包腊去了马焦雷湖，由他支付费用。考虑到他要在8月28日从鹿特丹返回美国，他选择在荷兰度过最后一周，参观博物馆，在北海海滨游泳。

康托洛维茨战后的第二次欧洲之旅发生在1955年夏，出于财务上的需要。至少他是这么告诉薇拉的。1954年夏，他在西海岸的日子过得很享受，愉悦于"高度和海平面的结合"。[24]但去加利福尼亚意味着他得掏所有的钱，而如果去欧洲，旅费可以找研究院报销，还可以将他的生活费用当作研究经费，从所得税申报表中扣除。他有一个说得过去的学术理由——去罗马参加9月4日至9月11日的第十届国际历史科学大会。但他不准备略过希腊。莱昂纳多·奥勒思吉祝他旅途顺利，"臭虫与热风将饶过他"。[25]

他搭乘克里斯托弗·哥伦布号穿过中大西洋，于8月初抵达

---

1 曾是美国销量第二的无刷剃须膏，从1926年至1963年间，在美国大部分的公路边都可以看到其广告牌。
2 为意大利锡耶纳画派画家安布罗乔·洛伦采蒂（1290—1348）所绘制，同时还有《坏政府的寓言》，位于锡耶纳市政厅的九人厅。

那不勒斯，旋即搭乘小船到雅典，在那里与包腊会合。两人一起去罗得岛，然后在伊兹拉岛待了八天。在伯罗奔尼撒南部，帕特里克·利·费尔莫尔和他的妻子琼——娘家姓蒙塞尔，一位有着迷人的贵族气质的女性，埃卡特别喜欢她——接待了他们。有一张照片拍下了利·费尔莫尔家的石板露台上的客人们：背景是西里尔·康诺利和"帕蒂"，包腊坐在一张椅子上，看起来自得其乐，而光着上身、被太阳晒黑的康托洛维茨正和琼下棋。（看不出谁要赢。）埃卡后来向包腊回忆说，他"有一点跟她调情的意思"。[26]

8月末，他和赫尔穆特·库佩尔在那不勒斯海岸边的伊斯基亚岛度过了一周多的时间，之后前往罗马参加国际大会，这是自1936年以来首次举行这样的会议。他没有提交论文，尽管宣称去那里有事，但不清楚究竟是什么事。他形容这次会议是"一次'集市'（包括名利场）"。[27]然而，这次会议让他得以与弗里德里希·贝特根和珀西·恩斯特·施拉姆在餐馆里度过一个长夜。三人皆同意，这个夜晚让他们回到了三十年前一起在海德堡的时光。埃卡还希望与库尔特·里茨勒会面。他从罗马写信给这位正躺在慕尼黑一家医院的友人，但信件被打回，上面注明："收信人已故""退回寄信人"。里茨勒已死于癌症。

起初埃卡以为自己不会参观梵蒂冈：他恼火于庇护十二世对胡安·庇隆处以绝罚，却没有对希特勒这样做。然而在克里斯托弗·哥伦布号的甲板上，他遇到一位地位很高的梵蒂冈官员，提出带他参加一项教皇仪式，对于这份邀请他无法抗拒。后来他寄给车尔尼亚夫斯基夫妇一张照片，上面显示教皇坐在圣座上被抬出来，置于一大群人中间（图26）。在照片的反面，他写道："看看那个被戴眼镜的抬圣座者半遮住的人，他是圣座和圣坛的支持者，为教皇卫队所护送。"（他本可以说："那个衣装整洁、口袋放着手绢、被太阳晒黑的人"。）他写信给埃里希·卡勒说，当其他人下拜，他是很高兴的，直到他意识到这并非为了他。给玛丽昂·登霍夫的信则说："我现在知道一位古希腊的统治者会有何感想，当他的臣民向他欢呼，拜倒在他面前；在普林斯顿的时候，我有些不解。"[28]

图 26 梵蒂冈游行，1955 年 9 月：口袋放着手绢的圣座和圣坛支持者（勒纳档案）

离开罗马后，埃卡去了西西里，待在首府巴勒莫，参观了塞利农特和塞杰斯塔的希腊遗迹。他写信给薇拉说，有人把他当作美国人，因为他糟糕的意大利发音，然后问他是否知道他们一个在布鲁克林的亲戚。他还提到他的旅行绝大部分时间都在岛上。现在他将回到（这是他第一次坐飞机）他的"象牙塔"——"还是一座岛"。[29] 在那里将没有什么会妨碍他已经在很久之前开始动笔的一本书，一本将令他声名卓著的书。

第二十四章
国王的两个身体

康托洛维茨将他在美国职业生涯期间写就的学术文章视为椟玉（*Kabinettstücke*），他用这个词意指收藏家椟藏的精琢美玉——在方家眼里璀璨，在外行眼中则因其简素之美过于微妙而无能赏识。1953年他的一篇文章，以希腊语 ΣΥΝΘΡΟΝΟΣ ΔΙΚΙ 为标题，而无任何副标题。从1945年到1963年去世，他写过二十三篇这样的文章。（他声称在高等研究院"一个人是凭其存在而非作为领薪水"，这只是一句妙语。[1]）因此，将这些文章逐一考察这项任务，将远超过一本篇幅已经很长的著作的合理范围。然而，对于介绍康托洛维茨的经典《国王的两个身体》，椟玉这一概念是有用的。因为这本书最能被视为藏于康托洛维茨博士之椟的琼瑶之荟萃。

《国王的两个身体》从1945年动笔，到1955年完成，而这段时间康托洛维茨正处于其学术能力的巅峰。该书的缘起被记录在前言的前两段。他与法哲学家朋友马克斯·雷丁有一番交谈，从雷丁指出在美国本笃会和其他修会被视为"法人"，到梅特兰对"王冠作为法人"的研究，到"国王的两个身体"的法律拟制，进而到这种拟制在莎士比亚《理查二世》中的作用，到其在中世纪的先例。不久康托洛维茨就"两个身体"写了一篇论文，打算发表在雷丁的纪念文集上，但文集的计划没有实现；他便趁机将论文扩展为一独立的出版物，准备在1950年春雷丁七十岁生日时献给他。但康托洛维茨卷入了加利福尼亚的效忠誓言争端，导致计划延迟，而雷丁在1950年6月溘然去世，使得他的计划搁置。

他认为在那个时候他的书已然完成。他的前言之所以误导人，是因为他将1950年的著作作为一篇"论文"提及，但在1950年8月他告知特奥多尔·蒙森，说有一本叫《国王的两个身体》的书"大功告成"——只有为数不多的脚注需要补充。同样，在为高等研究院的候选资格而提交的目录中包括一则声明，说有一本名为《国王的两个身体》的书准备付梓，但在当时或之后的一些年并未立即出来。显然他正在酝酿新观点，不过《根本问题》的写作和散播先行占据了他的精力，之后1951年春在敦巴顿橡树园的任期，又迫使他将注意力放到拜占庭问题。然而一旦到普林斯顿，他就致力于扩充和完成先前准备出版的这本书。他在1951年12月开始这项工作。1952年2月他写信给一位伯克利的朋友，这位友人先前替一家期刊向他约过文章："目前我正为了完成一本书忙得不可开交，本来是要投给马克斯·雷丁未面世的纪念文集。这项工作对我来说如此重要，我甚至取消了计划5月去欧洲的旅行。"[2]

一年之后，普林斯顿大学历史系主任约瑟夫·斯特雷耶写信给普林斯顿大学出版社社长赫伯特·贝利："康托洛维茨的书已接近完成，从与他的交谈中我觉得这本书不错。我当然希望我们能试图得到它。"[3] 斯特雷耶的推荐足以促使贝利请求作者把书稿给他，然后提交给两位评论人：威斯康星大学的中世纪史家盖恩斯·波斯特，之前就写过与康托洛维茨的关注点相关的文章，也是斯特雷耶的好友；以及斯特雷耶（这样做不是很恰当）。两人都强烈推荐出版。斯特雷耶的结语是："这是一本引人入胜的书。一些人会称赏，另一些人会诟病，但没有学者能做到漠视。我也担心，这本书的销量不会很大。"[4]

到1953年11月，《国王的两个身体》得到普林斯顿大学出版社编委会的"热捧"。但这本书还没有完稿。康托洛维茨向贝利解释说，他想加一章（关于但丁），将他1953年夏在欧洲的研究发现整合进来。事实上，他说他需要一年时间来进行"最后的收尾"。然而一年过后，他仍未完成。1954年11月，他写信给包腊："修改进行得相当缓慢，同时间内发现了如此多的材料；我认为以后我再也不应该写要费任何脑子思考的书。"[5]1955年6月，他跟堂姐利森开玩笑说他的"孕期"有多长："它们总是持续很多年，其间流产的文章不计其数。"[6]只是在那年的秋天，他才进行"最后的收尾"。考虑到所有人都知道这本书的印制成本昂贵，而且认为"卖不了多少本"，罗伯特·奥本海默同意由高等研究院资助；作者也同意放弃版税。《国王的两个身体》于1956年付梓；11月埃卡写信给利森，说他已然成为"一个纯粹的校对者"——这一角色对于一个"年老的犯法者"正合适。[7]这本书被宣称在1957年春面世，但因为制订非常细致的索引所需的工夫，秋天才出来。贝利写信给一位哈珀出版社的编辑，后者认为应该出平装本，而贝利认为这本书"不适合出平装本；这是本大部头的学术著作，非常专深，而且它是如此新，我可以肯定我们是不会乐意的，即便出于某些不寻常的情况你想这么做"。[8]

为什么康托洛维茨的《国王的两个身体》写了这么久？一个解释是，他正在学习使用的资源对他来说是新的——法律资源。我们已经看到，他对于在伯克利教英国宪制史怀着极大的抵触。然而他尽职地着手去驾驭材料。他读历史编纂学经典、斯塔布斯主教和"波洛克与梅特兰"，以及最近的文本。半途而废则前功尽弃，他又把宪章和法规的基本条目，以及格兰维尔、布拉克顿和约翰·福蒂斯丘爵士的评注研究了一遍。1947年伯克利课程的后半段，在讨论阅读材料时，他告诉学生应该备有马克斯·雷丁的《英美法律史指南》（1936年）以及 J. E. A. 乔利夫的《中世纪英格兰宪制史》，但暗示他们应该主要听他的。在《国王的两个身体》的前言，他说到他已经"背离了中世纪史学家的常轨"，就如同他在《基督君王颂》中所做的：在那里他"突然转向"礼拜仪式，而现在他正在"穿越中世纪法律的藩篱"。不过他在写腓特烈二世传记时已经对礼拜仪式有所了解，而他对英国法以及像布拉克顿和科克这样的法律评注者的研究，则需要从头开始。

要回答《国王的两个身体》为什么写了那么久，很明显另一个答案是这本书很厚（550页，挤满了字号缩小的脚注）。就像他在前言第 viii 页解释的，它变得这么长是因为，虽然"起初的计划只是想指出'国王的两个身体'这一法律信条在中世纪的一些先行或并行，但[这本书]渐渐地，就如同副书名所示，变成了'中世纪政治神学研究'"。副书名立即引发了康托洛维茨与德国威权主义（authoritarian）政治思想家卡尔·施米特之间的关系问题，后者杜撰了 Politische Theologie（政治神学）这一术语，作为1922年一本书的名字。诚然，康托洛维茨使用了相同的术语，但他绝未想和施米特进行对话，或者表明其在思想上的债务。无论《国王的两个身体》，还是他的任何其他已出版的著述、他的数百封信，都看不到施米特的名字。一些评论家完全不想让这种假设性的关系松开。最近一个批评家写道:"康托洛维茨拒绝与施米特直接交手,恰恰悖谬性地构成了他的交手方式。"[9] 但这种老套的非常规论证方式,会受到康托洛维茨的嘲弄。可能这个批评家以及其他作同样假定的人,应该知道康托洛维茨为 1949 年伯克利的一个历史学方法研讨班所作的综述,他将"政治神学"视为诸多可能需要讨论的历史学路径之一,在举例说明时,提到的不是施米特的名字,而是约瑟夫·斯特雷耶,后者在那一年发表过一篇文章,叫《对法国的王国和王权的保卫》,揭示了 1300 年前后的法国王室如何利用教会的先例。[10]

认为康托洛维茨支持"现代政治宗教的幻象",如同在 1933 年支持"秘密德意志"的"幻象",完全是错误的。1949 年秋,在由拉尔夫·基西举行的一次晚宴上,他坚称他能够做到让自己的历史写作不受自己所在时代(离 1930 年的埃卡很远)的影响,而伊戈尔·谢甫琴科则论证这是不可能的。谢甫琴科证实,"埃卡总是坚称他自己的写作不受当代事务的影响"。[11] 1940 年代早期,康托洛维茨开始将"政治神学"这一术语萦系于心。自 1942 年起,在描述其中世纪概论课的导言中,他写道,他将探讨的"与其说是历史事实,不如说是那五个世纪的政治 - 宗教观念的演变……也许可以被称为**统治权神学**(Theology of Rulership),或者说对**政治神学**(Political Theology)的概述"[下划线是他自己划的]。虽然《国王的两个身体》的前言提到了意图上的一个转变——最初是意图指出一个法律信条的若干先行和并行,最终却成了"中世纪政治神学研究"——但他在 1950 年草拟的书目表明,政治神学一开始就在他的脑子里。因为书目中已经提到一本即将出现的书,"国王的两个身体:中世纪政治神学研究(手稿有 300 页——

待出版）"。结果 1957 年出版的书的长度差不多是 1950 年手稿的两倍，这一事实似乎表明，他想在中世纪政治神学这一主题上写得更多。确实可以说，最后完成的书近乎一部关于基督教神学构想向政治构想变形的专题论文选集。

因此我们最好是把副书名当作分析这本书的手段。当康托洛维茨写道，"我们可能被诱惑着在这里找到国王的两个身体这一整个问题的解答"[1]（第 268 页），他给人这一印象，即他很注重看到这一信条是如何起源的。但在他的前言中，他让我们确信不是这么回事。虽然梅特兰已揭示了都铎时期对国王的两个身体的法律拟制，但他并未尝试将其溯源至"中世纪的法律和政治思想"。康托洛维茨惋惜这样一部历史从未被写出，但否定他本人有任何写的意图："目前的诸研究并不打算填补那一空白"（第 6 页）。读过他这本令人着迷又沮丧的书的人知道，他详述了一系列在神学、哲学和法律上的进展，用来例示他的"两个身体"主题，但拒绝认为它们构成了都铎信条的特别起源。在接近书的末尾时，他提出：

> 情况看起来是，英国法学家未能清楚地区分开王冠的合众性身体（corporate body of the Crown）和尊荣的超个人性人格（supra-individual personage of the Dignity），反而将两者都等同于政治身体（body politic）……这即是说，他们将当前合众体学说的两种不同的观念融合在一起：有机的和继承的。

---

[1] 本书关于《国王的两个身体》的译文，或遵从《国王的两个身体》中译本（徐震宇译，华东师范大学出版社 2018 年版），或考虑到行文的具体要求予以调整。

而且看起来,"国王(King)的政治身体"和作为"单人合众体"的国王(king),都是源自这种对一些相互关联的合众体观念的融合。(第449页)

但是先前的数百页并没有直接指向这一点,而且这一段依然没有整合所有东西,以表明国王的"自然身体"是如何被与"政治身体"和"单人合众体"并置的。

在1930年的哈勒演讲中,康托洛维茨曾拒绝将溯源当作历史编纂学的正当任务:他看不出回溯"前身",以至于"教皇和皇帝互吻在《吉尔伽美什》史诗中就已出现"有何意义。自那时起,他的这一想法就未改变。他意识到一个人如果想发现一个16世纪的理论的起源,至少得注意"关键性的15世纪",但他否定了任何这么做的打算(第6页)。甚至在引用15世纪政治理论家约翰·福蒂斯丘一段起着枢轴作用的行文时,他也要消除那些认为他可能正在溯源的人的怀疑,坚持"在这里引用这一段,并非为了证明伊丽莎白时代的法学家'借用'了福蒂斯丘,或者他的论著是他们的'来源'"(第8页)。他并不是要写一部线性的观念史,因为这样会导致"因冗长的重复而缺乏张力"(第ix页)。他并不打算解决观念的起源问题,而是展示这个观念的"变形、蕴涵和辐射"(第ix页)。也许他对自己工作的最好陈述,可见于他笔下的这句话:"我们发现自身陷入交叉重叠、相互矛盾的政治思想的乱麻,它们都以某种方式向一点会合"(第381页)。康托洛维茨从未希望遵从历史编纂学的正统观念。他的1927年的书,在许多方面都违反了"求真的历史学家"的正统观念,而是按照年代顺序依次陈述。他的1957年的书并未违反任何方法论或正统观,却有意避开依次陈述的惯例。他写的是"中世纪政治神学研究"(作者本人不理会标题中的单数,使用了"目前的诸研究"[第6页]这一短语):研究的合集,有一个重要的限制,即它们总体上与一个主题相关,而且"以某种方式向一点会合"。

第一章以这一点开始,康托洛维茨在结尾的时候会再次回到这里——都铎王朝的法律拟制,他这本书的书名便从这里来。伊丽莎白时代的法律文本,埃德蒙·普劳登的《报告》,包含如下几条声明:

> 国王在他里面有两个身体,即,一自然身体,一政治身体。他的自然身体……是一有死的身体,会经受所有因自然或意外而来的虚弱、年幼或年老的低能……但他的政治身体是一不可视见或触摸的身体,由政策和治理组成,其构成乃为了人民的指引和公共福利的管理。这一身体完全免于自然身体所经受的年幼和年老,以及其他自然的缺陷和低能。

梅特兰对这一法律拟制发生了兴味,因为他从中看到了中世纪与现代的一个联系——中世纪对人身的王权统治(personal royal rule)的假定和现代对抽象的永久国家的假定。但康托洛维茨对这样的目的论完全无视。他对两个身体拟制的首要关切在于其"秘密-神学的"(crypto-theological)本性,这允许他将之作为一本政治神学著作的出发点。他忍不住提及由英国议会所促进的拟制,诉诸的是相似的阐述,宣称它以国王查理一世的政治身体之名反对查理一世,这一政治身体已然与他有死的身体断绝关系。基于此,康托洛维茨乐于同意"英国的国王两个身体学说有着巨大的、真正的优点"。而我们可能被允许在这一简短的段落中，看到些许对英美宪政主义隐晦的崇敬。但他走得很远：他并非指向任何国家现代政治宗教，不管是积极理解的，还是消极理解的："通常那种源自历史材料本身的着迷，胜于任何实践或道德应用的欲望"（第 viii 页）。

这本书的第二章致力于莎士比亚的《理查二世》，与第一章联系紧密。它意在展示两个身体拟制如何"并非只是属于法律行业的奥秘"（第 24 页）。至少早在 1940 年春，康托洛维茨便已着手莎士比亚戏剧的神学 - 政治层面，他告诉他的伯克利学生，理查二世是"像大卫——耶和华的受膏者[1]——一样的国王"的"突出类型"。1945 年在与雷丁关于两个身体的谈话中，这一戏剧也出现过。虽然在他的书中，他提出莎士比亚有可能"是偶然接触了王权的法律定义……在与律师会馆的朋友们交谈时"，但他并不坚持这一点，因为"国王具有双重本性的形象……极有可能是莎士比亚自己特有的洞察"（第 25 页）。然而不管如何评判康托洛维茨对该戏的解读，这一章并未对该书的进展有何贡献，因为它只是用不同的术语重述普劳登的法律拟制。约瑟夫·斯特雷耶在他的审读报告中写道："论述莎士比亚的一章不协调；要么放弃，要么放在附录中。"然而康托洛维茨意在表明如何读解一本适合作为历史学作品的文学作品，所以保留了这一章。

康托洛维茨依照神学起源对中世纪政治公设的探讨，出现在第三章到第五章，分别为"以基督为中心的王权""以法律为中

---

[1] "耶和华的受膏者"原义是指旧约中以色列在位的君王，后来扩展为弥赛亚，到了新约时代则唯一地指代耶稣基督。

心的王权"和"以政治体为中心的王权"。这里可以发现按照年代次序的运动——10世纪和11世纪；12世纪和13世纪；13世纪末和14世纪。这些章节最为读者们喜欢，因为它们的标题容易把握和引用，以及它们独创且很有信服力的概念化。在第一个时期，国王被视为有两个人格，因为除了他的自然人格，"藉着祝圣和受膏礼的流溢效果，他就具有了某种属灵的职能"（第44页）。在第二个时期，他的双重性存在于"法律之上与法律之下"——"正义的父与子"（第159页）。在这一阶段，"古老的礼仪王权观念……让位于以法律领域为中心的王权新模式，该领域不乏自有的神秘主义"（第192页）。最后第三个时期见证了与"教会的奥体"平行的"政治身体"观念的胜利，在这一政治身体中，国王"是头，但他自己是一个普通的有死者"（第271页）。这样我们有了三项中世纪政治神学研究，展示了有死的国王如何分有某种高于他本人的神秘。

第五章的核心是对一个重要的概念中枢的细致呈现：从"教会的奥体"学说到"政治体的奥体"学说的外溢。圣保罗使用了这一语言，即教会是"基督的身体"，但这说的是礼拜仪式。加洛林人提到"基督的奥体"，但这并不涉及教会的身体，而毋宁是涉及圣体。只有在1150年之后，"教会的奥体"这一术语才具有了"社会学意义"，使得卜尼法斯八世能够在《一圣通谕》中，将教会称作"一个奥体，以基督为首"。"教会的奥体"的概念稳固确立后，"轻易便成了政治家、法学家和学者的思想世界的猎物，他们正在为处于萌芽中的领土国家发展新意识形态"（第207页）。因而13世纪后，"以政治体为中心的王权"的延续性，"便被王国的奥体所保证，这一奥体可谓永远不死，像教会的奥体一样'永恒'"（第231页）。（那些认为康托洛维茨为民族国家的意识形态基础作出贡献的人，在这里找到了最强有力的根据。）

在读完第42页到第272页后，我们并未发现任何对都铎"国王的两个身体"学说的预示，更不必说包含。不过这本书接下来的两章（175页），较清晰地探讨了这一学说如何可能出现。第六章探讨了"永远不死"概念的理论支撑。这章的第一部分，论"延续性"，不是新的。我们早在1935年便看到康托洛维茨用他未完成的关于德意志空位期一书的一章的两份草稿对这一主题进行演讲。之后他在1939年的哈佛论文和该年末的太平洋沿岸分会论文中，探究了这一主题。我已在别处表明，后面这篇论文——《13世纪的永久观》——的一些段落，一字不差地出现在1957年这本书的第六章。虽然探讨都铎法律拟制的先行的想法，可能是在1945年与马克斯·雷丁的一次谈话中萌生的，但康托洛维茨构建了一个蒙太奇，其中包括部分他先前探究过的观念。

第六章的第二部分是关于"不死的合众体"——帝国、共体（university）。（因为他是在写完《国王的两个身体》初稿不久后写的《根本问题》，他的"大学之不变和本质乃在于其总是师生之体"的概念，极有可能是剪裁自中世纪晚期法学家[第303页]关于"同时代表着种和个体性"的"合众性的但无形体的"共体的学说）。这样也就扩展到对"国王永远不死"学说的阐述。第七章分三部分（有许多子部分）分别探讨：王朝延续性的假定；关于抽象"王冠"的拟制；与国王职责相适的"尊荣"概念，通向"尊荣不死"的原则。在考量了法国的发展之后（受到拉尔夫·基西著作的影响），康托洛维茨解释，因为英格兰被赋予独特的议会体制，只有在那里，国王以"政治身体"的身份永不死的拟制才能够成形。

1953年书稿的清样校对员不知道,在得出都铎国王作为单人合众体拥有不死的尊荣后,康托洛维茨又加一章论述但丁。他们已经对莎士比亚那一章有所保留,对此肯定不悦。我听约瑟夫·斯特雷耶说:"我们请求他略去但丁那一章,但他听不进去。"所以这部大部头(除去尾论)是以康托洛维茨阐述但丁的人性这一"像蛋白石般变色(opalescent)的概念""具有的众多色彩"(第451页)结束。这一章是多年思考但丁的精华,在斯特凡·格奥尔格的正典中,但丁是主要作者之一(如同莎士比亚)。这是对"人文主义"的经典表达,与对但丁的"神学"解释截然相反。康托洛维茨在从第四章到第六章的标题之外增加了第四个术语,提出但丁代表着"以人为中心的王权"。当他让维吉尔在最后的话语中对《神曲》的朝圣者吟咏,这一点很典型:"我为你戴上王冠和法冠,使你升于你之上。"[1] 这个如何与"国王的两个身体"相关很隐晦。我们可以看到,作者本人对于这一章的相关性并不自信,他写道,"也许我们会发现,现在要更容易,但也可能更难理解英国法学家后来所作的定义"(第494页)。拉尔夫·基西,康托洛维茨最亲密的弟子,明确告诉我,但丁这一章"绝对位于埃卡生命哲学的中心"。[12] 可能最好是把它留在那里。

盖恩斯·波斯特在1953年的审读意见认为,《国王的两个身体》如果能提供一个"五至十页的简短结论,汇集其主要观点"可能会更好。[13] 但书出版后的前言声明:"只是出于犹豫,且在极少情况下,作者才发现有必要得出结论,或者指出在这些行文中探讨的各个主题是如何彼此衔接"(第 xi 页)。因此取代"结

---

1 黄文捷的《神曲》译本:"我为你把王冠和皇冕戴在你的头上,让你自作主张。"

论"的是，康托洛维茨添加了一则尾论（实则是放在最后的序），实际上构成了最后简短的一章，追问都铎的法律拟制是否有古典的先行。结果是确实有平行和类似的存在，但"在异教思想中没有证成国王两个身体的用词"（第505页）。因此该书概括道："国王的两个身体是基督教神学思想的分支，并且随后成了基督教政治神学的地标"（第506页）。这就是论点吗？也许。但这一点依然是对的，即在《国王的两个身体》的宣传形式中，康托洛维茨留出了空间，让人好奇"作者本人对他的书的论点的说法"。[14]

尽管并不确定该书有没有一个论点，绝大多数读者仍认为这是20世纪最伟大的中世纪史学作品之一。法律史学家小威廉·休斯·邓纳姆在为《知识宝鉴》撰写的书评中，一开头便宣布"康托洛维茨写了一本伟大的书。它的伟大性几乎展露在每一页"，结尾又说："没有先一览这本重要的经典，很少有人会想要写中世纪的任何一方面。"布莱恩·蒂尔尼说这本书"对中世纪史学家至关重要"、"才华横溢"。德国《历史杂志》称之为"历史学的十足的喜事"。盖恩斯·波斯特、约瑟夫·斯特雷耶和欧文·潘诺夫斯基为美国中世纪史学会撰写康托洛维茨的传略时，写道："这是历史写作中的技艺与理性的杰作。"1981年在这本书以平装本面世后，《教会史》的一位书评人称之为"里程碑式的经典"。在该书译成德语后，《南德意志报》的书评人认同这本书"被认定为经典实至名归"。[15]

批评者也不少。一个经常的抱怨是《国王的两个身体》"凌空蹈虚"——很少解释实际的政治事件。贝利尔·斯莫利写道："读到书最后我感到想吐，就像吃了一顿果酱而没有面包。研究观念的历史，却不把观念与它们在实际问题和冲突中的起源联系起来，这是否可能？"[16] 沃尔特·乌尔曼称之为"思想外科手术"。[17] 一位当代的批评家认为它不过是关于"中世纪宪政的语义学"。[18] 其他人则对具体章节的论证提出异议，尤其是对莎士比亚和但丁的处理，以及对奥托王朝一幅小画像的"两个身体"解读。当然对许多人来说，非线性的组织是个问题。在最初的书评人中，H. S. 奥夫勒发现"论证的主干有时难于看清"；塞西尔·格雷森抱憾该书缺乏"连续性，从而使读者……确知他已经到了哪里"；F. M. 波威克觉得这本书"不系统"；贝利尔·斯莫利则直言不讳地认为它的组织"莫名其妙"。

各种不同的批评围绕着这一事实，即这本书恰恰不是学术性的，而是"超学术性的"（ultrascholarly）——需要智识上的柔软体操。许多读者对它无端地铺陈神秘的神学知识感到不适：譬如根据阿里乌斯派（Arianism）、聂斯托利派（Nestorianism）、圣父受难论（Patripassianism）、形态论（Sabellianism）、一性论（Monophysitism）、一志论（Monothelitism）等基督论异端解析"两个身体"的拟制（第17—18页）。相同的抱怨还涉及一再使用未翻译的拉丁神学或者法律术语。（康托洛维茨也会把一些希腊语带进来，用希腊字母。）然后还有对鲜为人知的词汇的无端展示——幻镜术（catoptromancy）、成对（geminate）、易逝性（caducity）、交错配列（chiasmus）、比附（equiparation）。

另一个问题是大量冗长的脚注，其字数几乎与正文的字数差不多。康托洛维茨在前言中声称，他把"枝节问题"放在正文外，为了防止它们"打断主要的论证"，相反使用注解，以"可能变得对其他人有用"（第 x 页）的方式来探讨这些问题。然而许多脚注并非扩充，而是离题。兹举一例（第 85 页注 105）足以说明。

正文举出伪金口若望（Pseudo-John Chrysostom）《未完成作品》中的一则布道，以指明基督在前往耶路撒冷的过程中骑坐的驴子的双重本性，而附注给出了一份参考书目。大多数历史学家本会到此为止，但康托洛维茨却一发不可收拾，关于《未完成作品》，他评论道，"据称托马斯·阿奎那说他宁愿拥有它，而舍整座巴黎城"，同时用拉丁文引用了这一说法。之后是《未完成作品》的参考书目，以及一名学者的看法，他认为它源于拉文纳；之后是告知，"在埃尔弗里克（Aelfric）的圣枝主日布道，要不然就是对《未完成作品》的一则释义中，并未包括此处引用的这一段"，虽然另一方面，"这头驴子在教父们的著作中经常被提及"。最后这位由着性子的作者忍不住分享这一信息："依据后来的传说，这一神圣的动物死了，它已经非常老，被长途运至维罗纳之后，当地出现了对它的狂热崇拜。"富于启迪。

尽管存在所有这些批评，难以否认的是，《国王的两个身体》在文学上有着巨大的力量。对此作者解释说，他"首要的追求是创作一个相当具有可读性的文本……抓住读者的注意力，如果可能的话，使其振奋，而不是把他们丢给布满学术舌蝇[1]的丛林"（第 xi 页）。事实上，大多数读者会被强势的作者在场（authorial presence）所刺激而保持振奋。《知识宝鉴》的书评人邓汉姆写道，这本书"体式恢弘，有着恰到好处的拉丁语风格；行文庄重，然意气沛然，令人神清气爽"。《知识宝鉴》的研究报告判定这是一本"文学艺术的大作"。康托洛维茨喜欢悖论（"正义的父与子""法律之上与之下""永久的必然"）和发微抉隐予人教益，

---

[1] 又名采采蝇，以传播昏睡病闻名。

通过偶尔展示的幽默，将舌蝇赶走："这样，在可谓坚实的天上之地，获得一个立足点后"（第9页）；"某些王家权利……大鱼（金枪鱼、鲟鱼及其他）"（第170页）；墓碑雕塑，"其惨状会破坏一个上瘾的食尸鬼的胃口"（第433页）。读者们应该密切注意那些暗藏玄机的附带说明："[彼特拉克]随时准备将所有不同意他的人称为'阿威罗伊派'，这在现代习惯中有其对应"（第301页，注62）。

《国王的两个身体》另一个公认的突出特质，是该书在资源上令人惊叹的多样性。波斯特、斯特雷耶和潘诺夫斯基称赞其为"艺术、文学、宗教、神学、教会学、钱币学、政治和法律思想的集大成"。使用各种不常见的或者未被充分利用的原材料，向来是康托洛维茨的一个特点，在《国王的两个身体》中，这一点可谓登峰造极。如果有人对该书一无所知，先看后面而不是前面，他可能会把它当成一本艺术史，因为在那里他会发现手抄本彩饰、象牙书封、石棺、壁画、钱币、奖章、图章、徽章的复制，建筑的再现，还有对葬礼雕像、墓碑的复制，以及一幅有趣的漫画，上面是没有戴假发穿长袍的路易十四。

当然，在《国王的两个身体》中，最令人印象深刻的"新"资源是法律文本。在前言中，我们已经看到康托洛维茨进行了比较：正如他在《基督君王颂》中利用礼拜仪式，在《国王的两个身体》中他利用了法律，从而背离中世纪史学家的常轨。然而，对中世纪法律的研究和精通，是一项更大的挑战，一个更浩大的工程，因为它意味着得精通罗马法、教会法以及英国普通法。如果有人看过《国王的两个身体》的索引，他会看到与法律引文和评注有关的占到六栏半，另有一栏是"箴言，法律"。只是为了确定他想要的法律资料的所在位置,康托洛维茨就不得不耗费相当大的精力,因为其中大多数只有16世纪的珍本。就像他写到的,"每个在中世纪法律的葡萄园中劳作的人,都会痛苦地意识到,哪怕最重要的作者也难于触及"(第 ix 页)。(当然,今天这些文本很容易就检索得到。)很显然,《国王的两个身体》的主题使得离开"常轨"成为必需,而且到了这一程度,即康托洛维茨是在没有任何先导可以效仿(因为他不是写一本有关法律史的书)的情况下处理这一主题的,这也是他伟大的史学成就之一。

然而这本书最伟大的成就,在于其内容。如果它只是处理都铎时代的一个法律习语的预示,它现在会在角落里吃灰。但它讨论的是重大的主题。出版社的特约审稿人和评论家都认同其"重大性"。约瑟夫·斯特雷耶写道,"这本书将引起宪制史、法制史[和]政治理论的研究者的兴趣";盖恩斯·波斯特写道,它将"有助于一般的中世纪思想的研究者,法律史和制度史学者亦将从中受益"。布莱恩·蒂尔尼的看法则是,该书综合呈现了"一系列引人入胜的关于中世纪王权观的神学的、图像学的,以及最重要的,法学的材料";彼得·雷森伯格断言康托洛维茨的书"也许是中世纪政治思想史最重要的著作",它追溯了"早期民族国家的理论和象征从11世纪到16世纪的发展";[19] W. H. 邓汉姆认为它"描述了构成中世纪政治神学概念的全部"。有人可能注意到,关于这本书是讲什么的——宪制和法律史、政治理论、中世纪王权观、早期民族国家的理论和象征、中世纪政治神学——这些评论家并不总是全然一致,但他们都赞成,这是一本关于重大主题的重大作品。而且如果我们同意康托洛维茨为此写了一本由"棋玉"组成的联系松散的选集,致力于探讨神学、法律和政治学的叉流

(cross-currents),那么很容易看到他如何为所有落入他视界的"法律史"、"政治理论"和"王权观"提供了新的角度。

邓汉姆敏锐地察觉到,康托洛维茨"并没有试图通过逻辑来'证明''一个观念对另一个观念的影响'",相反,通过着眼于一个概念丛,"而非通过诉诸因果律,[提供]使人信服的回答"。这点最鲜明地体现在其主导性的解释路线:"从保罗的基督圣体到中世纪的教会奥体,然后到国家奥体,后者被等同于国家的道德和政治之体"(第506页)。甚至对《国王的两个身体》并不感冒的贝利尔·斯莫利,也绝对同意邓汉姆,即这本书由"诸多博学而专深的论文集结成章",可以发现"这本书的统一来自在表达教会的观念及象征与表达国家的观念及象征之间相互借用的循环……康托洛维茨反复指出这一过程,我从未看到有比这更好的阐示"。[20]

关于更久远的反响这里不作冗述,然而也许可以提及的是,比起初次面世时,二十年后这本书变得更为流行。很明显推动力来自福柯在其《规训与惩罚》中以赞许的口吻提及《国王的两个身体》。[21] 福柯说他希望"致敬"康托洛维茨,这一句话似乎就足以让许多人去查阅这本他们从未听说过的书。自此,康托洛维茨的著作便和许多流行口号联系在一起:"后现代主义"、"新历史主义"、"文本考古学"、"身体史"、"对权力和身体的福柯式关注"。要判断这类范畴是否合适,需要另外一篇论文。但不只是"理论家们"拿起这本书。20世纪末向文化史的转向表明,在谈到权力的礼仪和表征时,康托洛维茨的著作举足轻重。许多人可能没有把这本书从头读到尾,但即使只读片章,也必定会为其精妙入微,为其基于知识宝藏所展示的不可思议的新奇而起敬畏之心。康托洛维茨的著作从未为一个"学派"奠基；没有人试图写另外一本《国王的两个身体》或以它的样式写任何东西。但在好几个不同的学科里，它仍然是学术畅销书。用威廉·切斯特·乔丹的话说："它依然是一本能带来奇妙的激动、让人不断受益的书。"[22]

第二十五章
"埃卡厌恶埃卡"

恩斯特·康托洛维茨执迷于年轻和衰老的影响。早在1926年,他就写信给威廉·施泰因,说他深知"三十岁的危机"。1939年,他为自己因年纪而体重增加扼腕叹息,彼时他四十四岁。他不断开玩笑说自己会死于暗藏劫数的五十六岁,而当他活过了那一年,1955年要满六十的时候,他对年纪的忧切变成了一个执念。就在他六十岁生日后的两周,他提到他的"老朽",当时他把这个术语的意思改换成"高龄犯罪"。1955年秋从欧洲回来,他写道,他意识到自己已"老到不宜旅游"。1956年6月,他抱怨"我变得非常老了"。1957年2月,他谈到一个介于六十岁到六十九岁的人的权利,包括"迂腐、蹒跚[和]不举"。关于年逾六旬的意义的明确表述,可见于1957年7月写给薇拉·彼得斯的一封信:这年她刚满五十,他告诉她,一个人到五十岁正是风景无限好的时光,到了六十岁凡事"便开始走下坡路"。这样的看法让他心绪阴沉,我们可以从那些他列出已故朋友和熟人的名字的信中得知。尤其是里茨勒和库佩尔(后者比他小四岁)的亡故对他影响甚深。"大天使加百列手中的活人名单正越来越短。"1958年他写道,他"正处于他衰老的鼎盛期"。这不只是为了说笑,因为就在同一封信中他写道:"埃卡厌恶埃卡。"[1]

这不是说他就这么郁郁而终。在普林斯顿岁月的晚期,一直到六十八岁谢世,康托洛维茨的生活非常舒适。同朋友尤其是欧文·潘诺夫斯基和埃里希·卡勒的畅谈,在纽约约好的地点与人会面,举行和出席晚餐派对,皆是赏心乐事。他调侃自己对松露的需求(图27)。他定期出席4月在坎布里奇举行的中世纪史学会会议和5月在敦巴顿橡树园的研讨会。他获得了荣誉——1959年中世纪史学会的哈斯金斯奖章,以及同年来自劳伦斯学院的荣誉学位。他继续旅行,去欧洲,去塔霍湖,以及从1958年开始,去维京群岛的圣约翰岛度冬假。他和薇拉·彼得斯在西海岸和东

图27 给卡勒夫妇的圣诞节贺卡,1960年左右。背面写道:"祝你和莉莉新年快乐,来自依然在搜寻松露的埃卡。"(德语文学档案馆,马尔巴赫)

海岸幽会。然而对于一个自格奥尔格时期以来就汲汲于青春崇拜的人来说，衰老之象令他厌恶，他竭尽所能让自己看上去年轻，成功率必然越来越小。所有这些使他感到他的生命的轨迹正在往下走。

1957年夏天，他真的与死神擦肩而过。康托洛维茨的体格通常很健壮，他喜欢许多运动，特别是游泳（经常在非常冷的水里）和滑雪。随着年岁见长，好的体型令他欣然。1956年7月，他夸口他的血压是128／80。当他秋天从塔霍湖休假回来，他说这对他非常有好处，以致他"俨然五十八岁半"（实际上是六十一岁）。但一年之后情况不是太妙。他去一个眼科医生那里，抱怨持续的头疼和左眼疼。医生叫他去找内科医生，量出来的血压把他吓一跳：已经升到250／130。所以内科医生立即把他送到医院进行了五天的检查。在写给薇拉的一封信中，他讲了在医院待的这几天的情况，不可避免地对食物评点一番——"就大锅饭来说挺不错"。因为他被允许随身带自己的葡萄酒，光景"说得过去"。所有的检验结果都是阴性的，直到最后一项X光显示他的左肾坏掉了。在进一步的膀胱镜检查以及清理了尿道里的"污泥"——"清洗我的体内管道"——之后，医生诊断，他的肾（先天地）未与主动脉相连，需要被摘除。埃卡害怕他不日将"去冥河钓鳟鱼"，[2]但手术取得了成功。外科医生在埃卡的房间里看到过他的新书，戏言很庆幸他的病人不是一位国王，否则他将得摘除两只左肾。

这时埃卡担心他将不得不结婚，"为了有一位廉价保姆给我洗尿布、擤鼻涕"。[3]但他恢复得很好。12月8日，他写信给拉尔夫·基西：

我在医院待了三礼拜,在那里他们摘掉了我的左肾,同时我的血压降到了正常,我的头疼(我称之为窦道炎)消失了,我的受损的视力开始改善。这些都是医生未曾企望的。路德圣母(Lourdes)的显灵都没这么迅速。我恢复了正常的饮食,在圣诞节也许可以如从前一样,每日来一瓶葡萄酒。[4]

幸运的是,埃卡和膀胱内部检验镜、手术刀的较量,是在为准备出版《国王的两个身体》的旷日持久的工作之后。这些工作拖得如此之长,以至于成了痛苦持续的来源。1956年5月,他向莱昂纳多·奥勒思吉抱怨:"这本书开始吐出校样,甚至在还未真正开始之前,它们就长长地从我的喉咙伸出来。要是这些垃圾不是如此复杂枯燥该多好,没完没了地核对引文,对脚注予以附加补充,忘掉最好的段落,在一团乱糟糟中寻找、寻找、寻找。" 12月他依然在校校样,到1957年3月他忙着进行非常琐碎的索引工作:"可怕的工作,当然不是名字,而是概念";"冗长、困难又乏味"。他估计索引需要花掉六星期,但这并未包括审读索引的校样,这一工作是他9月检查的时候在医院完成的。2月,当书已面世但还未有评论,埃卡写信给奥勒思吉:"这本书于我而言已变得全然陌生,我依然很难相信我为什么要写它,而且花费了那么大的心力。它的价值抵不过一首真正优秀的诗。"

在《国王的两个身体》面世以及知道自己将不会"去冥河钓鳟鱼"之后,他的精神得以振作。带着复苏的精力,1958年夏他进行了第三次欧洲之旅,从6月初到8月中。他先在英格兰待了两周,住在莫里斯·包腊在瓦德汉学院的院长楼,去伦敦的瓦尔堡研究所宣读了一篇论文。从那里他克服不情愿的情感,去了马德里。他本不想去，因为这个国家既太"黑"（天主教）又太"白"（法西斯分子）。但他想看来自西西里的一些12世纪的手稿，又对通过邮寄得到影印本失去信心。结果他在马德里度过了一段好时光，主要是因为他在法兰克福时期的一位学生安赫尔·费拉里，已经成为大学的一名中世纪史教授。费拉里有一部汽车，乐于带他到城市和周边兜风。虽然所有人都对神父抱怨不已，但他所遇到的每个人，对法西斯政府都绝口不提。他认为内战必然很可怕：到处都是废墟，他从未在街上看到如此多的伤残者。这趟旅行余下来的部分则不同：在希腊，显然，他与包腊再度会合，这两座跳跃的孤岛，就像睡莲叶子上的青蛙。[5]

回到普林斯顿，对《国王的两个身体》的评论开始出现。大多数人都是称许有加，那些在他看来有辨别力的人让他很高兴。但那些他认为逊色的人，他也注意听他们的声音：他认为邓纳姆在《知识宝鉴》上的热情洋溢的评论"肤浅"，诺曼·康托尔在《美国历史评论》的评论"可笑"。最令他恼火的是来自巴黎大学资深中世纪史学家埃多瓦·佩罗伊在《历史杂志》上的一则短评："[他]对任何一种'精神史'的自由路数都带着敌意，指责我甚至没有按照年代顺序组织事例。"1959年R. W. 萨瑟恩的批评也让他不快，还有《泰晤士文学增刊》上的一篇匿名评论，他称其为"愚蠢而肤浅"。迟至1962年，他才写信给斯特凡·库特纳："您的朋友贝利尔·斯莫利为什么反对我？……她对《国王的两个身体》的书评揣着私人的恶意。"[6]

这本书之后，康托洛维茨只写文章，其中大多数通常是着力于如雅科夫·马尔基尔所说的"过分狭窄的主题"。马尔基尔说出了许多人的心声，虽然他承认"[康托洛维茨]娴熟于利用较少的证据旁推互证，阐发隐微之义，从而使得[这些文章]十分迷人，[但]他不能完全免于被指过于琐细"。[7]然而他只管做自己更乐意做的事，不顾他的写作会使得他的读者有限。他在写给奥勒思吉的信中说："就像柏林北的齐勒妈妈告诉她淌鼻涕的儿子，'去院子里卡尔岑，玩你自己的'，我也是自己玩，且依然能从这无意义中得到快乐。"[8]

对于自己在高等研究院时期写就的二十篇文章中的一些，康托洛维茨在信中充满自我诋毁。其中有六篇他认为有写的必要，为了献给朋友的纪念文集（Festschriften）。虽然他想展示他的忠诚，但他经常对"*Pestschriften*"（这一文字游戏将"纪念写作"变成"瘟疫论文"）有所抱怨。其他文章源自他认为无法推辞的演讲邀请：一旦成为高等研究院的一员，邀请便如潮而至。一些文章重述了《国王的两个身体》中的观点；讨论拜占庭问题的文章则与埃卡定期出席敦巴顿橡树园有关；另一些的出发点则是作者对艺术史证据非凡的掌握。在一篇献给卡尔·莱因哈特的纪念文章的结尾，作者有一个免责声明，承认他提出了一个很大的主题——腓特烈二世对希腊文化的债务——但他并不自认为考察过它；他所做的一切是追溯"他通过一些过快划线的阅读取得的成果"。

在提到康托洛维茨主要探讨古典时代晚期或拜占庭的文章时，伊戈尔·谢甫琴科剀切地观察到，它们"基本上都是关乎同一件事：神与统治者的密切关系，以及这一关系的变迁——通过从一个时代、文化和意识形态向另一个的'转移的延续性'"。[9]还有一些文章也是如此，但其中有一篇倾向相反，它割断了神与统治者之间的联系。这篇文章的主题是"皇帝传奇的法律基础"，埃卡选择了用德语写，1957年发表在德国首屈一指的中世纪史学期刊上。它隐晦地颠倒了康托洛维茨在三十年前的《腓特烈二世皇帝》中描绘的路径。在传记中，他举出"厄立特里亚女先知"的悖论，她作出"他活着，他没有活着"的预言，为了安慰皇帝不期然的死，将他"美化"为不朽。他甚至走到这一步，用粗体的德语大写字母将悖论标出：**ER LEBT UND LEBT NICHT**。这种超自然的气氛让人入迷。

然而在1957年的文章中，他收回了这一解释，尽管并未指出他有这么做。在准备《国王的两个身体》的过程中，他对法律史已经熟稔，对王朝延续性的主题予以了关注，得出结论——女先知的言辞不能被解释为对个体的美化，而毋宁说是对延续性的允诺：国王将活在他的继承者之中。那个预言被想当然地与腓特烈去世后的通行信念（以及此后数世纪的各种变体）勾连起来，即他是暂时神奇地消失，有一天会归来荡涤所有邪恶，但康托洛维茨称，就像他向奥勒思吉所述，这实际上是"德国版的'国王永远不死'，是德国人经常有的一个巨大误解"。[10] 虽然他有一些细节弄错了，但他从王朝的角度对女先知预言的解释，现在已然成为一项揭伪德意志历史的重大贡献。就作者自己的生平轨迹而言，这篇文章是他从主观的"神秘见解"转变为在法律资源的背景中对习语予以客观研究的极佳例子。

这篇文章展示的彻底转变，与埃卡在战后对再版《腓特烈二世皇帝》的坚决抵制是相称的。1931年英译本的再版，他未能阻拦，因为他已卖掉版权。故而1957年美国出版商弗雷德里克·昂加尔甚至未通知他，便再版了该书。依据一项图书馆的统计调查，昂加尔作出了一项精明的举动。有二百五十家公共图书馆可找到首版本，而可以找到再版本的则有九百九十一家。尤其在德国，读者们更是希望再版德语原版,但很长一段时间,康托洛维茨立场不改。赫尔穆特·库佩尔去世后,他的遗孀乌尔苏拉接替他,成为一家前身为格奥尔格·邦迪的公司的总经理。她知道对这一名著的再版将会带来财务上的好处,从1958年到1962年间多次提出要求,但埃卡迁延不决。1960年埃卡写信告诉她,有一位意大利学者最近声言这本书的写作受到导致第二次世界大战的国家社会主义和"德意志帝国观"的影响。正是这样的读解,让他决定在有生之年决不允许再版。不过1962年库佩尔夫人告知他的一则传闻让他改变心意:据说一位东德出版商有意盗版。听到这个消息后,在让库佩尔公司出版新版一事上,埃卡的立场有所缓和,但坚持应该和《续篇》一起出。他还明确要求略掉扉页上的万字图章以及提及"秘密德意志"的序言,但同意保留献给沃尔德玛·于克斯屈尔–居伦班德伯爵的题词。再版如期取得了财务上的成功。起印两千册,1964年和1973年也是这个数量。(之后在1980年、1985年、1987年、1991年、1992年和1994年又加印。)但埃卡很快就后悔他的决定,因为一封德国将军来信,说很高兴看到"关于伟大的施陶芬[1]的动人心弦的著作"依然紧俏。为此他勃然大怒,就像他写给库佩尔夫人的信中所说,这"正是他所担心的":在他看来,这封信正是来自那些圈子,而正是因为他们,他才不想再版:"幸好艾希曼先生被绞死了,否则他是最有可能为之乐坏的。"

埃克哈特·格吕内瓦尔德指出,即使在知道来自东德的威胁不复存在后,康托洛维茨依然允许再版。他这样向乌尔苏拉·库佩尔解释他的动机:他不想显得自己是在撇掉与在格奥尔格圈的

---

[1] 即腓特烈二世皇帝。

过去的关系。在这一点上的更早一些的证据,是他在 1947 年写给亚历山大·冯·施陶芬贝格的一封信。"亚历克斯"是施陶芬贝格三兄弟中的一个,也是沃尔德玛·于克斯屈尔伯爵的一个表亲和挚友。1923 年他在海德堡上过一学期的课,并通过于克斯屈尔的关系与埃卡相识;之后的一些年,他与于克斯屈尔一起在哈勒学习。在三兄弟中,他是唯一选择了人文学科和教授职业的;他的专长是古代史。此外,他在格奥尔格圈很引人注目,是 1933 年格奥尔格临终看护者之一。于他而言幸运的是,他的兄弟并没有让他知道他们行刺希特勒的合谋。他娶了一个犹太女人,尽管这一婚姻取得了纳粹的同意(这个女人是一个知名飞行员,纳粹德国空军要用她当试飞员),他的两个兄弟克劳斯和贝特霍尔德认为他仍可能受到了监视。

1943 年,亚历克斯·冯·施陶芬贝格写了组诗《大师之死》,于 1945 年匿名出版。两年后,邮路恢复,他将之寄给埃卡,受到后者的极大褒赏。埃卡解释道,当亚历克斯在先前的一份信中告诉他这组诗的时候,他还担心它会过于"用力",像弗里德里希·沃尔特斯[1] 的那种风格。(埃卡厌恶沃尔特斯以洪亮的、"俨然教士"的宣言谈及"诗人"的伟大。)但是现在,从这组诗的第一部分"临终看护"(他也是其中一员)开始,他就为之吸引,并祝贺作者取得了"巨大成功"。尤其令他印象深刻的是,它用了一种"事件报道"的平铺直叙的风格,而无藻饰。结果便是让坐在 10 月日光中的他,重历了他自身曾感受到的格奥尔格之死的阴影,给予

---

[1] 弗里德里希·沃尔特斯(1876—1930),德国历史学家、翻译家,格奥尔格圈的核心诗人之一。

了他一小段非常特别的时光。

但对那些他认为"痴醉"于公开表达对大师的尊崇且执着于"过时的正统观"的前圈子成员，他则毫无耐性。恩斯特·莫维茨便是这样一个人，而埃德加·扎林对斯特凡·格奥尔格满是颂词的书，"把他惹毛了"。[11] 他对圈子的"僵化"最长的批评，出现在一封给赫尔穆特·库佩尔的信中，信的内容是关于库佩尔年轻的朋友卡尔·约瑟夫·帕尔奇。1951 年帕尔奇访问美国时，埃卡和他有过一次谈话。他被帕尔奇持有的一种他认为只有扎林才会有的"正统观"所惊愕。这是"一种无论战争还是轰炸都未使之松弛的刻板——一种并非来自性格的强力而是来自弱点的冥顽"。[12] 与之相关的是一种在埃卡看来完全是"希特勒式的和民族主义式"的"狂妄"的自吹自擂：帕尔奇挖苦美国学生，因为他们无能洞察所谓的"我们的深奥"。当埃卡听帕尔奇谈论这个"幼稚的国度"，他感到完全疏异。

除了在军队讲课中引用过格奥尔格的诗，康托洛维茨在他的美国生涯从未在公开场合提及斯特凡·格奥尔格，在学术著述中也避免引用或提及。《国王的两个身体》导论的起首，或许标示着他的态度，"当神秘主义从神话和虚构温暖的暮光中，转换到事实和理性寒冷的探照灯下，通常并无剩下什么可称许自身的。它的语言，除了在自身带魔性的或者神秘的圈子里传颂，经常显得贫乏，还有一点愚蠢"[注意提到了"圈子"]。关于格奥尔格是如何影响康托洛维茨美国著述的方方面面，乌尔里希·劳尔夫已有探查，但是要想发现它们，一个人必须对大师的象征意象极为熟悉。埃卡有没有和对他年轻时的崇拜者的记忆保持距离？他的远亲贝娅塔·奥尔登，对 1940 年代晚期的他很了解，认为情况就是这样子。不过除了写给亚历山大·冯·施陶芬贝格的信，还有一封信包含了一个令人震惊的虔诚的声明。1954 年在写给一个知名的格奥尔格门徒罗伯特·博林格的信中，康托洛维茨评论了格奥尔格对他的影响："没有一天我没有意识到，我试图完成的任何事情都为单一的源泉所滋养，即使在二十年之后这一源泉依然汩汩。"[13]

康托洛维茨反对延续"格奥尔格圈"，拒绝创建一个自己的圈子的想法。在他看来这是谣传。就像拉尔夫·基西在写给我的信中说的，"他鄙视将自己视为一个圈子的首领的想法"。写给包腊的信件可以佐证。1951 年埃卡写道："这帮小伙子不错，唯一让我不喜欢的是，他们仿效我的风格写作。"1961 年他又写道："我讨厌被我从前的学生引用而受戏弄[原文如此]。"[14] 然而，虽然连基西也坚持康托洛维茨并没有在与他走得近的年轻人中间扮演"精神领袖"，旁人却看到了显著的崇拜。伊戈尔·谢甫琴科提到康托洛维茨的"追随者们"，基恩·布鲁克写信跟我说，康托洛维茨"受到钦慕他的学生们的顶礼膜拜，对他们的生活和工作施加了巨大影响"；威廉·鲍斯基在 1956 年至 1957 年间当过埃卡的研究助手，他说"埃卡能够在他的学生中激起近乎狂热的忠诚——他们中的一些，我倾向于认为如同一个圈子"；玛姬的兄弟怀尔德·本特利写道："我过去常常观察到从康托洛维茨圈子所陷入的各种危机中荡漾开来的一层层涟漪。"[15]

罗伯特·本森的文件中收有他与康托洛维茨的通信，包括如下一封用打字机打的信：

普林斯顿，新泽西，1951年4月8日

亲爱的罗伯特，

  在上周五晚你那让人丢脸的表现之后，很遗憾我不得不对你说，我不再允许你将自己列为我的弟子。真的罗伯特，你唱那些庸俗的牛仔歌曲是对自己身份的贬低——我不能相信那居然是你……我仿佛能感受到斯特凡·格奥尔格的幽魂，站在我的肩膀上，指责我："恩斯特，你让这么一个俗人加入你的圈子，背叛了我的教诲。"不要以为抛弃你我能做到冷静沉着。相反，这给我带来莫大的痛苦。我爱敏感的灵魂，但在这个变动的世界，标准必须得到奉行。你对它们可耻的藐视，我无论如何必须予以惩罚。

你悲伤的
[签名] 埃卡

  有人可能会被欺蒙，但信中"埃卡"这三个字母并非埃卡手迹。某个消息灵通、喜欢打趣的人在玩恶作剧，但它含有一丝可能性。

  如果康托洛维茨没有鼓励形成一个圈子的想法，迈克尔·车尔尼亚夫斯基和拉尔夫·基西也定然以各种方式模仿他。在遇到他之前，迈克尔和妻子露西常喝葡萄酒，就像大多数人一样，他们会依据食物而选择红葡萄酒或白葡萄酒。但埃卡喜欢白葡萄酒，不管吃什么，迈克尔便开始学起了他。当迈克尔开始教书的时候，他也效仿埃卡的做法，在家里举行研讨班且提供葡萄酒。基西按照康托洛维茨的方式举行晚宴。霍华德·卡明斯基是基西在华盛顿大学的同事，他抱怨，"当我与拉尔夫成为朋友后，我不得不忍受他那些漫长的晚餐，它们的程序是效仿埃卡而来——餐前开胃菜，交谈，第一道菜，交谈，主菜，交谈，沙拉，交谈，餐后甜点，交谈"。[16]

  康托洛维茨当然没有要求他的倾慕者模仿他，但对于其中一些人的私人生活，他干预的方式的确更让人想起斯特凡·格奥尔格，而非美国学术界的惯例。在去普林斯顿之前，围绕在他身边的弟子包括迈克尔·车尔尼亚夫斯基、罗伯特·本森和拉尔夫·基西，他们先后在高等研究院担任他的研究助手。他们都保留了他的信件，它们与后来的采访一起，提供了康托洛维茨干预的大量证据。

  我们已经看到，当车尔尼亚夫斯基宣布同露西结婚的计划时，对露西钟爱有加的埃卡对这两个要结婚的人狂怒不已，"差点不认他们"。待风暴平息后，这对夫妇的私人生活又受到一次袭击。1960年露西怀孕，知道埃卡主张学者不应该养孩子，尽可能地隐瞒这一情况；当她怀孕的身形开始显露，她就避而不见他。当女儿诞下后，埃卡不得不接受现实，但这并不能阻止他沉迷于乏味的幽默。孩子三个月大的时候，车尔尼亚夫斯基夫妇按照事先安排的，去了一趟普林斯顿。埃卡说他们可以选择和他待在一起，但认为普林斯顿旅馆可能要更好：如果他们带着"那个蠕虫"，他可以轻易把它放在冰箱里，这样"它"就可以保鲜，但想来想去他不愿弄脏他那带牛奶容器的冰箱。之后的1962年，当埃卡去芝加哥见这对夫妇，彼时迈克尔在芝加哥大学历史系获得教职，他们雇用了临时保姆，尽可能让孩子远离埃卡——"他们不想打扰到他"。

埃卡也对露西的女性身份开过分的玩笑。有一次,当露西和迈克尔与他一起度假,露西淋浴后冒出一句"现在她全身都干净了"。她并没想到埃卡会不断地用这句话当引子,猥亵地说她有什么地方可能不干净,甚至许诺送她香水当礼物,以掩盖"她的异味"。他还说她可以去卖淫以贴补家用,这话更没劲,但顶没劲的是搬去芝加哥的"玩笑":"露西有没有在芝加哥的贫民窟被施暴?她喜欢吗?"[17]

埃卡忧心的是,迈克尔不能全身心投入他的学术工作。这种担心无可非议(迈克尔的妻子证实,他在写作时感到很困难),但不能老是训斥。譬如:

> 破坏别人的快乐,尤其这个人还是一个老朋友,能做出这种事来的,也就只剩下我。然而,我不是很明白,难道一个学者的快乐,除了钓鳟鱼或者大马哈鱼,不就是可以在书桌边不受干扰地工作四个月——在这无可替代的四个月,一个人不被中断,也许还可以获得事有所成的愉悦。你每年逃到加利福尼亚,就像着了迷一样,尤其就你的情况而言,你会发现那些在加利福尼亚度过的愉快的夏天,是时间上的损失,而这是我们中无人能真正承受得起的。你我都知道比起任何东西,你更需要发表大量的东西。你明年得获得晋升。[18]

为了证明他有教训的资格,他总结说,他有"精神之父的权利"。有这样一个"父亲"经常在旁边训斥,迈克尔总是感到自己在让他失望。他的确努力发表了足够多的东西,以获得卫斯理的终身职位,之后又进入芝加哥大学(中间在罗切斯特待过,最后在匹兹堡大学以梅隆历史学讲座教授结束职业生涯），但对于他写的东西，埃卡从未有过鼓励。车尔尼亚夫斯基唯一一本书是《沙皇与人民：俄国神话研究》（1961年），充分受到康托洛维茨的影响。该书称，早期俄国文化的一个主导性的主题便是统治者的神化——"政治神话的发展［围绕着］对一个……神皇的想象"（第99页）。但埃卡在信中如此写道："这本书不错，很有趣，有时也有点疯狂——但这就是俄国人……我相信你会得到很好的评论，虽然你的每一条希腊引文和许多德语著作的名字都搞错了——你不要告诉我这是出版社的错。"显然这样无法让一个"精神之子"增强他的自尊。

车尔尼亚夫斯基的博士论文是在伯克利斯拉夫语言文化学者的指导下写成的，与他相反，罗伯特·本森是一个十足的康托洛维茨的学生。他在伯克利念本科的时候就上过康托洛维茨的课，1951年秋天来到普林斯顿跟随康托洛维茨读研究生。可以理解埃卡会成为他的主要导师，虽然他需要在历史系注册以获得博士学位。（形式上，他的论文导师是约瑟夫·斯特雷耶。）埃卡叫他"鲍勃森"。当康托洛维茨为写作《国王的两个身体》开拓中世纪教会法领域时，本森也选择在同一领域工作。1955年他写了一篇未发表的论文，被埃卡在书中引用（第317页，注9）。但他从未如车尔尼亚夫斯基和基西那样模仿康托洛维茨，可能是因为他不像这两个人和导师走得那么近。

而之所以如此，可能跟埃卡厌恶本森的妻子琼有关。（本森在伯克利的时候和第一任妻子离婚，琼是他的第二任。）琼和蔼可亲，也很迷人，但她是个反精英主义者，也不时髦。不管什么原因，埃卡对她有深深的厌恶。有一次本森没有带琼，独身去参加一个派对，埃卡转而对露西说："鲍勃森没有带那个蠢货一起来真好。"1951年，他写信给薇拉·彼得斯："倒霉的鲍勃·本森，被他的蠢货弄得憔悴不堪，她就像是挂在他腿上的铅锤。"琼成为母亲后，事情不可避免地变得更糟。1958年孩子诞生前，本森横下心来，滑稽地模仿经院哲学家的法律辩论，把这一消息通知埃卡："问题是，是否成为两种法律（utroque iure）[1]或者子宫法律（uteroque iure）的博士更好。有人说是，恩斯特图斯大师对此表示同意。"但是写有这则机智戏仿的明信片从未寄出。当消息不可能再隐瞒，本森告知"恩斯特图斯大师"，收到的是夹枪带棒的回复："亲爱的鲍勃爸爸，我希望对于艾米丽·本森小姐的到来，你不会像我这么惊讶。"之后，当琼成为两位女儿的母亲，埃卡写信给迈克尔·车尔尼亚夫斯基，说他以后不会雇用她们当"洛丽塔"（像他将对迈克尔女儿那样！），"因为我不喜欢那匹马厩里的母马"。[19]

埃卡对琼的厌恶并未影响他对本森的支持。1952—1953学年，即便本森那时还未取得博士头衔，埃卡仍让他担任自己在高等研究院的研究助手。他还支持本森获得富布赖特资助去慕尼黑学习，给时任日耳曼历史文献所所长的老朋友弗里德里希·贝特根写信，给他铺路。据本森回忆，在专业会议上，埃卡会这样介绍他："我想让您见见我最没有出息的学生。"所有人都能明白其中暗含的真情实感。当然，1955年12月本森从德国回来后，在谋职一事上埃卡也给予了支持。但对本森花在完成论文上的时间之长，埃卡表现出了不耐烦，1957年他提到他"永恒的工作"（*opus aeternum*）。到1959年末，他火气攻心。在巴纳德学院教

---

1 "两种法律"指罗马法和教会法。

了三年书后，本森被解雇，然后经车尔尼亚夫斯基联系，在卫斯理找到一份工作。他依然没有任何东西发表，心里很清楚需要把自己的论文变成一本书，这样才能在卫斯理待下去。但他的拖延症是出了名的。1958 年 12 月，在巴纳德管理层宣布不再续聘后，本森写信给埃卡，说他"必须"对他的作品进行修改，以作出版之用。

但到了来年 11 月，他仍未完成。埃卡认为他需要 ani calcatio，一个康托洛维茨新造的词，意为"责难"。埃卡认为这个应该由伊戈尔·谢甫琴科来执行，他写信给车尔尼亚夫斯基说，"我希望我能看到伊戈尔对鲍勃森的责难——至少应该在电视上进行——我们得让它成为圣罗伯特教会的新节日：'圣罗伯特责难'"。但这一责难并未作出。1960 年 2 月，埃卡给本森写道："亲爱的鲍比，你本该受到责难，它会让你成为我们最好的动物园中，所有那些逊色的底层狒狒嫉妒的对象……永远有职位空缺适合我所了解的'没有出息'的学生，如果那个年轻人只是发表了一行字，或者在许多个夏天之前如期出版他的书。但是许多夏天过去，天鹅死了。"本森回了一封为自己辩解的信，有欠考虑地使用快递寄出。结果收到了尖锐的回复："你的快递信六点钟就把我从被窝里拽起来。谢谢你对我最重要的睡觉时间的有效守护……狒狒们盼着在一顿成功的责难之后，你被稀罕地授予'h.c. 狒狒'的荣誉。"一年后，康托洛维茨写道："违背诺言对你来说已成家常便饭。有多少次……我被许诺说你的书稿最迟将在六周之内付梓。大概是自 1955—1956 学年起，这一承诺每年都会重复……当初本该进行责难，也就不会有后面的这一团糟。"

埃卡是真心关心本森，有充分的理由为这位"重度拖延症者"担心。1961 年 1 月，他写信给拉尔夫·基西："关于鲍比，一如往常我所知甚少。但他肯定是被某种癔症困扰，使他无法顺利出版他的书。他的处境很难。"但他的威吓无济于事；只是使得本森防卫心更重。1961年圣诞节，埃卡送给本森一瓶葡萄酒当礼物，收到的致谢函却来自琼。就像埃卡告知车尔尼亚夫斯基的："她写道，鲍比觉得没脸给我写信，因为书稿还在他书桌上，尚未完成。酒并未开启，因为鲍比感到在把书稿寄出之前，他没有资格开怀畅饮任何东西。这看起来真的是一种源于缺乏责难的恐酒精神病症，真是前所未见。"事实上，埃卡生前并未能看到本森完成书稿（该书1968年才出来）。将他在正当的学术事务中的敲打称为干涉可能不对，但如果他能换一种说话的语气，可能会取得更大的成功；人们想知道，是不是他才是应受责难的人。

与埃卡走得最近的是拉尔夫·基西。埃卡从未指导车尔尼亚夫斯基的学术工作，虽然他们的关系依然友好，但在写出了《沙皇与人民》的车尔尼亚夫斯基走上了自己的路，能够自行取得学术进展后，这种关系变得更为疏远。埃卡和本森从未非常亲密过，而且他们的关系最终变得紧张。另一方面，从1948年到去世的1963年，埃卡和基西却非常亲密。康托洛维茨并非基西正式的研究生导师，但他提出主题，监督计划，直到基西的书《文艺复兴时期法国的王家葬礼》于1960年出版。该书的内容补充了康托洛维茨对仪式的强调以及国王永不死的观点。

尽管如此，对于基西一而再地结婚（一共四次），康托洛维茨颇为不悦。从海军退役后，年方二十的基西便在底特律成婚，对方是一个二十还不到的小姑娘。他虽然带着她一起来到伯克利，但两人很快就在1949年离婚：他和她合不来，爱上了玛姬·本特利。第二次婚姻在1951年画上句号：彼时他作为富布赖特学者在比利时，娶了另一位富布赖特学者。但这段婚姻维持了几乎不到一年（女方提出离婚），1953 年他只身回到美国（他获得过另一份奖学金，在法国待了一年）。从埃卡那里是休想得到什么安慰的。当拉尔夫还在欧洲的时候，埃卡就给他写信，说从近来的信中欣然得知"赫拉克勒斯已和翁法勒斩断瓜葛"（这是个博学的暗示，赫拉克勒斯曾被罚给女王翁法勒作奴从事卑微的工作，而翁法勒的名字意为"海军的"）。他还加了一句："在你来普林斯顿之前，不要再结婚了。"[20]

对"之前"的强调，表明埃卡笃定拉尔夫很快又要结婚。但第三次婚姻直到 1957 年才终于发生。康托洛维茨对婚礼通知的反应并不愉快。拉尔夫写到他"预料会有一副鬼脸"，他的预期没有落空。在来信开头，埃卡称拉尔夫为"亲爱的许可证收集者和蓝胡子[1]"，然后说，"我发现你可真能，第二次离婚的债还在那欠着，你就开始着手可能的第三次离婚了。当然，在任何其他方面，我站在电梯里的精神分析学家的立场：'他的问题，不是我的。'愿你能解决你的问题，依然幸福"。一周后在写给薇拉的信中，他大吐苦水："这头蠢驴又结婚了——每换一个地方，他就被赶进婚姻里：在普林斯顿和瓦萨是在最后关头逃脱的，如今在西雅图他被逮着了，这是第三次但肯定不是最后一次。他收集结婚证和离婚证，已经无药可救。"[21]

拉尔夫的第三任妻子诺拉，并不是那种能轻易和车尔尼亚夫斯基夫妇及谢甫琴科夫妇打成一片的人，但她很能干，她在华盛

---

1 欧洲民间故事中的人物，先后娶了多名妻子然后将她们杀害，在许多版本中第七位才幸运生还。

顿大学历史系当秘书。霍华德·卡明斯基当时是该系的一员，他认为诺拉"亲切可人"，但"因为不受康氏待见，她的命运已注定"。康氏肯定不会待见她。初次见面后，他写信给薇拉，说"基西的这头山羊"比之前的要差。之后他写信给薇拉，说拉尔夫将会来普林斯顿看他，"感谢上帝没有硬山羊"（文字游戏，既指诺拉，又指硬山羊奶酪）。在这次访问后他写道，他希望他的医生禁止硬山羊奶酪出现在他的食谱上。在一张寄给迈克尔·车尔尼亚夫斯基的明信片上，他提到诺拉时，称其为"那个印第安女人"。

这段婚姻持续到1962年春，诺拉坚持离婚。康托洛维茨给拉尔夫去信如下：

> 亲爱的离异者，虽然你的信看起来相当郁闷，我也为你感到难过，因为你得预期着溃疡们突然出现，然而听到你的消息我还是得笑（这么说有些轻）。没有混电影圈，年纪轻轻的便离了三次婚，的确是个纪录，大概只有芭芭拉·霍顿能超过。你们两人兴许可以搭伙，将收集的结婚证和离婚证往起居室的墙上一贴，制造出温暖舒适的氛围。我不明白，估计也无法明白你为什么会沮丧。到如今你应该习惯了才对，而且在之后的二十年你还可以结婚。那样你可以轻易地将这一损失补回来，如果是损失的话。你可能注意到了，我对基西夫人三世可从未有过任何同情，你的大多数老朋友也是如此。[22]

不久，埃卡写信给薇拉说，"依[基西]直线下降的忍受力，第四任将不可避免，而且将比前三任加在一起还要糟糕"。的确有第四次结婚和离婚，但埃卡生前未看到那个女人。她是一名古典学者，叫辛西娅，外号"安提戈涅"。在拉尔夫于 2011 年去世之后，我写信向她表示慰问（她和拉尔夫依然是好友），并询问能否采访她，想知道她是如何看待康托洛维茨和拉尔夫的关系。她很热忱，不过回信说："我与康托洛维茨并无任何联系，对他或者他的著作也无任何兴趣……所以我得回绝关于他的采访，因为我说不上任何有用的话。"

需要注意的是，埃卡的干涉以及表现出来的腌臜，被他的慷慨付出和真挚的温暖所平衡。埃卡借钱给学生们，把葡萄酒当礼物款待他们，有时还给他们付诊费。1959 年，出版商同意出版拉尔夫的书，但要求得到资助。埃卡认为拉尔夫应该申请基金，又说如果所有其他法子行不通，他乐意掏出一千美元（相当于现在的八千多美元）。当车尔尼亚夫斯基得到在卫斯理的第一份教职，埃卡去信谈到他的到任，贴心得不行：

> 我很高兴他们为你找了一栋优雅的房子，加上你拥有的一切美好的事物，以及露西的帮衬，你将很快就会有一个舒适的家。然而，你将不得不工作得如此辛苦，以致很难留意你在哪生活，怎样生活。一旦注册开始，你的紧张不安也将开始，你需要把所有时间花在备课上，而学生们会把你一天最好的时光剥夺。当你头几次步入教室，你会感到痛苦，在与学生和听众熟悉之后，在喝了第一杯葡萄酒恢复精神之后，你会感到好一些。那之后一切都会顺利起来；但在很多年内，你的肩膀仍无法将压力移除，除非你能对上课内容倒背如流。但那时你会对你的讲义脸红，发现自己必须推倒重来。最好的逃避就是研究工作，它可以使你忘记（和忽略）你要上的课；

但另一方面研究工作会让你向往上课，因为你迫切想把你的发现告诉他们。那样你会再次享受讲课，并从中得到新的研究冲动。[23]

埃卡去世时，车尔尼亚夫斯基夫妇在国外；露西记得数十天后当他们回国，拉尔夫打来电话告知这个悲伤的消息，"迈克尔站在那里流泪"。至于她本人，她说"她爱这个人"。

第二十六章
最后的岁月

1962年,埃卡写信给莫里斯·包腊:"我随时准备离开这个星球。"[1]他这么说,不是在想着他的健康,而是基于这一看法,即在古巴将马上有一场核战争。不过仅仅一个月之前,当他和薇拉在塔霍湖游泳,她注意到他的下腹左侧有"脉搏"鼓凸。作为一名训练有素的护士,她意识到问题的严重性,敦促他回到普林斯顿后看一看医生。是主动脉瘤。11月,在进行了一次毫不见效的手术后,他知道他的时日已不多:至多一年。对此,他的反应很平静——确实是"随时准备离开这个星球"——处理日常事务,就好像什么都未曾发生过。结果证明,这一预后是准确的。1963年9月,康托洛维茨死于动脉瘤破裂。

在被宣布"死刑"前后,他写了一系列深奥的文章,参加中世纪史学会和位于"奥克巴顿垃圾场"(Oakbarton Dumps)的拜占庭研究中心的年会,在西海岸和维京群岛度假,热衷于饮食(除了在医院的一个月)。如同往常,他喝足够多的葡萄酒和烈酒以消除疲劳。1957年第一次手术后,他在圣诞节喝了一瓶葡萄酒,以庆祝他的恢复。接下来的三百六十四天,他每天至少得干掉一瓶。在来年的圣诞节,他和拉尔夫·基西一共喝了"三瓶葡萄酒和几瓶伏特加"。即便在手术失败之后,他依然未节酒。1963年4月,他在一家餐馆款待伊戈尔·谢甫琴科,两人喝了"天蝎座"和"僵尸"鸡尾酒。("天蝎座"由黑朗姆、白朗姆和樱桃白兰地调制而成,"僵尸"则由黑朗姆、白朗姆、白兰地和橙皮甜酒。)5月,趁着去敦巴顿橡树园开会,康托洛维茨来到杜邦广场酒店的酒吧里,三杯威士忌酸酒下肚后,去吃晚饭的时候又灌了"非常多的朗姆酒和葡萄酒",然后在"酒店的酒吧里又喝了一两杯"。在普林斯顿流布着一个传言,说埃卡早先结过一次婚;当被问及于此,他回答道:"是的,在我还没沾上这口的时候。"[2]

从二战后一直到去世,埃卡在政治上越来越左。一个见识浅薄的评论家最近轻蔑地宣称,既然康托洛维茨1950年关于效忠誓言的小册子表明他是个精英分子,任何设想他的政治观在美国已左转的企图,都是"过于乐观主义的目的论"。[3]但是抛却1950年康托洛维茨对思想自由和结社自由的有力捍卫,以至于乐于接受共产主义者为教员这一事实,通过检视康托洛维茨私人通信中的表述,以及他在1961年为一位受到丢掉教职威胁的激进左翼分子的奋力辩护,也可以驳斥这种自以为更左的评论。

早在1948年,康托洛维茨写信给一位在德国出生的熟人,后者刚离开巴勒斯坦重新定居美国。他并不确定是否应该向他表示祝贺:"从根本上讲,这个国家代表着你倾一生反对的所有事物。"他只能说"至少住在这里可以相对舒服一些",而且美国仍然是"无家可归者最好的庇护所"。[4]

有十五年的时间,他为可能爆发核战争而深忧,并要美国负起责任来。1946年,美国在比基尼环礁进行核试验,将比基尼"住了上千年"的原住民驱逐,对此埃卡予以批评,并为辐射中毒的蔓延感到悲痛，称赞当局"用最好的手段把自己送上了末日审判"。[5]1956年，他痛惋"我们的国民……为了取乐把氢弹扔到沉默之海中，毒害地球、海浪和鱼群"。[6]在写给乔治·凯南的信中，他谈到"某个将军触动发射器，把原子弹扔到中国"的可怕的可能性。当他邀请车尔尼亚夫斯基夫妇一起共进感恩节晚餐，他说他不喜欢做"美国鹰"（即火鸡），"因为五十枚百万吨级炮弹的响屁，可不是我的菜，会败坏我的胃口"。[7]

在1950年代期间，他对艾森豪威尔和尼克松恨之入骨。他认为前者就是一个"军阀"，像极了兴登堡，以至于应该被叫作"兴登豪威尔"，应该在"嘉年华角"[1]枪毙，"这个'将军'真的是美国畜牧区最愚蠢的产物之一"。他嘲讽先锋号火箭为"美国失败卫星"。1958年在写给莱昂纳多·奥勒思吉的信中，他提到仍在持续的的柏林危机："我们必须习惯这一事实，即如今主要的不幸不再来自那里[苏联]，而是来自华盛顿的无能。想想黎巴嫩危机以及他们轻率地派遣海军。希望我们死在最终崩溃之前。"1960年5月U-2事件[2]后，他写道，这是"艾森豪威尔、艾伦·杜勒斯和[克里斯蒂安·]赫特撺弄的谎言——然后他们纳闷为什么俄国人不相信"。他对尼克松的反感可追溯至加利福尼亚时期："奈兰、诺兰[3]、尼克松、奈特／揭示了加州永恒的困境。"[8]1952年总统大选共和党的获胜让他写道："我难过又厌恶，感到就像再次和

---

1 原文为Cape Carnival，应为带讽刺意味的文字游戏，指卡纳维拉尔角（Cape Canaveral），美国肯尼迪航天中心和卡纳维拉尔空军基地的所在地。
2 1960年5月1日，美国一架U-2高空侦察机在俄国上空被苏联导弹击落，飞行员加里-鲍尔斯被俘。
3 威廉·诺兰（1908—1974），美国共和党领袖，1945—1959年间为加利福尼亚参议员。代表的是党内右翼。

希特勒或奈兰作战。"尼克松不过是一个"令人厌恶的、自负的癞蛤蟆"。[9]

至于肯尼迪,在总统就职典礼后的第二日,埃卡写道,他"怎么也不会比艾森豪威尔差劲"。但这一想法发生了改变。1962年9月他写信给薇拉:"肯尼迪先生在古巴之后势必会征服红色中国,这样届时他可以让维尔纳·冯·布劳恩[前纳粹导弹科学家]带他去月球。"给莫里斯·包腊:"我们正急速朝着与古巴的战争而去,这意味着与俄国的战争……像老李卜曼,我不能想吐多少便吃多少。"(里茨勒的岳父在纳粹接管德国后如是说。)一个月后的导弹危机期间,他写道,"我们的波士顿伙计打从竞选起,就梦想着把军队开进古巴。在让他们'尝到厉害之前',他是不会安歇的"。在同一封信中,他发现了"令人恶心"的"双重真实",即"我们在土耳其的基地是针对共产主义的,是'善的',而他们在哈瓦那的基地是针对资本主义的,因而是'恶的'"。[10]

康托洛维茨对古巴观点的最充分表述,来自写于导弹危机白热化时的一封信:

> 肯尼迪是不会放弃古巴的。在两年前的竞选中,古巴已然是他最大的弱点,是他上台第一年的最大麻烦,到他第二年的时候,也许会变成灾难——或者已经是。让一个像艾森豪威尔那样的蠢货当总统就够糟了,但更危险的是让一个"聪明人"或"高明者"上台……我们领导人的"最高智慧"越来越像威廉皇太子:对小鱼"总是严厉无情"……这对选举的前景有利(虽然也是最恶劣的煽动行为),因为他有艾森豪威尔的充分支持,能从像福特这样的工业家那里得到让人

高兴的电报，以及拥有他一直与之调情的右翼人士ون"[11]

当危机结束，他写信给薇拉："感谢俄国人在政治上的理智，看来现在我们避免了战争，而肯尼迪的真正欲望大概得不到满足：入侵古巴。"写给迈克尔："我有了正如1933年在德国那段岁月的感觉，已经准备好写我的诀别信。"给拉尔夫："当然笼统来说，我是亲墨西哥的，因为他们的领导人在古巴危机中对美国政府的抗议是多么令人惬意。"11月大选民主党获胜，他写信给薇拉，说古巴事务显然已被证明是选举花招。

在康托洛维茨生命的最后几年，种族融合的斗争持续出现在新闻中。关于围绕詹姆斯·梅雷迪思入读密西西比大学引发的骚乱，他在1962年10月写信给薇拉："密西西比事件让我这一生第二次被羞辱，之前一次是被希特勒。"同一天他给包腊写信："我被羞辱得以至于认为以后再也不能用我现在的护照去欧洲旅行。"真正尖刻的声明来自1963年5月写给（当时在欧洲的）潘诺夫斯基夫妇的信，信中提到发生在亚拉巴马州的事件，说到警察放警犬咬黑人："错过了伯明翰对你的血压有好处。一直以来我都赞成灭除白人且从南方开始，此外也乐于把亚拉巴马和密西西比交给黑人穆斯林。"[12]

我们在之前的一章已经看到康托洛维茨在1954年的活跃，在罗伯特·奥本海默被原子能委员会的听证会弄得名誉扫地之后，他作为高等研究院成员的代表，表达对奥本海默忠诚于美国的信任。那时在一封写给薇拉的信中，他私底下表达了他最强烈的愤怒："再一次我感到完全是在家里，不管家意味着什么——希特勒的德国、纳粹的加利福尼亚……"

人们可能永远想不到恩斯特·康托洛维茨，1919年反抗"红军"的准军事志愿兵，会因为为一位极左分子辩护而结束他的职业生涯，而这就是1961年发生的事，这位极左分子是他从前在伯克利的一位学生，名叫罗伯特·克洛德尼。二十二岁时，克洛德尼在西班牙内战中与亚拉伯罕·林肯纵队并肩作战。1937年夏天，他眉心中弹，脑部感染坏疽，本以为会死的。没想到他缓了过来，回去继续作战，不久经历了一次高烧，在1938年初离开西班牙。回到美国时，他已部分瘫痪，左眼失明。尽管身体状况如此，在二战中他志愿服役，在军队情报部门工作。战后注册伯克利，主修历史和哲学。他上过埃卡的课，但不怎么被人注意。他的好友有车尔尼亚夫斯基夫妇——也是左翼人士，他们三人在1948年为亨利·华莱士[1]的竞选工作。诺曼·里奇对他的印象很深，说他被称作"红色威胁"。里奇很肯定克洛德尼是一个斯大林主义者，记得他说过："在朝法西斯分子开枪前，我们得先把无政府主义坏种干掉。"然而他对克洛德尼的评价很高，拉尔夫·基西亦如此。拉尔夫记得，克洛德尼拒绝作为助教在效忠誓言上署名，当他因此而不得不出现在一个听证小组面前时，他利用这个机会给他的听证审查官们上了一堂良心自由课。

克洛德尼没有被伯克利续聘，随后不得不去别处找工作。为了支持他的选择，埃卡写了一封通用的推荐信。他写道，克洛德尼上过或旁听过他的四门课，是"我们最有才华的学生和博士候选人之一"。他特别提到，他是"一位出色的作家，阐述激荡人心，

---

[1] 亨利·华莱士（1888—1965），美国第33任副总统（1941—1945），创立进步党，并在1948年大选中作为该党候选人竞选。他是"新政自由主义"的支持者，寻求与苏联的和解。

一位优秀的演讲家和教师，深受学生喜欢"，他的"心智非常敏锐，谈话总是令人愉快，有他的陪伴是一种享受。他为一家大报纸[《旧金山纪事报》]当过书评人，所读过的书比我知道的任何年轻人都多"。一言以蔽之，康托洛维茨总结道，他可以"热情地推荐他担任任何大学历史系的任何教学岗位"。出于谨慎，他没有提到克洛德尼的政治观，他可能认为这毫不相关。但伯克利效忠誓言对手们的主要论点是，他们中没有一个人是共产主义者。所以为一个埃卡肯定知道是左翼激进分子的人写推荐信，如果消息泄露出去，将会让他受到奈兰派的攻击。

在 1959 年被匹兹堡大学聘为科学史副教授前，克洛德尼干过各种工作。1961 年 1 月，他被匹兹堡的一家报纸攻击，原因是他在"公平对待古巴委员会"发布的一份声明上署了名，加上之前在林肯·亚伯拉罕纵队待过，以及在他办公室的墙上，贴着一张西班牙内战的海报。一位宾夕法尼亚州议员立即要求对大学窝庇一名危险分子展开调查。当康托洛维茨得知此事，他代表克洛德尼给克洛德尼的律师去了一封信，这样它就可以在任何听证会上宣读或者进入任何调查记录。在寄出去之前，他把信拿去公证，发誓讲的是真话，"为了让它[会]更有力一些"。[13]

这封信是在效忠誓言争端期间到去世之前，康托洛维茨在美国作过的唯一一次独立公开的政治声明，可谓慷慨激昂。信一开始，作者回忆他所知道的克洛德尼在伯克利的情况。克洛德尼上过他的课，他"变得和他熟起来，因为我惊艳于他才华横溢的考试论文，还有他的能力：他可以迅速把握问题，然后阐明问题核心，把一个历史或哲学问题的深层带到表面来"。当两人谈论政治的时候，"在那些激动人心的日子里，话题总离不开从总体上怎么看待麦卡锡参议员和麦卡锡主义——我们一起分享了对这一法西斯运动的憎恶"。这一信件的核心在于讨论克洛德尼在西班牙的参战：

> 那是在 1930 年代，对于大多数欧洲人，有一个人类的魔鬼，那就是希特勒，彼时他已开始让他的附庸相形见绌：墨索里尼和佛朗哥。林肯纵队和其他志愿军的组建，乃是对如《启示录》野兽般的纳粹主义的第一次"抵抗运动"……他站在反佛朗哥力量这边进行战斗，并不能反映他是支持还是反对共产主义，而只反映他对野蛮的纳粹及其法西斯追随者的反对……直到来美国多年后，我才惊讶地得知，反对佛朗哥、希特勒和墨索里尼，加入反法西斯的林肯纵队，竟与成为一名共产主义者同义……至于克洛德尼为什么加入林肯纵队，个中原因我并不知道，因为那是他成为我学生十年前的事。然而我怀疑是共产主义的意识形态促使他从戎，去反抗纳粹法西斯分子。即便他彼时有共产主义倾向，但肯定不能认为与一个像希特勒那样的怪物及其同伙作战，是"从事颠覆活动"；相反，我觉得利用如此善工来事后解读一个"牵连犯罪"的案子是卑鄙的……至于他是否属于"亚伯拉罕·林肯纵队老兵"，我一无所知，但毕竟，他是不是那一纵队的老兵，与他如今是不是属于老兵组织毫无关系……我希望补充一点，我从未听闻克洛德尼教授有任何"颠覆"言行或对美国的不忠；很难想象，成熟如他会在匹兹堡大学讲授"颠覆学说"。当地报纸的说法和谴责纯属无稽之谈，我将不予理会。

这封信很有可能成了证词的一部分，受到匹兹堡调查委员会的审核，最后克洛德尼得到清白，作为一名"忠诚的美国人"得到承认。结果宣布后，克洛德尼写信向埃卡致谢，埃卡回复道，"我很高兴你顺利过关，被证明是无辜的"。[14]

在给克洛德尼回信的时候，埃卡正在计划他的最后一趟欧洲之旅。如同从前，他写信给薇拉，说出于"所得税的目的"，他需要这么做。1961年夏天的那几个月，他是在希腊度过的。7月，他以雅典为大本营，去了一趟萨洛尼卡，在那里待了三天，怡然于游泳、吃红鲻鱼——风味甚于鳟鱼。他也去了大马士革、巴尔米拉、巴勒贝克。8月，他和包腊一起待了三礼拜，在米科诺斯岛、提洛岛和罗得岛的海滨游泳。就像他在返程中给薇拉母亲的信中所写的："希腊仍一如既往地让人激奋，地中海是我唯一真正的故乡……我愿用德国所有簌簌作响的森林，换取希腊海中的一座裸之岛。"[15] 离开希腊后，他又在罗马待了八天，在慕尼黑待了一天半，以巴黎作为旅行终点。他在那里的一座五星级酒店（可能是为了扣掉他的税收成本）待了三天，之后返航。

正是在接下来的夏天，薇拉注意到埃卡的腹部膨隆。回到普林斯顿，他的内科医生诊断为动脉瘤，且得到费城一位血管外科医生的确认。因为众所周知，动脉瘤随时可能破裂，导致立即死亡，医生确定埃卡应该尽快动手术。埃卡很爽朗，或者至少维持着这一姿态。他带着十六瓶葡萄酒一起走进费城的医院，说他预见到需要通过静脉注射将牛排喂给他吃。他给包腊、薇拉和迈克尔·车尔尼亚夫斯基写信说，手术就是用一条尼龙或涤纶管把一条动脉换掉，既然他可以选择颜色，他可能会选择棕褐色，以匹配他那晒黑的皮肤。薇拉人在加利福尼亚，但定期给他写信：她希望他有一个守护天使。手术在11月23日实施，并未达到目标。因为通向他唯一的肾脏的动脉离主动脉太近,会威胁到后者,切掉它的风险太大。所以医生又把他缝合起来。埃卡之后在特护病房躺了三天,之后又在医院里待了两个礼拜。

他的内科医生告诉他,他只剩下半年到一年的光景。医生向他解释,他可能有两种方式死去:动脉瘤可能会分解,慢慢地出血,导致完全残废和极度折磨人的痛苦;或者它可能像气球一样胀裂,半分钟就会让他死去。当埃卡回到家,他写信给包腊,说他得到了一道伤疤,"从胸骨往下到阳物,划出了一整条格林尼治子午线",这使他"看上去像一个来自波希米亚学派或格列柯或格吕内瓦尔德笔下的基督,在所有方面都让人作呕"。[16] 在写给利森的一封信中,他谈到同一话题,说他看起来就像"一个被鞭笞的基督",而他更偏爱阿波罗——"当然比起像基督来,像阿波罗要难得多,而我对这一廉价宗教的彻底反对正在于此"。他补充道,1月10日前后,他会去圣约翰,用他的新伤疤吓唬鹈鹕和鱼。之后他从海边给薇拉发来消息。在用呼吸管潜水的时候,他看到一些梭鱼对他很礼貌,尽管冷着眼。此外他的体重已减了很多。回到普林斯顿后,医生带给他半边熏肉,叫他不必为胆固醇烦恼,因为他的动脉已硬化得不行了。

许多人劝埃卡去一趟得克萨斯,找著名的心外科医生迈克尔·德贝基咨询一下,但他拒绝了:也许德贝基可以妙手回春,但他不想把自己的余生花在"行乞"上。[17] 相反,他更愿意按照自己的活法,一如从前。他写信给包腊说他"目前状况不错",并提到拿破仑的母亲"绕着杜伊勒里宫漫步",一边念着"但愿持续下去"。[18] 在春天,他去了一趟马萨诸塞坎布里奇,参加中世纪史学会会议,去了两次敦巴顿橡树园,他已然成为那里的学者委员会的成员。5月,他写信给迈克尔·车尔尼亚夫斯基,说他正在做"香草牛肉烩饭",准备佐以普朗酒庄1960年格拉齐仙境园佳酿,其妙处堪比洛丽塔,夭夭灼灼,让人解颐。[19] 就如同他成年之后(度假除外)一贯的做派,他继续用美妙的享乐调剂艰苦的工作。1963年的春天和初夏,他完成了一篇论文和一篇长达七页的书评,上面满是细节和直率的批评。

6月,包腊来美国接受哈佛大学授予的荣誉学位,为了看他的朋友,在普林斯顿短暂停留。当包腊在信中告诉他的计划,埃卡回复道:"这是我很长时间以来听到的最好的消息……现在我算是有什么东西可以盼想……能在这里见到你,看不到明年的春天也就无所谓。"就像包腊在埃卡去世后给费利克斯·法兰克福特的信中写的,他们"[在一起]充实而快乐地待了三天,畅谈太阳底下的所有事物";康托洛维茨"已然知道……他不可能康复,可能随时骑箕而去,但他却对此开玩笑,说总比慢慢发疯好得多"。[20]

7月的下半月和8月的大部分时间,他待在圣约翰,第一次在那里度夏。他要么穿着丁字裤,要么完全光着身子,四处转悠,晒得比往常黑。在水中,他见到一条"漂亮得不可思议"的蝠鲼鱼,绕着一处珊瑚礁潜泳,与"一群中等大小的乌贼"为伍。他有一道新的佳肴,即用新鲜海龟肉做的"肉排"。

回到普林斯顿三周后,他为一次小型聚会做了法式海鲜浓汤,并把剩下的让卡勒夫妇带回去,但在收拾汤碗之前,他倒下了。9月8日是礼拜天,晚上他和潘诺夫斯基一起用了晚餐。[21] "潘"后来说这是个"特别迷人的夜晚,关于提香的问题,他给了我一个极好的提示"。拉尔夫·基西带埃卡去喝"睡前酒",习惯上不止一杯。但他那天因为腹痛服了一些药片,药效正逐渐失去,他需要回家再服一些,所以他们的时间只够"匆匆饮几杯"。基西陪着他,他一路上说着俏皮话。当基西第二天中午回来,他发现他的导师死了。灯还开着,康托洛维茨穿戴完整地躺在书房边的地板上。他的医生立马赶来,确定他是昨晚基西离开不久后去世的。没有任何挣扎的迹象。后来医生写信给贝亚特·扎尔茨,说"他走得很快、很安静,一如他所期望的"。潘诺夫斯基亦有相同的感觉:"他的离开,恰如他所希望的,没有任何机能的损害,没有任何延长的受苦"。他还依依不舍地加了一句:"但对于他的朋友们而言,这一倏然离去有些不真实,当遇到只有他才能解答的问题时,我经常发现自己不由自主地朝电话边走去。"

尾 声

恩斯特·康托洛维茨并没有葬在班贝格或伯克利。相反,他在遗嘱中留下指示,说他"不想有任何一种葬礼",他要求火葬,然后把骨灰寄给他的外甥女贝亚特·扎尔茨。贝亚特当时在波多黎各大学执教,之前他已叮嘱过,让她把骨灰撒到圣约翰岛附近的一个海湾里。在稍早一些时候,他还带着阴冷的幽默给包腊写信:"我甚至决定改动一处我的遗嘱,吩咐把我的骨灰和我最爱的螺旋开瓶器一起,寄给我在波多黎各的外甥女贝亚特,叫她务必在我的骨灰盒上钻孔,然后沉入加勒比海,从此以后,加勒比应该被称作埃卡勒比。"[1] 这实际上有没有发生不好说,因为就在埃卡去世那段时间,贝亚特的父亲也过世了,她不在波多黎各。但一本关于格奥尔格圈"余生"的书,其令人印象深刻的护封,便是基于这一设想。[2] 这本书的作者乌尔里希·劳尔夫认为,格奥尔格的弟子中,只有恩斯特·康托洛维茨在知识上取得了永恒的成就。因此格奥尔格圈成员的"余生",可以在一张加勒比海湾的照片上,得到最好的视觉呈现,而劳尔夫便是选择这张照片作为他的书封。

康托洛维茨之坚持不要葬礼,是和他一生对宗教仪式的极端厌恶内在一致的。讽刺的是,就是这么一个人,其学者生涯的大部分时间,都花在对宗教仪式的著述上,他对天主教教义的知晓,远比绝大多数天主教徒都要多得多。（约翰二十三世教皇在位期间，康托洛维茨、格哈特·拉德纳、斯特凡·库特纳是对第二次梵蒂冈大公会议取得的进展最为了解的行家：三人都是犹太人，但拉德纳和库特纳改了宗。）在伯克利，他感到有必要出席一个天主教的婚礼仪式，那是因为新郎是他钟爱的学生，但"在整个仪式中，他一直在闲聊"。[3]迈克尔·车尔尼亚夫斯基有一次提到埃卡是个无神论者，埃卡突然发怒反驳道："我说过什么让你有这种想法？"贝娅塔·奥尔登提到他"肯定不是忠实的犹太教徒，也绝对不是基督徒……讨厌宗教改革后各教派在宗教信仰上的个人化，谴责加尔文"。但"他很神往希腊诸神"。[4]康托洛维茨最切近地剖白自己的信条，是在《国王的两个身体》中，"但丁以一种与圣礼和教会相异但又形似的方式完成了自己进入'人性'的'洗礼'，加图充当他的教父，先知维吉尔充当他的施洗者——但这一次，施洗者给人开启的不是天堂，而是人的乐园"（第492页）。

就像埃卡对葬礼的拒绝内在于他对宗教的讨厌，他不希望有任何物理上的纪念碑内在于他"反永恒的情结"。1954年他将满六十岁前，拉尔夫·基西和迈克尔·车尔尼亚夫斯基发起一项认捐，为制作给他庆生的肖像奖章而筹款。他将得到一枚金的，而认捐者可以选择一枚银的或铜的。两人已经委托一名雕刻家制作出样本来，但埃卡知道后，叫他们取消了订单。就像基西告知车尔尼亚夫斯基的，"他强烈反对任何庆祝的计划，决然拒绝任何形式的合作……他谈起他的反永恒情结，他对安宁和独处的渴望"。[5]

但死后的声誉，他是不可能控制的。自他逝世以来，中世纪史学家对他作品的重要性称赞有加。从1970年代末开始的康托洛维茨热潮，使他迅速跻身20世纪最为著名的人文学者行列。这里是一些书和文章的标题：《女王的两个身体》（1977）；《历史的两个身体》（1988）；《皇帝的新身体》（1996）；《国王的两副面孔》（2003）；《国王的两性》（2006）；《国王的两副牙齿》（2008）；《国王的两只桶》（2009）；《国王的另一个身体》（2010）；《人民的两个身体》（2011）；《敌人的两个身体》（2012）；《国王的三个身体》（2014）。一些康托洛维茨使用的词语在历史编纂学之外余音不绝。2005年美国历史学会时任主席、历史学家詹姆斯·希恩在斯坦福大学毕业典礼上的致辞，让人想起康托洛维茨1949年在反对效忠誓言的演讲中，畅谈学者的"判断自由、人的尊严和负责的主权"原则。希恩评论道，"尽管无法完美而完全地实现，但康托洛维茨如此雄辩地表达的渴望和理想，对于那些声称有权穿长袍的人而言，依然重要和根本"。[6]

　　既然康托洛维茨有"独处的渴望"，他肯定也不乐于成为一部传记的传主，但他的一生如此卓尔不凡，这种事就不是他能控制的。有多少知名学者的生平能比得上这样一部戏剧：他曾在凡尔登战斗，在慕尼黑交锋，他是为斯特凡·格奥尔格效力的骑士，发表过反对纳粹主义的演讲，他躲避了"水晶之夜"，领导了一场反对奉行麦卡锡主义的大学董事会的斗争？有多少知名知识分子从右翼转到左派，而不是正好反过来？又有多少是如此值得借鉴？一部传记不可避免。

缩略语

贝特根文件——档案 A246，日耳曼历史文献所，慕尼黑

贝克尔文件——卡尔·海因里希·贝克尔未发表遗作，普鲁士国家机密档案馆，柏林

本森文件——罗伯特·L.本森文件，查尔斯·E.扬学术研究馆，加利福尼亚大学，洛杉矶

博尔顿文件——赫伯特·尤金·博尔顿文件，班克罗夫特图书馆，加利福尼亚大学，伯克利

包腊文件——莫里斯·包腊爵士文件，瓦德汉学院档案，牛津

布拉克曼文件——阿尔贝特·布拉克曼未发表遗作，Rep.92，普鲁士国家机密档案馆，柏林

车尔尼亚夫斯基文件——迈克尔·车尔尼亚夫斯基文件，AIS.1974.15，档案服务中心，匹兹堡大学

库尔提乌斯（恩斯特·罗伯特）文件——恩斯特·罗伯特·库尔提乌斯未发表遗作，德语文学档案馆，马尔巴赫

库尔提乌斯（路德维希）文件——路德维希·库尔提乌斯未发表遗作，德意志艺术档案馆，日耳曼博物馆，纽伦堡

CV——恩斯特·康托洛维茨，1938 年简历，恩斯特·康托洛

维茨全集，AR7216，利奥·贝克研究所，纽约，盒1，文件夹2

  DLA——德语文学档案馆，马尔巴赫

  EG——埃克哈德·格吕内瓦尔德，《恩斯特·康托洛维茨与斯特凡·格奥尔格。对1938年历史学家的传记供稿和他年轻的作品〈腓特烈二世皇帝〉》（威斯巴登，1982）

  紧急委员会文件——紧急委员会文件，纽约公共图书馆，盒17：恩斯特·康托洛维茨

  法兰克福特文件——费利克斯·法兰克福特文件，国会图书馆，华盛顿特区

  GA——斯特凡·格奥尔格，《作品全集》（柏林1927—1934）

  贡多尔夫档案——贡多尔夫档案，日耳曼语与罗曼语研究所，伦敦大学

  汉佩文件——卡尔·汉佩未发表遗作，Heid.Hs.4067，海德堡大学图书馆

  黑普纳文件——1206黑普纳和卡恩家庭文件，维纳图书馆，伦敦

  希克斯文件——约翰·D.希克斯文件，BANC MSS 69 / 132，班克罗夫特图书馆，加利福尼亚大学，伯克利

  IAS——谢尔比·怀特和利昂·利维档案中心，普林斯顿高等研究院，新泽西

  卡勒文件——埃里希·冯·卡勒未发表遗作，德语文学档案馆，马尔巴赫

  凯南文件——乔治·F.凯南文件，西利·马德手稿图书馆，普林斯顿大学

KFII——恩斯特·康托洛维茨，《腓特烈二世皇帝》（柏林，1972）

K2B——恩斯特·康托洛维茨，《国王的两个身体：一项中世纪政治神学研究》（普林斯顿，1957）

库特纳文件——斯特凡·库特纳文件，斯特凡·库特纳中世纪教会法研究所，慕尼黑

朗洛茨文件——恩斯特·朗洛茨未发表遗作，波恩大学图书馆

LBI——恩斯特·康托洛维茨全集，AR7216，利奥·贝克研究所，纽约

洛里默文件——埃米莉·奥弗兰·洛里默文件，MSS Eur F177/56 1930—1948，大英图书馆，伦敦

洛伊文件——罗伯特·哈里·洛伊文件，BANC MSS C-B927，班克罗夫特图书馆，加利福尼亚大学，伯克利

内夫文件——小约翰·乌尔里克·内夫文件，特别收藏研究中心，芝加哥大学

奥勒思吉文件——莱昂纳多·奥勒思吉文件，特别收藏，盖蒂研究所，洛杉矶

普林斯顿大学出版社文件——收藏CO728，盒262／文件夹2，档案馆，普林斯顿大学

扎林文件——埃德加·扎林未发表遗作，C34，巴塞尔大学图书馆

萨克斯尔文件——弗里茨·萨克斯尔文件，瓦尔堡研究所档案馆，伦敦

施拉姆文件——施拉姆家族，L230，Bd.6，恩斯特·康托洛

维茨子文件，汉堡国家档案馆
  施泰因文件——威廉·施泰因未发表遗作，StGA
  StGA——斯特凡·格奥尔格档案馆，斯图加特
  UCSC——特别收藏研究中心，芝加哥大学

注 释

导言

[1] Friedrich Viga (Friedrich Glum 的笔名), *Die Rolltreppe* (Munich, 1960), 246–48.Glum, *Zwischen Wissenschaft Wirtschaft und Politik: Erlebtes und Erdachtes aus vier Reichen* (Bonn, 1964), 392, 737, 表明他在这一时期的夜间讨论中遇到过康托洛维茨, 而且明确提出他的小说的九成, 是基于个人或者熟人朋友的经历。

[2] "拉涅利": Erich Rothacker, *Heitere Erinnerungen* (Frankfurt, 1963), 67; "弗拉斯卡蒂白葡萄甜酒": 致信菲娜·冯·卡勒, 1928 年 8 月 29 日, StGA, 卡勒文件, III: 6568。

[3] Viga, *Die Rolltreppe*, 393。此处以及整本书, 德语的翻译皆出自本人。

[4] Stephen Greenblatt, "Fifty Years of The King's Two Bodies," *Representations* 106 (Spring 2009), 63; Giorgio Agamben, *Homo Sacer: le pouvoirsouverain et la vie nu* (Paris, 1997), 101–2.

[5] 小林恩·怀特致信康托洛维茨, 1944 年 1 月 3 日: LBI, box 7, folder 5.

[6] Eckhart Grünewald 的 *Ernst Kantorowicz und Stefan George* (Wiesbaden, 1982) 不错, 但随着后来许多新材料的发现, 被认为有点过时, 且局限于康托洛维茨 1938 年之前的生活。

[7] 包腊文件, 1938 年 10 月 1 日。

[8] 费利克斯·法兰克福特致信穆雷·加特纳, 1950 年 5 月 24 日: LBI, box 6, folder 1。

第一章

[1] H. P. Kent, "The Kantorowicz Liqueur Business," in Kent, "To the Members of the Kalahora, Kantorowicz, Landsberg, and Related Families: Follow-Up Information II, Aug.–Oct. 1989," in H. P. Kent Collection, AR6186, LBI.

[2] Nawrocki, "Die Geschichte der Familie Kantorowicz," 87.

[3] Kent, "Kantorowicz Liqueur Business."

[4] 恩斯特·康托洛维茨家族的许多成员的世系、名字和生卒年份（母系这边追溯到1495年）可在埃卡1936年（彼时他被强制赋闲）绘制的无比珍贵的家谱中找到：LBI, box 1, folder 1。

[5] 威廉·沃尔夫致信弗朗茨·康托洛维茨（马克斯的儿子）；信件是1945年7月13日从蒙特利尔用德语口授：勒纳档案。

[6] Chris Barkan（马克斯玄孙的儿子）慷慨地将埃伦·菲舍尔（娘家姓米尔希）的一部未发表的回忆录的复印件送给我；埃伦·菲舍尔的女儿Constance Sattler允许我引用她母亲的著作。我已将该回忆录存放在利奥·贝克研究所。

[7] Reinhard Lepsius致信妻子Sabine Lepsius, 3, 4, 6, 12, 13, 23 (1897): Lepsius papers, DLA。

[8] Erich F. Podach, *Gestalten um Nietzsche* (Weimar, 1932), 137–38. Podach没有提到福斯特的犹太对手的名字，但Kurt Gassen和MichaelLandmann认定他便是埃德蒙·康托洛维茨，见两人编的 *Buch des Dankes an Georg Simmel* (Berlin, 1958), 276。

[9] 关于约瑟夫的充满深情的文字，亦可见于1943年10月13日约瑟夫的侄媳埃娃·康托洛维茨写给薇拉·彼得斯的一封信：勒纳档案。

[10] 康托洛维茨致信埃莉泽·彼得斯，1961年10月21日：勒纳档案。

[11] 康托洛维茨致信莱昂纳多·奥勒思吉，1958年9月7日：奥勒思吉文件。

[12] 弗朗茨·康托洛维茨致信埃娃·康托洛维茨，1919年2月13日：勒纳档案。

[13] 1871年至1910年间依照宗教进行的统计数据，可见于Gotthold Rhode, *Geschichte der Stadt Posen* (Neuendettelsau, 1953), 144。

[14] Kronthal, *Posner Mürbekuchen*, 12–13.

[15] Witold Molik, "Der Einfluss der preussischen Politik auf die Gesellschaftsstruktur

des Grossherzogtums Posen," in *Preussen in der Provinz,* ed. Peter Nitsche, 63–79 (Frankfurt, 1991), at 74.

[16] Tom F. Peters 将其祖父 Georg Pietrkowski（1953 年在伯克利去世）未发表的回忆录转交给我。

[17] Victor Klemperer, *Curriculum Vitae: Erinnerungen* 1881–1918, 1 (Berlin, 1996), 16–17.

[18] Reinhard Bendix, *From Berlin to Berkeley: German-Jewish Identities* (New Brunswick, 1986), 81.

[19] Steven E. Aschheim, *Brothers and Strangers: The East European Jew in German and German Jewish Consciousness,* 1800–1923 (Madison, 1982), esp. 4–5, 43.

[20] Fischer memoirs: "The Grandparents in Posen," 5; "The Milchs," 21.

[21] 康托洛维茨致信薇拉·彼得斯，1961 年 5 月 19 日：勒纳档案。

[22] 致信薇拉·彼得斯，1961 年 10 月 14 日：勒纳档案。

[23] 伊戈尔·谢甫琴科电子邮件，2008 年 11 月 22 日。

[24] CV："我十二岁之前，有一个英国家庭女教师。"（依据康托洛维茨在伯克利的学生威廉·A. 钱尼的说法，他说过他极其讨厌这个女人。）在 1939 年 10 月 10 日一封给罗伯特·H. 洛伊的信中，康托洛维茨提到他"从孩童起便说英文"：洛伊文件。

[25] 康托洛维茨致信埃莉泽·彼得斯，1949 年 5 月 23 日：勒纳档案。

[26] Witold Molik, "Ernst Kantorowicz's Schuljahre in Posen," in Strzelczyk, *Ernst Kantorowicz,* 65–73, at 67.

[27] Molik, "Ernst Kantorowicz's Schuljahre," 68–69.

[28] Schulze, *Königliches Auguste Viktoria-Gymnasium,* 16.

[29] 康托洛维茨致信约瑟菲娜·冯·卡勒，1920 年 4 月 26 日：StGA，卡勒文件，III: 6513。

[30] EG, 17.

[31] Horst Fuhrmann 致信 Eckhart Grünewald，1991 年 6 月 7 日。

[32] Molik, "Ernst Kantorowicz's Schuljahre," 70.

[33] 露西·车尔尼亚夫斯基将这张明信片的副本给了我。

[34] Klaus Pott, ed., *Friedrich Gundolf/Erich von Kahler Briefwechsel 1910-1931.*

Mit Auszügen aus dem Briefwechsel Friedrich Gundolf-Fine von Kahler, 2 vols. (Göttingen, 2012), 2: 309：贡多尔夫（从海德堡）致信约瑟菲娜·索博特卡，1911年4月。

[35]　康托洛维茨致信Ilse Curtius，1956年5月21日（波恩大学图书馆），提到"自1910年起"便已知道恩斯特·罗伯特·库尔提乌斯；后者那一年在海德堡。

[36]　CV.

[37]　康托洛维茨致信父母，1914年6月8日：Ariane Phillips collection。

第二章

[1]　关于康托洛维茨的军事生涯，除非另有详细说明，我依据的是EG，第18—22页。

[2]　Schulze, *Königliches Auguste Viktoria-Gymnasium*, 17, 9.

[3]　Robert E. Lerner, "The Secret Germany of Gertrud Kantorowicz," in *A Poet's Reich: Politics and Culture in the George Circle*, ed. Melissa S. Lane and Martin A. Ruehl, 56–77 (Rochester, N.Y., 2011), at 61.

[4]　CV.

[5]　1940年4月9日：博尔顿文件。

[6]　贡多尔夫致信弗里德里希·沃尔特斯，1917年2月18日，见Christoph Fricker, ed., *Friedrich Gundolf—Friedrich Wolters: Ein Briefwechsel aus dem Kreis um Stefan George* (Cologne, 2009), 157。

[7]　电子邮件信息，2008年3月11日。

[8]　采访露西·车尔尼亚夫斯基，1990年9月16日；在普林斯顿对威廉·A.珀西所作的陈述，由其告知给笔者。

[9]　C. M. Bowra, *Memories 1898–1939* (London, 1969), 288.

[10]　扎尔茨致信康托洛维茨，1956年12月3日：LBI, box 4, folder 11。

[11]　EG, 48.

[12]　信封上留存的寄信人地址："F.A. 20 (Dolm. Schl), z.Z. Berlin Prinzregentenstrasse 75"。第二十野战炮兵团是以波森为总部，但显然在柏林有一所"翻译学校"。

[13]　康托洛维茨致信父母，1918年9月2日。

[14] 康托洛维茨致信父母，1918 年 10 月 8 日。
[15] 感谢 Thomas Kuehne 教授帮我确定 Wilhelm Heins 的身份。此人是一名小学老师，来自具有强烈反犹传统的乡村地区，于 1913 年加入普鲁士政府。
[16] 康托洛维茨致信父母，1918 年 1 月 3 日。
[17] 钱尼致信 David Spears，2001 年 8 月 6 日。
[18] Angela Reinthal, ed., *Harry Graf Kessler. Das Tagebuch, Siebter Band 1919–1923* (Stuttgart, 2007), 89.
[19] EG, 114；致信珀西·恩斯特·施拉姆，1933 年 3 月末：施拉姆文件。
[20] 钱尼致信 David Spears，2001 年 8 月 6 日；采访露西·车尔尼亚夫斯基，1990 年 9 月 16 日。
[21] CV。1939 年的第二份简历省略了这句话。也许这是为了避免给美国读者造成好战的反共印象，但也可能只是出于简化的目的。
[22] Ulrich Kluge, *Die deutsche Revolution, 1918/1919* (Frankfurt, 1985), 135.
[23] 约翰·希克斯致信罗伯特·斯普劳尔，1950 年 7 月 12 日，转引自 Randolph Starn 未发表论文，"Kantorowicz in the Archives," 8。
[24] 这封信被复印在康托洛维茨《根本问题》中，第 6—7 页。

第三章

[1] Ludwig Thormaehlen, *Erinnerungen an Stefan George* (Hamburg, 1962), 90.
[2] 贡多尔夫致信菲娜·索博特卡，1911 年 12 月 16 日，见 Pott, *Gundolf-Kahler Briefwechsel*, 2: 325。
[3] Marie Luise Gothein, *Eberhard Gothein: Ein Lebensbild* (Stuttgart, 1931), 199; Ludwig Curtius, *Deutsche und Antike Welt: Lebenserinnerungen* (Stuttgart, 1950), 368.
[4] Lothar Helbig and C. V. Bock, "Friedrich Gundolf," in *On Four Modern Humanists*, ed. Arthur R. Evans Jr., 54–84 (Princeton, 1970), at 77–78.
[5] Norton, *Secret Germany*, 463.
[6] Pott, *Gundolf-Kahler Briefwechsel*, 2: 25.
[7] Ibid., 268.

[8] Michael Landmann, *Figuren um Stefan George: Zehn Porträts* (Amsterdam, 1982), 90; Lauer, *Die verspätete Revolution*, 173.

[9] Joachim Radkau, *Max Weber: A Biography* (Cambridge, 2009), 312.

[10] Pott, *Gundolf-Kahler Briefwechsel*, 2: 434–35.

[11] 菲娜致信埃里希·冯·卡勒，1926年6月4日，StGA，卡勒文件，II: 5213。

[12] 康氏致信菲娜，1921年1月1日：ibid., III: 6538。

[13] Ibid.,II: 6540.

[14] 菲娜致信埃里希·卡勒，1919年9月30日，ibid., II: 5077。

[15] 埃卡致信菲娜，1920年5月3日：ibid., III: 6517。

[16] 埃卡致信菲娜，1920年5月27日：ibid., 6520。

[17] Ibid., 6555.

[18] 1936年9月30日：ibid., 6566。

第四章

[1] Curtius, *Deutsche und Antike Welt*, 369.

[2] René Wellek, "The Literary Criticism of Friedrich Gundolf," *Contemporary Literature* 9 (1968): 394–405, at 394.

[3] 从波森致信贡多尔夫，1916年11月24日（贡多尔夫档案）。到1932年，该书已售出逾四万五千本：Helbig and Bock, "Friedrich Gundolf," 77。

[4] 索莎致信贡多尔夫，1915年6月14日；1916年12月25日：贡多尔夫档案。

[5] Thomas Karlauf, *Stefan George. Die Entdeckung von Charisma* (Munich, 2007), 521.

[6] Boehringer and Landmann, *Stefan George*, 240.

[7] Pott, *Gundolf-Kahler Briefwechsel*, 2: 381.

[8] Lothar Helbing et al., eds., *Stefan George: Dokumente seiner Wirkung* (Amsterdam, 1974), 145.

[9] StGA，卡勒文件，III: 6502。

[10] 1920年11月6日：ibid., 6530。

[11] StGA，卡勒文件，III: 6502。

[12] Carl Zuckmeyer, *A Part of Myself* (New York, 1966), 208.
[13] 埃卡致信菲娜，1920 年 4 月 28 日：StGA，卡勒文件，III: 6515。
[14] EG, 48, n.102.
[15] StGA，卡勒文件，III: 6511。
[16] Folker Reichert, *Gelehrtes Leben: Karl Hampe, das Mittelalter und die Geschichte der Deutschen* (Göttingen, 2009), 223.
[17] Karlauf, *Stefan George*, 420.
[18] StGA，卡勒文件，II: 6507。
[19] 1921 年 3 月 1 日信件，发表在 Michael Maurer 等编，*Im Schaffengeniessen: Der Briefwechsel der Kulturwissenschaftler Eberhard und Marie Luise Gothein* (Cologne, 2006), 547。
[20] StGA，卡勒文件，III: 6515。
[21] Ibid., 6529.
[22] 1921 年 [2 月 14 日] 星期一：ibid., 6547。

第五章

[1] Theodor Dschenfzig, *Stefan George und die Jugend*, 2nd ed. (Munich, 1935), 23.
[2] Salin, *Um Stefan George*, 11–12.
[3] Norton, *Secret Germany*, 657.
[4] Schönhärl, *Wissen und Visionen*, 2.
[5] Sabine Lepsius, *Ein Berliner Künstlerleben um die Jahrhundertwende: Erinnerungen* (Munich, 1972), 171; Marie von Bunsen, *Die Welt in der ichlebte* (Leipzig, 1929), 153.
[6] Edith Landmann, *Gespräche mit Stefan George* (Düsseldorf, 1963), 11; Kurt Breysig, *Stefan George: Gespräche, Dokumente* (Amsterdam, 1960), 9.
[7] GA, 6/7, 54; Morwitz, *Kommentar*, 246–47.
[8] Hermann Glockner, H*eidelberger Bilderbuch: Erinnerungen* (Bonn, 1969), 24.
[9] GA, 8, 31, 33.
[10] Salin, *Um Stefan George*, 28.

[11] Norton, *Secret Germany*, 526–27.
[12] Marie Luise Gothein, *Eberhard Gothein: Ein Lebensbild* (Stuttgart, 1931), 205.
[13] Gothein, *Eberhard Gothein*, 206.
[14] GA, 9, 114.
[15] EG, 69.
[16] Ernst Morwitz, *Stefan George: Poems Rendered into English by Carol North Valhope and Ernst Morwitz* (New York, 1967), 16.
[17] Karlauf, *Stefan George*, 488.
[18] StGA, 卡勒文件, III: 6530。
[19] Ibid., 6531.
[20] Ibid., 6534.
[21] 1921 年 2 月 9 日，ibid., 6545。
[22] 1921 年 2 月 12 日，ibid., 6546。
[23] EG, 65.
[24] Landmann, *Gespräche mit Stefan George*, 7; Werner Vortriede, *Das verlassene Haus* (Munich, [1975]), 296.
[25] 埃卡致信菲娜·冯·卡勒，1920 年 11 月 6 日：StGA, 卡勒文件, III: 6530。
[26] Karlauf, *Stefan George*, 595.
[27] Friedrich Wolters, *Stefan George und die Blätter für die Kunst* (Berlin, 1930), 116.
[28] Ulrich Raulff, "Im Lapidarium des George-Kreises," in *Das geheime Deutschland: Eine Ausgrabung,* ed. Raulff and Lutz Näfelt (Marbach, 2008), 13.
[29] Ibid., 22.
[30] Robert Boehringer, *Mein Bild von Stefan George: Tafelband* (Düsseldorf, 1967), 90, 91.
[31] Karlauf, *Stefan George*, 313–14.
[32] Kurt Singer, "Aus den Erinnerungen an Stefan George," *Das neue Rundschau* 68 (1957): 298–310, at 310.

[33] Lerner, "The Secret Germany of Gertrud Kantorowicz," 69.
[34] Henry von Heiseler, *Stefan George* (Munich 1933), 10.
[35] Buselmeier, *Heidelberg Lesebuch*, 595.
[36] Rothacker, *Heitere Erinnerungen*, 65.
[37] Alexander von Bernus, "Sommergäste auf Stift Neuburg," in Buselmeier, *Heidelberg Lesebuch*, 183.
[38] Walter Ehrlich, *Kulturgeschichtliche Autobiographie* (Tübingen, 1961), 77.
[39] Christian Weber, *Max Kommerell: Eine intellektuelle Biographie* (Berlin, 2011), 59–61.

第六章

[1] 1920 年 11 月 20 日；1921 年 1 月 1 日：StGA, 卡勒文件, III: 6534, 6538。
[2] GA, 9, 22: Morwitz, *Kommentar*, 414–17.
[3] GA 9, 28: Morwitz, *Kommentar*, 483.
[4] 托梅伦和扎林都不喜欢于克斯屈尔：Ludwig Thormaehlen, *Erinnerungen an Stefan George* (Hamburg, 1962), 182; [Salin], *Ernst Kantorowicz*, 2–3。
[5] Thormaehlen, *Erinnerungen an Stefan George*, 183, Golo Mann, *Reminiscences and Reflections: A Youth in Germany* (New York, 1990), 217，谈到他在海德堡期间——1929 年到 1932 年——只有两名学生有汽车。
[6] [Salin], *Ernst Kantorowicz*, 4.
[7] Woldemar von Uxkull-Gyllenband, *Archäische Plastik der Griechen* (Berlin, 1920), 7.
[8] [Salin], *Ernst Kantorowicz*, 4.
[9] Groppe, *Die Macht der Bildung*, 470.
[10] Karlauf, *Stefan George*, 473.
[11] EG, 42；全文见 Groppe, *Die Macht der Bildung*, 470。
[12] 埃卡致信施泰因：施泰因文件。
[13] Morwitz, *Kommentar*, 230.
[14] 康托洛维茨致信约瑟夫·利格勒，1922 年 8 月 27 日：Roettig and Lerner,

"Briefe von Ernst Kantorowicz," 333。
- [15] GA, 6/7: 23.
- [16] GA, 9: 114.
- [17] 格奥尔格在译但丁时，将"vento"译成"sturm"（GA, 10/11: 168），而康托洛维茨在他随后的传记中予以了遵从。
- [18] Walther Ruttman, *Das Wunder*, in "Walther Ruttmann: Berlin, die Sinfonie der Großstadt & Melodie der Welt" (Edition Filmmuseum 39, 2013).
- [19] EG, 67.
- [20] John Van Engen 从海德堡中世纪史学家 Peter Classen 那里听来的。
- [21] 康托洛维茨致信施泰因，1924 年 5 月 15 日：施泰因文件。
- [22] 1924 年 5 月 15 日：施泰因文件。
- [23] 1925 年 7 月 21 日：StGA，卡勒文件，III: 6563。
- [24] 1925 年 7 月 30 日：DLA，卡勒文件。
- [25] [Salin], *Ernst Kantorowicz*, 5.
- [26] 1926 年秋和 1927 年 1 月，为 Alexander Zschokke 当模特：康托洛维茨致信威廉·施泰因，1926 年 11 月 23 日，施泰因文件。为 Max Fueter 当模特：Thormaehlen, *Erinnerungen*, 227。Zschokke 的作品现在在法兰克福大学历史研讨会。Fueter 的作品曾在 1928 年被用来为埃卡传记的重印作推广，现在下落不明。

第七章

- [1] 该传单被附在康托洛维茨 1928 年 8 月 28 日给菲娜·冯·卡勒的一封信中：StGA，卡勒文件，III: 6568。
- [2] 括号内的数字指的是德文版的页码。
- [3] 康托洛维茨称之为"歌德之言"，俨然引用经文，但他实际上予以了摆弄。这句话来自歌德写给席勒的信，原文是："就完美而言，没有自由，除了爱"。
- [4] 致信威廉·施泰因，1925 年 10 月 15 日：施泰因文件。
- [5] James M. Powell 英译，*The Liber Augustalis or Constitutions of Melfi Promulgated by the Emperor Frederick II for the Kingdom of Sicily in 1231* (Syracuse, NY, 1971), 32。

[6] 1922年8月26日：施泰因文件。
[7] 1922年8月27日：Roettig and Lerner, "Briefe von Ernst Kantorowicz," 332–33。
[8] Edith Landmann, *Gespräche mit Stefan George*, 174.
[9] 贡多尔夫致信玛格达·贝茨纳，1924年12月：贡多尔夫档案。
[10] Friedrich Gundolf, *Anfänge deutscher Geschichtsschreibung von Tschudi bis Winckelmann* (Frankfurt, 1992), 122, 129.
[11] Oswald Holder-Egger, "Italienische Prophetien des 13. Jahrhunderts," *Neues Archiv der Gesellschaft für ältere deutsche Geschichtskunde* 30 (1904–1905): 323–86, at 323.
[12] Ladner, *Erinnerungen*, 32.
[13] Felix Gilbert, *A European Past: Memoirs*, 1905–1945 (New York, 1988), 106–7.
[14] 今天应先选择的传记是Wolfgang Stürner的两卷本《腓特烈二世》（Darmstadt, 1992–2000）：详尽而严肃。
[15] Gustav Seibt, 引自Olaf B. Rader, "Der Bernstein und das Insekt. Die Aktualität der Arbeiten Kantorowicz' aus der Perspektive eines Monumentisten," in Ernst and Vismann, *Geschichtskörper*, 59–71, at 68。
[16] 由David d'Avray教授告知本书作者。
[17] Otto Gerhard Oexle, "German Malaise of Modernity: Ernst H. Kantorowicz and His Kaiser Friedrich der Zweite," in Benson and Fried, *Ernst Kantorowicz*, 33–55, at 55.
[18] Michael Landmann, *Figuren um Stefan George*, 18.
[19] EG, 72。"1925年夏"的时间有误。
[20] Salin, *Um Stefan George*, 253: " 'Geistbücher sind Politik'—wie oft hat George diesen Satz gesagt." Norton, *Secret Germany*, 586–87,挖苦地评论道，"与政治无关"的意思是"与任何其他人的政治无关，只和[格奥尔格]自己的有关"。
[21] Alfred Brendel, *Musical Thought and After-Thoughts* (Princeton, 1976), 26.
[22] EG, 156，且被广泛重复。关于希姆莱和戈林的说法是基于1963年康托洛维茨的一封信，他大概是听到了这类传言。关于希特勒的来源是珀

西·恩斯特·施拉姆，EG, 165, n. 36。不过要违背常理才能想象，希特勒会读一本六百页的书，而且这本书是一个犹太人写的，还读了两遍。

[23] 引自 Martin A. Ruehl, *A Poet's Reich: Politics and Culture in the George Circle*, ed. Melissa S. Lane and Martin A. Ruehl, 204–47 (Rochester, NY, 2011), at 225–26；以及 Marcus Thomsen, *Kaiser Friderich II. in der Auffassung der Nachwelt* (Ostfildern, 2005), 269。

[24] 2010 年 1 月 14 日采访诺曼·里奇。玛丽昂·登霍夫有一次说，埃卡在晚年认为如果没有写这部传记要更好：Klaus Harpprecht, *Die Gräfin: Marion Dönhoff* (Reinbek, 2008), 188。

[25] Ruehl, "Reich and Rulership," 205.

[26] 1922 年 8 月 27 日：Roettig and Lerner, "Briefe von Ernst Kantorowicz," 332。

第八章

[1] Rothacker, *Heitere Erinnerungen*, 67.

[2] 1928 年 2 月 15 日：DLA, Heinrich Zimmer papers。

[3] Ladner, *Erinnerungen*, 32–33.

[4] Grover Sayles Jr., "The Scholar and the Loyalty Oath,"《旧金山纪事报》，1963 年 12 月 8 日,28。

[5] 他给威廉·施泰因的信，在 1926 年 11 月还是 "E. K."，到 1927 年 9 月变成了 "EKa"。

[6] David Thimme, *Percy Ernst Schramm und das Mittelalter* (Göttingen, 2003). 施拉姆在 1921 年至 1929 年间在海德堡任教，提到他和康托洛维茨、贝特根在罗马度过了一个长夜，*Erasmus* 18 (1966): 455。

[7] 库尔提乌斯, *Deutsche und Antike Welt*, 503。

[8] 致信菲娜，1928 年 8 月 29 日。驾照的日期是 1928 年 2 月 27 日：LBI, box 1, folder 3。

[9] 1993 年 12 月 16 日采访阿里安娜·贾基。迈克尔·豪克对于巴比的第一评语便是英气。

[10] Bowra, *Memories*, 291.

[11] 1994 年 8 月 12 日采访玛格丽特·本特利·谢甫琴科，1990 年 9 月 5 日采访露西·车尔尼亚夫斯基。

[12] EG, 84；致信菲娜·冯·卡勒，1928 年 8 月 29 日。

[13] 1927 年 5 月 27 日信件。

[14] 最初发表在《历史杂志》140 (1929): 534–49。括号里的数字指的是《历史杂志》上的页码。

[15] EG, 87.

[16] 恩斯特·康托洛维茨, " 'Mythenschau': Eine Erwiderung,"《历史杂志》141 (1930): 457–71。括号中的数字指的是《历史杂志》的页码。

[17] 关于这次会议的细致而生动的描述，以及对康托洛维茨的演讲的反应，见 Eckhart Grünewald, *Deutsches Archiv für Erforschung des Mittelalters* 50 (1994): 89–125。

[18] 致信布拉克曼，1930 年 4 月 27 日：布拉克曼文件。

[19] 致信布拉克曼，1930 年 4 月 30 日：布拉克曼文件。

[20] 布尔达赫致信布拉克曼，1930 年 3 月 17 日：布拉克曼文件。

[21] 这一点在 Michael Burleigh, *Germany Turns Eastwards: A Study of "Ostforschung" in the Third Reich* (Cambridge, 1989) 一书中得到强调。这本书有一些价值，不过近乎漫画般地将布拉克曼描绘成一个反派，有着"卑劣的狡诈和报复心"（第 149 页）。

[22] Albert Brackmann, *Krisis und Aufbau in Osteuropa. Ein weltgeschichtliches Bild* (Berlin, 1939), 65, 68.

[23] Frank-Rutger Hausmann, " 'Auch im Kriegschweigen die Musennicht': Die 'deutschen wissenschaflichen Insitute' (DWI) im zweiten Weltkrieg (1940–1945)," *Jahrbuch des historischen Kollegs* (2000): 123–64, at 157.

第九章

[1] Gilbert, *A European Past*, 105.

[2] 除非注明，以下描述依据 Horst Furhmann, "Paul Fridolin Kehr: 'Urkundione' und Weltmann," in Fuhrmann, *Menschen und Meriten: Eine persönliche Portraitgalerie* (Munich 2001), 174–212。

[3] 格哈特·拉德纳致信勒纳，1992 年 1 月 15 日。
[4] Raïssa Bloch，布拉克曼的一名学生，引自马尔基尔，"Ernst H. Kantorowicz", 151。
[5] 1989 年 5 月 3 日采访库尔特·魏茨曼。
[6] Kurt Weitzmann, *Sailing with Byzantium from Europe to America: The Memoirs of an Art Historian* (Munich, 1994), 95.
[7] *Zeitschrift für bayerische Landesgeschichte* 5 (1932): 129–39 的单行本，在普林斯顿高等研究院档案馆的康托洛维茨收藏中。
[8] 康托洛维茨致信威廉·施泰因，1928 年 11 月 23 日，1929 年 1 月 23 日：施泰因文件。
[9] 1929 年 7 月 8 日：EG, 87。
[10] 致信菲娜·冯·卡勒，1930 年 1 月 25 日：StGA，卡勒文件，III: 6570；致信斯特凡·格奥尔格，1931 年 7 月 8 日：EG, 105。
[11] 致信格奥尔格，1931 年 7 月 8 日。
[12] 致信汉佩，1932 年 9 月 15 日：汉佩文件。
[13] *Neues Archiv der Gesellschaft für ältere deutsche Geschichtskunde* 49 (1932): iv.（克尔从康托洛维茨 1930 年 3 月 15 日给他的信中借用了这一笑话：Peter Th. Walther and Wolfgang Ernst, "Ernst Kantorowicz: Eine archäobiographische Skizze," in Ernst and Vismann, *Geschichtskörper*, 222。）
[14] StGA，卡勒文件，III: 6568。
[15] 采访哈里·雅法（里茨勒在纽约市新学院的同事）：2010 年 4 月 28 日。
[16] 1930 年 3 月 16 日：布拉克曼文件。
[17] EG, 104.

第十章

[1] 这方面的两本详尽的历史著作是 Paul Kluke, *Die Stiftungsuniversität Frankfurt am Main,* 1914–1932 (Frankfurt, 1972) 和 Notker Hammerstein, *Die Johann Wolfgang Goethe-Universität, Band I* (Neuwied, 1989)。
[2] 1993 年 12 月 16 日采访迈克尔·豪克。
[3] Karl Korn, *Lange Lehrzeit. Ein deutsches Leben* (Frankfurt, 1975), 142。

[4] 未发表文本，LBI, box 2, folder 9。
[5] 康托洛维茨可能是引自 Ernst Bertram, *Nietzsche. Versucheiner Mythologie* (Berlin, 1918), 20。这本书是格奥尔格圈的必读书。
[6] 康托洛维茨致信奥尔格，1931年12月2日，EG, 106；1994年8月13日采访瓦尔特·格罗斯。
[7] 1931年12月2日，EG, 106。
[8] 致信恩斯特·贝尔特拉姆，1933年6月17日，EG, 106。
[9] 1990年6月28日采访贝亚特·扎尔茨。
[10] 蒂利希致信柏林科学、艺术和教育部，1932年5月31日：法兰克福大学档案馆，哲学系档案，II 6, 2。
[11] 1996年8月27日采访玛格丽特·本特利·谢甫琴科。
[12] Walther and Ernst, "Ernst H. Kantorowicz," 214, 215, 221, 222.
[13] Jacob Katz, *With My Own Eyes: The Autobiography of an Historian* (Hanover, NH, 1995), 88.
[14] 致信埃德加·扎林，1932年11月30日：扎林文件。
[15] 约翰内斯·哈勒，*Lebenserinnerungen* (Stuttgart, 1960), 243。
[16] 康托洛维茨致信汉佩，1932年5月23日：汉佩文件。
[17] 更多的细节见 Lerner, " 'Meritorious Academic Service,' " 31。
[18] EG, 113.
[19] Thompson, *Eye of the Storm*, 232.
[20] 1939年2月25日：包腊文件。
[21] 1933年11月11日：扎林文件。
[22] 康托洛维茨重新用打字机打出这份声明，并保留在他的文件中：LBI, box 5, folder 5。
[23] 1994年11月4日采访玛格丽特·本特利·谢甫琴科，汉斯·罗森豪普特和她说过康托洛维茨对登霍夫兴趣。至于登霍夫对埃卡的"倾心"，即便知道她有一个名叫旺根海姆女男爵的情敌，见 Harpprecht, *Die Gräfin*, 139。
[24] 康托洛维茨致信薇拉·彼得斯，1951年4月16日：勒纳档案。
[25] 1962年6月16日：玛丽昂·登霍夫基金会档案馆。

第十一章

[1] 致信埃米莉·洛里默，1931 年 10 月 24 日：洛里默文件。
[2] 1931 年 12 月 9 日：恩斯特·罗伯特·库尔提乌斯文件。
[3] 1932 年 10 月 12 日信件，发表于 Lutz Weltmann 编，*Kasimir Edschmid: Der Weg, Die Welt, Das Werk* (1955), 94–95。
[4] Norman F. Cantor, *Twentieth-Century Culture: Modernism to Deconstruction* (New York, 1988), 311; Cantor, *Inventing the Middle Ages* (New York, 1991), 95.
[5] 康托洛维茨致信法兰克福大学董事会，1933 年 4 月 15 日，LBI, box 5, folder 5。
[6] 致信汉佩，1933 年 4 月 16 日：汉佩文件。
[7] Giesey, "Ernst H. Kantorowicz", 198。
[8] 5 月末的信，见 Lerner, " 'Meritorious Academic Service,' " 27。
[9] 6 月 6 日的信，引自 Walther and Ernst, "Ernst Kantorowicz," 215。
[10] 关于事件和信件的全部文本，Karlauf, *Stefan George*, 620–22。
[11] EG, 122.
[12] 引自 Eckhart Grünewald, "'Übt an unsmord und reicher blüht was blüht!' Ernst Kantorowicz spricht am 14 November 1933 über "das Geheime Deutschland," in Benson and Fried, *Ernst Kantorowicz*, 57–93, at 62。
[13] 引自 Eckhart Grünewald, " 'Übt an unsmord,' " 63。
[14] EG, 126.
[15] Dorothea Hölscher-Lohmeier，引自 Grünewald, " 'Übt an unsmord,' " 64。
[16] Karlauf, *Stefan George*, 554。
[17] Grünewald, "Übt an unsmord," 64.
[18] Ulrich Raulff, "Apollo unter den Deutschen: Ernst Kantorowicz und das 'Geheime Deutschland,' " in *"Verkannter brüder"? Stefan George und das deutsch-jüdische Bürgertum zwischen Jahrhundertwende und Emigration*, ed. Gert Mattenklott et al., 179–97 (Hildesheim, 2001), at 181。
[19] 致信薇拉·彼得斯，1954 年 4 月 18 日：勒纳档案。
[20] 引用 GA, 8, 94。

[21] Bernd Martin, ed., *Martin Heidegger und das "Dritte Reich": EinKompenium* (Darmstadt, 1989), 177.

[22] EG, 127–28.

[23] [Salin], *Ernst Kantorowicz*, 7。劳尔夫倾向于怀疑扎林说法的真实性，但扎林特别说明是埃卡"在柏林"告诉他的，似乎很难相信扎林有想象力虚构这一幕。可以肯定的是，格奥格尔在他最后的日子里被身为纳粹的年轻人簇拥着。

第十二章

[1] 引自 David Abulafia, "Kantorowicz, Frederick II and England," in Benson and Fried, *Ernst Kantorowicz*, 124–43, at 135。

[2] 1930 年 1 月 25 日：StGA, 卡勒文件, III: 6568。

[3] 1931 年 6 月 27 日；1931 年 10 月 24 日：洛里默文件。

[4] 1931 年 10 月 24 日：洛里默文件。

[5] 牛津大学图书馆， MS SPSL 508/2, file 1, ff. 286–87。

[6] Bowra, *Memories,* 286.

[7] Ibid., 286, 287.

[8] 迈尔斯致信沃尔特·亚当斯，1938 年 3 月 28 日：牛津大学图书馆, MS SPSL 508/2, file 1, f.309；亨德森致信沃尔特·亚当斯，1938 年 3 月 25 日：ibid., f. 312。从这里以及包腊的回忆录可以看出，康托尔对康托洛维茨在牛津的恶意描述不实，见 *Inventing the Middle Ages*, 97。

[9] Bowra, *Memories*, 151.

[10] 致信普尔，1938 年 8 月 8 日：LBI box 5, folder 3。

[11] Leslie Mitchell, *Maurice Bowra: A Life* (Oxford, 2009), 182.

[12] 伯林见 Hugh Lloyd-Jones, ed., *Maurice Bowra: A Celebration* (London, 1974), 16；艾尔引自 Adam Sisman, *Hugh Trevor-Roper: The Biography* (London, 2010), 37。

[13] 安东尼·鲍威尔见 Lloyd-Jones, *Maurice Bowra*, 92。

[14] Mitchell, *Maurice Bowra*, 181.

[15] Humphrey Carpenter, *The Brideshead Generation: Evelyn Waugh and His*

Friends (Boston, 1990), 95.
- [16] Annan, *The Dons*, 145.
- [17] Mitchell, *Maurice Bowra*, 155.
- [18] 鲍威尔见 Lloyd-Jones, *Maurice Bowra*, 92。
- [19] 1928 年 11 月 23 日：施泰因文件。
- [20] 康托洛维茨致信包腊，1939 年 2 月 25 日。
- [21] Guy Bois, 引自 Peter Schöttler, "Ernst Kantorowicz in Frankreich," in Benson and Fried, *Ernst Kantorowicz*, 144–61, at 155。
- [22] 1957 年 7 月 27 日，波威克文件，牛津大学图书馆。
- [23] 《泰晤士文学增刊》，1961 年 7 月 7 日。
- [24] Bowra, *Memories*, 189.
- [25] Mitchell, *Maurice Bowra*, 223.
- [26] Bowra, *Memories*, 284.
- [27] Ibid., 290.

第十三章

- [1] *Die Wiederkehr gelehrter Anachorese im Mittelalter* (Stuttgart, 1937), 重印于 Kantorowicz, *Selected Studies*, 339–51。这篇论文足够短，没必要注明引用的页码。
- [2] Cantor, *Inventing the Middle Ages*, 95, 97.
- [3] 致信包腊，1939 年 5 月 29 日；康托洛维茨致信包腊，1937 年 12 月 17 日，表达了对内维尔·张伯伦的外交政策以及乐于"把事情拱手交给戈培尔博士"的尖刻敌意。
- [4] Ruehl, " 'Imperium transcendat hominem,' " 220.
- [5] Bowra, *Memories*, 291.
- [6] Ibid.
- [7] Enid Bagnold, "Albrecht," in *Albrecht Bernstorffzum Gedächtnis* (Altenhof, 1952), 40–42.
- [8] Hansen, *Albrecht Graf von Bernstorff*, 202.
- [9] Bowra, *Memories*, 294.

[10] Ladner, *Erinnerungen*, 36.
[11] 采访阿里安娜·贾基, 1993 年 12 月 16 日。
[12] Patrick Marnham, *Wild Mary: The Life of Mary Wesley* (London, 2006), 69, 75.
[13] Mitchell, *Maurice Bowra*, 213.
[14] Annan, *The Dons*, 166.
[15] Bowra, *Memories*, 303.
[16] Bowra, *Memories*, 353–54.
[17] 致信费利克斯·黑普纳, 1940 年 9 月 8 日: 黑普纳文件 1206/1/14/7。
[18] Bowra, *Memories*, 294.
[19] 康托洛维茨致信露西·冯·旺根海姆, 1933 年 3 月 10 日。
[20] Ernst Kantorowicz, "Deutsches Papsttum," 19: "das Ausweglose, das—wie wir wissen—aller deutschen Geschichte anhaftet."
[21] LBI, box 1, folder 2.
[22] 这一图表还有一个注释: "Mommsen NA n.9", 暗指包含在特奥多尔·恩斯特·蒙森的一篇论文中的文献(关于征税), 该论文发表在 1935 年的 *Neues Archiv der Gesellschaft für ältere deutsche Geschichtskunde*, 见 50: 396–97。在 1938 年 2 月 22 日写给弗里茨·萨克斯尔的信中, 埃卡提到在牛津和他探讨过"时间和天使问题"(1934), 而他之后对 aevum 范畴的探讨表明, 它便是"天使时间"。
[23] 1926 年 2 月 23 日: 施泰因文件。这里提到的是威廉·施泰因的"Die Bildnisse des Roger van der Weyden," *Jahrbuch der preussischen Kunstsammlungen* 47 (1926): 1–37。
[24] 康托洛维茨致信基西, 1951 年 12 月 10 日, http://www.regiesey.com。
[25] "The Este Portrait by Roger van der Weyden" 导言的未发表草稿: LBI, box 3, folder 15。
[26] "Este Portrait," 378; 1939 年 2 月 25 日致信包腊: 纽约缺乏"寻欢的氛围", "甚至比布鲁塞尔还糟"。

第十四章

[1] 该组织帮助营救过托马斯·曼、雅克·马利坦和保罗·蒂利希等人。关于它的历史，见 Stephen Duggan and Betty Drury, *The Rescue of Science and Learning: The Story of the Emergency Committee in Aid of Displaced Foreign Scholars* (New York, 1948)。

[2] 弗莱克斯纳致信达根，1938 年 2 月 9 日；达根致信弗莱克斯纳，1938 年 2 月 19 日：紧急委员会文件。

[3] 致信普林斯顿的亚伯拉罕·弗莱克斯纳，3 月 26 日和 3 月 29 日：紧急委员会文件。

[4] 牛津大学图书馆，MS SPSL 508/2, file 1, ff. 304, 309, 312。

[5] 致信达根，1938 年 3 月 30 日：紧急委员会文件。

[6] 明信片，勒纳档案。

[7] 1938 年 7 月 27 日：LBI, box 5, folder 3。

[8] 乔治·哈斯金斯致信康托洛维茨，1938 年 9 月 2 日：LBI, box 5, folder 3。

[9] 雷丁致信多伊奇，1938 年 8 月 29 日，http://www.regiesey.com。（雷丁的信提到包腊和法兰克福特与他的交流。）

[10] 索尔致信 J. S. P. 塔特洛克，1938 年 12 月 7 日：班克罗夫特图书馆，加州大学校长文件，CU-5, Ser. 4, box 17, folder 11。

[11] 库尔提乌斯文件。

[12] 康托洛维茨致信薇拉·彼得斯，1956 年 4 月 16 日：勒纳档案。

[13] Helena Ketter, *Zum Bild der Frau in der Malerei des Nationalsozialismus* (Münster, 2002), 231。波勒斯金纳给戈林夫人和她的婴孩画的一幅画，可以在德国历史博物馆的网站上见到。库佩尔的第一任妻子和戈林夫人之间的交好，被诺曼·康托尔发挥，诽谤"康托洛维茨和赫尔曼·戈林关系密切"。在 1939 年 5 月 29 日给包腊的一封信中，埃卡对"梅花"与纳粹的关系表达了尖锐的敌意。

[14] LBI, box 5, folder 3，也是接下来两段中提及的文件。

[15] 埃娃和弗朗茨·康托洛维茨致信恩斯特和薇拉·彼得科夫斯基，1938 年 11 月 27 日：勒纳档案。

[16] 康托洛维茨致信包腊，1938 年 10 月 11 日。

[17] LBI, box 3, folder 15.
[18] 致信恩斯特·朗洛茨，1939年1月20日：朗洛茨文件。

第十五章

[1] 致信露西·冯·旺根海姆，1939年2月5日。
[2] 里茨勒的孙女凯瑟琳·希尔德告诉我这一妙语来自她祖母：2011年12月27日采访。
[3] 1990年9月5日，采访露西·车尔尼亚夫斯基。她补充说，埃卡经常谈论这个，让她得出一种印象，即他"在一个带家具的房间"住了几年而不是几个月。
[4] 1939年2月25日；1939年3月13日。Benjamin Ivry, "How Ernst Kantorowicz Escaped the Nazis," *Jewish Daily Forward*, 2011年6月21日，谈到康托洛维茨的信件展示了一种"相当猥亵的幽默感"。
[5] 1988年11月14日，采访费利克斯·吉尔伯特。
[6] 致信包腊，1939年2月25日。
[7] 1939年3月13日。
[8] 1939年3月16日。
[9] 1939年3月16日。
[10] 埃娃·康托洛维茨致信薇拉·彼得斯，1939年3月31日：勒纳档案。
[11] 1939年3月27日。
[12] "The Este Portrait," 366, 367, 368.
[13] 1939年10月21日：瓦尔堡研究所档案馆，伦敦。
[14] 1939年5月29日。
[15] 1939年5月29日。这也是对弗朗西斯·哈克特模拟审判的来源。
[16] 1939年6月11日：LBI, box 5, folder 3。
[17] 鲍曼致信弗莱克斯纳，1939年6月23日：紧急委员会文件。
[18] 康托洛维茨致信弗莱克斯纳，1939年6月29日：紧急委员会文件。
[19] 1939年7月2日：施泰因文件。
[20] 1939年5月29日。
[21] 关于去哈瓦那以及随后的火车旅行，康托洛维茨致信费利克斯·黑普纳，

1939年8月15日，1940年1月4日：黑普纳文件1206/1/14/2, 3。

第十六章

[1] 致信威廉·施泰因，1939年7月2日：施泰因文件。
[2] 致信费利克斯·黑普纳，1940年1月4日：黑普纳文件1206/1/14/3: Wiener Library, London。
[3] 致信法兰克福特，1939年12月16日[误打为1936年]：法兰克福特文件。
[4] 1939年12月21日：施泰因文件。
[5] 致信施泰因，1939年12月21日。亦可见康托洛维茨致信弗里茨·萨克斯尔，1939年10月21日。
[6] "人文主义与文艺复兴的开端"（1940年春季学期）课程讲稿：LBI, box 9, folder 15。
[7] LBI, box 9, folder 2.
[8] Ibid., 1, 230.
[9] 在1939年12月21日给威廉·施泰因的信中，埃卡谈到他组织了一小撮学生在他的加州大学洛杉矶分校的演讲中充当"捧场者"。
[10] 威廉·T. 哈钦森（加州大学克鲁兹分校）日记，1945年4月11日。
[11] Malkiel, "Ernst H. Kantorowicz," 155, n. 5.
[12] 路易斯·戈特沙尔克致信威廉·T. 哈钦森，1945年5月14日：加州大学克鲁兹分校，校长文件，box 7, folder 8。
[13] 钱尼致信罗伯特·E. 勒纳，2010年5月27日。
[14] 1939年12月16日[误打为1936年]：法兰克福特文件。
[15] 1938年8月29日，拉尔夫·基西公布，http://www.regiesey.com。
[16] 致信埃莉泽·彼得斯，1950年6月22日：勒纳档案。
[17] Robert Nisbet, *Teachers and Scholars: A Memoir of Berkeley in Depression and War* (New Brunswick, NJ, 1992), 151.
[18] Albert L. Hurtado, *Herbert Eugene Bolton: Historian of the American Borderlands* (Berkeley, 2012).
[19] Nisbet, *Teachers and Scholars*, 171.
[20] Ibid.

[21] 致信弗兰克·H. 普罗伯特院长，1939 年 8 月 7 日：班克罗夫特图书馆，Robert J. Kerner papers, C-B 1057, carton 1。
[22] 采访诺曼·里奇，2010 年 1 月 14 日。
[23] "Committee on History: Lowie and Bolton absent" 备忘录，1940 年 1 月 26 日（班克罗夫特图书馆）。
[24] 1940 年 2 月 1 日，拉尔夫·基西公布，http://www.regiesey.com。
[25] 我推测这次讲座（1940 年 4 月 9 日）的主持人是博尔顿，因为介绍的文本在班克罗夫特图书馆的博尔顿文件中。
[26] LBI, box 7, folder 2.
[27] 康托洛维茨致信埃德加·扎林，1939 年 9 月 22 日：扎林文件。
[28] 1939 年 12 月 21 日：施泰因文件。
[29] 6 月 17 日埃卡认为"英格兰的沦陷近在眼前"；如果英国和法国舰队幸存，一场新的战役可能会由加拿大发动：致信费利克斯·黑普纳：黑普纳文件 1206/1/14/6。
[30] 康托洛维茨致信黑普纳，1940 年 1 月 4 日。
[31] 1939 年 12 月 4 日。
[32] 斯泰因致信埃尔曼，1940 年 6 月 7 日：紧急委员会文件。
[33] 埃尔曼致信斯泰因，1940 年 6 月 11 日：紧急委员会文件。

第十七章

[1] 门罗·多伊奇致信伯纳德·弗莱克斯纳，1941 年 4 月 2 日：紧急委员会文件。
[2] 1960 年 7 月 4 日：勒纳档案。
[3] Ernst H. Kantorowicz, *Laudes Regiae: A Study of Liturgical Acclamations and Medieval Ruler Worship* (Berkeley, 1946).
[4] 1940 年 12 月 12 日：Roditi papers, box 9：加州大学洛杉矶分校档案馆。
[5] 1940 年 12 月 18 日：LBI, box 7, folder 2。
[6] 致信伯纳德·弗莱克斯纳，1941 年 5 月 4 日：紧急委员会文件。
[7] 贝蒂·德鲁里致信斯蒂芬·达根，1942 年 8 月 3 日：紧急委员会文件。
[8] 括号里是书中的相关页码。
[9] *Speculum* 22 (1947): 648–51.

[10] *Historische Zeitschrift* 188 (1959): 116–19.
[11] 1947 年 8 月 14 日：施拉姆文件。
[12] *Viator* 12 (1981): 39–81, at 39.
[13] 1942 年 6 月 15 日：紧急委员会文件。
[14] 1944 年 1 月 3 日：LBI, box 7, folder 5。
[15] Copeland, "Medieval Intellectual Biography," 110, 114.
[16] 1940 年 6 月 6 日：LBI, box 2, folder 11。

第十八章

[1] 1941 年 5 月 4 日：紧急委员会文件。
[2] Wyman, *Paper Walls*, 205.
[3] Wallace Stegner, A*ngle of Repose* (New York, 1971), 195.
[4] 1942 年 3 月 14 日：LBI, box 7, folder 2。
[5] 达根致信多伊奇，1942 年 5 月 11 日；多伊奇致信达根，1942 年 5 月 20 日：紧急委员会文件。
[6] 1942 年 6 月 15 日：紧急委员会文件。
[7] 1942 年 6 月 27 日：班克罗夫特图书馆，校长文件。
[8] 1942 年 6 月 27 日：http://www.regiesey.com。
[9] 斯普劳尔致信帕克森，1942 年 6 月 30 日：LBI, box 7, folder 2。
[10] Maria Wunsch 致信弗朗茨和埃娃·康托洛维茨，1945 年 11 月 12 日：LBI, box 5, folder 1。
[11] LBI, box 5, folder 1.
[12] 格特鲁德·康托洛维茨（1945 年 4 月 19 日因病去世）在特莱西恩施塔特时写在碎纸片上的诗歌在战后留存，被寄给弗朗茨·康托洛维茨，在 1947 年私印。
[13] 采访，2010 年 2 月 10 日。
[14] 1943 年 5 月 20 日：希克斯文件，carton 10。
[15] LBI, box 3, folder 23.
[16] LBI, box 7, folder 2.
[17] 1943 年 6 月 5 日：ibid。

[18] 1943年7月1日：ibid。
[19] 采访诺曼·里奇，2010年1月14日；采访威廉·A.钱尼，2010年2月10日。
[20] 怀特致信桑塔格，1944年6月3日：http://www.regiesey.com。
[21] 门罗·E.多伊奇文件，班克罗夫特图书馆,BANC MSS C-B 1054。
[22] 包腊文件，1944年9月21日。
[23] 钱尼致信勒纳，2010年8月13日：勒纳档案。
[24] 路易斯·戈特沙尔克致信威廉·T.哈钦森（芝加哥大学历史系主任），1945年5月17日（UCSC：校长文件, box 7, folder 8）。
[25] 1945年5月31日：UCSC，内夫文件, box 25, folder 11。

第十九章

[1] 海因里希·齐默尔致信马克斯·科默雷尔，1941年夏初，Maya Rauch and Dorothee Mussgnug, "Briefe aus dem Exil: Aus der Korrespondenz von Heinrich Zimmer 1939–1943," *Heidel berger Jahrbücher* 35 (1991): 219–43, at 236。
[2] 致信恩斯特·朗洛茨，1945年9月15日：朗洛茨文件。
[3] 致信路德维希·库尔提乌斯，1948年2月9日：路德维希·库尔提乌斯文件。
[4] David D. Boyden, "In Memoriam: Manfred F. Bukofzer (1910–1955)," *Musical Quarterly* 42 (1956): 293.
[5] 伊戈尔·谢甫琴科，电子邮件，2009年1月12日。
[6] 奥勒思吉发表过九篇关于但丁研究的文章。埃卡在《国王的两个身体》中感激奥勒思吉对但丁一章的"富有成效的评价"。
[7] 采访伊戈尔·谢甫琴科，2008年11月18日。
[8] 康托洛维茨致信莫里斯·包腊，1949年5月18日：包腊文件。
[9] Yakov Malkiel in the Boodberg necrology, *University of California: In Memoriam, July 1975.*
[10] 拉尔夫·基西手打的康托洛维茨"欧洲历史中的诺曼人"课程讲稿导论。
[11] 我这里利用的是George T. Romani关于"中世纪制度"的笔记，西北大学档案馆：Romani papers, box 2, folder 2。
[12] 采访诺曼·里奇，2010年1月14日。

[13] Sayles, "The Scholar and the Loyalty Oath," 27–28.
[14] 诺曼·里奇对 AlainBoureau, *Kantorowicz: Stories of a Historian* 的书评，*Central European History* 35 (2002): 612。
[15] Gene Brucker 致信勒纳，1989 年 7 月 29 日：勒纳档案。
[16] William A. Chaney, "Schafer Williams, A Memoir," in *In Iure Veritas: Studies in Canon Law in Memory of Schafer Williams,* ed. Steven B. Bowman and Blanche E. Cody, xii–xiv (Cincinnati, 1991), at xiii.
[17] 康托洛维茨致信埃莉泽·彼得斯，1950 年 6 月 22 日：勒纳档案。
[18] 这一段大部分依赖多萝特的长女贝娅塔·奥尔登未出版的回忆录，现存于利奥·贝克研究所。
[19] 1948 年 6 月 25 日：勒纳档案。
[20] 1949 年 5 月 23 日。
[21] 关于恩斯特·彼得科夫斯基被党卫军逮捕和监禁的细节，来自战后关于恩斯特·彼得斯的赔偿文件。
[22] 致信薇拉，1953 年 8 月 1 日：勒纳档案。
[23] 采访露西·车尔尼亚夫斯基，1990 年 9 月 5 日。
[24] 1951 年 9 月 15 日，来自 Clift Hotel。
[25] 采访伊娃·亨廷，2013 年 2 月 22 日；以及拉尔夫·基西致信勒纳，2004 年 7 月 6 日。

第二十章

[1] 1939 年 3 月 9 日。
[2] 致信威廉·施泰因，1939 年 12 月 21 日：施泰因文件。
[3] 致信阿尔布莱希特·冯·伯恩斯托夫：Gutsarchiv Altenhof, Sammlung Albrecht von Bernstorff, vol. 41, no. 78。
[4] 1940 年 5 月 29 日：紧急委员会文件。
[5] Rich, *Central European History* 35 (2002): 612.
[6] LBI, box 8, folder 2.
[7] 朗洛茨文件。
[8] 康托洛维茨致信埃德加·扎林，1946 年 11 月 30 日：扎林文件。登霍夫

发表过一份对她在战争岁月,尤其是俄国入侵东普鲁士时的经历的描述,*Namen die keiner mehr nennt* (1962)。

[9] 1946 年 9 月 13 日:扎林文件。
[10] 1949 年 9 月 10 日:StGA, Kantorowicz, II: 1901。
[11] 1945 年 11 月 13 日:扎林文件。
[12] 1949 年 9 月 10 日。
[13] 1945 年 9 月 15 日:朗洛茨文件。
[14] 贝特根文件:1947 年 5 月 4 日。
[15] Thimme, *Percy Ernst Schramm und das Mittelalter*, 532.
[16] R. Rosemann 致信康托洛维茨和汉斯・罗特费尔斯:Staatsarchiv Hamburg, Familie Schramm, L 247。
[17] 康托洛维茨, "To Whom it My Concern," 1947 年 5 月 27 日, ibid.。
[18] Grolle, *Der Hamburger Percy Ernst Schramm*, 30–33.
[19] Ibid., 37, 引用 Schramm, *Hamburg, Deutschland und die Welt* (Munich, 1943)。
[20] *Central European History* 35 (2002): 612.
[21] 致信薇拉・彼得斯, 1953 年 8 月 1 日:勒纳档案。
[22] 致信埃莉泽・彼得斯, 1953 年 7 月 25 日:勒纳档案。
[23] 致信埃娃・康托洛维茨, 1961 年 9 月 29 日:勒纳档案。

第二十一章

[1] 致信埃德加・扎林, 1946 年 9 月 13 日:扎林文件。
[2] 1989 年 8 月 11 日采访薇拉・彼得斯。
[3] 1991 年 3 月 3 日采访露西・车尔尼亚夫斯基。
[4] 致信埃莉泽・彼得斯, 1949 年 5 月 23 日:勒纳档案。
[5] 埃卡告诉给埃莉泽・彼得斯的菜单, 1956 年 11 月 8 日:勒纳档案。
[6] 这个故事的完整版是露西・车尔尼亚夫斯基告诉我的, 1991 年 3 月 3 日。可以从 1960 年 7 月 4 日康托洛维茨写给迈克尔・车尔尼亚夫斯基的信中得到确证:勒纳档案。
[7] 2012 年 9 月 1 日采访小怀尔德・本特利。
[8] Raulff, *Kreisohne Meister*, 337–38.

[9] Faas, *Young Robert Duncan*, 230, 273.

[10] Ellingham and Killian, *Poet Be Like God*, 21.

[11] Ibid., 79.

[12] 2010 年 1 月 14 日采访。

[13] Ellen Tallman, "Stories with Robert Duncan," in *Robert Duncan and Denise Levertov*, ed. Albert Gelpi and R. J. Bertholf, 63–70 (Stanford, 2006), at 64.

[14] Wayne R. Dynes, ed., *Encyclopedia of Homosexuality* (New York, 1990), 658。这一段被劳尔夫引用, *Kreisohne Meister*, 338, n. 183。（有一次我和珀西讨论起这一段，他抗议道："你不能把康托洛维茨从我们同性恋者当中夺走。"）

[15] 2005 年 9 月 29 日采访。

[16] Ralph E. Giesey, *The Royal Funeral Ceremony in Renaissance France* (Geneva, 1960), ii.

[17] 戈登·格里菲斯致信罗伯特·E. 勒纳，1994 年 4 月 3 日。

[18] Jackson, "Robert L. Benson," 18.

[19] Horst Fuhrmann, "Ein Amerikaner in München: Robert L. Benson," in *Menschen und Meriten: Eine persönliche Portraitgalerie*, ed. Fuhrmann, 319–26 (Munich 2001), at 321.

[20] 1950 年 10 月 13 日：LBI, box 6, folder 3。

[21] 1939 年 12 月 16 日：法兰克福特文件。

[22] 致信薇拉·彼得斯，1956 年 5 月 16 日：勒纳档案。

[23] 2000 年 3 月，采访伊戈尔·谢甫琴科。

[24] 伯纳德·罗森塔尔给罗伯特·E. 勒纳的电子邮件，2012 年 6 月 1 日。

[25] 电子邮件，2004 年 7 月 6 日。

[26] *Speculum* 15 (1940): 141–59, at 143.

[27] Radkau, *Max Weber*, 76.

[28] 1944 年 6 月 6 日：LBI box 7, folder 5。

[29] 大约在 1962 年 7 月 27 日（第一页遗失）。

[30] 1949 年 9 月 10 日：StGA, Kantorowicz II 1901。

[31] Mitchell, *Maurice Bowra*, 225.

[32] 钱尼致信罗伯特·E. 勒纳，2010 年 9 月 4 日。

第二十二章

[1] 完整的文本见 Gardner, *California Oath Controversy*, 34–36, 以及 Kantorowicz, *The Fundamental Issue*, 4–6。

[2] Gordon Griffiths, "Venturing Outside the Ivory Tower: The Political Autobiography of a College Professor" (typescript, c. 1990s), 63.

[3] 康托洛维茨致信莱昂纳多·奥勒思吉，1958 年 12 月 19 日：奥勒思吉文件。

[4] 朗洛茨文件。

[5] Stewart, *The Year of the Oath*, 9.

[6] Hicks, *My Life with History*, 278.

[7] 1950 年 7 月 22 日：StGA, Kantorowicz, II: 1903。

[8] Stewart, *The Year of the Oath*, 35.

[9] 1992 年 3 月 22 日采访。

[10] 车尔尼亚夫斯基文件，box 8, series 9, FF2。

[11] 采访 Howard Schachman, Regional Oral History Office，班克罗夫特图书馆 2000–2001。

[12] 该文本的许多草稿和最终版本，见给 Edward Strong 的信，LBI, box 7, folder 1。

[13] Gardner, *California Oath Controversy*, 121.

[14] 复写纸见 LBI, box 6, folder 3。

[15] 2010 年 1 月 14 日采访。

[16] Stewart, *The Year of the Oath*, 94, 97.

[17] 1990 年 12 月 6 日采访。

[18] 1991 年 8 月 2 日采访。

[19] Blauner, *Resisting McCarthyism*, 148. 埃卡的其他一些学生或门徒也是遵从这一模式。

[20] 班克罗夫特图书馆，托尔曼文件。

[21] 康托洛维茨致信艾伯特·M. 弗伦德，1950 年 6 月 30 日（敦巴顿橡树园档案）。

[22] 约翰·D. 希克斯致信 Chester McArthur Destler, 1950 年 7 月 13 日：希克斯文件，carton 14。

[23]　Stewart, *The Year of the Oath*, 112.

[24]　1950 年 8 月 2 日：勒纳档案。

[25]　Irvin R. Barton, 1950 年 11 月 2 日：LBI, box 6, folder 3。

[26]　K2B, 383–87.

[27]　教员少数派的声明，如 Gardner, *California Oath Controversy*, 137–38。

第二十三章

[1]　1950 年 10 月 7 日：LBI, box 7, folder 2（复写本）。

[2]　1950 年 11 月 13 日：LBI, box 6, folder 3。

[3]　致信赫尔穆特·库佩尔，1950 年 7 月 22 日：StGA, Kantorowicz, II: 1903。

[4]　Dieter Wuttke, ed., *Erwin Panofsky, Korrespondenz 1910 bis 1968*, 6 vols. (Wiesbaden, 2001–14), 3: 913–14。康托洛维茨去世后，潘诺夫斯基写信给理查德·所罗门，说他最初让他不安，"因为格奥尔格和腓特烈二世"（Ibid., 5: 393）。

[5]　Wuttke, *Erwin Panofsky*, 3: 70.

[6]　1950 年 10 月 19 日：LBI, box 7, folder 2。

[7]　IAS, Kantorowicz Faculty File, box 18.

[8]　1951 年 9 月 21 日：StGA, Kantorowicz, II: 1905。

[9]　George F. Kennan, *Memoirs*, vol. 2 (Boston, 1972), 16.

[10]　致信薇拉·彼得斯，1951 年 4 月 16 日；致信埃莉泽·彼得斯，1951 年 12 月 12 日：勒纳档案。

[11]　Wuttke, *Erwin Panofsky*, 3: 245–47; 4: 771.

[12]　Ibid., 5: 394–95.

[13]　奥本海默致信"尼古拉·布瓦洛·德普雷奥博士"，1959 年 2 月 23 日：IAS, General, box 40。

[14]　1954 年 4 月 13 日：奥本海默文件，国会图书馆，华盛顿，MSS 35188, box 43。

[15]　Kennan, *Memoirs*, 2: 16–17.

[16]　引自 Brian Urquhart, "A Contest in the Cold," *New York Review of Books*, 2009 年 12 月 17 日, 54。

[17] 1958 年 3 月 8 日，3 月 13 日：凯南文件，box 30, folder 2。
[18] 1955 年 12 月 19 日：奥勒思吉文件。
[19] 致信薇拉·彼得斯，1951 年 4 月 16 日：勒纳档案。
[20] 致信包腊，1955 年 11 月 11 日。
[21] 康托洛维茨致信迈克尔·车尔尼亚夫斯基，1962 年 4 月 17 日：勒纳档案。
[22] 致信包腊，1953 年 11 月 12 日。
[23] 致信罗伯特·本森，1952 年 7 月 22 日：本森文件。
[24] 致信薇拉，1954 年 9 月 30 日：勒纳档案。
[25] 奥勒思吉致信康托洛维茨，1955 年 7 月 16 日：奥勒思吉文件。
[26] 致信包腊，1955 年 11 月 11 日。
[27] 致信里茨勒，1955 年 9 月 4 日。
[28] 致信卡勒，1955 年 9 月 12 日：StGA, Akte Kantorowicz；致信登霍夫，Janus Gudian, *Ernst Kantorowicz* (Frankfurt, 2014), 179。
[29] 1955 年 9 月 25 日：勒纳档案。

第二十四章

[1] 致信蒙森，1950 年 8 月 2 日：勒纳档案。
[2] 1953 年 4 月 21 日：普林斯顿大学出版社文件。
[3] 1953 年 5 月 19 日：普林斯顿大学出版社文件。
[4] 1954 年 11 月 28 日。
[5] 1954 年 11 月 28 日。
[6] 1955 年 6 月 26 日：勒纳档案。
[7] 1956 年 11 月 8 日：勒纳档案。
[8] 贝利致信 Lucille Withers, 1957 年 4 月 29 日：普林斯顿大学出版社文件。
[9] Richard Halpern, "The King's Two Buckets: Kantorowicz, *Richard II*, and Fiscal *Trauerspiel*," *Representations* 106 (Spring 2009): 67–71.
[10] Joseph Strayer, "Defense of the Realm and Royal Power in France," *Studi in onore di Gino Luzzato* (Milan, 1949), 4: 289–96.
[11] 1996 年 8 月 28 日采访。
[12] 1991 年 11 月 25 日信件。

[13] 普林斯顿大学出版社文件。
[14] Ibid.
[15] Dunham in *Speculum* 33 (1958): 550–53; Tierney in *Thought* 10 (1958): 306–8; Rudolf M.Kloos in *Historische Zeitschrift* 188 (1959): 358–64; Post et al. in *Speculum* 39 (1964): 596–98; Morimichi Watanabe in *Church History* 52 (1983): 258–59; Peter Schöttler in *Süddeutsche Zeitung*, 21 March 1991, xi.
[16] *Past & Present* 20 (November 1961): 32.
[17] *Mitteilungen des Instituts für Österreichische Geschichtsforschung*, 364.
[18] Wimmer, "Kantorowicz's Oaths," 136.
[19] *American Political Science Review* 52 (1958): 1139–40.
[20] *Past & Present* 20 (November 1961): 31.
[21] Michel Foucault, *Discipline and Punish: The Birth of the Prison* (New York, 1977), 29。法语原版 *Surveiller et punir* 出版于 1974 年。
[22] Preface to *The King's Two Bodies*, seventh paperback printing (Princeton, 1997), xv.

第二十五章

[1] 致信奥勒思吉，1958 年 12 月 27 日。
[2] 致信罗伯特·博林格，1957 年 12 月 28 日：StGA, Akte Robert Boehringer, II: 4108。
[3] 致信埃莉泽·彼得斯，1957 年 10 月 19 日：勒纳档案。
[4] http://www.regiesey.com。
[5] 致信恩斯特·朗洛茨，1958 年 4 月 24 日；致信拉尔夫·基西，1958 年 8 月 26 日：http://www.regiesey.com；致信莱昂纳多·奥勒思吉，1958 年 9 月 29 日。埃卡和包腊一起去了帕罗斯岛、米科诺斯岛和罗得岛；之后他独自去了罗马、慕尼黑和巴黎。
[6] 致信库特纳，1962 年 2 月 27 日。一个不偏不倚的读者可能发现难以在斯莫利的短评中看到有任何恶意的地方。
[7] Malkiel, "Ernst H. Kantorowicz," 215.
[8] 1956 年 5 月 21 日。（海因里希·齐勒是一名插画家，画讽刺性的速写，

反映柏林工人区的生活。）

[9] Ševčenko,"Ernst H. Kantorowicz (1895–1963) on Late Antiquity and Byzantium," in Benson and Fried, *Ernst Kantorowicz*, 274–87, at 283.

[10] 1956年5月21日。

[11] 致信赫尔穆特·库佩尔，1951年6月30日：StGA, Akte Kantorowicz, III: 1904；致信路德维希·托梅伦，1956年3月10日：StGA, Akte Kantorowicz, II: 2201。

[12] 致信库佩尔，1951年6月30日。

[13] 引自Eckhart Grünewald, "Kantorowicz, Ernst Hartwig," in *Stefan George und sein Kreis: Ein Handbuch, Band 3*, ed. Achim Aurnhammer et al., 1471–77 (Berlin, 2012), at 1476。

[14] 1951年6月28日；1961年12月2日。

[15] 谢甫琴科致信罗伯特·勒纳，1996年8月28日；布鲁克，1989年7月29日；鲍斯基，1989年7月14日；小怀尔德·本特利，电子邮件，2012年9月20日。

[16] 2005年11月12日，电子邮件。

[17] 致信迈克尔·车尔尼亚夫斯基，1961年11月8日：勒纳档案。

[18] 1956年5月6日。

[19] 1962年7月16日：勒纳档案。

[20] 1953年4月19日：http://www.regiesey.com。

[21] 1955年7月10日：勒纳档案。

[22] 1962年3月17日：http://www.regiesey.com。

[23] 1952年7月31日。

第二十六章

[1] 1962年9月15日。

[2] 致信迈克尔·车尔尼亚夫斯基，1962年7月16日。

[3] Wimmer, "Kantorowicz's Oaths," 120.

[4] 致信Frederick Bargebuhr，1948年2月7日。

[5] 致信埃德加·扎林，1946年9月13日：扎林文件。

[6] 致信莱昂纳多·奥勒思吉，1956 年 5 月 21 日：奥勒思吉文件。
[7] 1951 年 11 月 8 日：勒纳档案。
[8] 致信埃莉泽·彼得斯，1960 年 5 月 18 日；致信拉尔夫·基西，1952 年 12 月 8 日，http://www.regiesey.com。
[9] 致信玛丽昂·登霍夫，1956 年 10 月 22 日。
[10] 致信伊莉斯·彼得斯，1961 年 1 月 21 日；致信薇拉·彼得斯，1962 年 9 月 13 日；致信包腊，1963 年 9 月 15 日，1962 年 10 月 27 日。
[11] 致信恩斯特·彼得斯，1962 年 10 月 24 日：勒纳档案。
[12] 致信潘诺夫斯基夫妇，1963 年 5 月 30 日：Wuttke, *Erwin Panofsky*, 5: 342。
[13] 致信迈克尔·车尔尼亚夫斯基，1961 年 2 月 14 日：勒纳档案。
[14] 1961 年 7 月 1 日：Tamiment Library, Abraham Lincoln Brigade Archives, Collection 211, box 1, folder 27。
[15] 致信埃娃·康托洛维茨，1961 年 9 月 29 日：勒纳档案。
[16] 1962 年 12 月 18 日。
[17] 采访露西·车尔尼亚夫斯基，1990 年 9 月 9 日；采访伊戈尔·谢甫琴科，1991 年 4 月 12 日。
[18] 1963 年 2 月 13 日。
[19] 1963 年 5 月 22 日：勒纳档案。
[20] 1963 年 11 月 1 日：http://www.regiesey.com。
[21] 下面主要依赖三份叙述：欧文·潘诺夫斯基致信威廉·赫克舍，1963 年 10 月 7 日，Wuttke, *Erwin Panofsky*, 5: 394–95；拉尔夫·基西致信莫里斯·包腊，1963 年 9 月 29 日；Alfred S. Cook, Jr., M.D.，致信贝亚特·扎尔茨，1963 年 9 月 21 日：http://www.regiesey.com。

尾声

[1] 1962 年 9 月 15 日。
[2] Raulff, *Kreisohne Meister*.
[3] 2011 年 12 月 22 日，采访威廉·钱尼。
[4] 2011 年 12 月 23 日，电子邮件。

[5] 基西致信"恩斯特·H. 康托洛维茨的友人们",1954 年 1 月 14 日;基西致信车尔尼亚夫斯基,1954 年 9 月 29 日:车尔尼亚夫斯基文件。
[6] *Perspectives, Newsletter of the American Historical Association* (May 2005): 7–8.

致　谢

　　本书工作的一项回报，便是让我了解了诸多同意我采访的才华横溢之士。遗憾的是，因为自从我开始我的计划，很多年已过去，岁月如刀，其中很多已不在人世。我首先提到这些逝者，秉着对他们记忆的尊崇：约翰·W. 鲍德温、罗伯特·L. 本森、威廉·M. 鲍斯基、唐纳德·布洛、威廉·A. 钱尼、沃尔特·D. 费舍尔、赫斯特·福尔曼、阿里安娜·贾基、费利克斯·吉尔伯特、拉尔夫·基西、戈登·格里菲斯、瓦尔特·格罗斯、埃里希·赫勒、哈里·雅法、爱丽丝·卡勒、霍华德·卡明斯基、厄休拉·库佩尔、格哈特·拉德纳、格特鲁德·迈耶、查尔斯·马斯卡廷、玛格丽特·奥利希、薇拉·彼得斯、费利克斯·罗森塔尔、贝亚特·扎尔茨、伊戈尔·谢甫琴科、玛格利特·本特利·谢甫琴科、莱西·鲍德温·史密斯、理查德·W. 萨瑟恩爵士、霍默·汤普森、约瑟夫·图斯曼、唐纳德·温斯坦、库尔特·魏茨曼和约瑟法·魏茨曼－菲德勒。

　　露西·车尔尼亚夫斯基，是尤其珍贵的"研究来源"。虽然我们只是电话联系，但她如此通情达理。她的去世正值本书付梓之时，使我失去了一位从未谋面的朋友。其他慷慨同意接受采访的还有：贝娅塔·奥尔登、小怀尔德·本特利、迈克尔·豪克、埃娃·彼得斯·亨廷、埃伦·赫维茨、诺曼·里奇，伯纳德·罗森塔尔和凯瑟琳·怀尔德。

另一个名单是那些给我提供过各种信息的人,包括道里尔·奥尔登、玛格利特·安德森、索尼娅·阿萨尔、哈特维希·冯·伯恩斯托夫伯爵、托马斯·比森、伊娃·车尔尼亚夫斯基、戴维·德阿弗雷、托马斯·格鲁伯、亨利·哈代、彼得·海耶斯、彼得·耶拉维奇、阿恩德·柯克赫克、托马斯·屈内、安德里亚·迈耶·卢多维西、卡尔·F. 莫里森、R. I. 摩尔、伊丽莎白·穆勒-卢克纳、乌特·厄尔曼、小威廉·A. 珀西、汤姆·F. 彼得斯、约哈南·彼得罗夫斯基-施捷尔恩、卡尔·F. 彼得里、马丁·吕尔、卡亚·沙欣、科琳娜·舍恩哈尔、伊丽莎白·西尔斯、沃尔特·西蒙斯、伦道夫·斯塔恩和戴维·H. 赖特。

此外,还有多到不可思议的女性从各处为我搜集证据:凯瑟琳·阿尼、克里斯蒂娜·博贝克、斯蒂芬妮·迪·诺托、黛博拉·格里什、菲奥纳·罗伯和金姆·塞茨。艾丽安·菲利普斯不仅准许我发表她叔祖书信的段落,而且把一封迄今不为人知、可追溯到第一次世界大战的信件传给我。

一个给康托洛维茨的书信出注释版的项目依然在进行之中。实际上的编辑是杰纳斯·古迪安和约斯特·菲利普·克伦纳,他们和我一直在交流信息和评估证据。约翰·范·恩根以细致的审读帮助我改进了这本书。我深深地感谢组稿编辑本·塔特对我的信任,同样的感谢也给吉尔·哈里斯,也感谢安尼塔·奥布莱恩这个搜寻的行家。

多年来,埃克哈特·格吕内瓦尔德和哈维·舒尔曼为这本书的写作提供了不懈的鼓励和关键的建议;我对他们的亏欠是最大的,除了我妻子。是的,我的妻子艾德姆特。确实。